WARSCHAU

MAGDALENA NIEDZIELSKA-SZURMANT | JAN SZURMANT

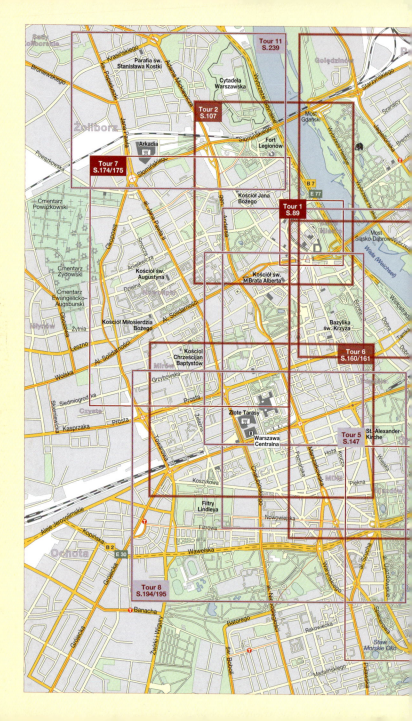

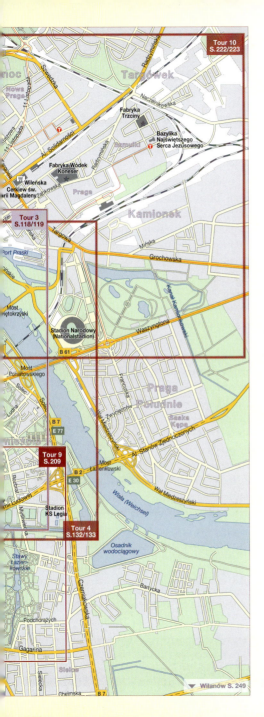

Hintergründe und Infos

Tour 1
Stare Miasto

Tour 2
Nowe Miasto

Tour 3
Trakt Królewski

Tour 4
Mariensztat und Powiśle

Tour 5
Park Saski

Tour 6
Centrum

Tour 7
Śródmieście Północne

Tour 8
Śródmieście Południowe

Tour 9
Łazienki Królewskie

Tour 10
Praga

Tour 11
Żoliborz

Tour 12
Wilanów

Ausflüge in die Umgebung

Unterwegs mit Magdalena Niedzielska-Szurmant

Aufbruch, Wandel, Veränderung – wenn der Weg das Ziel ist, ist Warschau längst angekommen. Und so erleben wir bei jedem unserer Besuche eine veränderte Stadt, obwohl wir meist sechsmal im Jahr vorbeischauen. Um Interviews zu führen, Street Art abzulichten, um zu dolmetschen, Schulungen durchzuführen oder in einem Studio deutsche Texte einzusprechen. Wann immer es möglich ist, gönnen wir uns bei all der Hektik ein bisschen Entspannung von der Großstadtarbeit: Spaziergänge am urwüchsig-wilden Weichselufer, vertrödelte Nachmittage in einem der Cafés am Erlöserplatz, nächtliche Touren durchs nicht mehr ganz so alternative Praga, Trips zum Eichhörnchen-Füttern in einen der vielen Parks …

Wo immer wir sind, treffen wir auf hoffungsfrohe Neuankömmlinge aus ganz Polen. Und für die ist Warschau wie ein Versprechen: auf die große Karriere, auf ein Mitgerissenwerden vom polnischen Wirtschaftswunder, auf eine Gegenwelt zum vor sich hinplätschernden polnischen Dorfleben. Es ist uns wichtig, neben all dem Muss-man-gesehen-haben zwischen Altstadt und Kulturpalast auch diese Facetten des heutigen Warschaus in unser Buch einfließen zu lassen. Denn schön ist die Weichselmetropole vielleicht nur an manchen Ecken. Aufregend aber ist sie überall.

... und Jan Szurmant

Impressum Text und Recherche: Magdalena Niedzielska-Szurmant, Jan Szurmant **Lektorat:** Horst Christoph, Dagmar Tränkle (Überarbeitung) **Redaktion:** Heike Dörr **Layout:** Jana Dillner **Karten:** Torsten Böhm, Carlos Borell, Judit Ladik, Michaela Nitzsche **Fotos:** Magdalena Niedzielska-Szurmant, außer S. 66, 109, 115, 128, 129, 159/159, 167, 172/173, 199, 220/221, 232, 234, 245, 248, 251, 256, 259, 260, 261, 262 (Jan Szurmant) und S. 187 unten (Historisches Museum der polnischen Juden) **Covergestaltung:** Karl Serwotka **Covermotive:** oben: Schloß von Wilanów, unten: Altstadthäuser (beide Magdalena Niedzielska-Szurmant)

3. KOMPLETT ÜBERARBEITETE UND AKTUALISIERTE AUFLAGE 2015

Inhalt

Warschau – Hintergründe & Infos

Geschichte der Stadt	16
Architektur	29
Literaturtipps, CDs, Filme …	36
Anreise	**39**
Mit dem Flugzeug	39
Mit eigenem Fahrzeug	40
Mit der Bahn	41
Mit dem Bus	42
Unterwegs in Warschau	**43**
Tarife im Nahverkehr	43
Metro	46
S-Bahn	46
Straßenbahn	46
Busse & Nachtbusse	46
Taxi	47
Auto & Mietwagen	47
Fahrrad	48
Zu Fuß	49
Sonstige Verkehrsmittel	50
Übernachten	**51**
Hotels und Pensionen	51
Appartements	56
Budget	57
Camping	58
Essen & Trinken	**59**
Im Restaurant	59
Kleine Speise- und Getränkekarte	60
Schnelles Essen	62
Vegetarisches Essen	62
Cafés & Heißgetränke	62
Nachtleben	**63**
Zentren des Nachtlebens	63
Kultur & Co.	**64**
Theater	64
Kabarett, Revue, Kleinkunst, Kindertheater	65
Oper, klassische Musik, Musical	65
Jazz	66
Rock, Pop & Folk	67
Kino	67
Das Festivaljahr	68
Sport & Wohlbefinden	**72**
Wissenswertes von A bis Z	**74**
Ärztliche Versorgung, Apotheken	74
Behinderte	74
Diplomatisches, Dokumente	75
Ermäßigungen	75
Feiertage	75
Fundbüro	75
Geld, Geldwechsel	75
Gottesdienst	76
Homosexualität	76
Information	77
Internet	78
Klima und Reisezeit	78
Kriminalität & Sicherheit	79
Notruf	79
Öffnungszeiten	79
Post	80
Rauchen	80
Telefonieren	80
Toiletten	80
Zeitungen, Zeitschriften	80

Inhalt

Warschau – Stadttouren und Ausflüge

Warschau – das Beste auf einen Blick		85
Tour 1	Stare Miasto: Durch die Altstadt	86
Tour 2	Nowe Miasto: Durch die Neustadt	104
Tour 3	Trakt Królewski: Auf Warschaus Prachtallee	116
Tour 4	Mariensztat und Powiśle: An der Weichsel entlang zum Sejm	130
Tour 5	Park Saski: Rund um den Park Saski	144
Tour 6	Centrum: Vom Kulturpalast zu den Wolkenkratzern	158
Tour 7	Śródmieście Północne (Nördliche Innenstadt): Auf den Spuren des Ghettos	172
Tour 8	Śródmieście Południowe (Südliche Innenstadt): Im Herz des Sozialistischen Realismus	192
	Abstecher zur Królikarnia	205
Tour 9	Łazienki Królewskie: Im grünen Warschau	206
Tour 10	Praga: Das andere Warschau	220
Tour 11	Żoliborz: Von der Zitadelle ins modernistische Warschau	236
Tour 12	Wilanów: In barock-klassizistischer Pracht	246
	Abstecher nach Natolin	255
Ausflüge in die Umgebung		256
	Żelazowa Wola	257
	Puszcza Kampinoska	259
	Gedenkstätte Treblinka	261

Etwas Polnisch	264
Register	269

Inhalt

Kartenverzeichnis

Warschau Übersichtskarte	vordere Umschlagklappe
Tour 1: Stare Miasto	89
Tour 2: Nowe Miasto	107
Tour 3: Trakt Królewski	118/119
Tour 4: Mariensztat und Powiśle	132/133
Tour 5: Park Saski	147
Tour 6: Centrum	160/161
Tour 7: Śródmieście Północne (Nördliche Innenstadt)	174/175
Tour 8: Śródmieście Południowe (Südliche Innenstadt)	194/195
Tour 9: Łazienki	209
Tour 10: Praga	222/223
Tour 11: Żoliborz	239
Tour 12: Wilanów	249

Zeichenerklärung für die Karten und Pläne

Hauptstraße	Anfang des Rundgangs	Zoo
Sonstige Straße	Ende des Rundgangs	Sehenswürdigkeit
Fußweg	Grünanlage	Supermarkt
Straßenbahnlinie	Jüdischer Friedhof	Synagoge
Eisenbahn	Parkplatz	Straßenbahnhaltestelle
	Museum	Denkmal

 Mit dem grünen Blatt haben unsere Autoren Betriebe hervorgehoben, die sich bemühen, regionalen und nachhaltig erzeugten Produkten den Vorzug zu geben.

Inhalt

Alles im Kasten

Bunte Träume von Warschau	27
Rasiermesserscharfe Architektur	35
Von Bauarbeiten, neuer Linienführung, geschlossenen Haltestellen …	44
Was lange währt, fährt endlich gut	45
Von Italien nach Prag in 30 Minuten	50
Zwischen Kreativkitsch und Küchenkunst	61
Graues Warschau? Grünes Warschau!	78
Warschau – das Beste auf einen Blick	85
Gemalter Phönix aus der Asche	88
Warschaus kleinstes Haus	111
Eine Palme für Warschau	121
Geld macht nicht glücklich, po warszawsku	135
Wenn viele arbeiten, damit eine lächelt …	145
Licht und Schatten	164
Sendlerowas Liste	178
Wo kleine Barbaras aus der Hand fressen	219
„Mama, lass uns die Bären trösten gehen!"	225
Wie eine große Idee an einem kleinen Baum scheiterte	237
Ein neues Wahrzeichen für Warschau	248

Was haben Sie entdeckt?

In welchem Hotel haben Sie sich wohlgefühlt, in welcher Karczma war es am urigsten, in welchem Restaurant am feinsten?

Wenn Sie Tipps, Anregungen oder Verbesserungsvorschläge zum Buch haben, lassen Sie es uns bitte wissen.

Schreiben Sie an: Magdalena Niedzielska-Szurmant/Jan Szurmant, Stichwort „Warschau" c/o Michael Müller Verlag GmbH | Gerberei 19, D – 91054 Erlangen
niedzielska.szurmant @michael-mueller-verlag.de

Inhalt

Vielen Dank!

Vielen Dank an Iwona Derecka-Weber für wertvolle Tipps zu Geschichte, Kultur und Stadtentwicklung, an Christof Schimsheimer für hilfreiche Tipps zu Nachtleben, Cafés und Restaurants. Dziękujemy Agnieszce Ciarkowskiej za pokazanie nam uroków swojego miasta. Außerdem möchten wir unseren Lesern für wertvolle Tipps und Hinweise danken: Sebastian Baur, Lucyna Bohlender, Jürgen Dregger, Dr. Thorsten Hemming, Jürgen Glöckner, Elena Knaack & Dörte Schütz, Dr. Jürgen Riedinger, Mechthild Saxler, Bettina Urbanek und Waltraut Wageneder.

Warschau: Die Vorschau

Schrille Widersprüche

Die Hauptstadt Polens ist eine Stadt der Kontraste, der harten Schnitte und spannenden Widersprüche. Zwischen der Tragik ihrer Geschichte und einer vielversprechenden Zukunft bewegt sich eine Stadt, die nie stillzustehen scheint. Eine Wirtschaftsmetropole und Finanzzentrum, das sogar auf die gegenwärtige Krise recht gelassen reagiert. In Warschau herrscht heute im Prinzip Vollbeschäftigung, weshalb neben dem schillernden, offen gezeigten Reichtum die Wendeverlierer umso deutlicher auffallen. Menschen, die den Anschluss an das entfesselte Warschau verloren haben, tummeln sich neben gehetzten Bankern; Rentner, die jeden Złoty dreimal umdrehen müssen, neben Jugendlichen, die die harten Zeiten der Stadt nur noch aus Erzählungen kennen. Harmonisch hingegen präsentiert sich Warschaus touristische Achse, die von der Altstadt über den Königstrakt bis hin zum berühmten Park Łazienki Królewskie, den „Königlichen Bädern", führt. Hier flaniert man vorbei an Palästen, luxuriösen Geschäften, feinen Cocktailbars und exklusiven Restaurants.

Faszinierendes Kaleidoskop

Doch auch das chaotisch pulsierende Warschau sollte man sich nicht entgehen lassen. Gelegenheit dazu bietet sich schon bei der Ankunft. Kaum ist man dem labyrinthartigen Gewürm im Untergrund des Zentralbahnhofs entkommen und ans Tageslicht gelangt, zeigt sich die Stadt wie in einem schrillen Kaleidoskop. Der von den Warschauern geliebt-gehasste Kulturpalast aus der Stalinzeit erschlägt mit seinem Bombast, fast schwindlig machen gigantische Plakatwände, vorbeihetzende Menschen, himmelsstürmende Wolkenkratzer, zwischendurch ein restaurierter Jugendstilpalast oder ein fahlgraues Überbleibsel aus sozialistischer Zeit. In Sekunden steckt man drin in

„Europas spannendste Architektur-Metropole"

dieser Stadt, die zwar nicht immer schön, dafür umso faszinierender ist. Vielleicht ist Warschau deshalb keine Stadt, die schnell zu greifen, einfach zu begreifen ist. Immer wieder vergleichen Warschauer ihre Stadt mit einer etwas unnahbaren Frau, die nicht sofort alles preisgibt von sich, um mit jedem Tag interessanter zu werden. Vielleicht deshalb lautet das Motto der Tourismuswerber schlicht: „Verliebe dich in Warschau". Und das tun Jahr für Jahr immer mehr Besucher.

„Starchitekten"-Skyline

Als Erstes ins Auge fällt die Skyline, die Warschau neben London, Moskau und Frankfurt zur bedeutendsten Hochhausstadt Europas macht, nach Meinung des renommierten Architekten Daniel Libeskind gar zur architektonisch interessantesten europäischen Metropole. Stars der internationalen Architektenszene wie Libeskind oder Sir Norman Foster haben hier ihre Spuren hinterlassen – ein städtebauliches Profil sozusagen irgendwo zwischen New York, Dubai und Tokyo. Doch nicht nur zeitgenössische Architektur lässt sich bestaunen. In den 1950er-Jahren entstanden zahllose Prunkbauten im Stil des „Sozialistischen Realismus", mit dem monströsen Kulturpalast als 231 Meter hohe Sahnehaube. Mindestens ebenso imposant sind die Schlösser und Paläste im sogenannten Styl Stanisławowski, einer polnischen Interpretation des Klassizismus.

Vielfältige Küche

Wie in keiner Stadt Polens genießt man die ausländische Küche wie in Warschau. Sushi scheint noch immer das Butterbrot der Businessclass zu sein, zur Lunchzeit strömt sie in eines der vielen Lokale mit den Fischhäppchen im Angebot. Hinzu kommen Luxusrestaurants mit Spitzenköchen aus aller Herren Länder. Wer weniger tief in die Tasche greifen will, steuert eine der

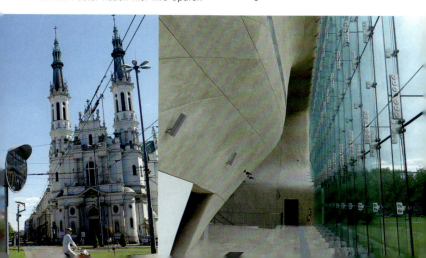

Warschau: Die Vorschau

asiatischen Suppenküchen an. Wegen der großen vietnamesischen Gemeinschaft isst man dort so authentisch wie in Fernost. Nicht zu vergessen natürlich die polnische Küche, die man einfach und günstig in einer „Milchbar" *(bar mleczny)* entdecken kann. Die Warschauer Gaststätten wiederum bringen altpolnische Spezialitäten in einfallsreichen Variationen von Wildgerichten und Mehlspeisen auf den Tisch, die in den derzeitigen „In-Restaurants" modern und leicht interpretiert werden.

Lange Nächte

Kurz nach der Wende eröffnete fast täglich ein neuer Club, eine neue Kneipe. Und es gibt sie immer noch, versteckt auf stillgelegten Fabrikgeländen oder gar in sozialistischen Wohnblocks. Mit den Jahren sind es zwar weniger geworden, doch haben die alternativen Nachtschwärmer auf der rechten Weichselseite längst eine neue Heimat gefunden: Im hippen Praga treffen sich Künstler und Outsider in außergewöhnlichen Bars und verruchten Kneipen. Rund um das Zentrum jedoch geht der Trend zu exklusiven Cocktailbars und Clubs mit exklusiver Gästeschar und exklusiven Preisen. Hier schluckt man dann eher Whiskey als Wodka, nippt lieber am Schampus, als ein Bier zu kippen. Fazit: Auch das sich stets wandelnde Warschauer Nachtleben spiegelt die kunterbunte Widersprüchlichkeit der Weichselstadt wider.

Kinderträume

Obwohl die wenigsten Kinder begeistert Städte bereisen, bietet Warschau viele Möglichkeiten, damit's nicht öde wird: Ein Zoo, fantasievolle Kindertheater, der Park Łazienki Królewskie, in dem zahme Eichhörnchen aus Kinderhänden naschen, Smyk, das riesige Spielzeug-Kaufhaus, kindgerechte Museen … Auf vielen unserer Stadttouren werden Sie Ziele finden, die die Kleinen erfreuen, z. B. das Fotoplasti-

„Welch eine Stadt: Schön. Stolz. Geheimnisvoll."

kon: Diese Mischung aus Diaprojektor und Kino der Pionierzeit begeistert Kinder – nicht zuletzt, weil es aus einer Zeit stammt, in der Oma und Opa noch nicht einmal geboren waren. Und die heiße Schokolade im Kaffeehaus Wedel sorgt seit mehr als 150 Jahren für schokoladenverschmierte, zufriedene Gesichter.

Geschichte erleben

Wohl in keiner Stadt der Welt ist der Zweite Weltkrieg noch so präsent wie hier. In einer Dokumentation der Kriegsereignisse wird Warschau treffend als die Stadt bezeichnet, die ihren eigenen Tod überlebte. Wo immer man einen Augenblick verweilt, erinnern große Denkmäler und kleine Schilder an die Opfer der Stadt. Zwischen den Wolkenkratzern tauchen unvermittelt Reste der Ghettomauer auf, ohne dass sie als solche zu erkennen sind, stehen Kriegsruinen neben ultramodernen Neubauten. Die russische Besatzung zur Zeit der Teilungen Polens im 19. Jahrhundert, Naziterror, Vernichtungswahn und nicht zuletzt der aufgezwungene Sozialismus haben die Metropole in ihrer Entwicklung um Jahrzehnte zurückgeworfen. Umso faszinierender und bewundernswerter sind die Veränderungen der letzten zwanzig Nachwendejahre, in denen sich Warschau zu einem der großen Zentren des modernen Europas entwickelt hat – und sich bis heute pausenlos verändert ...

> „Warschau. Eine seltsame Stadt. Nicht gemocht. Ständig kritisiert. Voller Unordnung. Abgewendet vom Fluss. Eine Stadt, die nicht sein sollte, aber ist. Schön. Stolz. Geheimnisvoll. Mit einer Atmosphäre, wie sie sonst nirgendwo zu finden ist. Voller Widersprüche."
>
> Agnieszka Grochowska, Schauspielerin, geb. 1979

Spielende Kinder im Innenhof des Metropolitan

Hintergründe & Infos

Geschichte der Stadt	→ S. 16	Essen & Trinken	→ S. 59
Architektur	→ S. 29	Nachtleben	→ S. 63
Literaturtipps,		Kultur & Co.	→ S. 64
CDs, Filme …	→ S. 36	Sport & Wohlbefinden	→ S. 72
Anreise	→ S. 39	Wissenswertes	
Unterwegs in Warschau	→ S. 43	von A bis Z	→ S. 74
Übernachten	→ S. 51		

Am Denkmal des Warschauer Aufstands

Geschichte der Stadt

Bei Warschau denken viele an die Zeit der Nazibesatzung und die brutale Zerstörung der Stadt. Schöne und stolze Spuren hinterließen in den Jahrhunderten davor die masowischen Herzöge, später die polnischen Könige. Und nach Jahren des erst hoffnungsvollen und schließlich hoffnungslosen Sozialismus hat sich Polens Hauptstadt zu einem internationalen Wirtschafts- und Finanzzentrum entwickelt, zur aufstrebenden Metropole Mitteleuropas.

Laut Legende stammt der Name der Stadt vom Fischer Wars und seiner Frau Sawa, denen eine Nixe ans Herz gelegt hatte, an der Weichsel eine Stadt zu errichten, die unzerstörbar sein werde. Nach einer anderen Legende durchschwammen einst zwei Sirenen die Tiefen der Ostsee. Die eine der Sirenen, ein Mischwesen aus Mensch und Fisch, ließ sich am Kopenhagener Hafen nieder, wo sie bis heute zu sehen ist. Die andere hingegen setzte ihren Weg bis Danzig fort und schwamm flussaufwärts bis zu einer schönen Sandbank im Urstromtal der Weichsel.

Dort, wo sich das heutige Warschau befindet, wurde sie von Fischern gefangen, da sie deren Fang aus den Netzen befreite. Ihr Gesang entzückte die Fischer jedoch so sehr, dass sie die Sirene freiließen und sich fortan ihrer Lieder erfreuten. Bald aber wurde sie von einem reichen Kaufmann gefangen, der sie auf Jahrmärkten als Sensation anpreisen wollte und sie bis zu ihrem ersten Auftritt einsperrte – bis ein Fischerjunge ihr Wehklagen hörte und sie befreite. Dankbar versprach sie, die Stadt fortan zu verteidigen.

Aus diesem Grund ist die Sirene heute als Skulptur, an Hauseingängen und als Maskottchen in Warschau allgegenwärtig – stets mit Schwert und Schild bewaffnet. Und sie sollte viel Arbeit ha-

Geschichte der Stadt 17

ben, denn die Geschichte Warschaus ist eine Geschichte von Krieg, Fremdherrschaft, Unterdrückung, Zerstörung und Aufständen. Ein Grund, weshalb viele berühmte Söhne und Töchter ihre Heimatstadt verlassen mussten. Fryderyk Szopen beispielsweise wurde als Frédéric Chopin in Paris bekannt, Maria Skłodowska erhielt als Marie Curie ihre Nobelpreise ebenfalls in der Seine-Metropole, und Isaac B. Singer bekam den Literaturnobelpreis für seine in New York verfassten Werke – die aber fast ausschließlich von seiner Warschauer Heimat handeln. Sie alle waren Warschauer zu Zeiten, als es hart war, hier zu leben. Dies hat sich mit dem Ende des Sozialismus grundlegend verändert: Die aktuelle Situation ist seit Jahrhunderten die freieste und wirtschaftlich stabilste: Warschau schickt sich an, seine traumatischen Erfahrungen endgültig als Vergangenheit abzustreifen.

Piasten-Dynastie und Stadtgründung

Im 6. Jh. ließen sich die slawischen Stämme der Wislanen und Polanen im Land nieder. Die Wislanen gründeten den so genannten Weichselstaat mit Krakau als Hauptstadt. Die Polanen, die den heutigen Landesnamen prägten, siedelten um Posen und Gnesen. Am Ende des ersten nachchristlichen Jahrtausends trat die Dynastie der Piasten auf den Plan, ein Königsgeschlecht der Polanen. Die Piasten kontrollierten das erstmals Polen genannte Herrschaftsgebiet, in dem Warschau zunächst keine Rolle spielte.

Die erste bescheidene Siedlung auf dem heutigen Stadtgebiet war das im 9. Jh. errichtete Bródno, heute ein Stadtteil auf der rechten Weichselseite nördlich von Praga (→ Tour 10). Ende des 10. Jh. eroberten die Piasten die um Warschau liegende Region Masowien. Jazdów, damals an einem bedeutenden Handelsweg zwischen dem Schwarzen Meer und der Ostsee gelegen, war eine weitere Ansiedlung im 12. Jh. an der Stelle, an der heute das Warschauer Ujazdowski-Schloss (→ Tour 9) steht. Hier zeigte sich zum ersten Mal, wie wichtig die Gegend des heutigen Warschaus für die zur Dynastie der Piasten zählenden masowischen Herzöge war: In Jazdów bauten sie eine ihrer Burgen. Die um die Burg siedelnden Bewohner mussten sich immer wieder gegen Angriffe zur Wehr setzen – und sich schließlich ergeben: Jazdów wurde 1262 von den Litauern erobert und mitsamt der Burg zerstört. Die vertriebenen Bewohner gründeten daraufhin die heutige Altstadt (→ Tour 1) rund um die Stelle, an der der masowische Herzog Bolesław II. später den Grundstein für das Königsschloss legte. Dieser Schritt war gleichbedeutend mit der Gründung Warschaus. Der genaue Zeitpunkt der Stadtgründung ist nicht historisch gesichert, auch wenn Warschau 1965 sein 700-jähriges Jubiläum feierte – erstmals urkundlich erwähnt wird Warschau aber erst im späten 13. Jh.

In den folgenden Jahren ging es mit der Siedlung schnell bergauf: Bereits 1334 erhielt Warschau unter dem damaligen Namen Warszowa das Stadtrecht. Viele Neuankömmlinge siedelten sich in dem neuen Städtchen an, und auch die Juden wussten nach den Pestpogromen in Westeuropa das „Land der goldenen Freiheit" zu schätzen – Warschau entwickelte sich schnell zu einem der wichtigsten Zentren des jüdischen Lebens in Mitteleuropa. Schon um 1350 war Warschau eine Stadt mit einigen Tausend Einwohnern, die meisten Gebäude der heutigen Altstadt entstanden in dieser Zeit.

Polens goldene Zeit – das Ende der Warschauer Provinzialität

Der Auftakt von Polens goldenem Zeitalter war gar nicht glänzend, König

Kazimierz Wielki (der Große) blieb die Geburt eines Thronfolgers verwehrt. Deshalb wurde Jadwiga, seine erst zwölfjährige Großnichte, aus machtpolitischem Kalkül dem litauischen Herrscher Jagiełło versprochen – die vereinigten Königreiche wurden damit zu Europas mächtigstem Reich: Polen erstreckte sich nun zwischen Ostsee und Schwarzem Meer, und es entwickelte sich zu Europas fortschrittlichstem und liberalstem Land. Auch Warschau profitierte von dieser Stärke – es lag zentral an der wichtigen Handelsstraße zwischen Krakau und dem litauischen Wilna. In dieser Zeit festigte die Stadt ihre Position im Herrschaftsgebiet der masowischen Herzöge, Warschau wurde zur Hauptstadt des Herzogtums. Die Regierungszeit von Herzog Janusz I. (1374–1429) gilt als die erste Blütezeit der jungen Stadt. Janusz' Nachfolger Bolesław IV. garantierte der jüdischen Gemeinde weit reichende Privilegien und förderte so die weitere Entwicklung der Stadt.

Unter König Zygmunt I. Stary erreichte das Königreich Polen seine größte Machtfülle, Wissenschaft und Kultur blühten auf. Die aus Mailand stammende Königsgattin Bona Sforza brachte die Renaissance und einige ihrer wichtigsten Künstler an den Königshof nach Krakau. Aber auch machtpolitischen Intrigen war sie nicht abgeneigt – die Vergiftung der beiden letzten masowischen Herzöge Stanisław I. und Janusz III. soll auf ihr Konto gehen. Mit deren Tod endete die bisherige herzögliche Provinzialität Warschaus, das von nun an zu einer bedeutenden Stadt unter der polnischen Krone wurde. Bona Sforza, inzwischen Königswitwe, verlegte 1548 ihren Hof schließlich vom Krakauer Wawel zum Warschauer Ujazdowski-Schloss. Damit bahnte sie eine entscheidende Veränderung an, die ein halbes Jahrhundert später Wirklichkeit werden sollte, als Warschau zur Hauptstadt des Königreichs wurde.

Zygmunt II. August gelang es, die Errungenschaften seines Vaters, mit dem er zeitweise zusammen regierte, weiterzuführen. Erst mit dem Tod von Zygmunt II. im Jahr 1572 endete Polens goldenes Zeitalter, von dem Krakau weitaus mehr profitierte als die kommende Hauptstadt Warschau.

Warschau wird Polens neue Hauptstadt

Auch König Zygmunt II. August war kein Sohn vergönnt, die Thronfolge wurde deshalb ab 1573 durch Wahlen bestimmt. Diese Abhängigkeit des Königs vom Adel führte immer wieder zu

Königin Jadwiga
(Gemälde im Nationalmuseum)

Machtkämpfen innerhalb der Aristokratie – es kam zu Wahlen, die für das Land nicht immer vorteilhaft waren. So stammten viele polnische Könige aus europäischen Adelshäusern, wovon sich der polnische Adel größeren Einfluss auf den König, aber auch einen Machtgewinn in Europa versprach. Von diesen höfischen Querelen war in Warschau nicht viel zu spüren – die Stadt hatte Anfang des 17. Jh. mit einer zweijährigen Pestepidemie und 1607 mit einem verheerenden Großbrand in der Altstadt zu kämpfen.

In dieser Zeit zog König Zygmunt III. Waza mit seinem Hof nach Warschau um, das ab 1609 endgültig zur neuen Hauptstadt Polens wurde. Mit diesem Umzug begann eine zweite Blütezeit der Stadt: Unzählige Prachtbauten und Kirchen im frühbarocken Stil wurden gebaut. Warschau boomte, und bald zählte die Stadt mehr als 50.000 Einwohner, darunter viele Geistliche, Magnaten und vermögende Vertreter des Landadels, die in den neu erschlossenen Stadtvierteln an den beiden Ufern der Weichsel wohnten. Die damals längste Brücke Europas wurde gebaut, um das ebenfalls aufblühende Praga (→ Tour 10) mit den linksseitigen Gebieten zu verbinden.

Die Sigismundsäule (Schlossplatz)

Die chronische politische Schwäche Polens im Machtkonzert der europäischen Staaten war jedoch ein gefundenes Fressen für seine Nachbarn. Mitte des 17. Jh. richteten Kosaken und Schweden mit Raubzügen im ganzen Land wie auch in Warschau schwere Schäden an. Während der Regierungszeit der drei polnischen Waza-Könige blutete das Land aus und verlor etwa ein Drittel seiner Bevölkerung! Gleichzeitig musste sich das damals an das Osmanische Reich grenzende Polen auch noch gegen die Türken wehren. Erst nach der Entscheidungsschlacht 1675 vor Wien unter dem Oberbefehl des polnischen Königs Jan III. Sobieski gelang es den europäischen Herrscherhäusern in einer konzertierten Aktion, das Osmanische Reich wieder zurückzudrängen.

So ging es um 1680 mit Polen noch einmal aufwärts, erneut setzte ein Aufschwung ein, der v. a. in Warschau zu spüren war: König Sobieski III. holte zahlreiche deutsche, niederländische und italienische Künstler und Baumeister in die Stadt, die mit ihren polnischen Kollegen Meisterwerke wie das Schloss in Wilanów (→ Tour 12) schufen. Die Regierungszeit von König August II. Mocny (der Starke) von 1697 bis 1733 war dann erneut von den Machtkämpfen des Adels bestimmt, der fließend Polnisch sprechende König aus Sachsen wurde in Thronfolgekriegen politisch aufgerieben. Umso erstaunlicher war es, dass er trotz alledem in

Warschau weitere barocke Prachtbauten hinterließ, darunter die sog. Sächsische Achse (→ Tour 5) mit ihren Anleihen an das französische Versailles. Nicht weniger bedeutend war die Regierungszeit von König Stanisław August Poniatowski (1764–1795). Ganz im Sinne der Aufklärung förderte die freie Kunst, gründete 1773 das erste Bildungsministerium der Welt und veranlasste Europas erste moderne demokratische Verfassung, die 1791 verabschiedet, aber schon zwei Jahre später von Preußen und Russland außer Kraft gesetzt wurde. Ganze Straßenzüge wurden in diesen Jahren im Stil des Klassizismus umgestaltet, der Königstrakt (→ Tour 3) auf seine heutige Länge erweitert und der Park Łazienki Królewskie (→ Tour 9) erweitert. Warschaus Bevölkerung stieg in diesen Jahrzehnten auf 150.000 Einwohner – Ende des 18. Jh. zählte die Stadt zu den größten Städten Europas. Des Königs politisches Schicksal stand allerdings unter einem schlechten Stern: Stanisław August Poniatowski sollte der letzte Polenkönig sein.

Die Teilungen Polens – Zeit der Fremdherrschaft

Im Gegensatz zu seiner Hauptstadt war Polen als Nation Ende des 18. Jh. durch Konflikte und Kriege geschwächt. Die expansiven Nachbarstaaten Russland, Preußen und Österreich-Ungarn nutzten diese Schwäche aus und teilten den „polnischen Kuchen" nach und nach unter sich auf – Russland biss von Osten zu, Preußen von Westen, das Habsburger Reich von Süden. Der erste „Bissen", historisch korrekt als „Erste Teilung Polens" bezeichnet, fand 1772 statt, die nächsten beiden 1793 und 1795. Sah es nach der Ersten Teilung 1772 noch so aus, als ob sich Polen erholen könnte, beendete die Zweite Teilung 1793 alle Hoffnungen. Der 1794 in Warschau vom Schustermeister Jan Kiliński geführte Aufstand gegen die russischen Besatzer scheiterte ebenso wie das gesamtpolnische Befreiungsstreben unter der Führung von General Tadeusz Kościuszko, einem späteren amerikanischen Freiheitskämpfer und Vertrauten von George Washington. Im Warschauer Stadtteil Praga folgte der Niederlage ein Massaker an der Zivilbevölkerung durch die russischen Truppen.

Schlimmer noch: Bald sollte Polen für mehr als ein Jahrhundert ganz von der Landkarte verschwinden. Nach der Dritten Teilung Polens 1795 wurde Warschau zunächst von Preußen besetzt. Verheerende wirtschaftliche Probleme waren die Folge, nicht zuletzt, weil ein Drittel der Bevölkerung vor den Besatzern aus der Hauptstadt geflohen war. Gänzlich verworren gestaltete sich die Lage von 1807 bis 1815, als das Herzogtum Warschau zu einem Satellitenstaat auf preußischem Boden von Napoleons Gnaden wurde. Nach dem Wiener Kongress (1815) wurde Warschau zunächst zur Hauptstadt des auch als „Kongresspolen" bezeichneten Königreichs Polen unter dem russischen Zaren. Die anfängliche weitgehende Souveränität unter dem Statthalter des Zaren erlaubte ein kurzes Aufblühen der Stadt in den Jahren bis 1830: Das Große Theater (→ Tour 5) wurde gebaut, die Zeit der Industrialisierung setzte ein.

Ein von jugendlichen Verschwörern initiierter Aufstand gegen das immer härtere russische Regime, der sog. Novemberaufstand von 1830, auch als Kadettenaufstand bekannt, scheiterte, die Besatzer zogen die Daumenschrauben weiter an. Für Warschau bedeutete dies eine Zeit der „Russifizierung": Die polnische Sprache wurde unterdrückt, die Kultur gemaßregelt, willkürliche Festnahmen und Folterungen in der Stadt waren an der Tagesordnung (→ Tour 11). Viele Intellektuelle, Künstler und Politiker flohen nach Paris, das sich zur Hochburg der polnischen Exilanten entwickelte, unter ihnen Frédéric Chopin oder Polens Nationaldichter Adam Mickiewicz. Im Ausland führten diese Ereignisse zu einer Romantisierung der polnischen Tragödie. So feierten die liberalen Kräfte in Deutschland auf dem Hambacher Fest 1832 geradezu begeistert die polnischen Freiheitsbestrebungen. Und auch die katholische Kirche war ein Hort der Freiheitskämpfer, einer der Gründe, der ihren bis heute andauernden Einfluss auf die polnische Gesellschaft erklärt.

Aber auch der Januaraufstand von 1863 gegen die russischen Besatzer führte nicht zur ersehnten Freiheit, im Gegenteil: Das Königreich Polen wurde aufgelöst, Polen wurde nun endgültig ein Teil des russischen Reichs. Für Warschau hatte dies aber auch wirtschaftliche Vorteile: Die Stadt stieg nach Moskau und St. Petersburg zur wichtigsten Metropole des Zarenreichs auf; v. a. der industrielle Fortschritt und ein vorsichtiger Optimismus prägten die letzten Jahrzehnte des 19. Jh.

Die endgültige Befreiung Polens von russischer, deutscher und österreichischer Fremdherrschaft gelang den Truppen unter Marschall Józef Piłsudski am Ende des Ersten Weltkriegs von Krakau aus, der den politischen und militärischen Zusammenbruch Russlands und Deutschlands als Chance für Polen nutzte. Am 11. November 1918 traf Piłsudski im bis dahin von deutschen Truppen besetzten Warschau ein – ein Tag der Befreiung, der seitdem als polnischer Unabhängigkeitstag gefeiert wird.

Zwischen den Kriegen: Die 20er- und 30er-Jahre

Der Versailler Vertrag von 1919 sah vor, dass Warschau und die umliegenden Gebiete unter bisher russischer Herrschaft dem seit 1918 wieder auf der Landkarte verzeichneten Polen eingegliedert werden sollten – die den Teilungen Polens folgende politische Nichtexistenz des Landes war damit Geschichte.

Doch schon bald musste sich der junge Staat gegen einen neuen Angriff wehren. Das nach der Oktoberrevolution 1917 im Bürgerkrieg befindliche Sowjetrussland versuchte, die Revolution gen Westen über Polen nach Deutschland auszubreiten. Doch unter dem Oberbefehl von General Piłsudski gelang es der polnischen Armee 1920, die Schlacht gegen eine überlegene Rote Armee für sich zu entscheiden: Das „Wunder an der Weichsel" sicherte den Fortbestand Polens. In den 30er-Jahren wird General Piłsudski zur zentralen politischen Identifikationsfigur: Polen sollte zur „Heimat vieler Nationen und Gemeinschaft vieler Kulturen" werden, in der auch die Menschen jüdischer Herkunft ihren Platz haben sollten.

Die kurze Zeit zwischen den beiden Weltkriegen, besonders die „Goldenen Zwanziger" waren von schneller Veränderung geprägt, Warschau erlebte einen regelrechten Bauboom, die Warschauer Bohème feierte, wie in Berlin, ihre neuen Freiheiten – die Stadt entwickelte sich zu einem blühenden kulturellen Zentrum, dessen Vielfalt nicht zuletzt die jüdischen Neuankömmlinge bereicherten – die jüdische Bevölkerung machte bald ein Drittel der Gesamtbevölkerung aus. Doch ähnlich wie in Deutschland war dieser Neuanfang angesichts von Inflation und Arbeitslosigkeit auf Sand gebaut. So wurde 1922 der erste Präsident der Zweiten Republik, Gabriel Narutowicz, von einem nationalistischen Fanatiker ermordet; die Wut über bittere Armut und soziale Ungerechtigkeit entluden sich 1923 in einem Aufstand der Arbeiter. 1929 folgte schließlich der Schock der Weltwirtschaftskrise, von dem sich das Land nur langsam erholte. In Warschau gelang es dem seit 1934 amtierenden Stadtpräsidenten Stefan Starzyński, die

Arbeitslosigkeit allmählich wieder zu senken und Infrastrukturprojekte in Gang zu setzen. Warschau begann sich wieder zu erholen. Mitte der 30er-Jahre zählte die Stadt 1,3 Millionen Einwohner, und für die 40er-Jahre zeichnete sich eine Fortsetzung des Aufschwungs ab – eine Entwicklung, die durch den Kriegsbeginn und die deutsche Besetzung beendet wurde.

Zweiter Weltkrieg und deutsche Besetzung

Der Überfall Deutschlands auf Polen im September 1939 bedeutete den Beginn des Zweiten Weltkriegs, wenige Wochen später war auch Warschau von den deutschen Truppen besetzt. Die Besatzer zerstörten oder raubten viele Kunstschätze der Warschauer Museen und Kirchen und begegneten der Bevölkerung arrogant und voller Hass – ein Ergebnis der antipolnischen Vorkriegspropaganda in Deutschland. Weit schlimmer aber war, als der rassistischen Ideologie Taten folgten. Die jüdische Bevölkerung wurde fast ausnahmslos in einem in den Stadtvierteln Wola und Nördliche Innenstadt neu errichteten Ghetto interniert oder in Konzentrationslager wie Treblinka und Auschwitz deportiert. Von den fast 500.000 Warschauer Juden der Vorkriegszeit überlebten am Ende nur etwa 20.000, denen mit Hilfe andersgläubiger Polen und einiger weniger frei gebliebener Juden die Flucht gelungen war – das Schicksal eines dieser Überlebenden hat Roman Polański in seinem Film „Der Pianist" verewigt. Doch nicht nur die jüdische Bevölkerung musste Qualen erleiden, einem großen Teil der katholischen Polen und auch der Elite des Landes erging es nicht besser. Insgesamt starb in den Kriegsjahren fast die Hälfte der Warschauer, die Stadt war 1945 zu 80 % zerstört, die Viertel am linken Weichselufer sogar noch mehr.

Zwei Warschauer Aufstände gegen den Naziterror waren und sind für das polnische Selbstverständnis von zentraler Bedeutung, weshalb wir sie hier genauer schildern. Bemerkenswert in diesem Zusammenhang ist, dass sich der frühere Bundespräsident Roman Herzog einen peinlichen Schnitzer erlaubte, als er anlässlich des 50. Jahrestags des Warschauer Aufstands (1944) diesen mit dem Aufstand im Warschauer Ghetto (1943) verwechselte ...

Warschauer Ghetto und Ghettoaufstand 1943

Das von den deutschen Besatzern verharmlosend als „Jüdischer Wohnbezirk in Warschau" bezeichnete Ghetto war das größte seiner Art in den vom Dritten Reich kontrollierten Gebieten. Mitte 1940 trieben die Nazis zwischen den Bahnhöfen im Süden und dem Jüdischen Friedhof im Norden fast alle der rund 500.000 Juden der Hauptstadt zusammen. Doch nicht nur die Warschauer jüdischer Herkunft, auch Juden aus ganz Europa wurden deportiert und ins Warschauer Ghetto gepfercht. Trotz der relativ großen Fläche von 400 ha war der Platz für die Internierten extrem eingeschränkt, auf 2,4 % der Fläche Warschaus musste nun mehr als ein Drittel seiner Einwohner leben. Und die Lebensbedingungen hinter den Ghettomauern waren katastrophal: Die Lebensmittelrationen waren auf 180 Kalorien täglich beschränkt (das ist etwa ein Butterbrot), zudem fehlten Medikamente, Seife und Ähnliches. Obwohl die jüdische Selbsthilfe Żytos, amerikanische Hilfsorganisationen und Warschauer Bürger unter Einsatz ihres Lebens zu helfen versuchten, waren bereits Mitte 1942 fast 100.000 Bewohner des Ghettos an Mangelerscheinungen gestorben.

Nachdem das Ghetto in einen nördlichen und südlichen Teil getrennt worden war, verbunden durch einen hölzernen Übergang, begannen die Nazis mit der „Auflösung" des Lagers: Über den Umschlagplatz (→ Tour 7) wurden ab Juli 1942 in nur zwei Monaten mehr als 250.000 Juden mit Viehwaggons in das Vernichtungslager Treblinka (→ Ausflug Gedenkstätte Treblinka) transportiert und dort ermordet. Diese Schrecken dokumentierte der Historiker Emanuel Ringelblum in seinem bekannten Archiv mit der Tarnbezeichnung Oneg Schabbat. In zehn wasserdichte Metallkisten verstaut, wurden seine Dokumente im Keller einer ehemaligen Schule eingemauert, heute sind sie im Jüdischen Historischen Institut (→ Tour 5) zu finden. Prominente Persönlichkeiten im Ghetto waren neben Ringelblum der Pädagoge Janusz Korczak (→ Tour 8 und Ausflug nach Treblinka) und der Kommandant der Jüdischen Kampforganisation ŻOB, Mordechaj Anielewicz, die wie Ringelblum später ermordet wurden. Von den wenigen Überlebenden wurde der Pianist Władysław Szpilman durch Roman Polańskis Verfilmung seiner Biografie bekannt, sowie in Deutschland der Literaturkritiker Marcel Reich-Ranicki. Insgesamt 20.000 Juden, darunter viele Kinder, konnten von Privatleuten und Organisationen wie der Żegota (→ Kasten S. 178) gerettet werden; sobald sie befreit waren, wurden sie mit gefälschten Pässen in Waisenhäusern und bei Gastfamilien versteckt.

Reste der Ghettomauer

Den Tod vor Augen, fand von Mitte April bis Mitte Mai im Ghetto die größte jüdische Widerstandsaktion gegen die Shoah statt, die als Aufstand im Warschauer Ghetto in die Geschichte einging: Heinrich Himmler, Reichsführer der SS, hatte für den 19. April 1943 ein grausiges Geburtstagsgeschenk für Hitler geplant: Er wollte bis zu diesem Tag die rund 56.000 noch lebenden Ghettobewohner auslöschen. In dieser verzweifelten Lage begann der Aufstand, die Jüdische Kampforganisation ŻOB (Żydowska Organizacja Bojowa) schlug mit Hilfe von Waffen der polnischen Armee zurück. Fast einen Monat dauerten die Kämpfe, bevor es den deutschen Truppen gelang, den Aufstand blutig niederzuschlagen. SS-Brigadeführer Jürgen Stroop sprach anschließend von einer „unvergesslichen Allegorie des Triumphes über das Judentum", nachdem mit der Sprengung der Großen Synagoge am 16. Mai die Kämpfe beendet waren und alles in Trümmern lag. Den Sieg seiner Truppen rapportierte er mit folgendem Telegramm: „Gesamtzahl der erfassten und nachweislich vernichteten Juden beträgt insgesamt 56.065." Und lobend berichtete er: „Meine Leute haben ihre Pflicht einwandfrei erfüllt. Ihr Kameradschaftsgeist war beispiellos." Bei den Kämpfen wurden etwa 7000 Juden und rund 300 SS-Soldaten getötet, die noch lebenden Juden wurden in Massenerschießungen hingerichtet oder nach Treblinka deportiert. Vergeblich war der Aufstand dennoch nicht, so die Historikerin Leni Yahil, denn „die Botschaft ging weit über die Mauern des in Ruinen gelegten Ghettos hinaus".

Warschauer Aufstand 1944 und Ende des Weltkriegs

Der Warschauer Aufstand hingegen war die weltweit größte Widerstandsaktion gegen die Nazis. Für Polen war er einer der blutigsten und am Ende aussichtslosesten Kämpfe, mit denen das Land je konfrontiert war. Schon vor dem Ghetto-Aufstand 1943 leisteten die Warschauer aus dem Untergrund Widerstand, es gab Zeitungen und geheim organisierte Hochschulen. Das Erkennungszeichen war das bis heute überall in der Stadt zu sehende Kürzel PW (Polska Walcząca – „Kämpfendes Polen"), wegen seiner Form auch *Kotwica* (Anker) genannt. Anfang 1942 formierten sich mit Hilfe der polnischen Exilregierung in Großbritannien Widerstandsgruppen zur sogenannten Heimatarmee (Armia Krajowa – AK). Ihr unterstellt war der ebenfalls in die Partisanenaktionen eingebundene Pfadfinderverband Szare Szeregi (Graue Reihen). Die deutschen Besatzer reagierten auf die Kämpfer – diese konzentrierten sich bei ihren Attentaten auf ranghohe und besonders grausame Nazis – sowie die ständige Nicht-Kooperation der Warschauer mit drakonischen Strafen gegen die Zivilbevölkerung: Hinrichtungen und Deportationen in die Konzentrationslager waren an der Tagesordnung.

Nach immer heftigeren Kämpfen an der Ostfront erreichte die Rote Armee Anfang Juli 1944 Polen und stieß in wenigen Tagen bis an das rechte Weichselufer vor. Der Zeitpunkt für einen Aufstand schien günstig, und der Oberbefehlshaber der Heimatarmee, General Tadeusz Bor-Komorowski, gab am 1. August 1944 den Befehl zum Losschlagen, zur sogenannten godzina W. (Stunde der Befreiung).

Trotz schlechter Ausrüstung gelang es den Aufständischen unter hohen Verlusten, die Stadtteile am linken Weichselufer zu befreien. Als Reaktion ließ Heinrich Himmler am 3. und 4. August mehrere Tausend SS-Leute aufmarschieren und gab den Befehl, Warschau vollkommen zu vernichten und jeden Einwohner, ohne Rücksicht auf Alter und Geschlecht, zu töten. Es folgten Massenerschießungen, Brandschatzungen und die Sprengung von Wohnhäusern. Daraufhin schlossen sich weitere Untergrundorganisationen dem Aufstand an, unter ihnen notgedrungen auch viele Kinder.

Während die britische Royal Air Force die Aufständischen mit Versorgungs- und Waffenflügen unterstützte, ließ Stalin die Rote Armee tatenlos abwarten. In der Nacht vom 4. auf den 5. August musste die Royal Air Force schwere Verluste hinnehmen; den USA, die mit Bombern zu Hilfe kommen wollte, wurde die Zwischenlandung auf sowjetischen und von der Roten Armee kontrollierten Flughäfen untersagt. Die deutsche Armee nutzte die Situation und verstärkte ihre Truppen mit schwerer Artillerie, Panzern und Bombern. Erst als die Niederlage der Warschauer Aufständischen feststand, begann die Rote Armee mit ersten Vorstößen und erlaubte den US-Flugzeugen die Zwischenlandung. Doch die Hilfe kam zu spät – so wie es Stalin beabsichtigt hatte.

Den Warschauer Aufständischen blieb nur die Flucht in das Kanalisationssystem, das sie zur Kommunikation und Fortbewegung nutzten. Als die polnische Armee am 2. Oktober nach 63 Tagen kapitulierte, waren fast 200.000 zivile Opfer zu beklagen, hinzu kamen 20.000 tote Soldaten der Heimatarmee. 300.000 Warschauer wurden vertrieben

Noch heute überall sichtbares Kürzel der Warschauer Widerstandsbewegung

oder in die Konzentrationslager verschleppt. Danach begann die systematische Zerstörung der Stadt, d. h. die Zerstörung all dessen, was den Krieg noch halbwegs unbeschadet überstanden hatte. Fast 90 % der Gebäude westlich der Weichsel waren vernichtet, als die Rote Armee Mitte Januar 1945 endlich in Warschau einmarschierte.

Das ersehnte Ende des Zweiten Weltkriegs bedeutete für Polen nicht nur Befreiung: Die für ein unabhängiges und demokratisches Polen kämpfenden Aufständischen wurden von den stalinistischen Befehlshabern kriminalisiert, viele von ihnen, v. a. die Offiziere, wurden in sibirische Arbeitslager verschleppt. Auch in den Nachkriegsjahren zählte Polen nicht wirklich zu den Siegermächten: Es verlor einmal mehr seine Souveränität, ein fast vollkommen verwüstetes und zerstörtes Land musste wiederaufgebaut werden; zudem verhinderten der Staatssozialismus und die allgegenwärtige Mangelwirtschaft eine Entwicklung wie in Westeuropa. Insofern ist das im Jahr 2004 zum 60. Jahrestag eröffnete Museum des Warschauer Aufstands (→ Tour 7) auch ein Versuch, die damaligen Kämpfe aufzuarbeiten und ihnen einen gebührenden Platz in der Geschichte Polens zu geben.

Der ganz reale Sozialismus: Warschau 1945 bis 1989

Noch in letzten Kriegsmonaten 1945 wurde Polen von der Sowjetunion besetzt und die polnischen Grenzen im selben Jahr nach Westen hin verschoben. Warschau wurde zwar erneut zur Hauptstadt, doch musste sie erst einmal von Trümmerbergen befreit und Stein für Stein wieder aufgebaut werden. Aufgrund der gewaltigen Zerstörungen, der immensen Kosten und der bitteren Wohnungsnot konnten viele Gebäude nicht wieder rekonstruiert werden, ganze Straßenzüge wurden neu geplant. Davon waren besonders die als bürgerlich verschrienen Häuser und Paläste im Jugendstil betroffen – das Architektur-Dogma des „Sozialistischen Realismus" gab in diesen Jahren auch in

Warschau den Ton an. Die Spuren dieser Zeit lassen sich heute in der ulica Marszałkowska (→ Tour 8) und besonders bei Stalins ungeliebtem Geschenk, dem Kulturpalast (→ Tour 6), begutachten.

Trotz alledem dominierte im ersten Nachkriegsjahrzehnt zuversichtliche Aufbruchstimmung – auch wenn der sowjetische Diktator Stalin an der Bereitschaft des jungen Polens, sich auf den Sozialismus einzulassen, zweifelte – zu Recht, wie sich bald zeigte. Vielleicht wurde eben deshalb, gleichsam zur Untermauerung des sowjetischen Herrschaftsanspruchs, 1955 der Vertrag in der polnischen Hauptstadt unterzeichnet, der als der Warschauer Pakt in die Geschichte einging.

Überall im Land gab es in den Nachkriegsjahren immer wieder Aufstände und Protestaktionen für mehr Demokratie und gegen das stalinistische Regime, die von staatlicher Seite gewaltsam und blutig unterdrückt wurden. Ironischerweise waren es v. a. die von der Polnischen Arbeiterpartei umworbenen Proletarier, die sich für die Kirche einsetzten und gegen die sozialistische Bürokratie rebellierten. Nach den landesweiten Aufständen von 1956 gegen das stalinistische Regime von Ministerpräsident Bolesław Bierut gelang es der Elite des Landes, sich Freiheiten zu erkämpfen, die im Vergleich zu den benachbarten „sozialistischen Bruderstaaten" geradezu großzügig waren, allerdings besonders Künstlern und Intellektuellen zugute kamen – die Arbeiter hingegen mussten noch lange warten.

Die Beziehungen zur BRD als westlicher Staat des damals noch geteilten Deutschlands verbesserten sich Schritt für Schritt. 1970 tat der damalige Bundeskanzler Willy Brandt in Warschau seinen legendären Kniefall, mit dem er symbolisch um Vergebung bat für all das Leid, das Nazideutschland seinem Nachbarn zugefügt hatte (→ Tour 7). Anlass für Brandts historischen Kniefall war die Unterzeichnung der sog. „Ostverträge", in denen Deutschland (West) die Oder-Neiße-Grenze als Ostgrenze Deutschlands endgültig anerkannte.

Schon in den späten, von Massendemonstrationen und Widerstand geprägten 60er-Jahren war es der Kirche gelungen, zur bedeutenden Gegenmacht im Staat zu werden. Eine zentrale Rolle spielte dabei der Warschauer Geistliche Stefan Wyszyński, der wegen seiner Verdienste später als polnischer „Primas des Jahrtausends" gefeiert wurde. Der Verlust an Ansehen und Einfluss der sozialistisch-atheistischen Machthaber verstärkte sich 1978 mit dem Pontifikat von Johannes Paul II., der bereits kurz nach seiner Wahl sein Heimatland als „polnischer Papst" besuchte.

Am Kulturpalast

Von diesem Zeitpunkt an kämpfte die Opposition immer offener und selbstbewusster gegen das System, so auch der der Gewerkschaft Solidarność nahestehende Priester Jerzy Popiełuszko, der 1984 vom polnischen Staatssicherheitsdienst entführt und ermordet wurde, was den Widerstand aber nur verstärkte.

In den von Mangelwirtschaft und Armut geprägten 80er-Jahren versuchte die Staatsspitze unter General Jaruzelski verzweifelt, die Lage durch die Verhängung des Kriegszustands unter Kontrolle zu bekommen, doch der Freiheitswille war inzwischen stärker als die staatlichen Repressalien. Die Frage, ob Jaruzelski wegen des drohenden Einmarsches der russischen Armee zu diesem Schritt gezwungen war, wird wohl unbeantwortet bleiben. Fakt aber ist: Der europäische Sozialismus endete 1989 in Polen, das mit Tadeusz Mazowiecki den ersten nichtkommunistischen Ministerpräsidenten im damals noch existierenden Ostblock wählte.

Bunte Träume von Warschau

Westeuropäer stellen sich den sozialistischen Alltag meist als eine einzige graue Langeweile vor. Wenig bekannt ist, dass es auch im real existierenden Sozialismus eine Studentenbewegung gab. Die polnischen Blumenkinder schneiderten sich ihre bunten Klamotten selbst, es gab Demos, haschgeschwängerte Träume und Rockstars. Der Star dieser Zeit in den Grenzen des Warschauer Pakts war Czesław Niemen (1939–2004), der sich von einigen seiner westlichen Rock-Kollegen allerdings klar unterschied. Statt hemmungslosem Drogenkonsum zu frönen, blieb er abstinent, statt zerstörte Hotelzimmer zu hinterlassen, blieb er bescheiden und höflich – Niemen war tief verwurzelt im katholischen Glauben. Zur Hymne seiner Generation wurde 1967 „Dziwny jest ten świat" (Seltsam ist diese Welt), eine gefühlvolle Anklage gegen Hass, Gewalt und die Schlechtigkeit des Menschen. Von Danzig bis nach Skopje, von Prag bis Wladiwostok sang die Jugend seine Zeilen. Musikalisch startete der Multiinstrumentalist und Sänger mit beatleinspirierten Balladen und Schlagern, bevor er seinen eigenen Stil fand, irgendwo zwischen avantgardistischem Rock, Jazz, Kirchenmusik und ostpolnischer Folklore mit Texten voller Poesie. Beeindrucken konnte er auch Marlene Dietrich bei einem gemeinsamen Konzert im Warschauer Kulturpalast 1964, woraufhin sie sein „Czy mnie jeszcze pamiętasz" (Erinnerst du dich noch an mich) unter dem deutschen Titel „Mutter, kannst du mir vergeben" neu vertonte. Bis auf kurze Aufenthalte in Italien und den USA, einige Touren und Aufnahme-Marathons blieb Niemen seiner Heimatstadt Warschau treu, der er im Lied „Sen o Warszawie" (Traum von Warschau) diese Zeilen widmete:

Ich habe, wie du / Meine Stadt und darin / Meine schönste Welt / Meine schönsten Tage / Dort ließ ich bunte Träume / Irgendwann werde ich die Zeit anhalten / Und mit den Flügeln wie ein Vogel / Werde ich fliegen mit aller Kraft / Dorthin wo meine Träume sind / Und die bunten Warschauer Tage.

Derzeit will eine Bürgerbewegung diese inoffizielle Hymne der polnischen Hauptstadt zur offiziellen adeln lassen – bei den Fußballspielen des Hauptstadtclubs Legia Warszawa erklingen ihre Zeilen aus Tausenden von Kehlen schon jetzt.

Wendezeit, EU und 21. Jahrhundert

Nach der Wende 1989 herrschte in Warschau wie überall im Land Aufbruchstimmung. In das Gebäude der Polnischen Arbeiterpartei zog die Wertpapierbörse, ein Vorgang mit geradezu symbolischem Charakter. Auch die frühen 90er-Jahre haben die Warschauer als aufregend in Erinnerung. Endlich konnte die Metro ihren Betrieb aufnehmen, dringende Renovierungsarbeiten wurden angepackt, zahlreiche Wolkenkratzer gebaut, als wollten sie den Anspruch Warschaus als neues Finanzzentrum in Mitteleuropa unterstreichen. Die Stimmung in der Stadt war ähnlich anarchisch wie im Berlin der Nachwendezeit, mit dem Warschau um den Titel als größte Baustelle Europas zu konkurrieren schien. Allerdings brachte die Zeit des Umbruchs besonders in der zweiten Hälfte der 90er-Jahre auch gravierende Probleme. Die Arbeitslosenzahlen stiegen rasant, die wirtschaftliche und soziale Situation veränderte sich so schnell, dass viele Polen den Anschluss verloren. Doch mit dem Erreichen der „kapitalistischen Volljährigkeit" präsentiert sich Warschau so schön und stolz wie lange nicht mehr. Etwa seit 2005 herrscht in Warschau – im Gegensatz zu ländlichen Regionen – Vollbeschäftigung, das Durchschnittseinkommen in Warschau ist entschieden höher als in anderen Teilen Polens. Die städtische Infrastruktur verbessert sich Schritt für Schritt, lange aufgeschobene Restaurierungsarbeiten werden vollendet, die Bauwirtschaft boomt ... das polnische „Wirtschaftswunder" – ein Meilenstein im Vergleich zu 1989 – wurde Wirklichkeit.

Nicht zuletzt der Beitritt Polens zur EU im Mai 2004 brachte Warschau wieder zurück ins Blickfeld des Kontinents. So steht die Warschauer Stadtpräsidentin heute in engem Kontakt zu Berlins Regierendem Bürgermeister; der wirtschaftliche und künstlerische Austausch zwischen den beiden Nachbarhauptstädten ist intensiv wie nie zuvor, und auch touristisch erfreut sich die Weichselmetropole großer Beliebtheit: Mit etwa 10 Millionen Besuchern gelang es Warschau 2008 erstmals seit Jahrzehnten, Krakau, die frühere Hauptstadt und zweites touristisches Zentrum des Landes, bei den Touristenzahlen zu überholen.

So blickt Warschau voller Optimismus in die Zukunft; kein Wunder, berichten die Zeitungen doch ständig von neuen, spektakulären Bauvorhaben. Als 2012 zur Fußball-EM die Massen in die Metropole strömten, gab es sogar bei Polenkennern staunende Augen – und das nicht nur im neuen Nationalstadion.

Das Intraco I ist ein Vorreiter des derzeitigen Hochhausbooms

Warschaus Architekturcocktail bietet spannende Kontraste und ungewöhnliche Perspektiven

Architektur

Harte Worte zur Architektur der polnischen Hauptstadt fand der Korrespondent der „Welt" und Warschau-Kenner Gerhard Gnauck: „Irgendwie erinnert diese Metropole an eine lebenshungrige, einstmals schöne Frau, der ein Säureanschlag einen Teil ihres Gesichts entstellt hat." Doch seit Jahren schon machen sich Stadtplaner, Architekten und Restaurateure als „plastische Chirurgen" verdient, um den weniger schönen Teilen Warschaus ein neues Antlitz zu geben.

Während sich das touristische Warschau von der Neustadt und Altstadt einem Rückgrat gleich über den Königstrakt bis zur Parkanlage der Łazienki Królewskie, den „Königlichen Bädern", zieht, sieht es außerhalb dieser harmonischen Achse tatsächlich chaotischer aus. Die meisten der touristisch interessanten Teile der Stadt mit ihren Kirchen, Häusern und Palästen wurden übrigens erst nach dem Zweiten Weltkrieg wieder aufgebaut: gotische, barocke und klassizistische Bauten – sie alle sind meist kaum älter als ein halbes Jahrhundert. Aus diesem Grund gilt der Stadtteil Praga auf der rechten Weichselseite bei vielen Warschauern als die eigentliche Altstadt – hier stehen die meisten der Häuser, die den Krieg ohne Zerstörung überlebt haben.

Vor dem Zweiten Weltkrieg zählte Warschau zu den schönsten Städten Europas. Und die nächsten Jahre werden zeigen, dass sich die immer wieder neu erfindende Stadt mit ihrem architektonischen Cocktail aus neuen Wolkenkratzern und modernen Glaspalästen kaum mehr vor den anderen Metropolen des Kontinents verstecken muss.

Barock und Styl Stanisławowski

Im Gegensatz zu Gotik und Renaissance ist der **Barock** einer der beiden dominierenden klassischen Architekturstile in Warschau, so prägend und eigenständig, dass auch vom Warschauer Barock gesprochen wird. In der ersten Hälfte des 17. Jh. waren v. a. die Bauwerke von *Giovanni Lorenzo Bernini* (1598–1680), *Matteo Castelli* (1560–1632), *Augustyn Locci* (1601–1660) und *Józef Szymon Bellotti* (gest. 1708) bedeutend; die Werke dieser italienischen Einwanderer beeinflussten viele polnische Architekten. Trotzdem war auch im 17. Jh. ein Ausländer als Vertreter der klassizistischen Strömung im Barock der gefragteste und einflussreichste Architekt: der Niederländer *Tylman van Gameren* (1632–1706).

Ein namhafter Architekt des **Rokoko** war der in Sachsen geborene *Jan Zygmunt Deybel von Hammerau* (Johann Sigmund Deybel, 1685–1752). Beeinflusst von der französischen Architektur seiner Zeit, plante er u. a. den **Pałac Saski** (Sächsisches Palais, 1713–1749), dessen geplante Rekonstruierung auf unbestimmte Zeit verschoben wurde, sowie weitere Paläste auf der sogenannten **Sächsischen Achse** (Tour 5), die von der ulica Krakowskie Przedmieście bis zu den Koszary Mirowskie (Mirów-Kasernen) verlief.

Unter König Stanisław August Poniatowski (1764–1795) war Warschau eines der Zentren des Klassizismus. Der Einfluss des Königs auf seine Hofarchitekten und sein Mäzenatentum waren so bedeutend, dass auch vom **Styl Stanisławowski** (Stanisław-Stil) gesprochen wird. Obwohl er von italienischen und französischen Bauten inspiriert ist, handelt es sich hier um einen eigenständigen Stil; seine Formgebung war eher klassizistisch, doch sein prunkvoller Detailreichtum, die Verzierungen, der Stuck und der Einsatz intensiver Farben erinnert an den Barock. Nicht nur in der Gebäudearchitektur war der Styl Stanisławowski präsent, auch in der Gestaltung des Interieurs, in Malerei und Bildhauerei hinterließ er Spuren, bestens zu sehen im **Zamek Królewski** (Königsschloss, Tour 1) und im **Pałac Wilanowski** (Wilanów-Palais, Tour 12). Die Säle im Schloss gestaltete *Jakub Fontana* (1710–1773), den Umbau setzte nach dessen Tod der ebenso kunstfertige *Domenico Merlini* (1730–1797) fort; bedeutende Skulpturen und Büsten im Schloss hinterließ der Bildhauer *Andrzej Le Brun* (1737–1811). Auch in den **Łazienki Królewskie**, den

Das Wilanów-Palais – Paradebeispiel für den Warschauer Klassizismus

„Königlichen Bädern" (Tour 9), dominiert der vom König protegierte Stil die Gebäude und Inneneinrichtung, z. B. im von Merlini gestalteten **Pałac na Wodzie** (Palast auf dem Wasser, Umbau 1788–1793). In seiner Nähe hat mit dem **Teatr na Wyspie** (Theater auf der Insel, 1790) der aus Dresden stammende *Jan Chrystian Kamsetzer* (1753–1795), einer der wichtigsten Vertreter des Klassizismus in Warschau, seine Spuren hinterlassen. Erwähnenswert auch der einflussreiche Merseburger Baumeister *Szymon Bogumił Zug* (1733–1807), der u. a. den *Pałac Potockich* (Potocki-Palais, 1780–1782) in Natolin (Abstecher 2) baute, sowie *Efraim Szreger* (1727–1783) und *Chrystian Piotr Aigner* (1756–1841).

Neoklassizismus und Historismus

Charakteristisch für den Historismus sind die Neuinterpretationen älterer Baustile. In der polnischen Hauptstadt spielte v. a. der Neoklassizismus eine wichtige Rolle, der sich vom Styl Stanisławowski durch einen politischen Schnitt unterscheidet. Nach den Teilungen Polens war Warschau von 1796 bis 1807 preußisch besetzt, von 1807 bis 1815 wurde es zum bedingt selbstständigen Herzogtum Warschau. Die Zeiten imposanter Architektur waren also erst einmal vorbei. Erst seit dem auf dem Wiener Kongress (1815) beschlossenen Ende des von Napoleon Bonaparte abhängigen Satellitenstaats ging es mit „Kongresspolen" architektonisch wieder bergauf. In der Folgezeit entstanden viele Paläste, Wohnhäuser und Gebäude des politischen, öffentlichen und kulturellen Lebens: u. a. die **Giełda Papierów Wartościowych** (Wertpapierbörse, 1817), die **Bank Polski** (1828) und die **Uniwersytet Warszawski** (Warschauer Universität, 1816). Das Zentrum des neuen Baubooms befand sich nun zwischen der Altstadt und dem Plac Teatralny (Tour 5). Wichtigster Vertreter der neoklassizistischen Schule war *Antonio Corazzi* (1792–1877), der mit etwa 50 Bauten einen großen Teil des heutigen Warschaus rund um den Theaterplatz prägt. Die sehenswertesten Bauten aus dieser Zeit sind das **Teatr Wielki** mit der **Opera Narodowa** (Großes Theater und Nationaloper, 1825–1833) sowie die Gebäude auf dem von Corazzi gestalteten **Plac Bankowy** mit dem Rathaus (1825–1829). Zu nennen ist auch das **Zespół pałacowoparkowy** (Palast-Park-Komplex, Umbau 1834–1838) in Natolin (Abstecher 2) von *Henryk Marconi* (1792–1863). Auch viele der Warschauer Festungen wie die **Cytadela** (Zitadelle, 1832–1824, Tour 11) zeigen neoklassizistische Merkmale.

Darüber hinaus knüpfte der Warschauer Historismus Ende des 19./Anfang des 20. Jh. v. a. an die masowische Gotik und an die barocke Tradition an. Einer der beiden größten Architekten dieser Zeit ist *Stefan Szyller* (1857–1933); die **Politechnika** (1915, Tour 8) mit ihrer wunderschönen Aula zählt zu seinen bedeutendsten Werken. Der zweite, *Józef Dziekoński* (1844–1927), hinterließ Warschau zwei der schönsten Kirchen: die mit Anleihen an Renaissance und Barock gestaltete **Kościół Najświętszego Zbawiciela** (Erlöserkirche, 1901–1927, Tour 8) am gleichnamigen Platz sowie die **Bazylika katedralna św. Floriana** (St.-Florian-Basilika, 1887–1904, Tour 10) in Praga. Letztere galt als schönste polnische Kirche ihrer Zeit und wurde im ganzen Land von vielen Architekten kopiert.

Jugendstil und Modernismus

Die polnische Variante des Jugendstils heißt **Młoda Polska** (1895–1914). Wie damals üblich, bediente sich die Architektur spielerischer und romantischer Elemente, die heute allerdings nur noch an wenigen Warschauer Häusern zu bewundern sind. Im Gegensatz zum übrigen Europa verwendete der polnische Jugendstil auch historische Elemente und folkloristische Motive. Vielleicht wurde der auch als Frühmodernismus oder Secession (Secesja) bezeichnete Stil deshalb schneller akzeptiert als in anderen Ländern. Einst war die *ulica Marszałkowska* (Tour 6 und 8) und die Umgebung rund um den heutigen Kulturpalast von wunderschönen Bauten im polnischen Jugendstil gesäumt – Warschau wurde in einem Atemzug mit Barcelona, Wien, Krakau, Lemberg oder St. Petersburg genannt. Den Zweiten Weltkrieg überlebte jedoch fast keines dieser Häuser, eine Rekonstruktion lehnten die sozialistischen Machthaber in den meisten Fällen ab – sie kritisierten den Jugendstil als bürgerlich-elitär. Warschaus heute wohl berühmtestes Jugendstil-Werk ist das *Pomnik Fryderyka Chopina* (Frédéric Chopin-Denkmal, 1904, Tour 9) im Łazienki-Park. Erhaltene oder in den letzten Jahren rekonstruierte Secessions-Gebäude finden sich verstreut in mehreren Straßen, darunter in den aleje Jerozolimskie (Tour 3, 4, 6 und 8), in der ul. Senatorska (Tour 4), ul. Hoża, ul. Wilcza und ul. Lwowska (alle Tour 8). *Artur Gurneys* erhaltenes **Stadtschloss** aus dem Jahr 1910 (al. Jerozolimskie 93–99, Tour 6) zeigt, wie reizvoll und harmonisch es hier früher aussah. Die meisten erhaltenen Jugendstil-Gebäude finden sich im Stadtteil **Praga** (Tour 10).

In der Zwischenkriegszeit (1919–1939) entstanden u. a. in Ochota, Mokotów, Saska Kępa und Żoliborz viele neue Wohnsiedlungen. In Żoliborz, dem von *Tony Garnier* (1869–1948) geplanten neuen Stadtteil, entstanden reizvolle **modernistische Wohnblocks und Villen**, für die *Romuald Gutt* (1888–1974), *Aleksander Bojemski* (1885–1944), *Tadeusz Tołwiński* (1887–1951) und *Rudolf Świerczyński* (1883–1943) verantwortlich zeichneten.

Sozialistischer Realismus

Noch bevor Polen 1955 Teil des Warschauer Pakts geworden war, war man bestrebt, die Gemeinsamkeiten der sozialistischen Bruderstaaten auch in der Architektur sichtbar zu machen; in dieser Zeit wurden in Warschau die wichtigsten Bauprojekte Polens verwirklicht. Ironischerweise setzte der Sozialistische Realismus hier die Tradition der Monumentalbauten fort, die es schon vor dem Krieg gegeben hatte; dabei wurde auch an bereits 1934 entstandene Pläne angeknüpft. Als Erstes zu nennen ist der berühmt-berüchtigte **Pałac Kultury i Nauki** (Kulturpalast, 1952–1956, Tour 6), Warschaus 231 Meter hohes Wahrzeichen. Der monströse Wolkenkratzer im Stil des Sozialistischen Klassizismus stieß auf breite Ablehnung, obwohl sein russischer Architekt *Lew Rudnew* (1885–1956) eigens für diesen Bau durch ganz Polen reiste, um die traditionellen Stile des Landes zu studieren. Eine ganze Siedlung in diesem Stil ist die von *Józef Sigalin* (1909–1983) geplante **Marszałkowska Dzielnica Mieszkaniowa MDM** (1950–1952, Tour 8) entlang der ulica Marszałkowska mit beeindruckenden Wohnblocks auf dem **Plac Konstytucji** mit seinen hohen Straßenlaternen sowie kreisförmigen angelegten Wohnhäusern am **Plac Zbawiciela**. Eine weitere sehenswerte Siedlung ist die **Osiedle Muranów** (1948–1956, Tour 7) von *Bohdan Lachert* (1900–1987) auf dem Areal des ehemaligen Ghettos.

Verkehrsplanerisch war die ebenfalls kurz nach dem Krieg vollendete **Trasa W-Z** (Ost-West-Trasse, 1947–1949, Tour 3) ein wichtiger Schritt hin zu einer modernen Metropole.

Der Architekturstil des Sozialistischen Realismus, der mit der Person Josef Stalins verknüpft ist, wurde nach dem Tod des Diktators (1954) bald aufgegeben. In den Jahren danach gab es keinen nennenswerten eigenen Stil in Warschau, stattdessen schoss am Stadtrand und in den Vororten ein Plattenbau nach dem anderen aus dem Boden. Geldmangel, fehlende Freiheiten und die Strukturprobleme des real existierenden Sozialismus sorgten in den 60er- und 70er-Jahren für zahlreiche Bausünden. Dennoch gab es auch in dieser Zeit einige bemerkenswerte Bauprojekte. Die von *Zbigniew Karpiński* (1906–1983) geplante **Ściana Wschodnia** (Ostwand, 1962–1969, Tour 6) mit Ladengalerien und das **Hotel Forum** (1972–1974, Tour 8) waren Versuche, ein Gegengewicht zur Dominanz des Kulturpalastes zu schaffen. In diesem Sinne wurden auch das **Hotel Marriott** (1980–1989, Tour 8) errichtet. Mit dem Bau des **Błękitny Wieżowiec** (Himmelblaues Hochhaus, Tour 5) am Plac Bankowy wurde bereits Ende der 80er-Jahre begonnen, fertiggestellt wurde er jedoch erst 1991 – ein durchaus gelungenes Beispiel dafür, dass im Sozialismus nicht nur hässliche Plattenbauten entstanden.

Zeitgenössische Architektur

Złote Tarasy – Goldene Terrassen

Die Wende von 1989 war für das polnische Bauwesen gleichbedeutend mit einem Quantensprung, und die Hauptstadt spielte dabei naturgemäß eine für das Land wegweisende Rolle. Doch erinnert der heutige städtebauliche Zustand immer noch an eine wild-chaotische Photoshop-Collage, auch wenn Architekten von Weltrang schon jetzt ihre Spuren in Warschau hinterlassen haben. *Sir Norman Foster* (geb. 1935) schuf mit dem Bürogebäude **Metropolitan** (2003, Tour 5) ein Meisterwerk moderner Baukunst. *Marek Budziński* (geb. 1950) und *Zbigniew Badowski* (geb. 1932), eines der stilprägendsten Warschauer Architektenteams, planten unter anderem den symbolträchtigen **Gmach Sądu Najwyższego** (Oberster Gerichtshof, 1996, Tour 2) und die beeindruckende **Biblioteka Uniwersytecka BUW** (Universitätsbibliothek, 1999, Tour 4) mit ihrem begrünten Dachgarten. In den letzten Jahren wurden auch viele kommerzielle Bauprojekte realisiert, darunter herausragend die **Złote Tarasy** (Goldene Terrassen, 2002–2007, Tour 6) mit ihrem blasenförmig geschwungenen Glasdach; das Team um *Jon Jerde* (geb. 1940) schuf mit dem vielfach ausgezeichneten Bau eine der weltweit eindrucksvollsten Shopping-Malls, die schon in der ersten Woche nach der Eröffnung mehr als eine halbe Million Besucher auch von innen sehen wollten. Zu den neuen architektonischen Highlights zählt auch das **Centrum Olimpijskie** (Olympiazentrum, 2004, Tour 11) von *Bogdan*

Kulczyński (geb. 1953) und *Paweł Pyłka* (geb. 1969), die sich auch um die Rekonstruktion der **Fabryka Trzciny** (2003, Tour 10) in Praga verdient machten. Das **Muzeum Powstania Warszawskiego** (Museum des Warschauer Aufstands, 2003–2004, Tour 7), das in einem von 1904 bis 1908 errichteten früheren Straßenbahndepot untergebracht ist, wurde vom Krakauer Architekten *Wojciech Obtułowicz* (geb. 1934) restauriert und sehenswert umgebaut.

Die Eröffnung des auch architektonisch interessanten **Muzeum Historii Żydów Polskich** (Museum der Geschichte der Polnischen Juden, Tour 7) nach Plänen der finnischen Architekten *Ilmari Lahdelma* (geb. 1959) und *Rainer Mahlamäki* (geb. 1956) war eines der Warschauer Ereignisse 2014. Das **Centrum Nauki Kopernik** (Wissenschaftszentrum Kopernikus, Tour 4) wurde bereits 2010 fertiggestellt. Das faszinierend verschachtelte und begrünte Gebäude ist wie die benachbarte neue Universitätsbibliothek von einem Dachgarten gekrönt – ein weiteres Beispiel für das neue ökologische Bauen in der polnischen Metropole. Auf der rechten Weichselseite wurde pünktlich zur EM 2012 das neue **Stadion Narodowy** (Nationalstadion, Tour 10) eröffnet und zieht seither Fußball- und Architekturfans gleichermaßen an; das Konsortium aus verschiedenen Architekturbüros hat eine geschwungene Schüssel konzipiert und damit eines der schönsten Stadien Europas geschaffen.

Während die Warschauer Bahnhöfe nach und nach renoviert werden und der Flughafen architektonisch eher schlicht ausfällt, zählen die Schrägseilbrücke **Most Świętokrzyski** (1998–2000) und die Metrostation **Plac Wilsona** (2005, Tour 11), beide von *Andrzej M. Chołdzyński* (geb. 1960), zu den neuen Schmuckstücken der Verkehrsarchitektur.

Im Blickpunkt stehen höhenbedingt natürlich die vielen Wolkenkratzer, von denen das **Rondo ONZ** (2003–2006, Tour 6) des Architektenbüros *Skidmore, Owings and Merrill*, der **Warsaw Trade**

Letzte Fassadenarbeiten am Złota 44

Tower (1997–1999, Tour 7) von *Majewski, Wyszyński, Hermanowicz* und der **Cosmopolitan** (2010–2013, Tour 7) von *Helmut Jahn* die gelungensten sind. 2012 neu hinzugekommen ist der Wolkenkratzer-Turm **Złota 44** (Tour 6) (*Daniel Libeskind*; geb. 1946). Der auch für das Berliner Jüdische Museum und den Freedom Tower in New York verantwortliche Stararchitekt bezeichnete Warschau immer wieder als architektonisch interessanteste Metropole Europas, wozu er nun seinen Beitrag geleistet hat.

Zukünftige Projekte

Wohl noch spannender sind die zurzeit in Bau oder Planung befindlichen Projekte; in den Stadtrundgängen finden Sie Informationen zu den Baustellen oder Orten, an denen die neuen Gebäude entstehen oder entstehen werden. Zwei davon sind die schon jetzt preisgekrönten Wolkenkratzer **Warsaw Spire** (Tour 7 – Fertigstellung 2015) und **Q22** (Tour 7 – Fertigstellung 2016). Eine ebenso willkommene Ergänzung der Warschauer Skyline wird der **Lilium Tower** (Tour 8) sein; dessen ursprünglicher Entwurf der irakischen Architektin *Zaha Hadid* (geb. 1950) wird aber wohl leider nicht mehr realisiert – die globale Finanzkrise hat bei diesem Prestigebau zu langen Verzögerungen geführt.

Die noch in Bau befindliche, teilweise aber schon geöffnete Kirche **Świątynia Opatrzności Bożej** (Tempel der Göttlichen Vorsehung, Tour 12), für die die Architekten *Wojciech* und *Lech Szymborski* (geb. 1951, 1956) verantwortlich zeichnen, ist das seit drei Jahrhunderten bedeutendste sakrale Bauwerk in Polen.

Ab 2018 wird das **Muzeum Historii Polski** (Museum der Geschichte Polens, Tour 9) die Stadtautobahn Trasa Łazienkowska in Form einer Glasbrücke überspannen.

Weitere Großprojekte, darunter v. a. Infrastruktur- und Verkehrsprojekte, die die Lebensqualität verbessern sollen, stehen bis 2020 auf der ehrgeizigen Agenda. Dazu zählen besonders die Erneuerung des **Dworzec Centralny** (Hauptbahnhof, Tour 6) bis 2015 sowie die bis 2016 geplante Fertigstellung der gesamten **II Linia Metra** (zweite Metrolinie).

Rasiermesserscharfe Architektur

Kritiker der Warschauer Bauprojekte und Stadtplanung bemängeln häufig, die neuen Gebäude und Wolkenkratzer im Zentrum seien nicht aufeinander abgestimmt. Dabei schwingt die Befürchtung mit, dass dem derzeitigen Architektur-Chaos nichts Harmonisches folgen würde. Diese Befürchtung lässt sich zumindest teilweise entkräften, denn stadtplanerisch interessante und wegweisende Vorgaben gibt es durchaus. Daneben fasziniert die Warschauer ein kleines Detail an vielen der neuen Bauten: An den Fassaden findet man sog. *żyletki* (Rasierklingen), deren Name sich durch ihre Form erklärt; sie haben keine funktionelle Bedeutung, sondern dienen allein der Verschönerung. Blogger jagen durch die Metropole, immer auf der Suche nach der nächsten Klinge, nach dem nächsten ungewöhnlichen Fotomotiv. Die bekanntesten Gebäude mit den auffälligen Verzierungen sind der Hauptsitz des Medien-Unternehmens Agora in der ulica Czerska 8/10, das Centrum Jasna in der gleichnamigen Straße sowie das Metropolitan auf dem plac Piłsudskiego. Und inzwischen ist man auch in anderen polnischen Städten auf die Klinge gekommen ...

Ob sie auf Leseratten wartet?

Literaturtipps, CDs, Filme …

Hier eine bunte Liste von Literatur über Sachbücher bis zu CDs von Warschauer Musikern – zum Einstimmen auf Ihre Reise oder zum nostalgischen Aufwärmen der Erinnerungen an den letzten Warschautrip …

Literatur

King, Jack: *The Fifth Internationale*. Leisure Books, 2004 (nur auf Englisch). In dem Thriller über einen Agenten, der eine weltweite Verschwörung aufdeckt, spielen die Warschauer Skyline und der Jarmark Europa im verfallenden alten Stadion eine Hauptrolle.

Konatkowski, Tomasz: *So sollt ihr sterben. Ein Warschau-Krimi*. List, 2008. Klassische Kriminalgeschichte um einen an Haltestellen und in Straßenbahnen mordenden Serienkiller und einen interessant gezeichneten Kommissar. Nicht zuletzt aufgrund der hervorragenden Übersetzung ein spannender Weg, um Warschau besser kennenzulernen.

Nahacz, Mirosław: *Bombel*. Weissbooks, 2008. Die Warschauer Stimme einer ganzen Generation (der Autor nahm sich im Alter von 23 Jahren das Leben) hinterließ mit diesem Monolog ein Meisterwerk. Bombel erzählt an einer Bushaltestelle von seinem tragischen und komischen Leben und seiner melancholischen Sicht auf die Welt. Der Leser erfährt zwischen den Zeilen auch viel über das heutige Polen.

Masłowska, Dorota: *Die Reiherkönigin. Ein Rap*. Kiepenheuer & Witsch, 2007. Der zweite Roman der Nike-Preis-gekrönten Skandalautorin beweist wie ihr erstes Werk Mut zur Hässlichkeit und zeigt Warschau von einer pessimistisch-dekadenten Seite. Nichts für zarte Gemüter und Freunde ästhetischer Literatur.

Pilch, Jerzy: *Die Talente und Obsessionen des Patryk W.* dtv, 2008. Bitterböse und komische Großstadtgeschichte über den talentierten Jurastudenten Patryk Wojewoda, der am Geldautomaten eingetippte Geheimzahlen heraushören kann.

Singer, Isaac B.: *Eine Kindheit in Warschau.* dtv, 2000; Ravensburger Buchverlag, 1983. In den ersten 13 von insgesamt 16 Kurzgeschichten lässt der beliebte jüdische Erzähler und Literaturnobelpreisträger seine Kindheit in der ulica Krochmalna aufleben.

Sachbücher, Stadtführer, Bildbände

Bartoszewski, Władysław: *Und reiß uns den Hass aus der Seele*. Deutsch-Polnischer Verlag, 2004. Die mit Anekdoten und

Literaturtipps, CDs, Filme ... 37

Weisheiten gespickten Erinnerungen des großen Judenretters, Diplomaten und Aussöhners gewähren eine faszinierende Sicht auf die polnisch-deutschen Beziehungen.

Davies, Norman: *Aufstand der Verlorenen. Der Kampf um Warschau 1944.* Droemer/Knaur, 2004. Das monumentale und wegweisende Werk des britischen Historikers über den Warschauer Aufstand ist wissenschaftlich gründlich und trotzdem spannend zu lesen.

Dittert, Annette: *Palmen in Warschau.* Heyne, 2006; Kiepenheuer & Witsch, 2004. Sympathisch und verständnisvoll geschriebene Geschichten und Anekdoten der ehemaligen Warschauer ARD-Korrespondentin.

Gnauck, Gerhard: *Syrena auf dem Königsweg – Warschauer Wandlungen.* Picus Verlag, 2004. Der „Welt"-Korrespondent erzählt interessante Anekdoten und beschreibt die Menschen seiner Heimatstadt, die er selbst für schwer zugänglich hält – ein Buch, das den Zugang zur faszinierenden Metropole erleichtert.

Huber, Werner: *Warschau – Phoenix aus der Asche. Ein architektonischer Stadtführer.* Böhlau, 2005. Nicht nur für Architekten und Architekturinteressierte ein beeindruckendes Reisebuch.

Korczak, Janusz: *Das Recht des Kindes auf Achtung/Fröhliche Pädagogik.* Gütersloher Verlagshaus, 2002. Zwei Hauptwerke des einflussreichen Pädagogen und Erinnerungen an die Zeit im Warschauer Ghetto, bevor Korczak mit seinen Waisenkindern von den Nationalsozialisten ermordet wurde.

Kowalska, Agnieszka & Kamiński, Łukasz: *Zrób to w Warszawie! Do it in Warsaw!* Biblioteka Gazety Wyborczej, Verlag Agora, 3. Auflage 2014. Außer- und ungewöhnlicher Warschau-Führer für Teens, Twens und jung gebliebene Entdecker; zweisprachig in Polnisch und Englisch.

Mieszkowska, Anna: *Die Mutter der Holocaust-Kinder: Irena Sendler und die geretteten Kinder aus dem Warschauer Ghetto.* DVA, 2007. In Deutschland kaum bekannte Geschichte der Frau, die ihr Leben riskierte, um 2500 jüdische Kinder zu retten.

Moczarski, Kazimierz: *Gespräche mit dem Henker. Das Leben des SS-Gruppenführers und Generalleutnants der Polizei Jürgen Stroop. Aufgezeichnet im Mokotow-Gefängnis zu Warschau.* Fischer, 1982. Der Autor saß als Antikommunist zusammen mit dem SS-Brigadeführer Stroop in einer Zelle eines stalinistischen Gefängnisses. Die Dokumentationen ihrer Gespräche zeigen die unglaubliche Schlichtheit und die erschütternden Standpunkte eines typischen Befehlshabers des NS-Reichs.

Patte, Jean-Yves: *Auf den Spuren von Frédéric Chopin.* Gerstenberg, 2000. Eine Mischung aus Biografie, Anekdotensammlung und verträumtem Fotoband – und sogar einem Reiseführer am Ende des Buchs. Für Chopinbegeisterte ein Muss!

Pilich, Michał: *Warsaw Praga – Guidebook.* Fundacja Centrum Europy, 2007. Am rechten Weichselufer gibt es viel zu entdecken – und wem die Tour 10 in diesem Buch nicht ausreicht, kann auf weiteren fünf Spaziergängen in die Geschichte und Geschichten von Praga eintauchen. Empfehlenswert für alle, die Englisch können und länger in Warschau sind.

Rizzi, Alberto: *Bernardo Bellotto – Warschauer Veduten.* Hirmer, 1991. Der Kunstband zeigt die besten der Stadtbilder von Canaletto, mit deren Hilfe Warschau nach dem Zweiten Weltkrieg wieder aufgebaut wurde. Nur noch antiquarisch erhältlich.

Sznajderman, M., Raabe, K. (Hg.): *Last & Lost. Ein Atlas des verschwindenden Europas.* Suhrkamp, 2006. Zwar nur ein kleiner Teil über den Warschauer Stadtteil Praga, doch allein deswegen lohnt dieses einzigartige Buch vergessener Orte. „Melancholisch, absurd, verlockend. Weckt Sehnsucht nach der unbegradigten Welt", meinte die ZEIT.

Szpilman, Władysław: *Der Pianist: Mein wunderbares Überleben.* Ullstein Tb, 2002; Econ Tb, 2002. Die Buchvorlage für Roman Polańskis Verfilmung ist ein eindrucksvolles Dokument des Pianisten, der wie durch ein Wunder im Ghetto und auf der Flucht überlebt.

Musik

Blechacz, Rafał: *Fryderyk Chopin – Preludes Nr. 1–26.* DGG, 2006. Das Jahrhundert-Talent gewann mit 20 Jahren den angesehenen Warschau Chopin-Wettbewerb. Warum, demonstriert dieses Debüt auf lyrische und zugleich kraftvolle Weise.

Cukunft: *Lider fun Mordechaj Gebirtig.* Eigenproduktion, 2005. Beeindruckendes und ungewöhnliches Klezmer-Debüt des Warschauer E-Gitarristen und Musikethnologen Raphael Rogiński.

Literaturtipps, CDs, Filme ...

Demarczyk, Ewa: *śpiewa piosenki Zygmunta Koniecznego*. Muza/Polskie Nagrania, 1999. Die größten Erfolge der schwarzen Dame des polnischen Chansons, alte Aufnahmen aus den 60er-Jahren in einer neuen Zusammenstellung, u. a. mit Vertonungen der romantischen Gedichte des im Warschauer Aufstand gestorbenen Poeten Krzysztof Kamil Baczyński.

Niemen, Czesław: *Złota Kolekcja – The Best of Czesław Niemen*. Pomaton, 2005. Eine goldene Kollektion mit den größten Hits eines der größten Rocksänger aller Zeiten, darunter u. a. „Sen o Warszawie" und „Dziwny jest ten świat".

Schönberg, Arnold: *Ein Überlebender in Warschau*. DGG, 1993. Die Komposition lässt noch heute die Zuhörer verstört zurück. Sicherlich eine der Intentionen von Schönberg, die auch auf der Einspielung der Wiener Philharmoniker unter Claudio Abbado spürbar wird.

Stańko, Tomasz: *Wolność w Sierpniu (Freedom in August)*. FiRe, 2005. Die Kompositionen wurden 2004 anlässlich der Eröffnung des Museums des Warschauer Aufstands uraufgeführt. Der bekannte polnische Jazztrompeter zeigt auch hier seine Fähigkeit, alle Nuancen zwischen dunkler und hoffnungsvoller Stimmung auszuloten.

Staszewski, Kazik: *Piosenki Toma Waitsa*. Luna, 2003. Der Warschauer Punk- und Rocksänger mit den Songs des amerikanischen Outsiders in polnischer Übersetzung.

Warsaw Village Band: *People's Spring*. Jaro, 2003. Traditionelle Tänze, Hochzeitslieder und Folksongs aus Masowien verbinden sich zu einer zeitgemäßen und äußerst tanzbaren Folklore, die die Musiker selbst als Biotechno bezeichnen. Eine der interessantesten Folkbands Europas kommt – aus der Metropole Warschau.

Zimerman, Krystian: *Polish Festival Orchestra – Chopin: Piano Concertos Nos. 1 & 2*. DGG, 1999. Aufnahme des Chopin-Wettbewerbsgewinners von 1975. Zum 150. Todestag Chopins widmete ihm der Pianist und Dirigent wohl eine der größten Interpretationen, die je von seiner Musik gemacht wurden. Einfach wunderschön!

Verschiedene Interpreten: *Warszawo, piękna Warszawo; Warszawa w piosence; Wszystkie serca Warszawie*. Polskie Radio, 1994, 2000, 2003. Drei Sampler, auf denen bekannte Chanson-, Rock- und Schlagersänger Liebeserklärungen an ihr Warschau singen.

Filme

Buczkowski, Leonard: *Abenteuer in Marienztat*, 1954. Die Komödie mit vielen Liedern ist trotz teils propagandistischer Intentionen ein interessantes Stück Zeitgeschichte, das die Aufbruchsstimmung nach dem Krieg zeigt. In Deutschland ist dieser erste polnische Farbfilm leider nur schwer aufzutreiben.

Cuske, Maciej et al.: *Stacja Warszawa*, 2013. Episodenfilm mit sechs verwobenen Geschichten von einsamen, traurigen, entfremdeten und gebrochenen Großstädtern vor der eindrucksvollen Kulisse der Warschauer Skyline.

Holland, Agnieszka: *Der Priestermord*, 1988. Basierend auf der Lebensgeschichte des Priesters Jerzy Popiełuszko, der wegen seiner Rolle als eine der zentralen Figuren im katholischen Widerstand gegen die sozialistischen Machthaber ermordet wurde.

Kieślowski, Krzysztof: *Dekalog*, 1988. Die auf den zehn Geboten basierenden Kurzfilme spielen in einer Warschauer Plattenbausiedlung. Anders als von vielen Kritikern und Zuschauern verstanden, ging es dem Regisseur nicht um die Darstellung der polnischen Realität, sondern um eine grundlegende Auseinandersetzung mit moralischen und ethischen Fragen der menschlichen Existenz.

Krauze, Krzysztof: *Plac Zbawiciela* (Erlöserplatz), 2006. Das düstere Drama spielt auf dem gleichnamigen Warschauer Platz und schildert die Folgen einer Familientragödie in einer kleinen, beengten Wohnung. In Deutschland nur schwer aufzutreiben und wenn, dann nur als Original mit englischen Untertiteln.

Lankosz, Borys: *Rewers*, 2009. Das große polnische Thema Freiheit in einer Mischung aus Drama, Film noir und schwarzer Komödie über die Zeit des Stalinismus in Polen. Spielt im Warschau der Jahre 1952 und 2008.

Polański, Roman: *Der Pianist*, 2001. In der verfilmten Biografie von Władysław Szpilman verarbeitet der Regisseur von „Rosemary's Baby" Kindheitserfahrungen aus dem Krakauer Ghetto, in dem er selbst aufwuchs. Die Hauptperson hingegen, ein Musiker und Komponist, überlebte die Zeit im Warschauer Ghetto.

Wajda, Andrzej: *Korczak*, 1990. In bewegenden Schwarz-Weiß-Aufnahmen wird beinahe biografisch das Schicksal des Märtyrers Janusz Korczak gezeigt, der „seinen" Waisenkindern auch in höchster Not echte Menschlichkeit vorlebte.

Trotz des neuen Terminals auf dem Chopin-Flughafen ist die nächste Erweiterung schon geplant

Anreise

Wegen seiner zentralen Lage wurde Warschau einst zur Hauptstadt Polens. Ein Blick auf die Europakarte zeigt, dass Polen in Mittel- und nicht in Osteuropa liegt und die polnische Metropole damit in der Mitte unseres Kontinents.

Mit dem Flugzeug

Direktflüge nach Warschau bieten diverse Airlines an, darunter *Lufthansa* (ab Frankfurt/M., München), *Austrian Airlines* (ab Wien), *Swiss International* (ab Zürich) und die polnische *LOT* (ab Frankfurt/M., Hamburg, Düsseldorf, München, Wien, Genf und Zürich) sowie *Eurolot* (ab Stuttgart, Heringsdorf), *airberlin* (ab Berlin Tegel) und *germanwings* (ab Düsseldorf). Landen wird man auf dem *Frédéric-Chopin-Flughafen*, dem mit Abstand wichtigsten Flughafen des Landes. Die Hälfte aller Flüge nach Polen wird über ihn abgewickelt, im EM-Jahr 2012 waren das fast 12 Millionen Passagiere. Da mit steigenden Passagierzahlen gerechnet wird, baute man den zuvor nur militärisch genutzten Flughafen in Modlin bis 2012 um, wobei es in der Folge immer wieder Probleme mit Baumängeln und der Zulassung gab. Dort landet inzwischen nur noch Ryanair, aus den deutschsprachigen Ländern gibt es derzeit jedoch keine Verbindungen.

Chopin-Flughafen Warszawa Okęcie

Information Ca. 10 km südwestlich vom Zentrum, IATA-Kürzel: WAW, ul. Żwirki i Wigury 1, ✆ 22-6504220, www.lotnisko-chopina.pl.

Verbindung S-Bahn: Mit der S-Bahn S2, S3 in 15–20 Minuten für 4,40 PLN zu den Bahnhöfen ins Zentrum, ein normales ÖPNV-Ticket ist zu entwerten. Die **KM-Verbindung**

der Masowischen Bahn erfordert eine eigene am Automaten erhältliche Fahrkarte für 6,40 PLN.

Bus: Mit Bus 175 zum Hauptbahnhof; mit Bus 188 zum Politechnikum; mit dem Nachtbus N 32 ins Zentrum (alles städtische Linien, Ticket 4,40 PLN). Fahrzeit jeweils 25 Min.

Taxi: Für den Transport per Taxi werden ausschließlich die drei Gesellschaften ELE Sky (www.eletaxi.pl), Super Taxi (www.supertaxi.pl) und Sawa (www.sawataxi.com.pl) empfohlen – nur diese drei haben eine Lizenz für die Strecke Airport–City. Für die je nach Verkehrslage 15–30 Min. dauernde Strecke sollten Sie nicht mehr als die derzeit üblichen 10 € bezahlen.

Flughafen Warszawa-Modlin

Information Ca. 50 km nordwestlich von Warschau, IATA-Kürzel: WMI, ul. Gen. Thommee 1a in Nowy Dwór Mazowiecki, ✆ 22-3151880, www.modlinairport.pl.

Verbindung Bahn: alle 20–30 Min. Shuttle-Bus für 1 € vom Airport zur Bahnstation „Stacja PKP Modlin". Von da aus für 3 € mit der Bahnlinie **KM** (Koleje Mazowieckie) in 45 Min. nach Warschau (Zachodnia, Gdańska oder Zoo, manchmal auch zum Hbf.). Für den Rückflug von einem der Warschauer Bahnhöfe aus ebenfalls mit der **KM** in Richtung Modlin. Eine direkte Bahnverbindung zwischen den beiden Warschauer Flughäfen ist geplant.

Bus: in 40–50 Min. für 8 € mit dem Modlin-Bus nach Warschau. Für die Rückfahrt zum Parkplatz vorm Kulturpalast an der ul. Marszałkowska. www.modlinbus.pl.

Taxi: 25–30 € mit Glob cab (✆ 19668, globcabtaxi.pl), teurer (40–50 €) wird es mit Sawa oder Modlin Taxi.

Flugticket – Preisbeispiel

Bei rechtzeitiger Buchung mit Lufthansa ab Frankfurt/M. ab 99 €, realistischer sind 150–200 €.

Mit eigenem Fahrzeug

Eins vorweg: Autodiebstähle sind in Polen trotz hartnäckiger Vorurteile weit seltener als behauptet. Wollen Sie dennoch auf Nummer sicher gehen, können Sie den Wagen auf überall vorhandenen bewachten Parkplätzen abstellen. Allerdings ist die Parkplatzsuche in Warschau zeitaufwendig und das Parken oft kostenintensiv. Hinzu kommen die üblichen Staus im Zentrum, das Auto kann also schnell zur Last werden. Wer nur die Stadt besichtigen möchte, nicht aber das Umland oder andere Regionen, sollte überlegen, ob die Bahn oder der Flieger nicht die bessere Wahl ist.

Aus Norddeutschland: Der schnellste Weg nach Warschau führt über Berlin, Posen und Lodz. Die A 2 von Frankfurt/Oder nach Warschau wurde ein paar Minuten vor der EM 2012 doch noch durchgehend fertig. Schon jetzt sind drei Teilstrecken mit derzeit ca. 18 € gebührenpflichtig.

Aus Süddeutschland und den Alpenländern: Der kürzeste Weg führt über Tschechien an Breslau oder über die Slowakei an Krakau vorbei. Bis auch auf der A 1 die vielen fehlenden Kilometer ergänzt sind (voraussichtlich 2018/2020), nimmt man von Breslau aus am besten die E 67 über Lodz, von Krakau aus die E 77 über Kielce und Radom.

Anfahrt, Maut, Verkehrsregeln

Anfahrt und Grenzübergänge: Warschau (Warszawa) ist weiträumig ausgeschildert.

Von Nord- und Ostdeutschland über die E 30 Berlin–Warschau und ab Frankfurt/Oder-Świecko: E 30/A 2 über Poznań und Łódź nach Warszawa.

Von Süddeutschland, Österreich und der Schweiz ab Jakuszyce (nach Transit durch Tschechien): über die E 65 Richtung Wrocław, dann auf die E 67 über Łódź nach Warszawa oder ab Chyżne (nach Transit durch die Slowakei) über die E 75 auf die E 77 über Kraków, Kielce und Radom bis nach Warszawa.

Autobahnmaut: Noch sind viele Autobahnkilometer gebührenfrei, was sich aber ändern wird. 2014 wurden insgesamt rund 18 € an Mautgebühren fällig. Man sollte polnisches Kleingeld bereithalten, Euro und Dollar werden akzeptiert, man kann aber auch per Karte bezahlen. Ab 2015 werden höchstwahrscheinlich die Mautstellen durch Vignetten und/oder ein elektronisches Lesesystem ersetzt. Aktuelle Infos über www.autostrada-a2.pl.

Höchstgeschwindigkeit: Innerorts 50 km/h, außerhalb von Ortschaften 90 km/h, auf Schnellstraßen 100 km/h. Auf 4-spurigen Schnellstraßen darf man seit 2011 bis zu 120 km/h fahren, auf Autobahnen beträgt das Tempolimit seitdem 140 km/h. Achtung: Kontrollen mit hohen Strafen häufen sich in den letzten Jahren!

Besondere Verkehrsregeln: Die Alkoholgrenze beträgt magere 0,2 Promille, die man schon nach einem Glas Bier oder Wein hinter sich lassen kann. Das Überschreiten dieses Werts wie auch des Tempolimits kann zu empfindlichen Strafen führen – Kontrollen sind häufig. Weitere Bestimmungen, die von deutschen Vorschriften abweichen oder besonders streng kontrolliert werden: Seit 2007 muss das ganze Jahr über **tagsüber immer mit Abblendlicht** gefahren werden. In Kreuzungsbereichen sowie 100 m vor und hinter Bahnübergängen gilt Überholverbot. Achtung: Bei einem geliehenen Wagen benötigt man unbedingt eine Vollmacht des Fahrzeuginhabers!

Mitfahrzentrale: Die Form des organisierten Mitfahrens ist in Polen sehr beliebt. Für Fahrer und Mitfahrer ergibt sich neben geringeren Kosten natürlich auch die Möglichkeit, nette Menschen kennenzulernen. Informationen unter ℡ 19440 und www.mitfahrzentrale.de. In Polen ist BlaBlaCar am beliebtesten: www.blablacar.pl.

Diesel wird mit ON bezeichnet. Für **Autogas** gibt es ein ausreichendes Netz an Tankstellen. **Bewachte Parkplätze** erkennt man am Zeichen „strzeżony".

Entfernungen, Kosten

Entfernungen/Fahrzeiten: Frankfurt/M.–Warschau 1070 km, 12 Std. Hamburg–Warschau 865 km, 10 Std. Wien–Warschau 725 km, 9 Std. Zürich–Warschau 1320 km, 15 Std.

Kosten: einfache Fahrt Frankfurt–Warschau bei einem Benzinverbrauch von 8 l/100 km und einem Literpreis von 1,60 € inkl. Mautgebühr und Pausensnack 150 €.

Mit der Bahn

Deutschland: Direkt, schnell und günstig erreicht man Polens Hauptstadt mit dem Berlin-Warschau-Express (BWE).

Warschaus Partnerstädte

Unter der Woche gibt es täglich vier, am Wochenende täglich drei Verbindungen – Fahrzeit ca. 5½ Std. Etwas mehr als doppelt so lange dauert es mit dem EuroNight „Jan Kiepura" ab Köln. Sparangebote für den EuroNight gibt es ab 39 €/Pers. (einfach), für den BWE sogar ab 29 €, allerdings sind die Plätze kontingentiert und nicht leicht zu bekommen, Reservierungen sind ab 60 Tagen vor Fahrantritt möglich.

Österreich: Drei Direktverbindungen täglich (eine davon über Nacht) bietet die ÖBB von Wien aus an. Wie bei der DB gibt es auch hier einen Supersparatarif (ÖBB-SparSchiene), der Reisende um 39 € nach Warschau bringt – etwas Glück bei der Buchung vorausgesetzt.

Schweiz: Schweizer kommen leider nicht mehr in den Genuss einer Direktverbindung in die polnische Hauptstadt. Mit einmaligem Umstieg ist man rund 13 Stunden unterwegs.

Bahnhöfe: Warschau hat drei internationale Bahnhöfe, von denen der *Zentralbahnhof* mit zwei unterirdischen

Etagen der größte und wichtigste ist – mit seinen labyrinthartigen Gängen und Tunnels geradezu ein Monstrum. Unzählige Geschäfte, Cafés und Fast-Food-Schalter buhlen um die Gunst der Passanten und Fahrgäste, dazwischen tummeln sich zuweilen – zum Glück immer seltener – Taschendiebe. Selbst Warschauer verlieren hier die Orientierung, eine beliebte Freizeitbeschäftigung der hauptstädtischen Jugend sind Schnitzeljagden durch den Bahnhof! Für die EM 2012 wurde der Zentralbahnhof provisorisch ein wenig verschönt, eine Mischung aus Totalsanierung und Neubau war eigentlich ab 2014 geplant. Sowohl der *Westbahnhof* als auch der *Ostbahnhof* wurden bis zur EM renoviert bzw. durch zeitgemäße Gebäude ersetzt. Der Ausstieg ist hier allerdings nur in speziellen Fällen sinnvoll (s. u.).

Bahnhöfe

Zentralbahnhof *(Dworzec Warszawa Centralna)*: Verkehrsknotenpunkt mit zentraler Lage, allerdings sehr unübersichtlich. Die Touristeninfo und die Kassen befinden sich in der ebenerdigen Schalterhalle, die Geschäfte und Lokale im 1., die Gleise im 2. Untergeschoss. Gepäckaufbewahrung (2 €/Gepäckstück und Tag). Al. Jerozolimskie 54, ✆ 22-5116003 oder ✆ 9436, www.pkp.pl.

Westbahnhof *(Dworzec Warszawa Zachodnia)*: in unmittelbarer Nähe des wichtigsten Busbahnhofs, der Ausstieg hier ist nur bei Weiterfahrt mit dem Bus oder zu Ausflügen in die Umgebung westlich von Warschau zu empfehlen. Ul. Tunelowa 2.

Ostbahnhof *(Dworzec Warszawa Wschodnia)*: zum Umsteigen bei Weiterfahrten oder falls man eine Unterkunft auf der rechten Weichselseite gebucht hat. Früher einer der gefährlichsten Orte Warschaus, nach der Renovierung viel sicherer geworden. Ul. Kijowska 16.

Fahrzeiten, Kosten

Fahrzeiten: Frankfurt–Warschau 10–12½ Std. Berlin–Warschau 5½ Std. Wien–Warschau 8–9 Std. Basel–Warschau 13 Std.

Kosten: Preise zwischen 50 und 300 €, billiger im Berlin-Warszawa-Express ab 29 € oder mit der CityNight-Line ab 39 €. Von Wien mit ÖBB-SparSchiene um 39 €.

Mit dem Bus

Lange Zeit war die Reise mit dem Bus die preiswerteste Möglichkeit, nach Warschau zu gelangen. Die Fahrt aus dem Westen Deutschlands kann aber bis zu 22 Stunden dauern und ist entsprechend beschwerlich. Empfehlenswert ist die Fahrt v. a. für Reisende mit schwerem Gepäck (mit Zuzahlung bis zu zwei Gepäckstücke und 35 kg Gewicht). Trotz der in letzter Zeit gestiegenen Preise und der langen Reisezeit sind die Busse gut besetzt, eine frühzeitige Reservierung ist ratsam. Buchen können Sie im Reisebüro oder über das Internet. Bei den unten aufgeführten Buslinien werden die gesetzlich vorgeschriebenen Ruhezeiten für den Fahrer Ihrer Sicherheit zuliebe eingehalten und i. d. R. mit einem Kaffee oder Tee versüßt. Der wichtigste Busbahnhof liegt im Westen der Stadt, viele internationale Busse fahren jedoch auch an verschiedene Stellen ins Zentrum.

Busbahnhöfe

Busbahnhof West *(Dworzec Zachodni PKS)*: Der wichtigste Busbahnhof liegt direkt beim Westbahnhof. Al. Jerozolimskie 144.

Busbahnhof Ost *(Dworzec Wschodni PKS)*: v. a. für Weiterfahrten in Richtung Baltikum und Osteuropa. Ul. Lubelska.

Anbieter, Kosten

Touring fährt aus allen größeren deutschen Städten, inzwischen gibt es auch einen Frühbucher-Rabatt ab 45 €. Ab Frankfurt/M. 16½–18½ Std., hin/zurück 92–102 €. www.touring.de.

Eurolines: aus Europa, u. a. auch aus der Schweiz und Österreich. Ab Wien 15 Std., hin/zurück 114–127 €. www.eurolines.at. Ab Zürich 18½–21 Std., 118 CHF, www.eurolines.ch.

Polskibus: Berlin–Warschau 8½–9½ Std., hin/zurück ca. 40 €, je nach Buchungszeitpunkt auch billiger oder teurer, www.polskibus.com

Eine der neuen Warschauer Niederflur-Straßenbahnen

Unterwegs in Warschau

Nicht zuletzt wegen des Wiederaufbaus nach dem Zweiten Weltkrieg wurde Warschau als autofreundliche Stadt konzipiert. Trotzdem sorgen die ständig steigenden Verkehrszahlen für latente Staugefahr. Man sollte sein Auto also am besten stehen lassen und lieber Metro, Straßenbahn oder Busse nutzen.

Tarife im Nahverkehr

Die für den öffentlichen Personennahverkehr zuständige Gesellschaft ist die *ZTM*. Ihr unterstellt sind die Busse, Straßenbahnen und Metro, die die gesamte Stadtfläche abdecken und das Zentrum mit den Vororten verbinden. Hinzu kommt das innerstädtische S-Bahn-Angebot der *SKM*. Es gibt zwei Zonen, wobei Touristen i. d. R. nur innerhalb der ersten fahren. Eine grünfarbige Einzelfahrkarte kostet etwa 1,10 € (Kinder die Hälfte) und ist für eine Fahrt mit Umstieg bis zu 75 Min. gültig. Wer nur kurz unterwegs ist, sollte die rotfarbige 20-Min.-Fahrkarte für 0,85 € wählen. Bei häufigen Fahrten empfehlenswert sind Tages-, Wochenend- oder Monatskarten. Leider gibt es keine Wochenkarte mehr. Tickets sind an Kiosken sowie Automaten und Schaltern der Verkehrsbetriebe erhältlich, das Billett muss in der Straßenbahn und im Bus vor der ersten Fahrt entwertet werden, in der Metro an den Drehkreuzen. Monatskarten hingegen sind personenbezogen und erfordern einen Ausweis und ein Foto. Vor der ersten Fahrt muss man sie entwerten, indem man sie an der Lesefläche der Fahrkartenautomaten oder der Drehkreuze vorbeizieht, wobei ein Signal zu hören ist. Das Ticket gilt ab dem Zeitpunkt der Entwertung, die Geltungsdauer ist am Entwerter abzulesen.

Immer verbreiteter sind behindertenfreundliche Niederflurbusse und -trams.

Von Bauarbeiten, neuer Linienführung, geschlossenen Haltestellen …

Unter den FAQs auf der Homepage der Verkehrsbetriebe findet man sogar auf Deutsch folgende Frage: „Die Verkehrsstrecken werden von Ihnen ständig geändert. Praktisch treten die Änderungen jeden Monat auf, und noch schlimmer: eine einmal geänderte Linie kann schon nach einigen Monaten ihren Verlauf ändern." Unsere Antwort lautet: Warschau ist ständig im Umbau, fast täglich sind neue Baustellen zu sehen. Bei allen Sehenswürdigkeiten und Rundgängen in diesem Buch sind die nächsten Haltestellen und die entsprechenden Linien angegeben. Diese Angaben stimmen eventuell nicht immer, da die Bauarbeiten alle öffentlichen Verkehrsmittel mit Ausnahme der Metro betreffen. Dies bedeutet, dass Haltestellen vorübergehend geschlossen sein können, mitunter wird mehrmals wöchentlich auch die Linienführung geändert! Wir empfehlen, nach der Ankunft bei den Touristinformationen oder den Infostellen des ÖPNV (s. u.) die aktuelle Linienführung der wichtigsten Bus- und Straßenbahnenlinien zu überprüfen. Oder Sie checken auf der Webseite www.ztm.waw.pl die aktuelle Situation. Zum Glück gibt es inzwischen eine Übersetzung ins Englische, die eine Suche nach Linien oder Haltestellen erleichtert. Nach Fertigstellung der zweiten Metrolinie Ende 2014 wird es höchstwahrscheinlich größere Veränderungen im Angebot geben. Zu erwarten ist, dass Tramlinien über der neuen Metrostrecke gestrichen werden. Bei Redaktionsschluss gab es diesbezüglich leider noch keine genauen Infos.

Die Fahrpläne an den Haltestellen zeigen neben der Fahrtrichtung auch die nächsten Haltestellen in nummerierter Reihenfolge an, der Ausstieg kann so von Ortsunkundigen einfach abgezählt werden. Allerdings sind die Pläne etwas unübersichtlich. Auf der linken Seite stehen die Straßen, durch die gefahren wird, auf der rechten die Haltestellen, die meist nach Nebenstraßen benannt sind.

Fahrpläne/Fahrzeiten: bei den Touristinformationen und über ✆ 19115 (auch auf Englisch), www.ztm.waw.pl (auch auf Englisch), www.metro.waw.pl.

Tarife im Zentrum: grünfarbige Einzelfahrkarte mit Umsteigen bis zu 75 Min. (bilet jednorazowy przesiadkowy) 4,40 PLN, rotfarbiges 20-Min.-Ticket mit unbegrenztem Umstieg in beiden Zonen 3,40 PLN, blaufarbige Tageskarte (bilet dobowy) 15 PLN, lilafarbige Wochenendkarte (bilet weekendowy) 6 €, Monatskarte (bilet 30-dniowy) mit Ausweis 112 PLN. Alle Fahrkarten müssen entwertet werden, Zeitkarten gelten ab dem Moment ihrer Entwertung.

Rentner: wer 70 Jahre oder älter ist, fährt gratis. Zum Nachweis ist der Personalausweis oder Führerschein ausreichend. Immer wieder kommt es aber vor, dass Kontrolleure bei ausländischen Senioren diesen Nachweis nicht akzeptieren wollen. Bestehen Sie auf Ihrem Recht und drohen Sie mit einer Beschwerde bei der ZTM!

Zonen 1 & 2: Die Zone 1 entspricht dem Stadtverkehr, die Zone 2 dem Vorortverkehr, auf den jedoch die wenigsten Touristen angewiesen sind. Wer aus der Zone 1 in die Zone 2 fährt, muss spätestens am Übergang zusätzlich zum Zone 1-Ticket ein Zone 2-Ticket entwerten, besser aber gleich bei Fahrtbeginn ein 2-Zonen-Ticket. Die Zeit- und Minutenkarten gelten für beide Zonen.

Wichtige Fahrkartenschalter, Infostellen: Metrostation Centrum (Pavillon 2010 B) Mo–Sa 7–20 Uhr; Metrostation Ratusz Arsenał (Pavillon 09) Mo–Fr 7–20, Sa 9–16 Uhr; ansonsten in allen Postfilialen, vielen Kiosken, an Automaten oder beim Fahrer.

Was lange währt, fährt endlich gut

Die Geschichte der Warschauer Metro ist eine Geschichte des Wartens und der Geduld. Warum es mit der Fertigstellung so lange dauerte, erklärt sich durch die jeweilige politische und wirtschaftliche Lage. Während um 1900 in vielen europäischen und amerikanischen Metropolen mit dem Bau einer U-Bahn begonnen wurde, stand Warschau unter russischer Besatzung. Erst nach dem Ersten Weltkrieg begannen dann die Planungen, die ersten Arbeiten im Jahr 1925. Doch die Weltwirtschaftskrise verhinderte einen umfassenden Baubeginn. Recht weit fortgeschritten waren dann die vom Stadtpräsidenten Stefan Starzyński forcierten Planungen für die Zeit ab 1939, als Polen von Hitlerdeutschland besetzt wurde, was den sofortigen Baustopp bedeutete.

Trotz Aufbruchstimmung nach Kriegsende und beginnender Tunnelarbeiten erhielt Warschau anders als andere Hauptstädte des Ostblocks auch in den 50er-Jahren keine Metro. Zum einen wurde ein Großteil der Arbeitskräfte und Geldmittel für den Wiederaufbau eingesetzt, zum anderen wurde von der Sowjetunion in überzogenen und deshalb nicht verwirklichten Dimensionen geplant. So wurde nicht nur eine ähnlich luxuriöse U-Bahn wie in Moskau angestrebt, als Imagemaßnahme gegen antikommunistische Tendenzen in Polen, sondern auch ein militärisch nutzbarer Bau: Die Untertunnelung Warschaus in einer Tiefe von 46 Metern sollte gleichzeitig dem unbemerkten Truppentransport der Roten Armee unter der Weichsel hindurch dienen! Wie weit die riesigen Röhren in Richtung des kapitalistischen Westens führen sollten, ist unter Historikern umstritten. Einige behaupten, dass Warschau und Berlin durch einen Tunnel verbunden werden sollten. Unvorstellbar bei den heutigen Kosten für den Tunnelbau, die in den 80er-Jahren einen Bau verhinderten und auch aktuell das städtische Budget belasten. 1995 wurde dann endlich die erste Linie in Betrieb genommen und die Strecke sukzessive verlängert. Die sich gabelnde rote Linie von Mory im Westen bis Bródno, Kozia Górka oder Gocław auf der rechten Weichselseite soll in Etappen bis 2016 fertiggestellt sein, das erste Teilstück wurde Ende 2014 freigegeben. Einen Erfolg konnten die Architekten und Ingenieure vor ein paar Jahren verbuchen: Auf der Metrorail 2008 wurde der U-Bahnhof Plac Wilsona als schönste Station der Welt ausgezeichnet.

Metro

Gegenwärtig verkehren zwei Linien, und zwar die blaue Linie in Nord-Süd-Richtung von Młociny nach Kabaty sowie die rote Linie in West-Ost-Richtung vom Rondo Daszyńskiego bis zum Dworzec Wileński: Sonntag bis Donnerstag von 5 bis 24 Uhr, Freitag und Samstag 5 bis 2.30 Uhr. Die Metro ist für die Sehenswürdigkeiten in der Nähe der Stationen die sinnvollste und schnellste Alternative. Mit dem Ausbau der zweiten und dem Bau der dritten Linie soll erst 2016 begonnen werden.

Takt: Tagsüber alle 3–4 Min., morgens und abends alle 7–10 Min.

S-Bahn

Ergänzend zur Metro gibt es die überirdische innerstädtische S-Bahn der *SKM*. Für Otto-Normal-Touristen sind eigentlich nur die vom Chopin Airport ins Zentrum fahrenden Linien S2 und S3 von Interesse.

Linien: S1, S2, S3, S9. www.skm.warszawa.pl.

Straßenbahn

Die Trams der Stadt haben den gleichen Vorteil wie die Metro: Sie haben ständig Vorfahrt. Die Linien führen dabei entweder in Nord-Süd-Richtung oder in Ost-West-Richtung durch Warschau. Sofern der gewünschte Zielpunkt bedient wird, sollte man sie den Bussen vorziehen, da sie schneller sind. Einzig der Ein- und Ausstieg kann an manchen Haltestellen etwas schwierig sein, da man gelegentlich die Fahrspuren des Autoverkehrs überqueren muss. Die Straßenbahn ist v. a. zu Hauptverkehrszeiten mehr als ausgelastet, ein Sitzplatz nicht immer frei. Die höfliche Jugend steht aber gern zugunsten eines älteren Fahrgastes auf. Erfreulich sind die Investitionen der letzten Jahre, die sich u. a. in den modernen Niederflur-Trams der Modellreihe PESA 120Na zeigen. Die erste Straßenbahn fährt morgens ab ca. 4.30 Uhr, die letzte gegen 24 Uhr.

Tram-Nummern: Straßenbahnen haben ein- und zweistellige Nummern. Hauptlinien: 1–39; Linien zur Entlastung des Hauptverkehrs: 40–49; Sonderlinien: 50–79.

Touristentram Linia T: Rundfahrt in Form einer Acht: MDM-Viertel, Polytechnikum, Filtry, die al. Jerozolimskie entlang, durch den Park Skaryszewski und durch Praga, Bärengehege, Schloss, pl. Bankowy und am Park Saski vorbei bis zum Kulturpalast. Man fährt in einer Oldtimer-Straßenbahn, benötigt aber nur ein normales Ticket. Von Mitte Mai bis Ende Sept. Sa/So 9/11–17/19 Uhr. www.ztm.waw.pl.

Busse & Nachtbusse

Es gibt fast 2000 Busse, die sich auf ca. 220 Linien verteilen und von etwa 4.30 bis 24 Uhr verkehren. Auf den Fahrplänen sind sie von Trams dadurch zu unterscheiden, dass sie dreistellige Nummern tragen. Zu Stoßzeiten muss man mitunter lange Wartezeiten hinnehmen, da es nur an einigen wenigen Stellen eigene Busspuren gibt.

Die *Nachtbusse* verkehren täglich im 30-Min.-Takt zu Zeiten, wenn die normalen Busse und Straßenbahnen schon im Depot stehen, und zwar ab ca. 23 bis 4.30 Uhr. Sie sind mit einem N und einer zweistelligen Nummer gekennzeichnet. Aufpassen sollte man bei Bussen mit 700er- und 800er-Nummern; das sind Schnellbusse, bei denen man im Gegensatz zu den anderen öffentlichen Verkehrsmitteln dem Fahrer den Ausstieg kundtun muss. Ergänzt wird das Angebot von privaten Minibussen, die v. a. weiter entfernte Vororte und angrenzende Ortschaften anfahren. An Sommerwochenenden ist der Königstrakt für den Busverkehr gesperrt, die entsprechenden Linien umfahren dann die Alleen!

Bus-Nummern: Busse im Zentrum: 100–199; Busse in den Außenbezirken: 201–299; Busse mit nicht durchgehendem Fahrplan:

300–399; Schnellbusse (halten nicht an jeder Haltestelle): 401–599; 2-Zonen-Busse (2-Zonen-Ticket 7 PLN): 700–899; Expressbusse (halten nicht an jeder Haltestelle, nur werktags): E-2–E-8, Nachtbusse: N01–N09 (im Ringverkehr) und N10–N95 (jeweils 23–4 Uhr).

Sightseeing-Buslinien

City Tour: Zu fast allen wichtigen Sehenswürdigkeiten fährt der gelbe Doppeldeckerbus. 1½-Std.-Fahrt von den Sights unserer Tour 5 zur Altstadt (Tour 1), durchs ehemalige Ghetto (Tour 7) bis zum Zentrum (Tour 6), anschließend zum Park Łazienki Królewskie (Tour 9) und über das MDM-Viertel zurück. Dt.-sprachige Audio-Guides, genauer Fahrplan auf der Homepage oder bei den Touristinfos, Tagesticket mit beliebigem Zustieg 15 €, Zweitages-Ticket 20 €. www.citytour.com.pl.

CitySightseeing: Die kürzere Tour: Der rote Doppeldecker fährt vom Kulturpalast über den pl. Piłsudskiego, das Chopin-Museum und den pl. Bankowy bis zur Altstadt und den pl. Zamkowy. Von dort aus geht es den Königstrakt hinunter bis zum Park Łazienki Królewskie, um schließlich zum Zentrum um den Kulturpalast zurückzukehren. Tägl. 10–17 Uhr zur vollen Stunde ab Dworzec Centralny, genaue Daten auf der Homepage und auf Flyern. Fahrzeit 1 Std., dt.-sprachige Audioguides; der Spaß kostet allerdings stolze 15 € für einen oder 20 € für zwei Tage. Dafür darf man aber unbegrenzt zu- und wieder aussteigen. www.city-sightseeing.pl.

Linie 180: ein normaler Linienbus, fährt regelmäßig und auch unter der Woche und eignet sich deswegen hervorragend, um mehrmals ein- und auszusteigen. Verschiedene Nummern und Haltestellen muss man sich dabei also nicht merken. Die Endhaltestellen der 180er-Linie sind im Süden das Schloss in Wilanów und im Norden der Powązki-Friedhof. Dazwischen wird die Altstadt, der Königstrakt, Park Łazienki Królewskie und ein großer Teil des ehemaligen Ghettos bedient.

Taxi

Taxistände befinden sich an allen Verkehrsknotenpunkten wie dem Zentralbahnhof und bei der Altstadt. Vor der Fahrt sollte man den Preis abklären, da von Touristen, aber auch Einheimischen oft zu viel verlangt wird. Einen einheitlichen Taxipreis gibt es nämlich nicht, stattdessen aber Höchstpreise, die nicht überschritten werden dürfen (s. u.). Auf der sicheren Seite ist, wer die Telefonnummer eines der unten aufgeführten Funktaxis wählt – selbst wenn es kein Problem wäre, ein anderes zu finden. Die Tarife zu den Nachtzeiten sowie an Sonn- und Feiertagen sind höher, auf jeden Fall sollten sie am Taxameter abzulesen sein. Auf beiden Vordertüren muss die Sirene zu sehen sein, außerdem gelb-rote Streifen direkt unter den Seitenfenstern.

Taxigesellschaften: Halo Taxi ✆ 22-19623, www.halotaxi.pl; MPT (auch Behinderten-Transport) ✆ 22-19191, www.taximpt.com.pl; Super Taxi ✆ 22-19622, www.supertaxi.pl; Merc Taxi ✆ 22-6777777, www.merctaxi.pl.

Gesetzliche Höchstpreise: Grundpreis 8 PLN; Zentrum am Tag 3 PLN/km, Zentrum an Feiertagen und nachts 4,50 PLN/km; Randgebiete am Tag 6 PLN/km, Randgebiete an Feiertagen und in der Nacht 9 PLN/km; 1 Std. Wartezeit 40 PLN.

Öko-Taxis: Taxi-Flotte mit Elektro-Antrieb und höchstem Komfort, u. a. Monitore und Internet-Zugang – Teil des Angebots einer z. T. auch profitorientierten Organisation, die in Warschau Recycling, nachhaltiges Wirtschaften und umweltverträglichen Verkehr fördern will. EcoCar, ✆ 12-3456789, www.ecocar.pl. ■

Auto & Mietwagen

Ein Zufall ist es wohl nicht, dass die größte Warschauer Fahrschule „Imola" heißt. Und die Geschwindigkeiten auf der norditalienischen Formel-1-Rennstrecke versuchen anscheinend viele Alltagspiloten zu erreichen. Des Fahrers Nerven werden also immer wieder auf die Probe gestellt – nicht nur von rasanten Autos vor, hinter und neben sich, sondern auch in den Staus der Hauptverkehrszeit oder bei der Parkplatzsuche. Keine Frage, die Straßen sind überlastet, doch eine Besserung ist trotz stetiger Infrastrukturinvestitionen nicht in Sicht. Etwas angenehmer ist es im Hochsommer, wenn viele Warschauer im Urlaub sind, Schüler und Studenten Ferien haben und auch das Berufsleben einen Gang heruntergeschaltet.

Die auf den Stadtplänen verzeichneten bewachten Parkplätze kosten ab 1 €/Std., im Zentrum oft sehr viel mehr. Parken gegen Gebühr am Automaten können Sie auch an allen Straßen, soweit es kein anders lautendes Verbot gibt. Strafzettel bei Verstößen sind hingegen ziemlich sicher, mitunter werden auch Krallen benutzt. Die Altstadt und Teile der Neustadt sind verkehrsfrei, ebenso die ulica Nowy Świat. Wenn Sie mit dem Auto angereist sind, lassen Sie es am besten auf dem Parkplatz oder in der Hotelgarage stehen und nutzen Sie es nur außerhalb des Zentrums.

Wenn Sie für diese Ausflüge gern motorisiert wären, aber das eigene Auto nicht mitgenommen haben, bleiben die Autovermietungen. Die sind allerdings in Polen verhältnismäßig teuer und fordern die Einhaltung strikter Regeln. Dazu zählt etwa ein Mindestalter von 21 Jahren oder mehr, eine hohe Kaution (manchmal mehr als 500 €) sowie mindestens zwei Jahre Fahrpraxis.

Mietwagen

Budget: Kleinwagen, Mittelklasse, Kombis und Vans. An beiden Flughäfen (✆ 22-6540062) oder beim Hotel Marriott, al. Jerozolimskie 65/79, ✆ 22-6307280, www.budget.com.pl.

Joka: Vor allem Mittelklassewagen und Limousinen. Ul. Okopowa 47, ✆ 22-6366393, www.joka.com.pl.

Local: Von Kleinwagen bis Mittelklasse, auch City-Touren und Transport. Ul. Marszałkowska 140, ✆ 22-8267100, www.lrc.com.pl.

Limousineservice: Luxuslimos wie Bentley oder S-Klasse, auf Wunsch mit Chauffeur. Biały Kamień 2/U6, ✆ 22-6353000, www.limousineservice.pl.

Kosten: Für einen durchschnittlichen Mittelklassewagen ist mit rund 50 €/Tag zu rechnen. Ein bei Joka für drei Tage gebuchter Ford Focus oder Opel Astra kostet im Sonderangebot ab 95 €.

Parken

Gebühren: Parkplätze in den markierten Zonen der Innenstadt kosten Mo–Fr 8–18 Uhr 0,75 €/Std., die 2. Stunde kostet 0,90 €, die 3. Stunde 1,05 €. Parkscheine an den Automaten. Weiter außerhalb ist das Parken kostenlos.

Bewachte Parkplätze: An vielen Orten im Zentrum und auch außerhalb, man erkennt sie am blauen Parkplatz-Zeichen und dem Zusatz „strzeżony", ab 1 €/Std. Sehr groß ist die Tiefgarage des Einkaufszentrums Złote Tarasy beim Kulturpalast.

Fahrrad

Das Radeln ist in Warschau nicht zuletzt wegen der teils großen Entfernungen eine sinnvolle Alternative zum Gehen, auf dem recht flachen Gelände kommt man mit dem Drahtesel meist auch gut voran. Viele Fahrradwege gibt es nicht, die Verkehrsführung ist insgesamt nicht bikerfreundlich, die Lage bessert sich aber. Gerade für Ausflüge in die nähere Umgebung eignen sich Fahrräder besonders. Entlang des linken Weichselufers gibt es eine schöne Strecke, von der aus viele Sehenswürdigkeiten zu erreichen sind, an der rechten Flussseite entsteht eine weitere Fahrradtrasse. Attraktiv ist auch die Fahrt durch Mariensztat und Powiśle. Wem die Anreise mit dem eigenen Rad zu mühsam ist, kann einen der Fahrradverleihe nutzen, von denen es seltsamerweise nicht viele gibt. Eine Karte der Fahrradwege in und um Warschau sollte bei den Touristinformationen erhältlich sein, manche Verleiher verlangen dafür 5 €.

Fahrradverleih

Wygodny Rower: Citybikes für Ausflüge in der Stadt. Zusätzlich zum Preis sind 50 € Kaution sowie der Personalausweis zu hinterlegen. 10 €/Tag, 12,50 € für 24 Std. Auch Kinderräder und -helme. Mo–Fr 11–20, Sa

10–17 Uhr. Ul. Smolna 10, ✆ 888-949949 (mobil), www.wygodnyrower.pl, www.warsaw bybike.pl.

BikeCity: Holländräder. Kaution 25 € und ein Dokument. 4 Std. 7,50 €, 1 Tag 10 €. Mo–Fr 10–20, Sa 10–14 Uhr. Ul. Nowogrodzka 10/1, ✆ 667-836863 (mobil), www. bikecity.waw.pl.

Veturilo: Der Fahrradverleih der städtischen Verkehrsbetriebe. Nach Online-Registrierung für 2,50 € (als Startguthaben verfügbar) erhält man eine PIN, mit der man Räder an unzähligen Stationen im Stadtgebiet ausleihen und nach der Fahrt an einer beliebigen Station zurückstellen kann. Die ersten 20 Min. sind kostenlos, der Rest der 1. Std. kostet 0,25 €, die 2. und 3. Std. 1 €. Info-Hotline ✆ 22-2441313, www.veturilo.waw.pl.

Sonstiges

Stadtführung per Rad: 3-stündige Touren auf einer Laid-back-Route (tägl. 11 Uhr), bei Nacht, auf jüdischen Spuren oder zu den Überbleibseln des Sozialismus. Alle Touren kosten 25 € (inkl. Fahrrad) und starten zu versch. Uhrzeiten. Treffpunkt beim Nationalmuseum. Anmeldung am besten einen Tag im Voraus unter ✆ 513-605518 (mobil), www.easternstation.eu.

Masa Krytyczna: Am letzten Fr im Monat um 18 Uhr treffen sich auf dem Schlossplatz Radler, Inline-Skater, aber auch Fußgänger, um als „kritische Masse" die Stadt von den Autos zurückzuerobern. Ist trotz des politischen Ziels immer mit viel Spaß verbunden. Infos unter www.masa.waw.pl.

Zu Fuß

Warschau ist eine Stadt der langen Wege, deshalb sollte man bequemes und festes Schuhwerk anziehen. Die meisten unserer Tourenvorschläge sind zu Fuß durchführbar, bei manchen ist es sinnvoll, sich ein Rad zu leihen oder zwischen zwei Sehenswürdigkeiten öffentliche Verkehrsmittel zu benutzen; dazu eignet sich u. a. der **Touristenbus Nr. 180** (→ Sightseeing-Buslinie). Die Altstadt, Teile der Neustadt, die Nowy Świat und natürlich die Parks sind für den Autoverkehr gesperrt. An Zebrastreifen und Ampeln ist besondere Aufmerksamkeit angeraten. Viele Warschauer Autofahrer scheinen unter Zeitdruck zu stehen, vielleicht sind sie wegen der vielen Staus aber einfach nur gereizt.

Stadtführungen

Warszawskie Stowarzyszenie Przewodników: offizieller Stadtführerverein Warschaus, Vermittlung von privaten Führern, die die gewünschte Sprache beherrschen. Ul. Zwycięzców 32, www.przewodnicy powarszawie.w.interia.pl.

Gabriele Lesser: Die Korrespondentin der Tageszeitung taz ist seit 2012 auch examinierte Stadtführerin. Ihre Entdeckungstouren reichert sie u. a. mit Karten, historischen Fotografien sowie mit Zitaten bekannter Zeitgenossen und Musikbeispielen an. Themen der Touren sind z. B. Chopins Warschau, deutsche Besatzung, jüdische Geschichte, ehemaliges Ghetto und der Ghettoaufstand 1943, Warschauer Aufstand 1944 oder Warschau in der Zeit der Sachsenkönige sowie Wiederaufbau und MDM. 4-Std.-Tour 250 €. Kontakt: glesser@gmx.net.

Excellence: Agentur mit deutschsprachigen Führungen; spezielle Angebote für Gruppen, auch Ausflüge in die Umgebung. 120 €/4 Std. Ul. Korotyńskiego 24/76, ✆ 502-734352 (mobil), www.excellence.travel.pl.

Trakt: Bis zu 10-stündige Ausflüge in und um Warschau. 130 €/4 Std. Ul. Kredytowa 6, ✆ 22-8278069, www.trakt.com.pl.

Warsawtrip: Deutschsprachige Führungen von den zwei sympathischen Insidern Aga und Wojtek, die auf Wünsche der Gäste eingehen. Am Ende gibt es ein kleines Andenken und eine Foto-CD mit den auf der Tour geknipsten Schnappschüssen. 5-stündige Führung 100 €/Pers., 180 €/Paar, Gruppen nach Vereinbarung. ✆ 509-538450 (mobil) ✆ 501-226681 (mobil), www.war sawtrip.pl.

Jan Szurmant: Seit Mitte 2014 bietet Jan Szurmant, einer der beiden Autoren dieses Reisehandbuchs, auch Führungen durch Warschau zum Preis von 300 €/5 Std. an. Sonderwünsche werden so weit wie möglich berücksichtigt, Kurzführungen lohnen sich allerdings wegen der Anfahrt aus Krakau nicht. ✆ 790-619330, warschausehen@o2.pl.

Free Tour: Die 2-stündige englischsprachige Tour ist kostenlos, Trinkgelder sind natürlich gern gesehen. Treffpunkt tägl. 11 Uhr bei der Sigismund-Säule, der Guide trägt einen orangefarbenen Regenschirm. www.orangeumbrella.pl.

Sonstige Verkehrsmittel

Die stilechte Art der Fortbewegung in der Altstadt und auf dem Königstrakt ist die Droschke. Die Kutschen warten auf dem Schlossplatz und bieten von dort aus verschiedene Routen an. Wer es lieber motorisiert mag, kann in die Altstadtbahn steigen, von den offenen Waggons sind die Attraktionen gut zu sehen; der Zug rollt auf Rädern und ist v. a. für Gäste gedacht, denen der Fußweg zu beschwerlich ist. Weitere Glanzlichter eines Warschau-Besuchs sind die Wasser-Straßenbahn und die Ausflugsfahrten auf der Weichsel. Nicht billig dagegen sind Flüge über der Stadt.

Kolejka Staromiejska (Altstadtbahn): Die Bahn fährt 30 Min. durch die Alt- und Neustadt. Ticket 6 €, erm. 5,50 €. Tägl. 11–17 Uhr, ✆ 501-131245 (mobil).

Rikschas warten am pl. Zamkowy auf Kundschaft.

Droschken: ca. 25 €/Std. Haltestellen am plac Zamkowy und am Rynek Starego Miasta.

Pferdestraßenbahn: Fährt im Juli und Aug. entlang der Altstadt und durch die Neustadt. 3,50 €, erm. 2 €. Mo–Fr 12–18 Uhr zur vollen Stunde ab plac Zamkowy, Sa/So 11–18 Uhr zur vollen Stunde. www.ztm.waw.pl.

Gondeln: Beliebt bei Liebespaaren und Kindern sind die Gondelfahrten im Łazienki-Park. Mai–Sept. 10–18 Uhr. 15 Min. 2 €.

Tramwaj wodny: 50-minütige Rundfahrten auf der Weichsel mit der „Generał Kutrzeba", der Wars oder der Wasserstraßenbahn. Ticket 4,50 €, erm. 2 €. Mai/Juni Sa/So 4 Fahrten, Juli/Aug. Fr 3, Sa/So 4 Fahrten. Zustieg: beim Most Poniatowskiego; am Cypel Czerniakowski zwischen Most Poniatowskiego und Most Łazienkowski. www.ztm.waw.pl.

Fähren: Kostenlose Fahrten zwischen Cypel Czerniakowski und Saska Kępa, Most Poniatowskiego und Stadion Narodowy, Multimedia-Brunnen und Zoo sowie Łomianki und Nowodwory. Mai/Juni nur Sa/So, Juli/Aug. täglich.

Von Italien nach Prag in 30 Minuten

Die Warschauer Stadtbezirke tragen oft ungewöhnliche Namen. Włochy im Südwesten ist zugleich der polnische Name für Italien. Das eine halbe Tramstunde entfernte Praga auf der rechten Weichselseite heißt genauso wie die tschechische Hauptstadt. In Warschaus Zentrum wimmelt es auch von Straßen, die zur Erinnerung an Aufstände und Generäle, an Armeen oder Freiheitsdaten benannt wurden. Der plac Piłsudskiego z. B. verdankt seine Bezeichnung dem Marschall und Politiker Józef Piłsudski, der im Polen der Zwischenkriegszeit eine wichtige Rolle spielte. Kaum seltener stößt man auf Straßen, die einen edlen oder imposanten Namen tragen. Neue Welt heißt die ulica Nowy Świat, Erlöserplatz der plac Zbawiciela und Königstraße die ulica Królewska. Umso erstaunlicher, dass für eine parallel zur Nowy Świat verlaufende Gasse der Name ulica Kubusia Puchatka gefunden wurde. Übersetzen müssen dies die Reiseführer ihren ausländischen Gästen mit Puder-Bär-Straße, Winnie-the-Pooh-Street oder Rue de Winnie l'ourson. Am Anfang und Ende der kurzen Straße ist ein Schild mit dem Namen zu finden, auf dem auch besagter Bär und sein treues Ferkel abgebildet sind. Der Bär aus den Geschichten von Alan Alexander Milne ist für seine Tapsigkeit und Naivität bekannt. Und traurige Verlierer werden in Polen traditionell gemocht.

Luxus im Stil der Jahrhundertwende – das legendäre Hotel Bristol

Übernachten

Auch in Warschaus Hotellandschaft zeigt sich die Vielfalt und Gegensätzlichkeit der Stadt. So kann man in traditionsreichen Häusern, ultramodernen Wolkenkratzern, Designerhostels oder sozialistischen Zweck- und Prachtbauten nächtigen.

Die Preise unterscheiden sich kaum mehr von denen in Paris, London oder New York. So sind für die Übernachtung in einer Luxussuite inzwischen vierstellige Euro-Beträge die Regel. Aber auch für Besucher mit weniger prall gefüllter Brieftasche gibt es immer noch genügend Angebote. Trotzdem sollte man frühzeitig reservieren und gegebenenfalls eine Buchungsagentur in Anspruch nehmen, da dann der Preis niedriger sein wird. Keinerlei Abstriche muss man in punkto Sauberkeit und Komfort machen – die meisten Hotels und Pensionen wurden erst nach dem Ende des Sozialismus erbaut oder grundlegend renoviert. In den billigsten Unterkünften muss man das Bad oft mit anderen Gästen teilen, in den Hostels auch die Zimmer selbst. Die angegebenen Preisspannen beziehen sich auf die günstigsten Preise in der Neben- und die teuersten in der Hauptsaison – für ein Zimmer mit eigenem Bad und Frühstück. Die günstigeren Preise gibt es bei längeren Aufenthalten, in der Nebensaison, die in der Business-City Warschau oft von Samstag bis Sonntag dauert, und in der messefreien Zeit.

Buchungsagenturen: www.polen.pl, www.bookings.de, www.hotelsinpoland.com, www.infhotel.pl, www.rezerwuje.pl.

Hotels und Pensionen

Unsere Auswahlkriterien für Hotels waren i. d. R. ein reelles Preis-Leistungs-Verhältnis und eine größtmögliche

52 Übernachten

Nähe zum Zentrum. Mit sinkenden Preisen muss man jedoch teilweise eine größere Entfernung hinnehmen. Darüber hinaus haben wir einige schwarze Schafe unter den Unterkünften angegeben, bei denen Sie nicht das erwartet, was im Internet versprochen wird. Die Reihenfolge der Hotels orientiert sich an ihrer Lage, beginnend mit Tour 1.

Luxusklasse (über 200 €)

>>> Unser Tipp: ***** Le Régina **2** Karte S. 107, eines der exklusivsten Warschauer Hotels in der Neustadt. Von außen begeistert die längliche Fassade mit Arkadengängen, im Innern das edle Design. Luxus und Professionalität des Personals gehen hier nicht auf Kosten der Gemütlichkeit – eines der besten Hotels in dieser Preisklasse. EZ/DZ 80–300 €, Suite 1700 €. Ul. Kościelna 12, ✆ 22-5316000, www.leregina.com. **<<<**

***** **Le Meridien Bristol 7** Karte S. 118/119, alles vom Feinsten: die zentrale Lage am Königstrakt neben dem Präsidentenpalast, ein im Michelin gelistetes Hotelrestaurant, die weiße Art Nouveau-Fassade am Palast, der selbst zu den Sehenswürdigkeiten Warschaus zählt ... Nicht umsonst wurde das Haus mehrfach zu Polens luxuriösestem Hotel gewählt, in dem sich bei der EM 2012 das russische Fußballteam wohlfühlte. Classic 135–189 €, Executive 189–378 €, Appartement ab 540 €. Ul. Krakowskie Przedmieście 42/44, ✆ 22-5511000, www.hotelbristolwarsaw.pl.

***** **Sofitel 12** Karte S. 147, Warschaus erstes 5-Sterne-Hotel in unmittelbarer Umgebung des Park Saski und des Metropols wurde 2008 renoviert. Wenn der Wiederaufbau des Sächsischen Palais endlich vollendet sein wird, wird dieser Ort wie vor dem Ersten Weltkrieg zu den Highlights der Stadt zählen. Wie bei Häusern dieser Preisklasse üblich, variieren die Preise stark je nach Jahreszeit, Buchungsdatum und v. a. bei Messen. EZ/DZ 55–350 €, App. 100–500 €. Ul. Królewska 11, ✆ 22-6578011, www.sofitel.com.

***** **Hilton Warsaw Hotel & Convention Centre 23** Karte S. 174/175, in einem der wenigen weniger gelungenen Hochhaus-Neubauten der Umgebung ist das 2007 eröffnete Hilton untergebracht. Besonders stolz ist man auf den Fitnessbereich mit Schwimmbad, in dem man in 25-Meter-Bahnen auch wirklich schwimmen kann, statt nur zu planschen. EZ/DZ 57–300 € (je nach Saison, Ausstattung und Buchungszeit), Apartment Corner Suite 207–575 €. Ul. Grzybowska 63, ✆ 22-3565555, www.warsaw.hilton.com.

***** **Marriott 8** Karte S. 194/195, im unverwechselbaren Wolkenkratzer im Zentrum; es gäbe hier einige Highlights aufzuzählen, doch die vielleicht beste Sicht auf Warschaus Skyline ist das erwähnenswerteste. Das kostet entsprechend: EZ/DZ 92–229 €, Präsidentensuite 1000–2250 €. Al. Jerozolimskie 65/79, ✆ 22-6306306, www.marriott.com/wawpl.

****** **Polonia Palace Hotel 5** Karte S. 194/195, eines dieser Hotels, in denen man einen Salon mieten kann, die Harfe für die Hintergrundmusik steht bereit. 2005 wurde die Wiedereröffnung in dem edlen Palast an den Jerozolimskie-Alleen gebührend gefeiert und seitdem wieder an die große Tradition des 1913 eröffneten Hauses angeknüpft: ein Frühstücksbuffet für Könige. EZ/DZ 60–235 €, Frühstück 18 €/Pers. Al. Jerozolimskie 45, ✆ 22-3182800, www.poloniapalace.com.

**** **Jan III Sobieski 30** Karte S. 194/195, der alte Palast mit Glaskuppel hat leider einen

Das Warschauer Hilton

Hotels und Pensionen 53

neuen, beißend-unvorteilhaften Anstrich bekommen, in punkto Inneneinrichtung ist das nach einem polnischen König benannte Haus aber über jeden Zweifel erhaben – und darauf kommt es ja an. EZ 55–300 €. Pl. Zawiszy 1, ✆ 22-5791000, www.sobieski.com.pl.

Obere Preisklasse (115–200 €)

***** **Sheraton** 27 Karte S. 118/119, am plac Trzech Krzyży und damit in nobler Umgebung von Botschaften, Luxusrestaurants und Designerboutiquen. Geboten wird der für die Sheraton-Familie bekannte Standard. EZ/DZ 75–375 €. Ul. Prusa 2, ✆ 22-4506100, www.sheraton.pl.

》》》 **Unser Tipp:** ***** **InterContinental Warszawa** 17 Karte S. 160/161, erstklassige Lage und schon von Weitem durch das charakteristische „Loch" an der Seite erkennbar, das Licht auf die weniger hohen Wohnblöcke der Nachbarschaft durchlassen soll. Spektakulär ist der Spa- und Pool-Bereich im 43. und 44. Stock, von dem man eine unvergleichliche Sicht auf den Kulturpalast und die Stadt hat. Geräumige Residenzen für längere Aufenthalte, auch behindertengerechte Zimmer. EZ 85–150 €, DZ 95–160 €, am Wochenende mit Glück schon ab 65–115 €, Suite 195–260 €. Ul. Emilii Plater 49, ✆ 22-3288888, www.warsaw.intercontinental.com. 《《《

**** **Mercure Warszawa Centrum** 26 Karte S. 160/161, schlicht und wie einer dieser Nichtorte – das Innere unterscheidet sich nicht im Geringsten von vergleichbaren Häusern in Nanjing, Astana oder Curitiba. In der Umgebung erstreckt sich allerdings mit Wolkenkratzern und den Goldenen Terrassen das neue, imposante Warschau. EZ/DZ 55–125 €, Suite 125–250 €. Ul. Złota 48/54, ✆ 22-6973999, www.mercure.com.

***** **Westin** 17 Karte S. 174/175, architektonisch beeindruckender Wolkenkratzer mit spektakulärem Panorama-Aufzug und deshalb von innen wie außen ein beliebtes Fotomotiv. 2005 wurde das Westin zum weltweit besten Hotel dieser Kette gewählt. Keine festen Preise. EZ/DZ 100–250 €. Präsidentensuite 1500–1750 €. Ärgerlich und unverständlich aber, dass man bei den günstigeren Zimmern noch einmal 19 €/Tag fürs Internet bezahlen muss! Al. Jana Pawła II 21, ✆ 22-4508000, www.westin.pl.

***** **Radisson Blu Centrum** 15 Karte S. 174/175, westlich des Park Saski bei der Synagoge, ein Mitglied der Radisson-Familie mit typischer Preisgestaltung für Businesskunden: EZ/DZ 55–375 €, hinzu kommen 24 € fürs Frühstück. Ul. Grzybowska 24, ✆ 22-3218888, www.warsaw.radissonsas.com.

***** **Hotel Rialto** 35 Karte S. 194/195, der neue, aus Argentinien stammende Küchenchef Martin Gimenez Castro lässt selbst den großen Kurt Scheller, den langjährigen Koch des Hotels, nicht allzu sehr vermissen. Nicht nur die Gastronomie ist auf erstklassigem Niveau, was der Designpreis für die Art-Déco-Einrichtung unterstreicht – auch die beiden Bildschirme an der Rezeption sind in edles Holz eingefasst. EZ 70–220 €, DZ 80–240 €. Ul. Wilcza 73, ✆ 22-5848700, www.hotelrialto.com.pl.

**** **Grand** 10 Karte S. 194/195, oftmals schmückt sich das beste Hotel einer Stadt mit diesem Namen; das Warschauer Exemplar schließt seit der Renovierung 2011 zu den luxuriösesten Häusern der Stadt auf. EZ/DZ 65–213 €, Superior 85–230 €, Suite 413 €. Ul. Krucza 28, ✆ 22-5832100, www.orbis.pl.

Mittelklasse (70–115 €)

》》》 **Unser Tipp: Castle Inn** 18 Karte S. 89, jedes der Zimmer wurde in einem anderen Stil von Warschauer Künstlern eingerichtet. Ob Popart in Schwarz-Weiß oder romantisch-plüschiges Orient-Express-Flair, die Idee von neuem Design in alten Gemäuern geht auf. Vom mit Motiven aus Filmen des Warschauer Regisseurs Krzysztof Kieślowski versehenen Zimmer Nr. 11 hat man zudem einen schönen Ausblick auf den Schlossplatz. EZ 50–83 €, DZ 58–120 €. Ul. Świętojańska 2, ✆ 22-4250100, www.castleinn.pl. 《《《

》》》 **Unser Tipp: Dom Literatury** 1 Karte S. 118/119, berühmt wegen der wohl besten Sicht auf Schlossplatz und Altstadt. Von den Zimmern 23 und 27 scheint die Sigismundsäule in Griffnähe, ein deutsches Fernsehteam filmte den letzten Papstbesuch von hier aus. Herrlich altmodisch, Kreditkarten werden von den netten Damen nicht akzeptiert, seit 2009 gibt es aber einen Aufzug. Damit ist der Weg zu den schönen Zimmern (teils mit Balkon und Holzdecke) im 3. Stock nicht mehr so beschwerlich. EZ 55–65 €, DZ 75–98 €, 3-Bett-App. 88–113 €.

Krakowskie Przedmieście 87/89, ℡ 22-6350404, www.fundacjadl.com. «

** Harenda 10 Karte S. 118/119, nur unweit der Altstadt und direkt am Königstrakt gelegen. Sicher kein Nonplusultra, v. a. die Matratzen könnten mal wieder gewechselt werden und der nahe gelegene Club dreht die Lautsprecher oft auf. EZ 78–85 €, DZ 85–95 €, Frühstücksbüffet 6 €, an Wochenenden ist die zweite Nacht gratis. Krakowskie Przedmieście 4/6, ℡ 22-8260071, www.hotelharenda.com.pl.

**** Golden Tulip 30 Karte S. 160/161, das Prunkstück eines Komplexes aus drei Hotels; die nicht gerade schöne Lage des Neubaus gleicht der gute Service aus; alle Räumlichkeiten sind auf modernstem Stand. EZ/DZ 80–175 €, am Wochenende ab 48 €, Frühstück 16 €. Ul. Towarowa 2, ℡ 22-5827500, www.goldentulipwarsawcentre.com.

Blick auf den Schlossplatz
von einem Zimmer im Dom Literatury

*** Gromada Warszawa Centrum 4 Karte S. 160/161, mitten im Zentrum gelegen, und so überrascht der relativ günstige Preis. Gespart wird aber anscheinend am Personal, die Rezeption ist oft nur einfach besetzt und heillos überfordert. Die Zimmer sind außerdem recht hellhörig und im Winter überheizt. EZ 45–65 €, DZ 55–75 €, App. 93–150 €. Pl. Powstańców Warszawy 2, ℡ 22-5829900, www.gromada.pl.

** Campanile 30 Karte S. 160/161, etwas abgelegenes Mittelklassehotel und nicht in bester Umgebung. Für den Preis aber okay. EZ 40–90 €, DZ 40–100 €, Frühstück 9 €/Pers. Ul. Towarowa 2, ℡ 22-5827200, www.campanile-warszawa.pl.

» Unser Tipp:** Maria 4 Karte S. 174/175, kleines und angenehmes Hotel in der Nähe des Powązki-Friedhofs, als freundlicher Familienbetrieb eine Seltenheit im von Hotelketten dominierten Warschau. Kostenlose Gäste-Parkplätze. EZ 63–81 €, DZ 96–106 €, bis zu 25 € günstigere Preise am Wochenende. Al. Jana Pawła II 71, ℡ 22-8384062, www.hotelmaria.pl. «

Babka Tower 3 Karte S. 174/175, Apartmenthotel direkt gegenüber der Mall Arkadia, in einem sehr hohen Wohnblock für reiche Warschauer. In einigen Zimmern darf man sich auf gute Aussicht auf einen Teil der Warschauer Skyline freuen, in allen auf Annehmlichkeiten wie WiFi, Bügelbrett und -eisen, CD-Player, Waschmaschine und eine voll ausgestattete Küche. EZ/DZ 41–74 €, App. für 2–4 Pers. 74–249 €. Al. Jana Pawła II 80/D44, ℡ 22-6373273, www.babkatower.com.

*** Metropol 6 Karte S. 194/195, wurde 2012 endlich von Grund auf renoviert. Bleibt zu hoffen, dass die Betreiber nicht wieder auf die Idee kommen, riesige beleuchtete Werbeplakate vor die Fassade zu hängen. EZ 41–110 €, DZ 73–110 €. Ul. Marszałkowska 99a, ℡ 22-3253100, www.hotelmetropol.com. pl.

**** Novotel 3 Karte S. 194/195, der Hochhaus-Block wurde 2007 für angeblich nicht weniger als 50 Mio. Euro renoviert. Auf jeden Fall ist es eine städtebauliche Bereicherung, das Hotel selbst bietet eine zentrale Lage und ein gutes Preis-Leistungs-Verhältnis. EZ/DZ 63–230 € (je nach Ausstattung, Buchungszeit und zeitgleichen Veranstaltungen), Luxus-Suite 335 €. Ul. Marszałkowska 94/98, ℡ 22-5960000, www.orbis.pl.

Hotels und Pensionen 55

*** **Hotel Karat** 🔢 Karte S. 209, recht kleines Hotel beim Łazienki-Park, das für sein Design im Stil der frühen 90er-Jahre sicher keinen Preis gewinnen würde. EZ 40–57 €, DZ 45–73 €, Ermäßigung am Wochenende. Ul. Słoneczna 37, ✆ 22-6014411, www.hotelkarat.pl.

*** **Reytan** 🔢 Karte S. 209, ein ganzes Stück südwestlich vom Łazienki-Park und damit nicht gerade zentral. Das Hotel unterstützt nicht nur den Seehund im Zoo, es ist ebenso um das Wohl seiner Gäste bedacht. EZ 30–100 €, DZ 38–105 €, Studio 100 €, erheblicher Preisnachlass am Wochenende. Ul. Rejtana 6, ✆ 22-2016400, www.reytan.pl.

*** **Belwederski** 🔢 Karte S. 209, eine schöne Aussicht garantieren die Villen im Diplomatenviertel. Ansonsten ein Mittelklassehotel ohne besondere Vorzüge. EZ 51–83 €, DZ 64–88 €, Studio 70–100 €. Ul. Sulkiewicza 11, ✆ 22-8404011, www.hotelbelwederski.pl.

Agrykola 🔢 Karte S. 209, Sporthotel in traumhafter Lage im Łazienki-Park. Einfache und recht günstige Zimmer, für müde Touristenfüße empfiehlt sich die Sauna und das „biologische Erneuerungskabinett". EZ 45 €, DZ 55 €, Platz im Schlafsaal 13–15 €/Pers. Ul. Myśliwiecka 9, ✆ 22-6229110, www.agrykola-noclegi.pl.

*** **Hetman** 🔢 Karte S. 222/223, das Hotel in Praga mit Internetzugang in jedem Zimmer und WiFi in der Lobby ist nicht nur deshalb bei Businessreisenden beliebt. Die Zimmer rechtfertigen die drei Sterne, der Preis ist trotzdem wie überall in Warschau etwas übertreuert. Ins Zentrum kommt man schnell per Tram oder Bus. EZ 36–102 €, DZ 41–107 €. Ul. Kłopotowskiego 36, ✆ 22-5119800, www.hotelhetman.pl.

»› Unser Tipp: Dedek Park 🔢 Karte S. 222/223, ein uriges Landhaus inmitten der Metropole – perfekt geeignet, um nach einem langen Sightseeing-Tag zwischen Wolkenkratzern und Altstadtgassen zu entspannen. Der Park, der verträumte Innenhof und das Restaurant gegenüber sind weitere Vorteile des Hauses, in dem der Holzboden noch gemütlich quietschen darf. EZ 57–65 €, DZ 75–90 €, erheblicher Nachlass am Wochenende. Al. Zieleniecka 6/8 (im Park Skaryszewski), ✆ 22-6197781, www.dedek.pl. ‹‹‹

Untere Preisklasse (30–70 €)

** **Ibis Warszawa Stare Miasto** 🔢 Karte S. 107, bis zur Altstadt ist es schon ein Stück, doch von den Warschauer Ibishäusern ist es trotzdem das zentralste. Ansonsten bietet das Hotel weder Tradition noch Luxus, dafür günstige Preise und Anonymität. Minus: nicht ganz sauber! EZ/DZ 41–100 €, am Wochenende etwas billiger, während wichtiger Messen teurer. Ul. Muranowska 2, ✆ 22-3101000, www.ibishotel.com, www.orbis.pl.

Ibis Budget Warszawa Centrum 🔢 Karte S. 132/133, keine schöne Umgebung und das Flair von Geschäftsreisenden, die aufs Geld achten müssen. Das nimmt man für den Preis aber gern in Kauf, zumal die Zimmer sauber sind und der Weg in den Łazienki-Park und ins noble Regierungsviertel nicht weit ist. EZ/DZ 27–93 €, meistens aber 37–50 €. Ul. Zagórna 1, ✆ 22-7453660, www.orbis.pl, www.etaphotel.com.

* **Logos** 🔢 Karte S. 132/133, das Hotel in der Nähe der Weichsel hat generalüberholte Zimmer mit eigenem Bad oder billigere, noch nicht renovierte mit Waschbecken. Nach der Restaurierung trotz der Nähe zu zwei viel befahrenen Autobrücken und einer Eisenbahnbrücke verblüffend ruhig, zumindest in den Zimmern zum Hof. Sozialistischer Charme. EZ 33–55 €, DZ 40–72 €, ohne eigenes Bad ab 25 €. Am Wochenende 5–10 € Preisnachlass. Ul. Wybrzeże Kościuszkowskie 31/33, ✆ 22-6225562, www.hotellogos.pl.

* **Mazowiecki** 🔢 Karte S. 147, wer auf Luxus Wert legt, ist hier falsch, doch der Preis in dieser zentralen Lage ist in Warschau einzigartig. 2014 gab es eine Renovierung, steigende Preise sind zu erwarten. EZ 35–60 €, DZ 45–70 €, die billigeren ohne eigenes Bad. Ul. Mazowiecka 10, ✆ 22-8272365, www.hotelewam.pl.

Premiere Classe 🔢 Karte S. 160/161, das billigste von drei benachbarten Hotels. Kleiner Preis, kleine Zimmer. Wer wenig ausgeben möchte, aber auf Sauberkeit Wert legt, darf hier zugreifen. Für junge Reisende mit schmalem Geldbeutel eine Alternative zu den Hostels. EZ/DZ 60 €, Frühstück 6 €/Pers., Parkplatz 15 €. Ul. Towarowa 2, ✆ 22-6240800, www.premiereclasse.com.pl.

** **Ibis Warszawa Centrum** 🔢 Karte S. 174/175, das Hotel in Muranów liegt weniger zentral als der Name verspricht. EZ/DZ 25–100 €, teurer mit Frühstück und bei Messen, günstiger in den Ferien. Al. Solidarności 165, ✆ 22-5203000, www.ibishotel.com.

My Warsaw Residence 2 Karte S. 174/175, beim Powązki-Friedhof, in der Nähe des Arkadia-Einkaufszentrums. Selten ein kitschigeres Hotel gesehen, die Anwohner nennen es Gargamels Schloss. Das Äußere bringt die meisten noch zum Schmunzeln, die Inneneinrichtung aber hat schon potentielle Gäste fliehen lassen – sie dachten, es wäre ein Bordell. Um es klarzustellen: es ist keines – wenngleich Bäder, Betten, Lampen, die vielen Spiegel und der Brunnen im 1. Stock die Vermutung naheliegen. Es soll aber Fans geben, denen der Stil gefällt. EZ 70–80 €, DZ 83–95 €, am Wochenende EZ 50 €, DZ 63 €. Ul. Okopowa 65, ℅ 22-5305000, www.mwr.com.pl.

*** **MDM Hotel** 39 Karte S. 194/195, am Plac Konstytucji und damit im Herzen des im Stil des Sozialistischen Realismus erbauten MDM-Viertels, leider aber auch an einer zentralen Verkehrsachse, ruhig und leise wird es hier also selten. Eine Unsitte ist die grenzenlos kapitalistische Verhängung der Fensterfront mit nachts angeleuchteten Werbeplakaten. Der Profit als Werbewand scheint höher zu sein als der Erlös aus dem Übernachtungsgeschäft. Dies geht aber zu Lasten der Hotelgäste, deren eigentlich erstklassige Sicht auf die Highlights dieses Architekturstils eingeschränkt wird. EZ/DZ 45–75 €. Pl. Konstytucji 1, ℅ 22-3391600, www.hotelmdm.com.pl.

** **Hit Hotel** 13 Karte S. 222/223, in Praga; angemessenes Preis-Leistungs-Verhältnis für weniger gehobene Ansprüche. Fast direkt gegenüber der Altstadt, die Trams überqueren den Fluss schnell. EZ 38–45 €, DZ 43–55 €, 3-Bett-Zimmer 50–58 €. Ul. Kłopotowskiego 33, ℅ 22-6189470, www.hithotel.pl.

Appartements

Appartements sind in Warschau nicht nur eine Alternative, falls die Hotels ausgebucht sein sollten. Oft sind sie für weit weniger Geld zu haben, bei mindestens gleichem Komfort – die Endreinigung ist meist im Preis inbegriffen. Und Frühstücksmöglichkeiten gibt es in der Stadt zuhauf. Auch für längere Aufenthalte sind Appartements die bessere Wahl. Alle hier aufgeführten Objekte haben ein eigenes Bad und zumindest eine Kochgelegenheit.

Duval 1 Karte S. 89, die vier in verschiedenen Stilen eingerichteten Appartements befinden sich in einem Altstadthaus beim Barbakan, das wie ein Wunder die Zerstörungen des Zweiten Weltkrigs fast unbeschadet überstand. Laut Legende wurde hier ein junges Mädchen namens Henrietta von Casanova höchstpersönlich verführt. Bei der Geburt ihres unehelichen Kindes starb sie und soll bis heute in den Gemäuern spuken. In die Appartements gelangt man durch das Café Same Fusy und eine (für beleibte Personen zu enge) Treppe. App. 70–100 €, 450 €/Woche, längere Aufenthalte verhandelbar. Ul. Nowomiejska 10, ℅ 22-8497024, www.duval.net.pl.

Royal Route Residence 21 Karte S. 118/119, in einem weißen Palast direkt am Königstrakt. Die Appartements sind eher häuslich-familiär als königlich eingerichtet, zum Wohlfühlen aber bestens geeignet. Waschmaschine, Internetzugang, Telefon und gut ausgestatte Küche vorhanden. App. für bis zu 6 Pers. 50–120 €. Auch Vermietung von Zimmern in der Altstadt. Ul. Nowy Świat 29/3 (Eingang zur Rezeption im Innenhof), ℅ 22-3512260, www.royalrouteresidence.com.

》》》 **Unser Tipp:** Boutique B & B 19 Karte S. 132/133, liebevoll eingerichtetes Appartementhaus, nur ein paar Schritte vom Nationalmuseum entfernt. Ein Office mit Computern, Internetanschluss und Drucker sowie eine Küche mit großem Esstisch stehen allen Gästen zur Verfügung. App. 70–115 €, App. für 4 Pers. 135–145 €. Ul. Smolna 14/6, ℅ 22-8294800, www.bbwarsaw.com. 《《《

》》》 **Unser Tipp:** St. Andrews Palace 19 Karte S. 160/161, sehr schöner weißer Palast, der Luxus verspricht und auch bietet. Das Frühstück und die Lage zwischen Kulturpalast und Königstrakt sind weitere Vorteile. DZ/App. 33–100 €. Ul. Chmielna 30, ℅ 22-8264640, www.residencestandrews.pl. 《《《

Residence Diana 14 Karte S. 160/161, 45–102 m² große und luxuriös eingerichtete Appartements in perfekter Lage um einen schönen Innenhof. App. 85–200 € ohne Frühstück, Zimmer auch für mehr Personen. Ul. Chmielna 13a, ℅ 22-5059100, www.residencediana.com.

Apartamenty Zgoda 9 Karte S. 160/161, „Dein Heim, wenn du in Warschau bist" ist das Motto des Hauses. Gemütlich eingerichtet und unweit des Kulturpalastes fühlt man sich wirklich wie zu Hause. Internet,

Klimaanlage, Sat-TV, Telefon, Kochnische und Kühlschrank, sogar eine Mikrowelle zählt zur Ausstattung. App. 55–105 €, am Wochenende 42–77 €. Ul. Zgoda 6, ✆ 22-5536200, www.desilva.pl.

Weitere Appartements über die gesamte Stadt verteilt unter www.warsaw4you.com, www.pragapartments.com.pl, www.apartments.warszawa.pl.

Budget

Zwar gibt es in Polen auch Jugendherbergen, diese praktizieren jedoch meist strenge Regeln: Tagsüber muss man zu bestimmten Zeiten aus dem Haus sein, abends rechtzeitig wieder eintreffen. Eine Alternative in dieser Preisklasse sind die Hostels amerikanischer Prägung, die nicht selten auch Einzel- oder Doppelzimmer anbieten. Die Studentenhotels des Polytechnikums unterscheiden sich je nach Baujahr z. T. sehr stark. Das Niveau reicht von erstaunlich luxuriös bis verkommen, Internet auf den Zimmern gibt es aber anscheinend überall.

Kanonia 13 Karte S. 89, der größte Vorteil des romantischen Häuschens ist die Lage in der Altstadt. Nachteile sind die durch die Fenster hereinlugenden Touristen, der oft große Lärm und der leider nicht immer freundliche Service. 10–15 €/Pers., DZ 33–55 €. Ul. Jezuicka 2, ✆ 22-6350676, www.kanonia.pl.

Dom przy Rynku 3 Karte S. 107, das 2008 renovierte Summer Hostel am Rynek der Neustadt ist nur im Juli und August geöffnet, da es sonst als Unterkunft für Kinder dient. Davon zeugen die Puppen, Kinder- und Lesebücher in den Fluren und Zimmern sowie die sauberen Gemeinschaftsbäder. Ruhige Bänke im süßen Garten des Hinterhofs. 14 €/Pers., DZ 31 €. Rynek Nowego Miasta 4, ✆ 22-8315033, www.cityhostel.net.

Metalowcy 11 Karte S. 107, Warschaus laut eigener Aussage billigste Zimmer bieten natürlich keinen Luxus. EZ ohne Bad 15–19 €, DZ mit Bad 40 €, ohne 25 €. Ul. Długa 29, ✆ 22-8314020, www.federacjametalowcy.org.pl.

Helvetia 12 Karte S. 118/119, die herrlich kitschigen Zimmer befinden sich in der Nähe

Im Designerhostel Oki Doki

der Universität. Statt des hosteltypischen, sterilen Ikea-Stils eher häuslich-familiär eingerichtet. Daneben gibt es auch etwas teurere Zimmer. 8–14 €/Pers., Frauenzimmer 14–19 €/Pers., EZ 31–45 €, DZ 31–55 €, billiger ohne eigenes Bad und im Winter. Ul. Sewerynow 7, ✆ 22-8267108, www.hostelhelvetia.pl.

Hostel Botel „Na Wodzie" 14 Karte S. 132/133, die beiden auf die Namen Aldona und Anita getauften Hotelschiffe liegen nördlich vom Most Poniatowskiego am Weichselufer und sind zur Sommersaison geöffnet, die sich je nach Temperatur bis in den Dezember hinziehen kann. An der Rezeption liegen Muscheln, an der Reling stehen kleine Tische, dazu die Sicht auf Warschaus Strand und die Poniatowski-Brücke, was will man mehr? EZ 19 €, DZ 25 €, 3-Bett-Zimmer 33 €. Ul. Wybrzeże Kościuszkowskie, ✆ 22-6285883, www.botel.pl, www.hostels-botel.com.

Tatamka 10 Karte S. 132/133, die zentrale Lage beim Königstrakt, die Gruppenpreise, der Grillplatz, die bei unserem ersten Besuch noch nagelneuen und angenehm gestrichenen Zimmer und das TV/DVD-Zimmer machen das Tatamka zu einer idealen Unterkunft für Reisegruppen. 12–15 €/Pers., EZ 30–40 €, DZ 30–53 €, die billigeren Zimmer ohne eigenes Bad. Ul. Tamka 30, ✆ 22-8263095, www.tatamkahostel.pl.

》》 Unser Tipp: Oki Doki 18 Karte S. 147, hat bei den von den Betreibern der Hostelworld.com-Seite veranstalteten Hoscars 2006 den weltweit zehnten Platz belegt. Ohne Frage wird das Oki Doki diesen Vorschusslorbeeren gerecht: von einem Warschauer Künstler individuell gestaltete Zimmer, Karten und Reiseführer zum Schmökern, freies Internet und WiFi, Sicherheitsschlösser für die Schränke, Kaffee und Tee gratis ... 8–23 €/Pers., DZ inkl. Bad/WC 39–65 €, ohne eigenes Bad und Frühstück deutlich billiger. Pl. Dąbrowskiego 3, ✆ 22-4231212, www.okidoki.pl. 《《

Emma Hostel 23 Karte S. 194/195, etwas chaotisches, aber sauberes und sympathisches Hostel in einem Altbau. Frühstück und Leihfahrräder für die Gäste sind gratis. 9–11 €/Pers., im Frauenzimmer 11 €/Pers., DZ 30–41 €. Ul. Wilcza 25/4, ✆ 22-6297695, www.emmahostel.pl.

Nathan's Villa 29 Karte S. 194/195, von Botschaften umgeben und in der Nähe des Łazienki-Parks, bietet dieses Hostel alles, was man sich wünschen kann. Einen schönen Innenhof und ein Zimmer nur für Mädchen z. B. Ein Himmel für Budgetreisende, sagt Nathan – und man kann ihm nur zustimmen. 9–14,50 €/Pers., DZ mit Bad 43 €, App. mit Bad und Kochecke 44 €. Ul. Piękna 24/26, ✆ 22-6222946, www.nathansvillahostel.com.

Riviera 47 Karte S. 194/195, Warschaus beliebtestes Studentenwohnheim in einem Hochhaus mit tollem Ausblick. Einziges Manko: die Fenster lassen sich nicht öffnen, weil sich Lebensmüde von hier in die Tiefe gestürzt haben. Im Juli und August dient es als Sommerhostel. 10 €/Pers., EZ/DZ mit Bad 35 €, ohne wird es günstiger. Ul. Waryńskiego 12, ✆ 22-2050042, www.warszawahostel.pl.

Hostel Praga 2 Karte S. 222/223, in Praga gegenüber dem Kulturzentrum Fabryka Trzciny mit wirklich günstigen Zimmern. Bei dem Preis stört auch nicht, dass der Teppich mal wieder ausgeklopft werden könnte oder die Bilder an der Wand hinter gesprungenem Glas hängen. EZ 23 €, DZ 30 €, 4-/5-Bett-Zimmer 50 €. Ul. Otwocka 7, ✆ 22-8180065, www.hostelpraga.pl.

Wileńska 7 Karte S. 222/223, Gästezimmer mit voll ausgestatteter Küche in Praga Stara und so wenig kommerziell wie der ganze Stadtteil. Durch den kaum Sicherheitsservice fühlt man sich zumindest etwas beschützter, dennoch wird einem mulmig, wenn man mit teurem Gepäck wie Spiegelreflexkamera oder Laptop reist. DZ 30–38 €, 3-Bett-Zimmer 38 €. Ul. Targowa 70/99 & 109, ✆ 501-048471, www.hostelwarszawa.com.

🍃 **Wilson Hostel 7** Karte S. 239, schon von Weitem zu erkennen an dem auf die Fassade gemalten Volleyball aus dem Movie „Cast Away" mit Tom Hanks; Öko-Hostel mit Sonnenkollektoren auf dem Dach, wassersparenden Armaturen und gewissenhafter Mülltrennung. 11 €/Pers. im Schlafsaal oder in der Schlafkapsel, EZ 38 €, DZ 50 €. Ul. Felińskiego 37, ✆ 22-8394081, www.wilsonhostel.pl. ∎

Camping

Eine weitere preiswerte Übernachtungsmöglichkeit. Ergänzende Informationen für Campingfreunde finden sich auf der hervorragenden, aber nicht immer aktuellen Internetseite www.campingpolska.com.

**** Wok, kleiner, aber feiner Platz in der Nähe des rechten Weichselufers, wurde vom britischen „Independent" unter die 50 besten Campingplätze Europas gewählt. Die Entfernung zum Zentrum ist recht groß, dafür ist der Platz grüner als die unten aufgeführten, WiFi vorhanden. Erw. 6 €, Kind bis 10 J. 4 €, Pkw mit Wohnwagen und Strom 19 €, Zelt 5 €, DZ mit Bad 50 €. Ganzjährig geöffnet. Ul. Odrębna 16, ✆ 22-6127951, www.campingwok.warszawa.pl.

Camping Majawa, 4 km südwestlich des Zentrums, schräg gegenüber vom Westbahnhof (Warszawa Zachodnia). Außer einem Schwimmbad und Tennisplätzen stehen 120 Plätze in Bungalows mit 2-, 3- und 4-Bett-Zimmern zur Verfügung, WiFi vorhanden. Ganzjährig geöffnet. 2 Pers., Pkw mit Wohnwagen und Strom 31 €, Bungalow für 4 Pers. 40 €. Ul. Bitwy Warszawskiej 1920 r. 15/17, ✆ 22-8237244, www.majawa.pl.

Das Auge isst mit …

Essen & Trinken

Zum Start żurek, barszcz oder zupa grzybowa, als Beilage surówka oder mizeria, als Hauptgericht pierogi z mięsem, gołąbki oder bigos und zum krönenden Abschluss szarlotka, makowiec oder naleśniki. Sie verstehen nur Bahnhof? Der folgende Abschnitt wird helfen, die polnische Küche etwas besser kennenzulernen.

Angenehm sind die recht günstigen Preise, die selbst ein Menü in einem edlen Restaurant erschwinglich machen. Die Lokale sind sehr oft fantasievoll eingerichtet. Für dieses Erlebnis bezahlt man dann gern die in Polen üblichen 10 % Trinkgeld. Wer den i. d. R. viel zu schlecht bezahlten Kellnern und Kellnerinnen mehr geben möchte, kann dies natürlich auch tun.

Im Restaurant

Die besten Restaurants verteilen sich über die ganze Stadt. Dabei gleichen die Zeiten, zu denen man isst, denen in Deutschland. In den meisten Restaurants kann man bis 24 Uhr warm essen, manche Küche schließt aber bereits um 22 Uhr. Wer sich in den edleren Restaurants nicht underdressed fühlen möchte, sollte etwas auf die Kleidung achten. Für die ohnehin modisch und elegant gekleideten Polen ist ein Restaurantbesuch keine Selbstverständlichkeit, sondern ein besonderes Ereignis, bei dem auch Wert auf angemessene Kleidung gelegt wird. Gleiches gilt übrigens für kulturelle Veranstaltungen von Theater über Konzert bis hin zum Kino. Fast alle Restaurants haben sieben Tage in der Woche geöffnet. Sollte sich ein Restaurant doch einmal einen Ruhetag gönnen, ist dies bei den Stadttouren unter „Praktische Infos" vermerkt.

Kleine Speise- und Getränkekarte

Die Küche Zentralpolens ist geprägt von russischen und ungarischen Einflüssen, im Falle Warschaus auch von französischen. So ist eine der typischen Nachspeisen auf den hauptstädtischen Speisekarten Crème brûlée, die auch in Paris nicht besser schmeckt. Während im Sozialismus das charakteristische Gericht ein Teller voller Fleisch, Kartoffeln und Salat war, überwiegen mittlerweile wieder leichtere und raffiniertere Kreationen. Inzwischen wird auch bewusst an die Gourmet-Traditionen des 19. Jh. angeknüpft. Seit der Wende gibt es hervorragende Restaurants mit internationaler Küche, von denen v. a. die asiatischen zu empfehlen sind; derzeit scheint Sushi das typische Manager-Lunchgericht zu sein. Im Folgenden wollen wir v. a. die traditionellen Gerichte der polnischen Küche vorstellen, für die einfachere Restaurants keine Übersetzung bereithalten. In eleganten Restaurants kommen oft verfeinerte Variationen auf den Tisch und die Karte beschreibt die Gerichte auf Englisch, mitunter auch auf Deutsch.

Eine typische **Suppe** ist der *żurek*, gekocht aus säuerlichem, fermentiertem Mehl. Ebenso verbreitet ist der *barszcz*, den man hierzulande v. a. als russische Rote-Beete-Suppe kennt. *Chłodniki* sind Kaltschalen aus Früchten und Gemüse, die im Sommer als Erfrischung gelöffelt werden. Die *zupa pomidorowa* ist eine Tomatensuppe, meist mit Reiseinlage, die *zupa ogórkowa* eine saure Gurkensuppe und die *zupa grzybowa* eine Pilzsuppe, die meist mit Nudeleinlage serviert wird. Eine Spezialität v. a. im Herbst sind die *grzyby* – Pilze, die in den Wäldern in und um Warschau gesammelt werden. Sie werden für **Hauptgerichte** oft auch zu einer Soße verarbeitet oder als Füllung benutzt, etwa in den *pierogi z kapustą i grzybami*, den mit Kraut und Pilzen gefüllten Teigtaschen. Es gibt aber auch andere Versionen der *pierogi*: Besonders beliebt sind sie *z mięsem* (mit Fleisch) oder als *ruskie* (mit Kartoffelteig und Frischkäse). Typische Fleischgerichte sind *gołąbki* (Kohlrouladen mit Fleisch), *bigos* (Eintopf aus Sauerkraut, Pilzen, Weißwein und verschiedenen Fleisch- und Wurstsorten) sowie *gulasz* (Gulasch). Wildgerichte gibt es häufig und in vielen Variationen, herausragend ist die *kaczka po polsku*, eine meist mit Obst gefüllte Ente.

Als **Beilage** werden wahlweise oft *kasza gryczana* (Grütze), *ziemniaki* (Kartoffeln), *frytki* (Pommes frites) oder *ryż* (Reis) gereicht. Zum Hauptgericht isst man außerdem noch *mizeria* (Gurkensalat), *surówka* (Rohkostsalat) oder *buraki* (Rote Beete). Die **Desserts** sind von den Kuchenspezialitäten dominiert. Besonders beliebt sind *szarlotka* (Apfelkuchen), *sernik* (Käsekuchen) und *makowiec* (Mohnkuchen). Eine besondere Warschauer Spezialität ist die *WZ* oder *wuzetka*, benannt nach der Verkehrsmagistrale. Wer nach den ersten beiden Gängen noch Appetit hat, kann auch mit *rurki z kremem* (mit Sahne gefüllte Waffelröhrchen), *gofry* (Waffeln), *naleśniki* (Pfannkuchen) oder *oscypek z grilla z żurawiną* (gegrillter Schafskäse mit Moosbeeren) das Mahl abschließen. Kinder werden die *pierogi z truskawkami* (süße Teigtaschen mit Erdbeeren) genauso lieben wie die *galaretka* (Götterspeise).

Bei den **Getränken** steht an erste Stelle das *woda* (Wasser), das öfter als *gazowana* (mit Kohlensäure) bestellt wird als als *niegazowana* (still). Abgesehen von den auch in Polen beliebten internationalen Softdrinks gibt es auch ungewöhnlichere Möglichkeiten, seinen Durst zu stillen. *Kompot* ist eine trinkbare Mischung aus in Wasser gekochten Früchten, meist aus Pflaumen, gelegentlich auch aus Äpfeln, Birnen oder

Kirschen. Erfrischend ist der *koktajl owocowy* aus Buttermilch oder Joghurt mit Früchten. Bei Kindern beliebt sind die v. a. in Geschäften erhältlichen Frucht- und Gemüsesäfte der Marke *Kubuś*. Unter den **alkoholischen Getränken** wird *wino* (Wein) immer beliebter. Außer den edlen Tropfen der Welt bekommt man auch Sorten aus unbekannteren ungarischen oder tschechischen Anbaugebieten. An Met erinnert der warm getrunkene *miód pitny*.

Die besten und beliebtesten Biersorten *(piwo)* sind Żywiec, Tyskie, Okocim und Lech, aus der Nähe Warschaus stammt das milde Warka. Gerade in den letzten Jahren kommen immer neue Sorten auf den Markt, darunter von deutschen Einwanderern gebraute. Eine besondere Spezialität ist der warme *Grzaniec*, entweder Glühwein oder ähnlich gewürztes, warmes Bier. Er wird v. a. im Winter getrunken und hilft ausgezeichnet gegen Husten.

Zwischen Kreativkitsch und Küchenkunst

Magda Gessler bezeichnet sich selbst als erste Luxusdame Polens, zur Zarin der hauptstädtischen Gastronomie krönte sie die Zeitschrift Polityka. Und beides ist nicht übertrieben. In ihren vielen Warschauer Restaurants hat Gessler eine in sich stimmige und harmonische Gegenwelt geschaffen, in der von Warschaus schnelllebigem Chaos nichts zu spüren ist. Ob ihre Gourmettempel einfach nur kitschig sind oder doch irgendwie stilvoll, ist nicht leicht zu beantworten. So stellt die studierte Malerin weiße Holzgänse vor rote Erdbeerlandschaften, kombiniert Dorfmöbel mit barocken Teppichen und setzt einen Hirsch in einen verspiegelten Kamin. Auf klangvolle Namen wie „Was für ein Gloria" oder „Botschaft des guten Geschmacks" hören ihre Restaurants. Und wenn auch über die Einrichtung gestritten wird, so sind sich Gesslers Gäste – darunter polnische und internationale Promis ebenso wie Michelin-Gourmets – über die Qualität der Küche meist einig. Viel an Kredit verloren hat Gessler aber durch ihre Fernsehauftritte als Restaurantkritikerin, in der polnischen Version des Programms „Rach, der Restauranttester". Im Gegensatz zu ihrem deutschen Pendant bevorzugt sie bei ihren Kritiken die „Nudelholz-Methode".

Nicht zu verwechseln ist Magda Gessler übrigens mit Marta Gessler, deren Restaurant *qchnia artystyczna* in Sachen Küche und Einrichtung das genaue Gegenteil ist – Understatement und elegante Schlichtheit. Gemeinsam war den beiden Damen allerdings derselbe Ehemann namens Piotr Gessler, dessen Frauengeschmack so vielfältig war wie die Warschauer Gastronomie ...

Schnelles Essen

Natürlich gibt es in Warschau die bekannten US-amerikanischen Fastfood-Ketten, und auch der Döner ist längst an der Weichsel angekommen. Wer wirklich Neues kennenlernen will, wird da wohl lieber auf das reiche Angebot typisch polnischer Fastfood-Klassiker zurückgreifen. Zwischendurch werden gern die *zapiekanki* verspeist, mit Käse überbackene Pilzbaguettes, i. d. R. mit Lauch bestreut und in Ketchup ertränkt. Glücklicherweise sind die kantinenartigen Überbleibsel aus der Zeit des Sozialismus noch nicht aus dem gastronomischen Stadtbild verschwunden: In einer *bar mleczny*, in der es trotz des Namens mehr als nur Milch gibt, kann man schnell, günstig und i. d. R. sogar gut essen. Wieder im Kommen sind die *Snackbars*, die die alte Warschauer Tradition aufleben lassen, zum Wodka kleine Happen zu genießen.

Vegetarisches Essen

Auch wenn die polnische Küche einen fleischlastigen Ruf hat, gibt es in fast allen Restaurants traditionelle Gerichte, die bestens ohne Rind, Schwein und Co. auskommen. Hinzu kommen neuere vegetarische Varianten. Wie in einer Metropole nicht anders zu erwarten, gibt es zahllose rein vegetarische Restaurants und Salatbars mit ausgefallenen und schmackhaften Kreationen. Auch als Veganer muss man in Warschau nicht verhungern. Unsere Favoriten sind das Vega (Tour 7) und das Veg Deli (Tour 4). Auch in Milchbars und den vielen vietnamesischen Restaurants stehen viele fleischlose Gerichte auf der Karte. Alle entsprechenden Restaurants finden Sie im Anschluss an die diversen Touren. Eine Hilfestellung beim Bestellen gibt unser kleiner Sprachführer ab S. 264.

Cafés & Heißgetränke

In Warschau haben etliche traditionsreiche Kaffeehäuser die Zeiten überdauert, die berühmtesten und elegantesten sind das *Wedel* und das *Blikle*. Beide sind allein mit ihrer Einrichtung wie eine Zeitreise in die Vergangenheit und für ihren hervorragenden Kaffee, eine heiße Schokolade und die hausgemachten Pralinen unbedingt zu empfehlen. Inzwischen wird dieses Angebot durch stylishe oder alternative Cafés sowie polnische Ketten wie Coffeeheaven und W biegu Café ergänzt, auch die ersten Starbucks-Filialen haben inzwischen in der Hauptstadt eröffnet. Eine beliebte Besonderheit sind die vielen Buchhandlungen, in denen man Lesen, Klönen und Kaffeetrinken verbinden kann. Die braunen Bohnen kamen übrigens trotz der ansonsten eher feindseligen Kontakte mit Völkern aus dem Orient nach Polen. Daran erinnert bis heute die traditionelle Art der Zubereitung *po turecku*, bei der der Satz im Glas bleibt. Natürlich gibt es inzwischen auch alle internationalen Varianten von *kawa* (Kaffee) und Espresso über die Wiener Variante mit Schlag *po wiedeńsku* bis hin zum Filterkaffee. Beliebt sind auch die *gorąca czekolada*, die in ihrer dickflüssigen Konsistenz eher ein Dessert als eine Trinkschokolade ist, sowie *herbata* (Tee) in zahlreichen Variationen. Getrunken wird letzterer mit viel Milch als *Bawarka* (Der Bayerische) und *z cytryną*, mit Zitrone, v. a. im Winter auch *z rumem* (mit Rum) – und für Kinder mit einem Schluck Himbeersirup, *z sokem malinowym*.

Nachtleben

Wo viel gearbeitet wird, wird viel gefeiert, manche Kneipen haben sogar rund um die Uhr geöffnet. Allerdings ist festzustellen, dass sich das Nachtleben auf das Wochenende konzentriert. Eine Ausnahme sind Clubs, die v. a. Studenten zu ihren Gästen zählen.

Wie für eine Metropole nicht anders zu erwarten, zeigt sich das Warschauer Nachtleben vielschichtig und abwechslungsreich. Die Clubszene gehört zu den interessantesten in Europa, in den Cocktailbars werden müde Manager wieder munter, und alternative Nachtschwärmer haben die Qual der Wahl. In den Sommermonaten verlagert sich ein Großteil des Treibens auf Plätze und Straßen, sei es nur für einen Zwischenstopp auf dem Weg zur nächsten Kneipe oder zu einer Party unter freiem Himmel. Besonders beliebt ist dann der abendliche Bummel über die ulica Nowy Świat – Sehen und Gesehen werden. Auch in den Parks und am Weichselufer gibt es bei warmen Temperaturen spontane Feste. Dabei sollte bedacht werden, dass das Trinken alkoholischer Getränke in der Öffentlichkeit in Polen offiziell verboten ist.

Beginn der **ulica Nowy Świat 26/28** hingegen sind bei Studenten und Nachtschwärmern mit schmaler Brieftasche beliebt. Die treibt es oft auch ins **MDM**, v. a. rund um den **Plac Zbawiciela** sind viele beliebte Kneipen zu finden. In den letzten Jahren hat sich **Praga** mehr und mehr zu *dem* In-Ort gemausert – ein Grund dürfte das verruchte Image sein, das dem Stadtteil auf der rechten Weichselseite anhängt. Umso hipper gilt es, sich hier zu den unkonventionellen Feierwütigen zu gesellen. Insbesondere die Clubs in der **ulica 11 Listopada** und die Kneipen in der **ulica Ząbkowska** sind einen Abstecher wert.

> Infos zu den Lokalitäten finden Sie in den Stadttouren unter „Praktische Infos". Für das Nachtleben von Interesse sind hier besonders die Touren 3, 4, 5, 6, 8 und 10.

Zentren des Nachtlebens

Die Kneipen und Clubs verteilen sich über das gesamte Stadtgebiet. Party-Hopping ist somit etwas zeitintensiv. Ein paar Zentren haben sich trotzdem herausgebildet.

In der **ulica Mazowiecka** geht es recht edel zu, die Türsteher sind entsprechend wählerisch, weshalb eine angemessene Garderobe zu empfehlen ist. Rund um die **ulica Sienkiwicza** gibt es weitere Clubs mit einer ähnlichen Klientel aus Bankern und Managern. Weniger gut feiern lässt es sich in der **Altstadt**. Über den Königstrakt und verstärkt bei der **ulica Foksal** und **ulica Chmielna** verteilen sich elegante und teure Cocktail-Bars. Die Pavillons am

Im Designer-Bistro Pędzący Królik

Kultur & Co.

Die Theater der Stadt kann man kaum zählen, kaum weniger groß ist das Angebot an klassischen Bühnen. Doch auch Jazzfans, Rocker und Festivalgänger kommen mit Sicherheit auf ihre Kosten.

Theater

Warschau hat viele Dutzend Bühnen, die unten angeführten sind nur eine kleine Auswahl. Das Theaterpublikum in Warschau ist jünger und studentischer, als man es in Deutschland gewohnt ist. Zwei Theater sind für nicht Polnisch sprechende Touristen von Bedeutung: das Jüdische Theater, dessen Aufführungen oft in Englisch oder im dem Deutschen ähnelnden Jiddisch gespielt werden, und das Montownia, das wortlose oder ebenfalls englischsprachige Aufführungen im Programm hat.

Die Eintrittspreise bewegen sich meist zwischen 4 und 20 €, besonders aufwendige Stücke können auch mehr kosten.

Teatr Narodowy: Das *Nationaltheater* zählt zu den wichtigsten Bühnen des Landes, und das seit drei Jahrhunderten. Meist werden internationale und polnische Klassiker gespielt, gelegentlich auch zeitgenössische Stücke. Pl. Teatralny 3, ✆ 22-6920604, www.narodowy.pl.

Teatr Żydowski: Das *Jüdische Theater* bietet ein breit gefächertes Programm von Märchenvorstellungen bis zu Klezmer-Konzerten. Am bekanntesten ist es jedoch für Musicals, die teils auf Polnisch, auf Englisch oder auf Jiddisch inszeniert sind – ein wenig versteht man eigentlich immer. Pl. Grzybowski 12/16, ✆ 22-6206281, www.teatr-zydowski.art.pl.

Teatr Dramatyczny: Das *städtische Dramentheater* ist bekannt für anspruchsvolle Inszenierungen nationaler und internationaler Stücke. Pl. Defilad 1 (Pałac Kultury i Nauki), ✆ 22-6566844, www.teatrdramatyczny.pl.

Teatr Studio: Das zusätzlich nach der polnischen Avantgarde-Legende Witkacy benannte Studiotheater bietet ein zeitgenössisches Programm. Pl. Defilad 1, Pałac Kultury i Nauki, ✆ 22-6566941, www.teatrstudio.pl.

Oper, klassische Musik, Musical 65

Teatr Komedia: buntes Programm, auch Popkultur. Ul. Słowackiego 19a, ℡ 22-8336880, www.teatrkomedia.pl.

Teatr Montownia: Für den i. d. R. nicht Polnisch sprechenden Touristen ist das Independent-Theater aus zwei Gründen interessant. Zum einen gibt es Aufführungen mit Pantomime, Mimik und Stimme, zum anderen englischsprachige Aufführungen von polnischen Stücken. Kein fester Aufführungsort, www.teatrmontownia.pl.

Kabarett, Revue, Kleinkunst, Kindertheater

Ebenso bedeutend wie die Bühnen der Theater sind die der Kabarette, die sich meist in kleinen Kellern und Hinterzimmern eingerichtet haben. Wie in allen totalitären Systemen gab es auch in Polen das dringende Bedürfnis, Kritik an den Machthabern auszusprechen. Da die politische Spitze dagegen vorging, war man gezwungen, die Kritik auf kreative Weise zu chiffrieren. Das Teatr Sabat bietet hingegen eine an das Moulin Rouge erinnernde Revue, die aufgeführten Puppentheater ein hervorragendes Kinderprogramm.

Teatr Sabat: Polens einziges Revue-Theater um die Tänzerin und Künstlerin Małgorzata Potocka bringt den Zwischenkriegscharme des Moulin Rouge in die polnische Hauptstadt. Neben CanCan und Latin-Shows gibt es ein Restaurant und eine Cocktailbar für den verrucht-romantischen Abend. Ul. Foksal 16, ℡ 22-8262355, www.teatr-sabat.pl.

Kabaret Moralnego Niepokoju: Das „Kabarett der moralischen Unruhe" ist eines der beliebtesten polnischen Ensembles; die Truppe stammt aus Warschau. Keine feste Bühne, Auftritte in den größten Hallen. www.kabaretmoralnegoniepokoju.pl.

Teatr Baj: Ein klassisches Puppentheater, aber auch Papier- und Marionettentheater. Ein Spektakel für die ganze Familie, bei vielen Vorstellungen muss man nicht unbedingt Polnisch verstehen. Ul. Jagiellońska 28, ℡ 22-6198077, www.teatrbaj.waw.pl.

Teatr Guliwer: Ein weiteres sehr beliebtes Kindertheater mit abwechslungsreichem Programm. Ul. Różana 16, ℡ 22-8451676, www.teatrguliwer.waw.pl.

Teatr Lalka: Auf die Kleinen wird sicher auch der Kulturpalast Eindruck machen, in dem das traditionsreiche Puppentheater aufspielt. Pl. Defilad 1, Pałac Kultury i Nauki, ℡ 22-6204950, www.teatrlalka.waw.pl.

Oper, klassische Musik, Musical

Sowohl Nationaloper als auch die Philharmonie genießen einen ausgezeichneten Ruf. Fast schon Pflichtprogramm eines Warschau-Besuchs sind die sonntäglichen Chopin-Konzerte im Łazienki-Park.

Opera Narodowa: In der *Nationaloper* sorgen mehr als 1000 Schauspieler und Mitarbeiter für ein anspruchsvolles und abwechslungsreiches Programm. Aufgeführt werden die großen Opern der Vergangenheit und Gegenwart, darunter natürlich auch die polnischer Komponisten. Der Moniuszko-Saal fasst beinahe 2000 Zuschauer. Pl. Teatralny 1, ℡ 22-6920200, www.teatrwielki.pl.

Filharmonia Narodowa: Die *Nationalphilharmonie* unter der künstlerischen Leitung von Jacek Kaspszyk zählt zu den angesehensten Häusern Europas. Ul. Jasna 5, ℡ 22-5517127, www.filharmonia.pl.

Kultur & Co.

Kunstvolle Theaterplakate

Opera Kameralna: Auf dem Programm der *Kammeroper* stehen zwar auch Verdi, Rossini und andere italienische Komponisten, der Schwerpunkt liegt jedoch auf barocken Werken, mittelalterlichen Singspielen sowie fast vergessenen und zeitgenössischen polnischen Opern. Und nicht zuletzt Mozart, dessen gesamtes Opern-Œuvre Teil des Repertoires ist. Al. Solidarności 76b, ☎ 22-8312240, www.operakameralna.pl.

Teatr Roma: Musicaltheater mit Produktionen wie Cats, Phantom der Oper oder Tanz der Vampire, dazu ein wechselndes Programm. Ul. Nowogrodzka 49, ☎ 22-6288998, www.teatrroma.pl.

Chopin-Konzerte: Kostenlose Konzerte jeden Sonntag von Mai bis September um 12 Uhr und 16 Uhr im Łazienki-Park beim berühmten Denkmal für den Komponisten. Zudem Gratiskonzerte der Chopin-Gesellschaft an verschiedenen Orten in der Stadt. www.tifc.chopin.pl sowie zahllose private Anbieter.

Barock-Konzerte: Regelmäßige Konzerte in Kirchen und Palästen; aktuelles Programm in den Touristinformationen.

Jazz

Die Jazzkonzerte und Sessions in Warschau sind auf durchweg hohem Niveau und kosten meist zwischen 3 und 5 €. Allerdings gibt es in einer der früheren europäischen Jazzhochburgen nur noch sehr wenige Clubs und Jazzkeller (viele Warschauer Jazzer leben heute in Berlin), das *Tygmont* hat sich leider aus der Riege der ernst zu nehmenden Clubs verabschiedet, 2014 musste das *Barometr* schließen.

Für diesen Verlust entschädigen die stimmungsvollen und erstklassig besetzten Festivals der Sommersaison und die häufigen Konzerte von Jazzstars.

Fabryka Trzciny & Skwer: Äußerst ambitioniertes Kulturzentrum mit vielseitigem Programm von Jazz über Salsa und Weltmusik bis zu HipHop und Elektro. Ul. Otwocka 14, ☎ 22-818603, www.fabryka trzciny.pl.

Jazz Zone: Kette von drei Jazzcafés mit unterschiedlichen Mottos, in vieren gibt es Livemusik, hauptsächlich Vokaljazz, Bossa Nova und melodische Improvisationen. Alle sind stilvoll eingerichtet und bieten eine ansprechende Speisekarte. Ul. Żurawia 6/12; ul. Piękna 20; al. Jerozolimskie 224. www.jazzone.pl.

Rock, Pop & Folk

Techno und House sind mittlerweile die größten Attraktionen im musikalischen Nachtleben. Es gibt aber noch Orte, an denen Folklore oder Klezmer und natürlich auch Rock und Pop gespielt werden. Einige aktuell gefragte Adressen sind unten erwähnt; weitere Infos in den Stadttouren.

Teatr Żydowski: Das *Jüdische Theater* hat ein breit gefächertes Programm von Märchenvorstellungen bis zu Klezmer-Konzerten. Am bekanntesten ist es jedoch für die Musicals, die teils Polnisch, Englisch oder Jiddisch interpretiert werden. Pl. Grzybowski 12/16, ✆ 22-6206281, www.teatrzydowski.art.pl.

U Szwejka: Abends Folklore im urigen Restaurant. Pl. Konstytucji 1, ✆ 22-3391710, www.uszwejka.pl.

Hard Rock Cafe: International bekannte und polnische Rockbands. Ul. Złota 59 (Złote Tarasy), ✆ 22-2220700, www.hardrock.com.

Rock- und Popkonzerte: Internationale Stars treten oft im Stadion Gwardii (ul. Racławicka 132) oder in der Sala Kongresowa im Kulturpalast auf.

Kino

Ausländische Filme sind im Gegensatz zu Deutschland fast nie synchronisiert, sondern i. d. R. mit Untertiteln versehen. Vor allem bei Kinderfilmen gibt es aber polnische Versionen, und in wenigen Filmen sowie generell im Fernsehen werden die Originaldialoge polnisch übersprochen – der Sprecher übernimmt dabei mit teilnahmsloser, gleich bleibender Stimme sämtliche Rollen. Am besten vor dem Kinobesuch nachfragen, womit zu rechnen ist. Die Eintrittspreise sind ungefähr halb so hoch wie in Deutschland. Warschau verfügt neben den obligatorischen Hollywood-Filmpalästen über viele ambitionierte Programmkinos.

Muranów: Das Warschauer Kultkino konnte auch nach der Renovierung im Jahr 2000 seine Einzigartigkeit bewahren. 2003 erhielt es den Europa Cinemas Award für das beste Programm auf dem Kontinent. Eintritt 3–5 €. Ul. Gen. Andersa 1, ✆ 22-8310358, www.muranow.gutekfilm.pl.

Iluzjon: Als 1996 und erneut 2008 die Schließung im Gespräch war, gingen die Warschauer auf die Barrikaden. Bleibt zu hoffen, dass dieses Lieblingskino vieler alternativer europäischer Filmstars erhalten bleibt. 2009 umfangreiche Renovierung. Eintritt 3–5 €. Ul. Narbutta 50a, ✆ 22-6461260, www.fn.org.pl.

Luna: Nach eigener Aussage Warschaus positivstes Kino. Ambitioniert ist es sowieso. Eintritt 2–6 €. Ul. Marszałkowska 28, ✆ 22-6217828, www.kinoluna.pl.

Kino.Lab: Kunstkino, Kurzfilme und Independent-Produktionen. Eintritt 3–5 €. Ul. Jazdów 2, im Centrum Sztuki Współczesnej, ✆ 22-6281271, www.kinolab.art.pl.

Kino Praha: An der Stelle eines Lichtspieltheaters mit langer Geschichte entstand Polens erstes digitales Kino. Eintritt 4–7 €. Ul. Jagiellońska 26, ✆ 22-3430310, www.kinopraha.pl.

Kinoteka: Ein Multiplex im Kulturpalast. Eintritt 4–7,50 €. Pl. Defilad 1, Pałac Kultury i Nauki, ✆ 22-5517070, www.kinoteka.pl.

Multikino: Großes Kinozentrum mit vielen Sälen und seltsam futuristischem Eingangsbereich. Für das MultiBabyKino wird jeden Mi um 12 Uhr einer der Säle auf säuglingsfreundliche Temperaturen hochgeheizt, das Licht gedimmt und der Ton leiser gestellt. Eintritt 5–8 €. Ul. Złota 59, in den Złote Tarasy, ✆ 22-2011610, www.multikino.pl.

Freilichtkinos

Kino.Lato: Alternative Filmkunst im Hof des Zentrums für zeitgenössische Kunst. Ul. Jazdów 2, im Centrum Sztuki Współczesnej, ✆ 22-6281271, www.csw.art. pl/kino_lab.

Filmowa Stolica: Beliebtes, abwechslungsreiches und kostenloses Open-Air-Kino in vielen Parks mit Vorführungen von Juli bis Sept. Veranstalter: Fundacja Rozwoju Sztuki Filmowej. Ul. Chmielna 5/7, ✆ 22-8268311, filmowastolica.pl.

Das Festivaljahr

Warschaus Festivalkalender kann sich sehen lassen, v. a. in den Sommermonaten jagt eine Veranstaltung die nächste. Zu den Höhepunkten zählen der nur alle fünf Jahre stattfindende Chopin-Wettbewerb, das Chopin-Festival im August, das Beethoven-Festival im April und das Jazz Jamboree im November. In der folgenden Liste finden Sie aber auch weniger bekannte Veranstaltungen. Der Eintritt ist meist frei, bei manchen Konzerten wird der übliche Eintrittspreis fällig – von 2 bis 25 €. Aktuelle Infos auf Englisch gibt es unter www.kulturalna.warszawa.pl.

Januar

Wielka Orkiestra Świątecznej Pomocy: Benefizkonzert der größten polnischen Wohlfahrtsorganisation vor dem Kulturpalast – als Dank für alle Spender. Veranstalter: Fundacja Wielka Orkiestra Świątecznej Pomocy, ul. Niedźwiedzia 2a, ☏ 22-8523214, www.wosp.org.pl.

Februar

Tłusty Czwartek: Am letzten, dem „fetten Donnerstag" vor Fastnacht. Verspeist werden *pączki* (Berliner) als Grundlage für die diversen abendlichen Feste, die in der gesamten Stadt stattfinden.

April

Święto Niemego Kina: Das Stummfilmfestival im Kino Iluzjon ist eines der schönsten seiner Art in Europa, was v. a. an der Musikbegleitung liegt, für die jazzige, elektronische und alternative Musiker zuständig sind. Veranstalter: Filmoteka Narodowa, ul. Puławska 61, ☏ 22-5421099, www.fn.org.pl.

Jahrestag des Ghettoaufstands: Jedes Jahr am 19. April wird den Aufständischen und Opfern des Aufstands von 1943 am Denkmal der Ghettohelden feierlich gedacht. www.getto.waw.pl, www.jewishmuseum.org.pl.

Wielkanocny Festiwal Ludwiga van Beethovena: An Ostern wird auf allen wichtigen Konzertbühnen der Stadt Beethovens Musik von klassischen Interpreten, aber auch von Jazzmusikern gespielt. Verantwortlich für die Programmgestaltung ist Elżbieta Penderecka, die Frau des berühmten Komponisten Krzysztof Penderecki. Veranstalter: Stowarzyszenie im. Ludwiga van Beethovena, ul. Chmielna 15/10, ☏ 22-3319191, www.beethoven.org.pl.

Mai

Noc Muzeów: In der langen Nacht der Museen gibt es freien Eintritt zu Galerien und Museen, kostenfreie Busse und Trams sowie viele ebenfalls kostenlose Konzerte und Happenings. Veranstalter: Miasto Stołeczne Warszawa, www.kulturalna.warszawa.pl.

Parada Schumana: Die Parade der Europa-Enthusiasten über den Königstrakt mit Debatten und Informationsveranstaltungen findet am ersten Sa nach dem Europatag am 9. Mai statt. Veranstalter: Polska Fundacja im. Roberta Schumana, al. Ujazdowskie 37/5, ☏ 22-6212161, www.schuman.org.pl.

Juwenalia: Die Studenten übernehmen die Stadt – eine Woche lang zwar keine anarchischen Zustände, aber gut organisierte Feste, sympathische Kundgebungen und bunte Spektakel. www.juwenalia.waw.pl.

Festiwal Komiksowa: Ein Muss für jeden Comic-Fan ist dieses viertägige Festival Mitte Mai (manchmal auch im März oder April) – Treffen mit Künstlern und Autoren, Präsentationen neuer Comics und eine Messe mit Sammlerstücken. Veranstalter: Centrum Komiksu, al. Niepodległości 148, ☏ 22-8488961, www.komiksowawarszawa.pl.

Nowa Tradycja: Das Folklorefestival der polnischen Radioanstalt beschwört weniger die Tradition, v. a. werden zeitgemäße Gruppen vorgestellt, die auch an einem Wettbewerb teilnehmen. Besucher können sich also auf ein Crossover mit Jazz, Rock oder elektronischer Musik freuen. Manchmal findet das Festival auch im April statt. Veranstalter: Polskie Radio, al. Niepodległości 77/85, www.polskieradio.pl/rckl.

Warsaw Challenge: Breakdance-Meisterschaften im Park Sowińskiego. www.warsawchallenge.com.

Planete Doc Review: 10 Tage lang sind abendfüllende Dokumentarfilme aus aller Welt in der Kinoteka im Kulturpalast und im

Kino Iluzjon zu sehen, es gibt auch einen Wettbewerb um die beste Doku. Veranstalter: Against Gravity, ul. Widok 5/7/9-410, www.docreview.pl.

Międzynarodowe Targi Książki: Die größte Buchmesse Mitteleuropas, an vier Tagen in der 2. Maihälfte. Ins Nationalstadion strömen Leseratten, nicht zuletzt, um international und national bekannte Autoren kennenzulernen. Veranstalter: murator EXPO, ul. Dęblińska 6, ✆ 22-8296680, www.targi-ksiazki.waw.pl.

Juni

Parada Równości: Am Christopher Street Day gehen auch in Warschau die Homosexuellen auf die Straße, um mit einer bunten und ausgelassenen Parade für ihre Rechte und Freiheiten ein einzutreten. www.paradarownosci.eu.

Wianki nad Wisłą: Am Weichselufer bei der ul. Sanguszki Picknick, heidnische Traditionen, regionale Spezialitäten und abendliche Konzerte rund um die Mittsommernacht, www.estrada.com.pl.

Sztuka Ulicy: Internationales Straßentheater-Festival, das in der letzten Juniwoche oder Anfang Juli die wichtigsten Plätze und Parks der Stadt zur Bühne für Gaukler, Tänzer und Mimen macht. Veranstalter: Stowarzyszenie Scena 96, ul. Raszyńska 32/44-140, ✆ 22-6686708, www.sztukaulicy.pl.

Orange Warsaw Festival: Internationale Popstars bespielen drei Tage lang das Nationalstadion. Karten ab 50 €. www.orangewarsawfestival.pl.

Festiwal Mozartowski: Das Festival bietet die einzigartige Möglichkeit, von Mitte Juni bis Ende Juli Mozarts gesamtes Opernwerk von nur einem Ensemble zu hören. Al. Solidarności 76b, ✆ 22-8312240, www.operakameralna.pl.

Turniej Rycerski o Szablę Króla Zygmunta III Wazy: Das internationale Ritterturnier um den Säbel des Königs Zygmunt III Waza wird erst seit 1996 veranstaltet und hat inzwischen viele Freunde gefunden. Veranstalter: Dom Kultury Świt und Liga Baronów, ul. Wysockiego 11, ✆ 22-8110105, www.dkswit.com.pl.

Juli

Festiwal Mozartowski → Juni

Jazz na Starówce: Eines der ältesten Jazzfestivals Europas; jeden Samstag im Juli und August kostenlose Konzerte von Stars aus Polen und der ganzen Welt. Veranstalter: Jazz Club Rynek Staromiejskiego Domu Kultury, ✆ 22-7697759, www.jazznastarowce.pl.

Warsaw Summer Jazz Days: Die größten Jazzstars treten meist in den ersten zwei oder drei Juliwochen auf dem Schlossplatz, in der Fabryka Soho oder im Kulturpalast auf. Vielleicht noch interessanter sind die bestimmten Ländern gewidmeten kostenlosen Abendkonzerte. Agencja Akwarium, pl. Defilad 1, ✆ 22-6205072, www.adamiakjazz.pl.

Ogrody Muzyczne: Vor allem zeitgenössische Kompositionen gibt es den ganzen Monat über in einem Zelt im Hof des Warschauer Schlosses zu hören, daneben auch klassische Opern und Ballett in neuem Gewand. Veranstalter: Fundacja Ogrody Muzyczne, pl. Wilsona 4/77, www.ogrodymuzyczne.pl.

Międzynarodowy Festiwal Muzyki Sakralnej: Internationales Festival für Sakralmusik in der Johanniskathedrale von Juli bis September. Veranstalter: Fundacja Festiwal Muzyki Sakralnej, ul. Esperanto 14/6, www.kapitula.org.

Open Hard Core Fest: Eintägiges kostenloses Festival in Piaseczno, 16 km südlich vom Zentrum Warschaus, bei dem nicht nur Hardcore-Musik eine Rolle spielt, sondern auch politische Themen wie Umweltschutz, alternative Lebensformen und Vegetarismus. Veranstalter: Refuse Records, www.myspace.com/openhcfest.

August

godzina „W": Alljährlich wird am 1. Aug. dem Beginn des Aufstands gegen die deutschen Besatzer während des Zweiten Weltkriegs gedacht. Dabei tönt um 17 Uhr eine Sirene, woraufhin die ganze Stadt still verharrt.

Międzynarodowy Festiwal Muzyczny Chopin i jego Europa: Das Festival vom 15.–31. Aug. dreht sich um Chopins Bedeutung für die europäische Musik: An verschiedensten Orten in der Stadt werden Werke von Komponisten gespielt, die Chopin beeinflusst haben oder von ihm beeinflusst wurden. Veranstalter: Narodowy Instytut Fryderyka Chopina, pl. Piłsudskiego 9, ✆ 22-8275471, www.pl.chopin.nifc.pl/festival.

Warszawski Rajd Pojazdów Zabytkowych: Ein Fest für Oldtimerfreunde ist das Rennen, bei dem es mehr auf Eleganz als auf Geschwindigkeit ankommt. Veranstalter: Polski Związek Motorowy, ul. Kazimierzowska 66, www.pzm.pl.

Wielokulturowe Warszawskie Street Party: Multikulti-Straßenfestival auf den Krakowskie Przedmieście und den umliegenden Straßen, meist am letzten So im August. www.kontynent-warszawa.pl.

Festiwal Lampionów Chińskich: Festival der bunten chinesischen Laternen, die den Łazienki-Park erleuchten. Dazu gibt es Tänze, Musik und Kunst aus dem Reich der Mitte. www.gardensoflight.eu.

Jazz na Starówce und **Międzynarodowy Festiwal Muzyki Sakralnej** → Juli

September

Międzynarodowy Festiwal Muzyki Sakralnej und **Festiwal Lampionów Chińskich** → Juli

Warszawska Jesień: In der 2. Septemberhälfte präsentiert der „Warschauer Herbst" zeitgenössische ernste Musik in Parks, Kirchen, Kulturzentren, Galerien, Sporthallen, Fabriken, in der Oper und der Philharmonie. Veranstalter: Związek Kompozytorów Polskich, Rynek Starego Miasta 27, ✆ 22-8310607, www.warszawska-jesien.art.pl.

Warszawa Singera: Das Festival rund um die ulica Próżna lässt das jüdische Warschau aus den Erinnerungen des Warschauer Literatur-Nobelpreisträgers Isaac B. Singer wieder aufleben. An neun Tagen Anfang des Monats (manchmal schon Ende August beginnend) gibt es zahllose Klezmerkonzerte, koscheres Essen, Tanzkurse und Informationsveranstaltungen. Veranstalter: Fundacja Shalom, pl. Grzybowski 12/16, ✆ 22-6521648, www.festiwalsingera.pl.

Maraton Warszawski: Der traditionelle Warschau-Marathon, den Ende Sept. bis zu 10.000 Läufer absolvieren, kann auf der ganzen oder der halben Strecke gelaufen werden. Anmeldung: Fundacja Maraton Warszawski, ul. Dąbrowskiego 14b, ✆ 22-3538524, www.maratonwarszawski.com.

Wawa Design Festival: Zu sehen sind Ausstellungen von Designerstücken, auch Workshops und Vorträge. Veranstaltungsort: Soho-Fabrik in Praga (ul. Mińska 25). www.wawadesign.eu.

Skrzyżowanie Kultur: Neuntägiges internationales Festival, angelehnt an das Werk des bedeutenden polnischen Autoren und Afrikakenners Ryszard Kapuściński steht, nach dem „andere Welten und Kulturen Spiegel" sind, „in denen wir und unsere Kultur uns wiederfinden". Zu hören und zu sehen sind Weltmusik-Konzerte und Filme, Theaterstücke und Kunst aus aller Welt. Veranstalter: Stołeczna Estrada, ul. Marszałkowska 77/79, www.festival.warszawa.pl.

Oktober

Warsaw Film Festival: Internationales Filmfestival mit mehr als 100 Vorführungen in der Kinoteka und im Multikino. Außerdem gibt es einen Wettbewerb, bei der eine

Jury die Beitragsfilme beurteilt. Veranstalter: Fundacja Filmowa, www.wff.pl.

Międzynarodowy Konkurs Pianistyczny im. Fryderyka Chopina: Der internationale Chopin-Wettbewerb – einer der wichtigsten Preise für klassische Musik – findet alle 5 Jahre drei Wochen lang statt. Ein Muss für Chopin-Fans. Nächster Termin ist der 1.–24. Okt. 2015. Veranstalter: Narodowy Instytut Fryderyka Chopina, ul. Tamka 43, ✆ 22-4416100, www.konkurs.chopin.pl.

Wielka Warszawska: Der Große Preis von Warschau ist Polens bedeutendstes Pferderennen mit mehr als hundertjähriger Tradition. Veranstalter: Tor wyścigów konnych Służewiec, ul. Puławska 266, www.torsluzewiec.pl.

Free Form Festival: Zweitägiges audiovisuelles Festival in der Fabryka Soho in Praga; Filme, Ausstellungen, Happenings, Konzerte und DJ-Sets. Veranstalter: GoodMusic Productions, www.freeformfestival.pl.

November

Jazz Jamboree: Seit 1958 veranstaltetes Jazzfestival mit internationalem Renommee; Jazzbands aus aller Welt improvisieren an mehreren über den Monat verteilten Tagen auf verschiedenen Bühnen der Stadt. Veranstalter: Fundacja Jazz Jamboree, www.jazz-jamboree.pl.

Wszystkich Świętych: Allerheiligen ist einer der wichtigsten Feiertage in Polen, an dem man sich an den Gräbern der verstorbenen Verwandten trifft und ihrer gedenkt. Die Friedhöfe sind dann mit Hunderttausenden von Kerzen illuminiert; eine besinnliche Atmosphäre, die v. a. einen Abstecher auf den Powązki-Friedhof (→ Tour 7) lohnenswert macht.

Kwartesencja: Ganz um die vier Saiten der Streichinstrumente dreht sich dieses interessante Festival, mit Konzerten im Zamek Ujazdowski und in der Fabryka Trzciny. Das international bekannte Royal String Quartet musiziert dabei zusammen mit Jazz-, Rock- und Folkmusikern. Veranstalter: Royal String Quartet, www.kwartesencja.com.

Dezember

Targi Bożonarodzeniowe: Weihnachtsschmuck und -Markt auf dem Rynek der Altstadt und dem Königstrakt: Wer friert, kann sich mit *Grzaniec* (Glühwein) aufwärmen.

Przetwory: Spannendes und lustiges Recyclingfest an einem Wochenende Mitte Dezember in der Fabrik für optische Geräte; die Anwohner bringen nutzlose Dinge mit, die Designer in Kunstwerke verwandeln. Zudem eine Mischung aus Mode- und Designmesse und Flohmarkt. Veranstalter: Projekt Praga, ul. Grochowska 316/320, www.przetworydesign.com.

Noc Sylwestrowa: Am Silvesterabend Konzerte und Spaß mit Hunderttausenden auf dem Schlossplatz und rund um den Kulturpalast.

Strandleben und Beachvolleyball am rechten Weichselufer

Sport & Wohlbefinden

Wer auf Bewegung und Wellness nicht verzichten möchte, hat im grünen Warschau eine Vielzahl von Möglichkeiten. Von Entspannung bis zu Anspannung ist für jeden etwas dabei.

Schwimmen und Strand

Wodny Park Warszawianka (Abstecher zur Królikarnia): Wassertempel mit mehreren Schwimmbädern, Olympiabecken, 72-m-Rutsche, Fitnessclub und einer Zone für „biologische Erneuerung". Tagesticket 23–33 €, erm. 16–23 €. Tägl. 6.30–22 Uhr. Ul. Merliniego 4, Ⓜ Wierzbno oder Ⓜ Racławicka, Tram 31 Królikarnia, ✆ 22-8540130, www.wodnypark.com.pl.

Wesolandia (östlich von Tour 10): Sportbecken, Kinderbecken, Jacuzzi und Sauna. Eintritt 3–5 €/Std. Mo–Fr 7–22, Sa/So 8–22 Uhr. Ul. Wspólna 4, Bus 115, 173, 315, Haltestelle Wspólna, ✆ 22-7739191, www.wesolandia.pl.

Weichselstrände → Tour 4, 10 & 11.

Miasto Cypel (südöstlich von Tour 4): Mit die entspannteste Möglichkeit, in Warschau einen Sommertag zu verbringen. Strandsport, Flohmarkt, Open-Air-Kino, Picknicken, Grillen, Konzerte, DJ-Nights, Zelten … Ul. Zaruskiego 6 (südlich der Most Łazienkowski auf der Czerniakowski-Halbinsel). Bus 107, 141, 159, 185, 187, Haltestelle Zaruskiego. www.miastocypel.eu.

Joggen

Gute Gelegenheiten und viel Grün an der Weichsel und in den zahlreichen Parks. Allerdings gelten in manchen Parks bestimmte Zeitzonen für Jogger, außerhalb der Zeiten ist es verboten – streng kontrolliert wird dieses Verbot allerdings nicht.

Fitness

Fitness Club Everybody (Tour 8): Gut ausgestattet mit Geräten für Männer und Frau-

Entspannung 73

en. Mo–Fr 7–23, Sa/So 9–20 Uhr. Einmaliger Besuch ohne Sauna 6 €, mit 9 €. Al. Jerozolimskie 123a, ✆ 22-4388880, www.everybody.pl.

Passiv

Fußball: Die Derbys der beiden Erzrivalen Legia und Polonia Warszawa sind nicht ungefährlich, die Lage bessert sich aber. Trotzdem ist ein Stadionbesuch in Polen noch nicht für einen Familienausflug geeignet; und natürlich sollte man vermeiden, mit einem Schal oder Trikot eines der beiden Clubs am falschen Ort herumzulaufen, denn die Reviere sind streng abgesteckt.

Pferderennen (westlich von Tour 12 und Abstecher nach Natolin): Die Bahn und die Tribünen verströmen den Charme morbider Eleganz. Gewettet werden kann natürlich auch, der Mindesteinsatz beträgt 1 €. Rennen April–Okt. jeden So um 14 Uhr, Eintritt 4 €. Tor wyścigów konnych Służewiec, ul. Puławska 266, www.torsluzewiec.pl.

Golf

First Warsaw Golf and Country Club: Anspruchsvolle 18-Loch-Anlage nördlich von Warschau. Greenfee 30–81 €. Ul. Golfowa 44, Rajszew, 05–110 Jablonna, ✆ 22-7824555, www.firstwarsawgolf.com.

Reiten

Stajnia Agmaja (Tour 11): Reitstunden, Ausritte im schönen Żoliborz 15 €/Std. Wybrzeże Gdyńskie 2a, www.agmaja.pl.

Bródno (nordöstlich von Tour 10): Reitstunden (auch auf Englisch) und Ausritte. 15 €/Std. Ul. Św. Wincentego 92, ✆ 22-8118095, www.pgrbrodno.pl.

Eislaufen und Skifahren

Rynek Starego Miasta/Nationalstadion (Tour 1 bzw. 10): Eislaufen im Winter vor der nördlichen Seite des Kulturpalasts oder vor der Shopping Mall Złote Tarasy.

Skiclub (südöstlich von Tour 8): Die Sisprungschanze wird nicht mehr genutzt, die Abfahrtspiste schon. Mitgliedschaft für eine Saison 75 €. Ul. Drawska 22, ✆ 22-8240956, www.wkn.pl.

Extremsport

Skatepark Jutrzenka (Tour 4): Skaten auf Polens größter Halfpipe, Capoeira oder Breakdance. Eintritt 1–2 €. Tägl. 8–20 Uhr. Ul. Rozbrat 26, ✆ 22-5989400, www.wosir.waw.pl/jutrzenka.

Bungee Mario (westlich von Tour 7): Aus 90 Metern mit Mario oder seiner Frau Magda in die Tiefe springen – 32,50 €/Pers., Fotos vom Sprung 7,50 €. Mai–Sept. tägl., ansonsten an Wochenenden oder vereinzelten Tagen im Park Szymańskiego in Wola beim Schwimmbad „Moczydło". Ul. Górczewska 69/73, ✆ 507-053191 (mobil), www.jumping.pl.

Entspannung

Grota Solno-Jodowa Lawok (Tour 10): Schöne Salzgrotte in Praga zum Entspannen und Durchatmen. Sitzung 5 €/Std. Mo–Fr 10–19, Sa 10–16 Uhr. Ul. Targowa 33/3, ✆ 22-6702414, www.grotysolne.net.

Alchemy Day Spa (Tour 9): Klassischer Schönheitssalon. Mo–Fr 9.30–22, Sa 10–21 Uhr. Ul. Klonowa 20/1, Tram 4, 18, 35, Haltestelle pl. Unii Lubelskiej. Ⓜ Politechnika, www.dayspa.pl.

Wissenswertes von A bis Z

Ärztliche Versorgung, Apotheken

Der Auslandskrankenschein bzw. die EHIC-Karte garantieren gesetzlich Versicherten aus Deutschland, Österreich und der Schweiz die Übernahme der Kosten für unmittelbar erforderliche medizinische Versorgung. Wer zusätzlich die Kosten eines nötigen Rücktransports abdecken möchte, schließt eine Urlaubskrankenversicherung ab. Erste Hilfe ist in Polen grundsätzlich kostenlos, für die weitergehende Behandlung muss bezahlt werden.

Bei leichteren Erkrankungen beraten einen auch die gut ausgebildeten Apotheker. Die Öffnungszeiten der Apotheken decken sich mehr oder weniger mit denen zu Hause.

Notarzt: ✆ 999 landesweit oder vom Handy aus die ✆ 112.

Information im Notfall: ✆ 22-8278962 und ✆ 800-777770 (englisch-, teils deutschsprachig).

Rettungsdienst: ul. Poznańska 20/22/ul. Hoża 56, ✆ 22-6210221.

24-Std.-Apotheken: *Im Zentrum:* Apteka 21 im Zentralbahnhof, ✆ 22-8256986; Apteka Na Wilczej, Ul. Wilcza 31, ✆ 22-6228971; Apteka 2000, Ul. Widok 19, ✆ 22-8273593.

In Praga: Apteka Remedium, al. Waszyngtona 12/14, ✆ 22-6175410, www.mojaapteka.waw.pl.

Apotheke auf dem Königstrakt

Behinderte

Auch wenn sich nicht zuletzt durch den Beitritt zur Europäischen Union vieles zum Guten verändert hat, sind die wenigsten öffentlichen Gebäude behindertengerecht ausgestattet. Auch im öffentlichen Nahverkehr bleibt trotz neuer Niederflurbusse und -trams einiges zu verbessern, während die Metro dank Aufzügen und leichtem Einstieg behindertengerecht ist. Seit 2007 wird die in Berlin etablierte Datenbank „Mobidat" auch für Warschau erstellt. Empfehlenswerte Unterkünfte, die von der überaus fleißigen Organisation „Warschau ohne Grenzen" ausgezeichnet wurden, sind die Hotels Jan III Sobieski und InterContinental (→ Übernachten). Rollstuhlgerechte Toiletten finden Sie in modernen Einkaufszentren, Metrostationen und in vielen Restaurants. Ein Warschauführer für Behinderte wartet leider noch auf eine Übersetzung ins Englische und/oder Deutsche, es gibt aber bereits die in den Touristinformationen erhältliche englischsprachige Broschüre „Warsaw without barriers". Vorbildlich ist das Königsschloss, in

Geld, Geldwechsel 75

dem es spezielle Angebote für Blinde und Gehbehinderte gibt.

Infos & Datenbank: ✆ 118888, www.niepelnosprawni.pl, www.niepelnosprawnik.eu.

Behindertenverband: Informationen auch auf Englisch oder mit Glück auf Deutsch; Vermittlung zu Blinden-, Tauben- oder ähnlichen Verbänden. Centrum Integracja: Ul. Dzielna 1, ✆ 22-8318582, www.integracja.org.

Behindertengerechte Taxis, Mikrobusse: GMBUS, ✆ 22-6713782, www.gmbus.pl; MKM Trans: Vorbestellung mind. 3 Tage im Voraus unter ✆ 22-8700808, www.mkmtrans.com.pl.

Diplomatisches, Dokumente

Seit dem EU-Beitritt Polens benötigt man für die Einreise nur noch den Personalausweis. Durch die Umsetzung des Schengen-Abkommens entfallen seit 2008 auch die zusätzlichen Schlangen an den Flughäfen. Kinder unter 16 Jahren benötigen seit 2012 entweder einen Kinderausweis (mit Foto empfohlen) oder einen eigenen Kinder-Reisepass, Einträge im Reisepass der Eltern sind nicht mehr gültig!

Deutsche Botschaft: Ul. Jazdów 12, ✆ 22-5841700, www.warschau.diplo.de.

Österreichische Botschaft: Ul. Gagarina 34, ✆ 22-8410081, www.ambasadaaustrii.pl.

Schweizer Botschaft: Al. Ujazdowskie 27, ✆ 22-6280481, www.eda.admin.ch/warsaw.

Ermäßigungen

Vor allem für Kinder bis 7 bzw. 16 Jahren gibt es Ermäßigungen und teilweise freien Eintritt, sowohl in Museen als auch in Hotels. Studenten sollten einen internationalen Ausweis wie ISIC mit sich führen, der aber manchmal nicht anerkannt wird. Rentner und Personen über 70 Jahre sollten auf ihrer Ermäßigung bestehen, auch wenn das Service-Personal häufiger nur polnische Dokumente akzeptieren will. Fast alle Museen und Ausstellungen bieten an einem Tag der Woche freien Eintritt; Hinweise dazu bei den jeweiligen Sehenswürdigkeiten in den Stadttouren.

Feiertage

Polen ist ein katholisches Land mit zahlreichen kirchlichen Feiertagen. Dennoch wird an vielen dieser Tage gearbeitet und viele Geschäfte sind – wie oft auch an Sonntagen – geöffnet. Seit 2007 dürfen an den folgenden Tagen allerdings nur noch kleine Geschäfte in Familienbetrieb geöffnet sein.

Gesetzliche Feiertage: Neujahr (1.1.), Dreikönigstag (6.1.), Ostersonntag/-montag, Tag der Arbeit (1.5.), Jahrestag der Verfassung (3.5.), Pfingstsonntag, Fronleichnam, Mariä Himmelfahrt (15.8.), Allerheiligen (1.11.), Nationalfeiertag (11.11.), Weihnachten (25./26.12.).

Fundbüro

Powiatowe Biuro Rzeczy Znalezionych **(Fundbüro der Stadt):** Ul. Dzielna 15, ✆ 22-6195668.

Fundbüro der Verkehrsbetriebe: Ul. Włościańska 52, ✆ 22-6633297.

Fundbüro der Metro: Ul. Wilczy Dół 5, ✆ 22-6554242.

Fundbüro im Zentralbahnhof: ✆ 22-4745092.

Geld, Geldwechsel

Zwar bekommt man inzwischen auch bei Banken in Deutschland, Österreich und der Schweiz polnische Złoty, der Wechselkurs ist aber oft schlechter als in Polen. Bis auch an der Weichsel der Euro zur offiziellen Währung wird, kann man zum einen mit Bankkarte Geld an den zahlreichen Automaten ziehen. Bei Zahlungen und beim Abheben per (Kredit-)Karte sollte auf keinen Fall die „Euro-Option" in Anspruch genommen werden. Bestehen Sie, ohne eine Widerrede zu akzeptieren, auf einer Zahlung in PLN/zł oder wählen Sie bei Automaten die entsprechende Tasten (oft mehrmalige Bestätigung/Wahl vonnöten)! Die andere Möglichkeit, an Złoty zu kommen, ist der Bargeldtausch in einer Wechselstube *(kantor).* Aber Vorsicht: Die Wechselkurse sind auch dort oft schlechter, als sie sein müssten.

Hinzu kommen Zahlendreher bei den Kursangaben, die einen günstigen Kurs vortäuschen, bei genauem Hinsehen aber viel schlechtere Konditionen bieten. Am besten, Sie informieren sich vor der Anreise über den ungefähren Kurs, der in den letzten Jahren häufigen Schwankungen unterworfen war. Bei den Wechselstuben sollten außerdem beide Umtauschkurse, für Ankauf und Verkauf, gut sichtbar ausgehängt sein! Die Zeit der Schnäppchen ist sowieso vorbei und Warschau ohnehin die teuerste Stadt in Polen; dennoch ist sie immer noch günstiger als die meisten Tourismuszentren Westeuropas.

Umrechnungskurs: Alle Preisangaben in diesem Reiseführer wurden in Euro umgerechnet (außer für öffentliche Verkehrsmittel und fürs Porto) – zu einem mittelfristig wahrscheinlichen Wechselkurs von 4 Złoty für 1 €. Verlässliche Prognosen sind natürlich nicht möglich, eventuell können Sie sich über niedrigere Preise freuen.

Gottesdienst

Warschau hat zahllose römisch-katholische Kirchen, in denen an Wochenenden und Feiertagen, aber auch unter der Woche mehrmals täglich die Messe gefeiert wird. Trotzdem sind sie oft mehr als gut besucht. Daneben gibt es mehrere orthodoxe und protestantische Kirchen, drei Synagogen und eine Moschee, von denen viele auch kunsthistorisch interessant sind. Angemessene Kleidung sollte beim Besuch eines Gotteshauses selbstverständlich sein, d. h. Verzicht auf bauchfreie und ärmellose Oberteile und kurze Hosen; in den Synagogen tragen Männer zudem bekanntlich eine Kopfbedeckung.

Uczennica Boskiego Mistrza: Deutschsprachige katholische Messen an jedem So um 10.30 Uhr. Gemeindereferentin Ulla Anton. Ul. Żytnia 11, im Stadtteil Wola, ☏ 22-8322544, www.kath-emmaus.pl.

Kościół Ewangelicko-Augsburski: Dt.-sprachiger evangelischer Gottesdienst jeden zweiten So 9.30 Uhr. Ul. Miodowa 21 (2. Stock), www.warschau-evangelisch.de.

Homosexualität

„Jest nas wielu" (Von uns gibt es viele) verkündet ein auf viele Warschauer Häuserwände gesprühtes Schablonen-

„Von uns gibt es viele", verkünden die Warschauer Homos auf diesem Graffiti

Graffiti, geschrieben unter zwei Teletubbies, die noch 2007 von einer Politikerin als schwul eingestuft wurden. Tatsächlich ist Warschau auch die Hauptstadt der polnischen Homosexuellen.

Obwohl ihre Freiheiten (noch) nicht mit denen in Berlin oder Köln zu vergleichen sind, sind in der Öffentlichkeit händchenhaltende und sich küssende gleichgeschlechtliche Paare durchaus keine Seltenheit. Die Gleichheitsparade im Juni empört dennoch alljährlich homophobe Gruppen, was in den letzten Jahren ein verstärktes Selbstbewusstsein der schwulen und lesbischen Gemeinde zur Folge hatte. 2010 wurde das europaweite Homofestival Europride in Warschau veranstaltet. Die Szene feiert ausgiebig in den Clubs, von denen einige zu den interessantesten in Europa zählen. Folgende Webseiten geben Tipps zum Nachtleben und bieten weitere hilfreiche Informationen sowie einen Überblick über die politische Lage.

Information: www.warsaw.gayguide.net (auf Englisch), www.queer.pl (nur auf Polnisch).

Information

Touri-Info im Kulturpalast

Schon von zu Hause aus können Sie Informationen über das polnische Fremdenverkehrsamt in Berlin anfordern, ebenso über die unten aufgeführten Internetseiten. In den Warschauer Touristinfos wird auf jeden Fall Englisch gesprochen, oft auch Deutsch.

Touristinfo Flughafen: Terminal A, Infos zu Warschau und Masowien. Mai–Sept. tägl. 8–20 Uhr, Okt.–April bis 18 Uhr. Ul. Żwirki i Wigury 1 (Terminal A, Ausgang 2).

Touristinfo Altstadt 1: Infos zu Warschau und Masowien, Stadtführervermittlung. Mo–Fr 9–18, Sa 10–18, So 11–18 Uhr. Pl. Zamkowy 1/13, ✆ 22-8317853, www.wcit.waw.pl.

Touristinfo Altstadt 2: Mai–Sept. tägl. 9–20 Uhr, Okt.–April bis 18 Uhr, Rynek Starego Miasta 19 und 21/21a.

Touristinfo Kulturpalast: Infos zu Warschau und Masowien, 30-minütige kostenlose Internet-Nutzung. Mai–Sept. tägl. 8–20 Uhr, Okt.–April bis 18 Uhr. Pl. Defilad 1, ✆ 22-19431.

Info der Erzdiözese: Der Schwerpunkt liegt natürlich auf Pilgerreisen und Besichtigungstouren zu Warschaus Kirchen. Ul. Miodowa 17/19, ✆ 22-5317247, www.informacja-warszawa.pl.

Polnisches Fremdenverkehrsamt: Mo–Fr 9–16 Uhr. Kurfürstendamm 71, 10709 Berlin, ✆ 0049/30-2100920, www.polen.travel.

Zrób to w Warszawie! Do it in Warsaw! Außer- und ungewöhnlicher Reiseführer über Warschau für Teens, Twens und jung gebliebene Entdecker, zweisprachig in Polnisch und Englisch, Autoren: Agnieszka Kowalska & Łukasz Kamiński, Biblioteka Gazety Wyborczej, Verlag Agora, 3. Auflage 2014. Für umgerechnet 8 € erhältlich in vielen Buchhandlungen und Empik-Filialen.

Internetadressen: www.warsawtour.pl; www.warsaw-life.com (teils deutsch, sonst englisch und polnisch), www.use-it-warsaw.pl (englisch).

Internet

Warschau verfügt über zahlreiche Internetcafés, von denen einige sogar durchgehend geöffnet haben. Abgesehen davon gibt es überall im Zentrum Orte, an denen man kostenlos ins Internet kommt, sofern Sie den Laptop oder das Smartphone mitgebracht haben, darunter viele Hotels, Restaurants, Cafés, Shopping-Malls und Geschäfte sowie bei Sehenswürdigkeiten und in Bussen oder der Metro. Außerdem können Sie den Computer in der Tourist-Info im Kulturpalast eine halbe Stunde gratis nutzen.

WiFi kostenlos: u. a. Café Kulturalna im Kulturpalast; Czuły Barbarzyńca, ul. Dobra 31, www.czulybarbarzynca.pl; Neue Universitätsbibliothek, ul. Dobra 56/66.

Internetcafé: Arena Café, pl. Konstytucji 5 (rund um die Uhr, 1,50 €/Std.), www.arenacafe.pl.

Klima und Reisezeit

Die wahrscheinlich besten Reisemonate sind Mai und September; die Temperaturen sind dann schon bzw. noch recht hoch, und es regnet seltener als im Sommer. Der Warschauer Winter kann eiskalt werden, dafür haben die fast sichere Schneedecke und oft zugefrorene Seen ihren eigenen Reiz. Die Jahresniederschlagsmenge ist verhältnismäßig gering und verteilt sich v. a. auf die Winter- und Sommermonate. Im Sommer locken Festivals, Straßencafés und nicht zuletzt der wilde Strand am Weichselufer Einheimische wie Touristen ins Freie. Für Wetterfühlige kann es übrigens nur im Hochsommer etwas beschwerlich werden – dann herrscht häufig drückende Schwüle. Die Luftqualität hingegen ist wegen der Parks und nahen Naturschutzgebiete für eine Stadt dieser Größe und im polenweiten Vergleich erstaunlich gut.

Graues Warschau? Grünes Warschau!

Noch immer eilt Warschau der Ruf voraus, die graue Maus unter den europäischen Metropolen zu sein – ein Vorurteil von Leuten, die die Stadt nicht besonders gut kennen. Fakt ist, dass man Warschau vom einem Park in den anderen umrunden oder durchqueren kann, ohne jemals die Grünflächen zu verlassen. Nach Berlin ist Warschau sogar die grünste der europäischen Hauptstädte. Zu dem begrünten Viertel der Stadtfläche kommen seit einigen Jahren die modernen Gebäude mit Dachgärten hinzu, darunter das Oberste Gericht, die Neue Universitätsbibliothek oder das Kopernikuszentrum. Und um die Weichsel wird Warschau von mancher Metropole beneidet. Vor allem am rechten Ufer fließt sie wild und unbegradigt durch die Stadt. Ohne die Skyline im Hintergrund würde man sich hier im Hinterland vermuten, außerhalb eines Dorfs vielleicht, nicht jedoch in einer Millionenstadt. Kleine Inseln, Seitenarme und Naturschutzgebiete mit Sandbänken bieten anderswo ausgestorbenen oder vom Aussterben bedrohten Vogelarten eine Heimat. In welchem Stadtzentrum bekommt man außer den ungeliebten Tauben auch weiße Seeadler und Störche zu sehen? Wo kann man bei einem Spaziergang am Fluss eine Biberkolonie bei der nagenden Arbeit beobachten oder Otter auf der Jagd nach dem nächsten Fisch? Wie es scheint, kann das wilde Weichselufer in Zukunft vor den Begehrlichkeiten der Investoren noch geschützt werden. Lokale Umweltschutzorganisationen und EU-Institutionen haben hierfür weitreichende Naturschutzbestimmungen erstritten.

Elektronische Postkarte nach Hause schicken – oder eine echte?

Kriminalität & Sicherheit

Trotz verbreiteter Vorurteile ist Polen keinesfalls unsicher. Warschau ist allerdings eine Metropole mit allen damit verbundenen Vorteilen, aber eben auch Nachteilen. Rund um den Kulturpalast und den Zentralbahnhof sieht man zwar öfter Obdachlose und Drogenabhängige, wegen der zentralen Lage ist es hier allerdings kaum gefährlich. Taschendieben sollte man es v. a. auf dem Russischen Basar in Praga nicht zu leicht machen und die Geldbörse lieber in der vorderen Hosentasche oder speziellen Taschen verwahren. Unbedingt in Acht nehmen muss man sich vor den europaweit berüchtigten Fußball-Hooligans an Spieltagen von Legia oder Polonia Warszawa, obwohl sich die Lage etwas zu entspannen scheint. Bei Dunkelheit sollte man an einigen Stellen in Praga aufmerksam sein.

Notruf

Notruf: landesweit ✆ 997 oder vom Handy aus ✆ 112.

Metro-Polizei: Haltestelle Metro Centrum, ✆ 8010 (von den gelben Notfalltelefonen), ✆ 22-6558010 (vom Handy aus).

Bahn-Polizei: al. Jerozolimskie 54 (im Zentralbahnhof), ✆ 22-6036802.

Polizeistationen: ul. Wilcza 21, ✆ 22-6218909 (24 Std.); ul. Opaczewska 8, ✆ 22-6037355; ul. Grenadierów 73/75, ✆ 22-6037655.

Feuerwehr: landesweit ✆ 998.

Touristen-Notruf: tägl. 8–18 Uhr, Juni–Sept. tägl. 8–22 Uhr deutsch- und englischsprachige Hilfe unter ✆ 800-2787777 (kostenfrei aus dem Festnetz) oder ✆ 0048-608-599999 (vom Handy aus).

Öffnungszeiten

Die Kernöffnungszeiten der kleinen Geschäfte sind ähnlich wie zu Hause. Viele größere Geschäfte, Filialen und Einkaufszentren sowie Supermärkte nutzen das fehlende Ladenschlussgesetz

80 Öffnungszeiten

und haben auch sonntags und am Abend, am frühen Morgen oder sogar rund um die Uhr geöffnet. Einige Kirchen sind nur während der Messen zugänglich. Die Ruhetage von Museen variieren. Und nur sehr wenige Restaurants leisten sich den Luxus eines freien Tages.

Achtung: Auch innerhalb Warschaus muss man die **Vorwahl 22** wählen. Dabei wird – wie überall in Polen – die Null der Ortsvorwahl weggelassen (auch wenn sie in Broschüren, Flyern und Webseiten oft noch nicht gestrichen wurde).

Post

Zwei der unten angegebenen Postämter haben rund um die Uhr geöffnet. Das Porto für einen Brief oder eine Postkarte beträgt inzwischen stolze 5 Złoty, Briefmarken gibt es auch an manchen Kiosken.

Postämter: Poczta Główna (Hauptpost), ul. Świętokrzyska 31/33 (24 Std.); pl. Konstytucji 3; ul. Targowa 73 (24 Std.); Poczta ul. Wiejska 2/4; ul. Senatorska 40; www.poczta-polska.pl.

Internationale Vorwahlen: Polen ✆ 0048, Deutschland ✆ 0049, Österreich ✆ 0043, Schweiz ✆ 0041.

Ortsvorwahl Warschau: innerhalb Polens und Warschaus ✆ 22, aus dem Ausland ✆ 0048-22.

Telefonauskunft: Ortsauskunft Warschau ✆ 913, national ✆ 912, international ✆ 900.

Spartipp: Bis zu 85 % billiger telefoniert man mit der an Kiosken erhältlichen Vorwahlnummernkarte von Telegrosik; www.telegrosik.pl.

Rauchen

Seit 2010 gelten in Polen ebenso strenge Gesetze wie in den meisten anderen europäischen Ländern. Cafés, Restaurants, Kneipen und auch Clubs bleiben fortan rauchfrei, es sei denn, es gibt Raucherbereiche in abgetrennten Räumen. Streng verboten ist das Rauchen auch auf Bahnhöfen, an Haltestellen sowie in öffentlichen Verkehrsmitteln, darunter auch Taxis. Verstöße werden mit Strafen ab 125 € geahndet.

Telefonieren

Die öffentlichen Fernsprecher sind ohne Ausnahme Kartentelefone. Die hierfür nötige *karta telefoniczna* gibt es in Kiosken und Postämtern. Falls Sie auf Ihr Handy nicht verzichten wollen, sollten Sie vor der Reise Ihren Anbieter kontaktieren; je nach Netz sind verschiedene polnische Roaming-Partner günstiger. Telefonieren in Hotels ist naturgemäß wesentlich teurer.

Toiletten

Die Nutzung öffentlicher Toiletten kostet i. d. R. 1 €. Manchmal gilt dies auch für Lokale! Einzigartig in der Welt ist die Kennzeichnung für die Geschlechter. Ein Kreis auf der Tür bezeichnet das Örtchen für Damen, ein Dreieck das für die Herren; mitunter gibt es aber auch international gängige Beschriftungen oder Piktogramme. Zu finden sind öffentliche Toiletten in den Bahnhöfen, an jeder Metrostation und in den Einkaufszentren, seit 2015 auch am Weichselufer und auf vielen Plätzen im Zentrum.

Zeitungen, Zeitschriften

Die internationale Presse ist in Warschau überall erhältlich, z. B. in Bahnhofskiosken und den vielen Filialen der Buchhandelskette Empik. Aktuelle Veranstaltungshinweise finden Sie am v. a. im studentisch geprägten Stadtmagazin „Aktivist" und in den englischsprachigen Blättern „Warsaw Insider" oder „The Visitor". Monatliche englischsprachige Nachrichten bietet die „Warsaw Voice".

Fassadendetail in der Altstadt

Sigismund-Säule und Altstadthäuser

	Warschau – das Beste auf eine Blick	→ S. 85
	Warschau – das Beste auf eine Blick	→ S. 85
Tour 1	Stare Miasto: Durch die Altstadt	→ S. 86
Tour 2	Nowe Miasto: Durch die Neustadt	→ S. 104
Tour 3	Trakt Królewski: Auf Warschaus Prachtallee	→ S. 116
Tour 4	Mariensztat und Powiśle: An der Weichsel entlang zum Sejm	→ S. 130
Tour 5	Park Saski: Rund um den Park Saski	→ S. 144
Tour 6	Centrum: Vom Kulturpalast zu den Wolkenkratzern	→ S. 158

Stadttouren

Tour 7	Śródmieście Północne: Auf den Spuren des Ghettos	→ S. 172
Tour 8	Śródmieście Południowe: Im Herz des Sozialistischen Realismus	→ S. 192
Tour 9	Łazienki Królewskie: Im grünen Warschau	→ S. 206
Tour 10	Praga: Das andere Warschau	→ S. 220
Tour 11	Żoliborz: Von der Zitadelle ins modernistische Warschau	→ S. 236
Tour 12	Wilanów: In barock-klassizistischer Pracht	→ S. 246
Ausflüge in die Umgebung		→ S. 256

Touren durch Warschau

Auf den folgenden zwölf Touren und den zwei Abstechern in die Außenbezirke können Sie die verschiedensten Facetten der Stadt entdecken. Für eine Tour sollten Sie zumindest einen Vormittag oder Nachmittag einplanen.

> ### Gliederung der Spaziergänge
> Der **erste Textabschnitt** informiert über Geschichte und Besonderheiten des Stadtviertels.
>
> Der **zweite Abschnitt** – *Tour* – gibt zusammen mit der Karte Überblick und Orientierung und beschreibt in Kürze die Sehenswürdigkeiten der Tour.
>
> Der **dritte Abschnitt** – *Sehenswertes* – beschreibt die Details zu allen Sehenswürdigkeiten, die im zweiten Abschnitt mit Pfeil (→) und halbfett hervorgehoben sind. Dies bedeutet nicht, dass nicht beschriebene Kirchen oder Museen den Besuch nicht wert sind.
>
> Der **letzte Abschnitt** – *Praktische Infos* – bietet eine Auswahl an Restaurants, Cafés, Bars und Geschäften, die sich in unmittelbarer Umgebung des Spaziergangs befinden.

Die *Touren 1, 2, 3, 6, 7 und 9* sind Teil des „touristischen Pflichtprogramms". Die **Touren 1 und 2** führen auf kurzen Wegen durch die nach dem Zweiten Weltkrieg wieder aufgebaute Altstadt und Neustadt. Auf **Tour 3** flaniert man über Warschaus Prachtstraßen, die meist unter dem Titel „Trakt Królewski" (Königstrakt) zusammengefasst sind. Die zurückzulegende Strecke ist lang, man kann den Weg zwischen den Sehenswürdigkeiten aber mit dem Bus abkürzen. **Tour 6** führt rund um das heutige Zentrum mit dem monströsen Kulturpalast und den mächtigen Wolkenkratzern. **Tour 7**, der längste Spaziergang, führt durch das ehemalige Warschauer Ghetto; auch hier lassen sich Wege mit Bus oder Straßenbahn abkürzen. **Tour 9** führt in den Park Łazienki Królewskie, eine der schönsten Grünanlagen Europas.

Wer wenig Zeit hat, kann diese Touren auch kombinieren. Bei jeder Sehenswürdigkeit sind die öffentlichen Verkehrsmittel und Haltestellen angegeben, um, falls gewünscht, die Touren abzukürzen oder um zu ausgewählten Orten zu gelangen.

Die Sehenswürdigkeiten der *Touren 4, 5 und 8* sind weniger bekannt, doch kaum weniger interessant. **Tour 4** führt am linken Weichselufer entlang durch das romantische und teils verblüffend ruhige Mariensztat sowie das ehemalige Armenviertel Powiśle, in das seit einigen Jahren stetig investiert wird. **Tour 5** erschließt das Gebiet rund um den Park Saski, der sich wie zu Zeiten von König August II. wieder in alter Pracht präsentiert. Höhepunkte der **Tour 8** sind die massiven Bauten im Stil des Sozialistischen Realismus, die besonders am plac Konstytucji und plac Zbawiciela zu bestaunen sind.

Die *Touren 10, 11 und 12* hingegen heben sich vom typischen Warschauer Stadtbild stark ab. **Tour 10** führt zum rechten Weichselufer in den alternativen Stadtteil Praga, **Tour 11** in das ruhige Żoliborz und **Tour 12** nach Wilanów, das wegen seiner barocken und klassizistischen Schlossanlage mit prachtvollen Gärten als das polnische Versailles bezeichnet wird.

Warschau – das Beste auf einen Blick

Stare Miasto (→ S. 86) : Die *Altstadt*, zusammen mit der *Neustadt* (Nowe Miasto) im Zweiten Weltkrieg völlig zerstört, strahlt seit dem Wiederaufbau in altem Glanz und steht heute auf der UNESCO-Weltkulturerbeliste.

Zamek Królewski (→ S. 92-95): Das imposante *Königsschloss* wurde bis 1974 rekonstruiert, die Wiederherstellung der Inneneinrichtung dauerte gar bis 1988. Den Schlossplatz schmückt die berühmte Sigismund-Säule.

Trakt Królewski (→ S. 116): Der *Königstrakt* ist die Prachtstraße Warschaus. Vom Schlossplatz bis zum Łazienki-Park passiert man klassizistische Paläste, die Heiligkreuzkirche mit dem Herz von Frederik Chopin, das Präsidentenpalais, die Universität und edle Bürgerhäuser.

Biblioteka Uniwersytecka (→ S. 137): Der Bau der *Neuen Universitätsbibliothek* mit grüner Dachterrasse ist heute ein beliebtes Ziel der Touristen.

Centrum Nauki Kopernik (→ S. 137/138): Das *Wissenschaftszentrum* ist eine beeindruckende Mischung aus didaktischem Museum, Jahrmarkt-Attraktion, Freizeitpark-Action und naturwissenschaftlichen Versuchsanordnungen.

Muzeum Fryderyka Chopina (→ S. 138/139): Das multimediale und interaktive *Chopin-Museum* im restaurierten Ossolinski-Palais ist wegen der Memorabilien des berühmten Komponisten ein Muss für Liebhaber des musikalischen Genies.

Grób Nieznanego Żołnierza (→ S. 154/155): Das *Denkmal des Unbekannten Soldaten* (Wachablösung täglich 12 Uhr) steht auf dem Józef-Piłsudski-Platz. An einem Ende des Platzes ist das moderne Metropolitan-Gebäude von Sir Norman Foster zu bewundern, an einem anderen der Sächsische Garten.

Pałac Kultury i Nauki (→ S. 165): Der *Kulturpalast*, das von Warschauern hassgeliebte Wahrzeichen der Stadt, beeindruckt allein durch seine bloße Größe.

Złote Tarasy (→ S. 166/167): Mit dem Einkaufszentrum *Goldene Terrassen* steht gegenüber vom Kulturpalast ein moderner, kaum weniger eindrucksvoller Bau.

Wieżowce (→ S. 161/179/197): Rund um das Zentrum ragen architektonisch interessante Wolkenkratzer in den Himmel, darunter der Marriott-Tower, das InterContinental, das Cosmopolitan, der Złota 44 von Daniel Libeskind und, etwas abseits, der Warsaw Trade Tower. Im Bau sind die Wolkenkratzer Warsaw Spire und Q22.

Reste des Ghettos (→ S. 179): Vom einstigen Ghetto ist bis auf wenige Mauerreste kaum mehr etwas zu sehen. Gedenkstätten sind u. a. das Pawiak-Gefängnis, das Mahnmal am Umschlagplatz und das Ehrenmal, an dem Willy Brandt den berühmten Kniefall machte.

Muzeum Powstania Warszawskiego (→ S. 182-184): Das *Museum des Warschauer Aufstands* zählt zu den spannendsten und bewegendsten Museen Europas. Interaktive Museumsgestaltung wurde hier überzeugend verwirklicht.

Muzeum Historii Żydów Polskich (→ S. 186-188): Hinsichtlich der Architektur und der Ausstellungen ein weiteres Highlight unter den beeindruckenden Warschauer Museen ist das Museum zur Geschichte der pol*nischen Juden*.

Cmentarz Powązkowski (→ S. 189/190): Eindrucksvolle Grabsteine schmücken diesen Friedhof, darunter die von bedeutenden Warschauern inmitten von nicht weniger als 2,5 Millionen Ruhestätten von Menschen verschiedenster Konfessionen.

Filtry Lindleya (→ S. 197/198): Die städtischen *Wasserfilteranlagen* sind ein einzigartiges und bis heute genutztes Relikt aus dem 19. Jh.; über seine Aufnahme in die UNESCO-Weltkulturerbe-Liste wird zurzeit verhandelt.

MDM (→ S. 200/201): Das Wohnviertel dokumentiert den Stil des Sozialistischen Realismus. Besonders sehenswert sind der Plac Zbawiciela, der Plac Konstytucji sowie die namensgebende *ulica Marszałkowska*.

Łazienki Królewskie (→ S. 206): Der *Königliche Bäderpark* ist die größte Grünanlage der Stadt – und einer der schönsten Parks Europas. Die Gärten, Paläste, Seen und das berühmte Theater sind bei Warschauern und Touristen gleichermaßen beliebt, nicht nur zu den sonntäglichen Chopin-Konzerten im Sommer.

Praga (→ S. 220): Der Stadtteil am rechten Weichselufer blieb von den Zerstörungen im Zweiten Weltkrieg weitgehend verschont – und verkam danach zum Armenhaus Warschaus. Heute tummeln sich hier Künstler, Outsider und Studenten zwischen Galerien und interessanten Kneipen.

Wilanów (→ S. 246): Das Schloss mit seiner prachtvollen barocken und klassizistischen Gartenlage gilt als das polnische Versailles.

Altmarkt mit Sirene

Stare Miasto: Durch die Altstadt

Ihre internationale Bekanntheit verdankt die Altstadt in erster Linie einer traurigen Tatsache: der völligen Zerstörung im Zweiten Weltkrieg. Doch der Tragödie folgte mit der detailgetreuen Rekonstruktion eine Leistung, die weltweit ohne Beispiel ist.

Die ersten Siedlungen über dem tiefen Weichseltal gab es schon vor 8000 Jahren. Das städtische Warschau – das heutige Gebiet der Altstadt um das *Schloss* und den *Altmarkt* mit dem Rathaus in der Mitte – entwickelte sich aber erst im 13. Jh. Noch heute sind diese beiden Plätze die zentralen Orte, zwischen denen die Gassen wie ein rechtwinkliges Gitternetz verlaufen. Geschützt war die Stadt zunächst nur provisorisch, Ende des 14. Jh. wurde der Bau einer steinernen Stadtmauer immer dringlicher. Als Warschau 1413 zum masowischen Fürstensitz wurde, wurden die Mauern weiter verstärkt und zusätzlich ein Graben gezogen. In die prosperierende Altstadt gelangte man zu dieser Zeit entweder durch das *Neustadttor* im Norden oder durch das *Krakauer Tor* im Süden. Vor allem um das Krakauer Tor breitete sich Warschau, seit 1596 Hauptstadt des Landes, mit prächtigen Palästen, Kirchen und Bürgerhäusern aus. Die Gebäude der Altstadt hingegen veränderten sich kaum, als wären sie in einem Biotop verblieben. Einzig der Großbrand im Jahr 1607 richtete schweren Schaden an. Im 19. Jh. verkam die Altstadt zum Viertel der Armen und Ausgestoßenen. Das einst prächtige Rathaus auf dem *Rynek*, dem Altmarkt, wurde abgerissen, die Stadtmauern und die Barbakane wurden zu Mietunterkünften für Arbeiter umfunktioniert. Erst mit der

Tour 1

Neugründung des polnischen Staates nach den Teilungen wurde die Altstadt wiederentdeckt; sie galt nun als patriotisches Sinnbild eines freien Polens, eine Bedeutung, die vor und nach dem Zweiten Weltkrieg weiter wuchs.

Das *Königsschloss* wurde schon kurz nach Kriegsbeginn im September 1939 bei einem Luftangriff zerstört. Aus dem brennenden Palast retteten Kunsthistoriker unter Einsatz ihres Lebens viele, doch längst nicht alle Kunstschätze und fertigten sogar noch Skizzen der Inneneinrichtung an. Nach dem Warschauer Aufstand im August 1944 sollte der gesamten *Altstadt* ein ähnlich tragisches Schicksal widerfahren. Auch wenn die Stare Miasto eines der Zentren des Widerstands war, war ihre Zerstörung, darin sind sich die Historiker einig, militärisch ohne Sinn – sie war eine Bestrafungsaktion und sollte die Menschen demoralisieren. Zunächst wurde die Altstadt bombardiert, die überlebende Bevölkerung entweder vertrieben oder von den SS-Einheiten z. T. grausam umgebracht. Die nach den Bombardements noch unbeschädigten Häuser und Kirchen wurden, Gebäude für Gebäude, gesprengt, sogar die noch verbliebenen Trümmer des Schlosses! Übrig blieben vereinzelte Ruinen, alle Obergeschosse waren restlos zerstört, die Häuser unbewohnbar.

Trotz der immensen Kosten, die eine Rekonstruktion der Altstadt mit sich bringen würde, wurde eine Neubebauung gar nicht erst ins Auge gefasst. Stattdessen eröffnete bereits im Februar 1945 das Büro für den Wiederaufbau der Hauptstadt und machte sich unverzüglich an die Arbeit. Trümmerfrauen aus ganz Polen befreiten die Altstadt zunächst von Schuttbergen. Archäologen fanden unter den Trümmern gotische Mauerteile und Torbögen, von denen etliche für den Wiederaufbau genutzt wurden. Architekten und Restaurateure analysierten Zeichnungen, Fotos, Vermessungspläne und die historischen Stadtansichten des venezianischen Malers Canaletto auf ihre Nützlichkeit für die Rekonstruktion. Treibende Kraft beim Aufbau war von Beginn an der Architekt, Professor, Kunsthistoriker und Konservator Jan Zachwatowicz.

Und der Aufbau war eine gigantisches Unternehmen: Bezieht man das Schloss mit ein, dauerte der Wiederaufbau ganze 43 Jahre. Doch die eigentliche Altstadt wurde bereits am 22. Juli 1953 feierlich eröffnet, die Arbeiten zogen sich vereinzelt bis ins Jahr 1955. Die Fassaden der Häuser wurden nach alten Plänen originalgetreu rekonstruiert, im Innern aber richtete man zeitgemäße Wohnungen ein, von denen einige mietfrei an verdiente Künstler vergeben wurden. Interessanterweise bemühten sich die sozialistischen Machthaber bei der Rekonstruktion von Kirchen und sakralen Bauwerken weniger um Detailtreue, den marxistischen Maximen entsprechend wollte man das „Opium fürs Volk" so weit wie möglich entfernen oder seinen Glanz beschränken; ebenso

Gemalter Phönix aus der Asche

Wer heute durch die Altstadt und andere Viertel des historischen Warschaus spaziert, fragt sich immer wieder, wie der Wiederaufbau der zerstörten Stadt in dieser Detailtreue möglich war. Ungezählte Hände aus ganz Polen hatten den Schutt weggeräumt, Steine mühselig per Hand geklopft, sortiert und nach den Plänen der Kunsthistoriker und Architekten wieder zusammengefügt. Aber nach welchen Plänen? Zwar gab es vereinzelt Fotos und Zeichnungen, am wichtigsten jedoch sollte das Werk eines längst verstorbenen Malers sein: Canaletto. Unter diesem Namen wurde der venezianische Künstler Bernardo Bellotto (1722–1780) bekannt, der die polnische Malerei seiner Zeit stark beeinflusst hatte. Nach Polen kam er 1766 und wurde zwei Jahre später zu einem der Hofmaler des kunstfreundlichen und polyglotten Königs Stanisław August Poniatowski. Neben seinen historischen Gemälden und Fresken waren es v. a. die Veduten, mit denen sich Canaletto einen Namen machte.

Der König hatte Canaletto beauftragt, einen ganzen Zyklus von Stadtansichten zu erstellen, und zwar von Rom, dem Palast in Wilanów und natürlich der polnischen Hauptstadt selbst. Kunstfreunde schätzen Canalettos Veduten als kostbare Kunstwerke, Historikern hingegen offenbaren sie wegen ihres Detailreichtums viel über das Leben im 18. Jahrhundert. Im Falle von Warschau kam hinzu, dass der unübertroffene Realismus, die makellosen Perspektiven und die äußerst präzise Pinselführung die Rekonstruktion der zerstörten Gebäude in der Altstadt und anderen Teilen des alten Warschaus erst möglich machte. Dabei nutzte Canaletto als einer der ersten Maler die Möglichkeiten der Camera Obscura; wie bei modernen Fotoapparaten wird hier ein Abbild projiziert, allerdings nicht auf einen Film, sondern auf eine Leinwand – eine Zeichenhilfe, die es Canaletto erleichterte, die Gebäude bis ins Detail genau zu malen.

Einige Kunsthistoriker wenden ein, dass sich Canaletto keinesfalls immer an der Realität orientiert habe, sondern die Häuserzeilen und Paläste nach seinem Geschmack verschönerte. So wäre der Künstler mehr als 160 Jahre nach seinem Tod noch zum Architekten geworden. Wer vergleichen möchte: 22 der 24 erhaltenen Veduten sind im Königsschloss zu besichtigen, die beiden anderen hängen im Nationalmuseum.

vernachlässigt wurden allzu bürgerlich-prächtige und auch gotische Gebäude zugunsten von Gebäuden aus dem 17. und 18. Jahrhundert. Trotz alledem beeindruckt die Aufbauleistung der Warschauer: Sie ist die weltweit umfangreichste Rekonstruktion dieser Art. Die UNESCO honorierte diesen Kraftakt 1980 mit der Aufnahme in das Weltkulturerbe, wobei die Warschauer Altstadt das bisher einzige rekonstruierte Gesamt-Baudenkmal auf dieser Liste ist.

Warschaus heutiges *Zentrum* erstreckt sich allerdings eher um den Kulturpalast (→ Tour 6). In den alten Stadtkern kommen die Einwohner meist nur noch, wenn sie Gäste ausführen, oder zu besonderen Anlässen wie Festivals.

Vielleicht liegt das daran, dass die rekonstruierten Häuser und v. a. das Wissen um ihre Zerstörung viele Menschen schmerzhafter an den Krieg erinnern als die Neubauten außerhalb der Altstadt. Und so klingt immer ein bisschen Wehmut mit, wenn die Warschauer liebevoll von der *starówka* sprechen, ihrem „Altstädtchen".

Tour

Der folgende Rundgang ist ein Vorschlag, um alle sehenswerten Ecken kennenzulernen. Doch ist die Altstadt so überschaubar, dass man auch ziellos durch die Gassen schlendern kann.

Ausgangspunkt unserer Tour ist der Schlossplatz (plac Zamkowy). Anfahrt und Rückfahrt mit den Buslinien 116, 128, 175, 178, 180, 222, Haltestelle plac Zamkowy oder Kapitulna sowie mit Tram 4, 20, 23, 26, Haltestelle Stare Miasto. Ⓜ Ratusz/Arsenał (1 km entfernt).

Ende: Rynek Starego Miasta.

Dauer: Reine Gehzeit der Tour 30 bis 45 Min.

Den → **Schlossplatz** (plac Zamkowy) dominieren die → **Sigismundsäule** (Kolumna Zygmunta III. Wazy) im Zentrum und das → **Königsschloss** (Zamek Królewski) an der Ostseite. Etwas näher zum Fluss hin befinden sich die → **Kubicki-Arkaden** (Arkady Kubickiego) und der → **Palast unter dem Blechdach** (Pałac pod Blachą).

Vom Schlossplatz geht es in die ulica Piwna, die mit ihrem Kopfsteinpflaster auf die Atmosphäre in den engen Gassen einstimmt. Hier stoßen wir auf der linken Seite gleich auf die → **St.-Martin-Kirche** (Kościół św. Marcina).

Ein paar Schritte weiter ist der plac Zapiecek erreicht; hier sind an den Fassaden die für die Altstadt so typischen Sgraffiti aus dem frühen 17. Jh zu entdecken, kunstvolle Muster oder Handwerkerdarstellungen, die nach dem Krieg teilweise rekonstruiert wurden. Noch schöner aber sind die an der Häuserfront am Ende der ulica Piwna, auf der wir links in die ulica Wąski Dunaj einbiegen und am plac Szeroki Dunaj vorbei zur Stadtmauer kommen. Linkerhand sehen wir die Mauern und den Stadtgraben, wir gehen aber nach rechts zum berühmten, von Jerzy Jarnuszkiewicz geschaffenen → **Denkmal des Kleinen Aufständischen** (Pomnik Małego Powstańca); es erinnert an die jungen Pfadfinder, die 1944 beim Warschauer Aufstand mitgekämpft hatten. Anschließend kehren wir zurück, gehen nach links auf die Mauern und gelangen durch ein Tor auf der rechten Seite beim thailändischen Restaurant Natara wieder in die Altstadt.

Über die platzähnliche ulica Szeroki Dunaj geht es zurück zur ulica Wąski

Dunaj, in der wir bereits waren. Wer hier links in die ulica Nowomiejska geht, kann schon mal einen Blick auf den Rynek werfen. Doch zuerst besichtigen wir die rundförmige → **Barbakane** (Barbakan), die wir durch die ulica Nowomiejska erreichen.

Anschließend geht es rechts, Richtung Osten auf der Stadtmauer bis zum Aussichtsturm *Wieża Marszałkowska*, von dem die nahe Weichsel aber nicht zu sehen ist. Unser Weg führt rechts durch ein Tor in die ulica Krzywe Koło, von der wir links die Treppen der 2008 restaurierten ulica Kammienne Schodki hinuntersteigen. In dem romantischen Gässchen wurde früher das Wasser von der Weichsel in die Stadt getragen. Unten angekommen, schlendern wir rechts die ulica Brzozowa hinauf bis zum → **Misthügel** (Gnojna Góra). Hier gönnen wir uns ein paar Minuten und genießen den traumhaften Ausblick auf das Weichselufer, den Stadtteil Praga und die Brücken.

In entgegengesetzter Richtung zum Fluss geht es durch schöne Arkadengänge in die ulica Dawna, dann links in die ulica Jezuicka, bis auf dem plac Kanonia eine alte Kirchenglocke zu sehen ist. Unser Weg führt weiter nach rechts in die kurze ulica Dziekania, zwischen den Arkaden am Anfang und dem Turm am Ende, flankiert von der Mauer des Johannisdoms zur Rechten.

Abschließend gehen wir rechts in die ulica Świętojańska, vorbei an → **Johannisdom** (Bazylika archikatedralna św. Jana) und → **Jesuitenkirche** (Kościół Jezuitów) und erreichen schließlich den → **Altmarkt** (Rynek Starego Miasta), das Herz der Altstadt. Neben vielen Cafés und Restaurants warten hier auch zwei Museen auf Besucher: das bis voraussichtlich 2017 geschlossene → **Historische Museum Warschaus** (Muzeum Historyczne m.st. Warszawy), die → **Altstadtkeller** (Piwnice staromiejskie) sowie das v. a. für Literaturinteressierte lohnende → **Literaturmuseum** (Muzeum Literatury).

Sehenswertes

Schlossplatz (plac Zamkowy), Sigismundsäule
(Kolumna Zygmunta III Wazy)

Der **Schlossplatz** in seiner dreieckigen Gestalt wurde erst Anfang des 19. Jh. angelegt. Zuvor führte die Stadtmauer bis zum Schloss, vor dem heutigen Platz stand etwa auf der Höhe der Säule das Krakauer Stadttor, dem die ulica Krakowskie Przedmieście (Krakauer Vorstadt) ihren Namen verdankt. Auf dieser Seite öffnet sich der Platz in Richtung Königstrakt, an den beiden anderen Seiten begrenzt von Schloss und Altstadthäusern.

Die barocke **Sigismundsäule** in der Platzmitte, eines der Wahrzeichen Warschaus, ist König Zygmunt III. Waza (1566–1632) gewidmet, der 1596 die Hauptstadt von Krakau nach Warschau verlegte. Zwölf Jahre nach seinem Tod ließ sein Sohn Władysław die Statue vom italienischen Bildhauer Clemente Molli errichten. Die Entwürfe für die Säule, an der auf Tafeln die Verdienste des Königs gerühmt werden, stammen von Agostino Locci und Constantino Tencella. Bemerkenswert ist das Denkmal nicht zuletzt, weil es 22 Meter in den Himmel ragt – eine Höhe, die eigentlich Heiligen vorbehalten war.

Direkt hinter der Säule kann man auf dem Sims der gotischen Brücke sitzen, die erst 1977 bei Arbeiten wiederentdeckt und restauriert wurde.

Schlossplatz mit Schloss, Sigismundsäule und Altstadthäusern

Königsschloss
(Zamek Królewski)

Das Königsschloss, eines der Wahrzeichen der Stadt, fällt schon von Weitem durch seine lachsrote Fassade auf. Die fünf Schlossflügel haben jeweils einen eigenständigen Charakter, ein Rundgang um das Schloss und ein Blick in den Innenhof lohnen sich.

Die unterschiedlichen Stile sind den vielen Umbauten geschuldet. Im 13. Jh. wurde zunächst ein Holzgebäude errichtet, zwei Jahrhunderte später gab es die ersten gemauerten Flügel, der wichtigste Umbau erfolgte zwischen 1598 und 1619. Seitdem hat das Schloss seine ungewöhnliche, fünfeckige Gestalt mit dem Turm im Zentrum.

Warschaus Blütezeit unter König Stanisław August Poniatowski (1764–1795) spiegelt sich auch im Schloss wider, v. a. das Interieur gewann an Pracht und Prunk, wie ein → Rundgang durchs Schloss (s. u.) eindrucksvoll zeigt.

Eine Besonderheit ist, dass das Schloss nicht nur Sitz der masowischen Fürsten und ab 1595 des Königs war, sondern auch Tagungsort des Parlaments. Hier verabschiedete der Sejm 1791 Europas erste demokratische Verfassung. Die drei Teilungen Polens (1792–95) hatten einen Verfall des Schlosses zur Folge, viele Kunstwerke wurden von den russischen Besatzern gestohlen. In den 1920er und 30er-Jahren gab es erste Restaurierungsarbeiten, das Königsschloss wurde als Residenz des Präsidenten genutzt, doch schon der Luftangriff deutscher Bomber im ersten Kriegsjahr 1939 zerstörte das Schloss fast vollkommen. Nach der Niederschlagung des Warschauer Aufstands 1944 wurden die Reste schließlich auf Befehl Heinrich Himmlers, des „Kommissars für die Festigung deutschen Volkstums", gesprengt.

Die Entscheidung, dass Schloss wieder aufzubauen, fiel erst 1971. Auch wenn die Arbeiten bis heute andauern, war der größte Teil der Rekonstruktion 1988 abgeschlossen.

Für Fotos ist der mit einer Uhr geschmückte Sigismundturm beliebt, von dem seit 2008 tägl. um 11.15 Uhr der Hejnał, ein Turmbläser-Signal, gespielt wird. Jeden 3. oder 4. Sonntag im Monat ist im Lesesaal ein Film über die Geschichte des Schlosses zu sehen (kostenlos).

Film am 3. oder 4. So im Monat: 11, 12, 13, 14 Uhr (auf Poln.), 11.30, 12.30, 13.30, 14.30 Uhr (auf Engl.). www.zamek-krolewski.pl. Pl. Zamkowy 4.

> **Tipp**: Besonders in der Hauptsaison ist es sinnvoll, das Ticket und/oder eine Führung bereits einige Tage vor dem Schlossbesuch zu reservieren. An eintrittsfreien Tagen ist keine Reservierung möglich, dann am besten rechtzeitig vor Öffnung erscheinen.
>
> Reservierung: Di–Fr 9–14 Uhr, ✆ 22-3555338 oder über die polnischsprachige Homepage www.zamek-krolewski.pl.
>
> Für Blinde und Gehbehinderte gibt es spezielle Angebote; Info & Anmeldung: ✆ 22-3535114, ✉ 3555105.

Rundgang durch das Königsschloss (Trasa Zamkowa)

Die Innenräume des Schlosses dienen heute als Museum und lassen jedes Jahr rund eine halbe Millionen Besucher staunen. Im Gegenteil zu vielen Warschauer Palästen, Kirchen und Häusern wurde das Interieur in seiner historischen Pracht wiederhergestellt – kaum zu glauben, dass es sich bei den Sälen und Räumen „nur" um eine Rekonstruktion handelt.

Auf dem vorgegebenen Rundgang bekommt man verschiedene Säle und Gemächer zu sehen.

Erdgeschoss

Im Erdgeschoss befinden sich v. a. die Abgeordnetensäle, Kabinette und Kemenaten, besonders die *Komnata Główna* (Hauptkemenate) mit ihrer ungewöhnlichen Decke ist hier erwähnenswert. Am prächtigsten ist die auch als „Drei-Säulen-Saal" bezeichnete *Ehemalige Abgeordnetenkammer* mit himmelblauen Fresken und den 32 Wappen der alten Woiwodschaften.

Seit Abschluss der Renovierungsarbeiten 2010 sind nun im Erdgeschoss Wechsel- und Dauerausstellungen zu sehen, die eine separate Eintrittskarte erfordern. Die spannendste Dauerausstellung ist die **Galeria Lanckorońskich** mit Rembrandts Gemälden *Mädchen im Bilderrahmen* (auch: „Die jüdische Verlobte") und *Gelehrter am Schreibpult* (auch: „Der Vater der jüdischen Verlobten"), deren Echtheit vom renommierten Rembrandtkenner Ernst van de Wetering nachgewiesen wurde. Weitere Werke stammen von David Teniers d. J., Corneille de Lyon, Josef Grassi u. a. Der eigentliche Rundgang durchs Schloss beginnt im 1. Stock höher.

1. Etage

Unterteilt ist die 1. Schlossetage in die Abschnitte Parlamentssäle, Prinzenzimmer, Große Gemächer, Königsgemächer und Gemächer des Prinzen Stanisław.

Parlamentssäle *(Sale Sejmowe)*: Hier tagte seit dem 16. Jh. der Sejm des Polnisch-Litauischen Großreichs. Im wegen seines weißen und goldenen Stucks erstaunlich fröhlichen Senatssaal mit dem originalen Königssessel wurde die Verfassung von 1791 verabschiedet.

Prinzenzimmer *(Pokoje Królewiczowskie)*: Die sog. Prinzenzimmer werden auch Matejko-Zimmer (Pokoje Matejkowskie) genannt, da sie v. a. mit Werken von Polens bedeutendstem Historienmaler Jan Matejko geschmückt sind. Die wichtigsten sind *Verfassung des 3. Mai 1791* (Konstytucja 3 Maja 1791), *Reytan – Der Fall Polens* (Rejtan – upadek Polski) und *Stefan Batory bei* *der Belagerung von Psków (Pleskau)* (Stefan Batory pod Pskowem). Daneben sind auch Werke von Malern des 16. bis 19. Jh. sowie Kunstgegenstände aus den Sammlungen der Prinzen zu sehen.

Große Gemächer *(Apartament Wielki)*: Hier jagt ein Glanzlicht das nächste. Die *Ovale Galerie* (Galeria Owalna) zeigt Brüsseler Wandteppiche aus dem 16. Jh. und Porträts polnischer Monarchen des 16. und 17. Jh. Den *Ratssaal* (Sala Rady) schmücken die Porträts der Abgeordneten des Vierjährigen Sejm (1788–1792) von Józef Peszka. Das *Vorzimmer zum Großen Saal* (Wielka Antyszambra) stimmt dann mit seinen Gemälden und Marmorskulpturen auf den ersten Höhepunkt ein.

Der von Dominik Merlini und Jan Christian Kamsetzer 1777–1781 gebaute *Große Saal* (Sala Wielka) wurde als Konzert-, Theater-, Ball- oder Speisesaal sowie für höfische Zeremonien genutzt. 17 Paare von goldenen Säulen stehen entlang der weiß-goldenen Wand, das mächtige Deckengemälde zeigt die biblische *Auflösung des Chaos* mit einer Umsetzung des Themas, die Staunen macht. Kaum weniger kunstvoll sind die Skulpturen von Apoll und Minerva sowie die Allegorien des Friedens und der Gerechtigkeit.

Das *Marmorzimmer* (Pokój Marmurowy) diente als zweites Vorzimmer in den herrschaftlichen Gemächern; mit schwarzen Marmorarbeiten und schachbrettartigem Boden, der zu dem ovalen, himmelblauen Deckengemälde einen markanten Kontrast schafft, ist das Marmorzimmer ein echter Hingucker. Nicht übersehen sollte man die stolzen Porträts polnischer Könige.

Den *Rittersaal* (Sala Rycerska) plante König Stanisław August, der hier mit Wandgemälden an die wichtigsten Ereignisse der Geschichte Polens erinnern wollte. Zu sehen sind heute auch 22 Bronzebüsten sowie zehn Porträts berühmter Polen, die der König persönlich ausgewählt hatte. Die Mitte des Saals schmücken Chronos (Zeit) und Sława (Ruhm), Gestalten aus der griechischen Mythologie.

Im *Thronsaal* (Sala Tronowa) schaffen die filigranen Stuck- und Wandtäfelarbeiten eine edle Umgebung für den Königsthron.

Das *Konferenzzimmer* (Pokój Konferencyjny) ist auch als „Galerie der Europäischen Monarchen" bekannt: Porträts von sechs Königen aus der Zeit von König Stanisław August schmücken hier die Wände.

Königsgemächer *(Apartament Królewski)*: Die Königsgemächer stehen den Großen Gemächern an Schönheit und Pracht in nichts nach. Der *Saal der Königlichen Kavallerie* (Sala Gwardii Konnej Koronnej) ist recht schlicht, zeigt aber elegante Marmor- und Stuckarbeiten. Das *Offizierszimmer* (Pokój Oficerski) schmücken Gemälde von Jurriaan Andriessen, die sich mit den Meisterwerken im *Canaletto-Zimmer* (Pokój Canaletta) aber nicht messen können. Auch die von Dominik Merlini gestaltete Einrichtung dort verblasst gegen die Canaletto-Veduten, mit deren Hilfe die Warschauer Altstadt, aber auch das Schloss rekonstruiert wurden (→ Kastentext S. 88).

Ebenfalls ein Werk von Merlini ist die *Kleine Kapelle* (Kaplica Mała), die Marmorarbeiten in Grün, Gold, Rot und Weiß prägen und in der eine Urne mit dem Herzen des Freiheitskämpfers Tadeusz Kościuszko ruht, sowie das *Alte Audienzzimmer* (Pokój Audiencjonalny Stary) mit einem weiteren originalen Königsthron und einem Deckengemälde von Marcello Bacciarelli. Das *Königliche Schlafgemach* (Pokój Sypialny) mit kunstvoller Eibenholztäfelung, die Garderobe sowie das Grüne und das Gelbe Zimmer sind alle in einem ähnlichen, weniger repräsentativen, dafür fast schon gemütlichen Stil gehalten.

Die **Gemächer des Prinzen Stanisław** *(Apartament Księcia Stanisława)* sind weniger spektakulär.

2. Etage

In der 2. Etage finden sich die *Galerie der Dekorativen Künste*, ein *Münz- und Ordenskabinett* sowie das *Arbeitszimmer von Ignacy Mościcki*, von 1926 bis 1939 polnischer Staatspräsident.

Trasa Zamkowa: Mai–Sept. Mo–Mi u. Fr/Sa 10–18, Do 10–20, So 11–18 Uhr; Okt.–April Di–Sa 10–16, So 11–16 Uhr. Eintritt 5,50 €, erm. 4 €, Kinder bis 16 J. 0,25 €, Familien 3,50 €/Pers., So frei.

Galeria Lanckorońskich, Wechselausstellungen: Geöffnet wie Trasa Zamkowa. Eintritt 5 €, erm. 4 €, Kinder bis 16 J. 0,25 €, Familien 2,50 €/Pers., So frei.

Gabinet Numizmatyczny (Münz- und Ordenskabinett): Mo–Sa 10–16, So 11–16 Uhr. Eintritt 3 €, erm. 2 €, Kinder bis 16 J. 0,25 €, So frei.

Konzerte: 5 €, erm. 4 €.

Führung: 27,50 € (auf Deutsch), Audioguide 4 €, erm. 3 € (auf Deutsch). ✆ 22-3555170, www.zamek-krolewski.pl. Pl. Zamkowy 4.

Kubicki-Arkaden
(Arkady Kubickiego)

Die Kubicki-Arkaden haben zwei wichtige Aufgaben: Das Architekturdenkmal aus dem frühen 19. Jh. stützt den Abhang, auf dem das Schloss steht, zum anderen verbindet es den oberen mit dem unteren Teil des Königsgartens durch zwei Treppen. Da das Regenwasser jahrzehntelang ungehindert in die Anlage eindringen konnte, drohte das Schloss einzustürzen, eine Renovierung war unvermeidlich geworden – sie dauerte 14 Jahre. Der 200 m lange Bogengang mit zehn Arkaden und einem Kreuzgewölbe ist erst seit 2009 öffentlich zugänglich. Die Räumlichkeiten werden nach und nach ausgebaut; Restaurants, Ausstellungsflächen, Bühnen und touristische Angebote sollen noch entstehen bzw. sind schon ent-

Palast unter dem Blechdach

standen. Auch die über die Arkaden zugänglichen Gartenanlagen sollen wie in königlicher Zeit im französischen Barock wiederhergestellt werden, zurzeit ähneln sie noch eher einer Wiese. Doch schon heute kann man zwischen den Ziegelarkaden flanieren und sich dabei wie ein König fühlen.

Mai–Sept. Mo–Sa 10–18, So 11–18 Uhr (Garten und Arkaden bis 20 Uhr); Okt.–April Di–Sa 10–17, So 11–17 Uhr. Eintritt für Garten und Arkaden generell frei. ✆ 22-3555170, www.zamek-krolewski.pl. Pl. Zamkowy 4.

Palast unter dem Blechdach
(Pałac pod Blachą)

Der spätbarocke Palast östlich unterhalb des Königsschlosses erhielt als erstes Gebäude der Stadt anstelle eines Schindeldaches eines aus Blech, daher der seltsame Name. Gebaut wurde der Palast mit seiner Prachtfassade 1698–1701 im Auftrag der Lubomirski-Familie, im 18. Jh. diente er als Freimaurerloge, danach König Stanisław II. August und seinem Neffen Józef Poniatowski als Stadtresidenz.

Im Gegensatz zum Schloss konnten sich die Warschauer schon 1949 über die gelungene Rekonstruktion freuen. Nach vierjähriger Renovierung wird der Palast unter dem Blechdach seit 2008 wieder für Ausstellungen, Tagungen und Kunstworkshops genutzt. Im Erdgeschoss empfängt eine Sammlung mit kostbaren Teppichen aus dem Kaukasus, Persien und Anatolien sowie eine Präsentation von Tafelporzellan aus europäischen Adelshäusern den Besucher; zudem können die Gemächer von Józef Poniatowski besichtigt werden.

Mai–Sept. Mo–Sa 10–18, So 11–18 Uhr; Okt.–April Di–Sa 10–16, So 11–16 Uhr. Eintritt 3,50 €, erm. 2 €, Kinder bis 16 J. 0,25 €, Familien 1,50 €/Pers., So frei. ✆ 22-6572170, www.zamek-krolewski.pl. Pl. Zamkowy 2.

St.-Martin-Kirche
(Kościół św. Marcina)

Die Kirche wurde zusammen mit dem Augustinerkloster 1353 errichtet. Ihre heutige Gestalt mit auffälliger Rokoko-Fassade im Zuckerbäckerstil geht auf das 17. und 18. Jh. zurück, bedeutend dabei war der Beitrag von Baumeister Karol Bay. Schade nur, dass in der engen Gasse so wenig Platz ist, um die verspielte Fassade mit Abstand zu betrachten. Von den gotischen und barocken Kunstschätzen im Innern ist leider nichts erhalten – außer einer halb verbrannten, gekreuzigten Jesusfigur an der rechten Wand im Hauptschiff, deren zerstörter Oberkörper durch einen Metallrahmen angedeutet wird. Doch auch die moderne Einrichtung, herausragend v. a. die Sgraffiti-Kreuzwegstationen von Alma Skrzydlewska, hat ihre Reize.

Die Kirchengemeinde war über lange Zeit ein Zentrum der Warschauer Intelligenz, hier trafen sich in den 80er-Jahren Mitglieder der Gewerkschaft Solidarność, schon 1977 fand in der Kirche ein zweiwöchiger Hungerstreik statt, an dem sich auch der spätere Ministerpräsident Tadeusz Mazowiecki beteiligte.

Tägl. 9–12.15 und 15–17.30 Uhr, Messe Mo–Sa 8, 17.30, So 8, 9.30, 11, 17.30 Uhr. Ul. Piwna 9/11.

Denkmal des Kleinen Aufständischen
(Pomnik Małego Powstańca)

Das 1983 von J. Jarnuszkiewicz geschaffene Denkmal erinnert an die Kinder des Warschauer Aufstands von 1944. Traurig stimmt der viel zu große Helm der Skulptur, der die seelische Last der Kindersoldaten versinnbildlicht. Während das Kindersoldatentum heute mehr und mehr geächtet ist, hatten die kleinen Warschauer während des Aufstands keine Wahl. Sie waren zur Selbstverteidigung gezwungen, da die deutschen Truppen auch Kinder ermor-

Die Barbakane – ein massiver Festungsvorbau zwischen Alt- und Neustadt

deten. Die meist in Pfadfinderorganisationen organisierten Heranwachsenden übernahmen wegen ihrer geringen Körpergröße v. a. Aufgaben als Kuriere oder transportierten Waffen, meist durch das Warschauer Kanalisationssystem.
Ul. Podwale.

Barbakane (Barbakan)

Gebaut wurde die Barbakane 1548 zwischen der Alt- und der Neustadt, um sich vor den damals aufkommenden Feuerwaffen wirksamer zu schützen; dazu integrierte man die vorgelagerte massive Festung in die schon vorhandenen Stadtmauern. Ihren Zweck erfüllte die Barbakane jedoch nur einmal, während der schwedischen Invasion im Jahr 1656. In den folgenden Jahrhunderten verfiel sie und wurde erst in den letzten Vorkriegsjahren rekonstruiert. Nach der Zerstörung im Zweiten Weltkrieg musste der zum Generalkonservator ernannte Zachwatowicz erneut eine Rekonstruktion in Angriff nehmen, die 1954 nach zweijähriger Bauzeit beendet war.

Im Inneren dokumentiert eine Ausstellung mit historischen Fotos und Zeichnungen die Geschichte des wehrhaften Rundbaus.
Mai–Okt. Di–So 10–20 Uhr. Eintritt 0,50 €, erm. 0,25 €. 22-6351625, muzeum warszawy.pl. Ul. Nowomiejska.

Misthügel (Gnojna Góra)

Heute gewährt hier eine Aussichtsterrasse einen traumhaften Blick auf die Weichsel und den gegenüberliegenden Stadtteil Praga – nichts mehr deutet auf die ursprüngliche Nutzung des Geländes hin. Über Jahrhunderte brachten die Warschauer nämlich ihre Abfälle hierher. Interessanterweise wurden dem gärenden Müll und den Fäkalien heilende Kräfte zugeschrieben, weshalb man hier im Mittelalter Kranke bis zum Kopf eingrub. Die im Polnischen wie im Deutschen gängige Redewendung „Bis zum Hals in der Sch ... stecken" wurde hier also im Wortsinn umgesetzt. Näher zur Altstadt hin, an dem gotischen Haus an der Ecke ulica Celna/ulica Brzozowa, sind noch Fragmente des alten Misttors (Gnojna Brama) zu erkennen.
Ul. Celna.

Johannisdom (Bazylika archikatedralna św. Jana)

Die heutige Kathedrale steht an der Stelle einer Holzkirche aus dem 13. Jh. und ist damit Warschaus ältestes Gotteshaus. Bald avancierte der Johannisdom zur Grabstätte der masowischen Herzöge und wurde deshalb 1390 durch einen gotischen Steinbau ersetzt. Trotz späterer barocker Umbauten veränderte sich das Äußere wenig, obwohl die Kirche um einen Gang zum Königsschloss ergänzt wurde. Der Innenraum aber wurde immer prunkvoller geschmückt, nicht zuletzt aufgrund des Umzugs des Königshofs von Krakau nach Warschau.

Seit dem 18. Jh. war der Johannisdom der Krönungsort der Wahlkönige, 1791 schwor man hier auf die erste polnische Verfassung, die erste demokratische Konstitution Europas. Seit 1798 hat das Gotteshaus den Status einer Kathedrale. Im 19. Jh. wurde die Fassade im neugotischen Stil massiv umgestaltet. Beim Wiederaufbau nach dem 2. Weltkrieg (1948–1956) verzichtete der Architekt Jan Zachwatowicz auf eine Wiederherstellung dieses als misslungen geltenden Umbaus und rekonstruierte stattdessen den Stil der masowischen Gotik; maßgeblich dafür waren der ursprüngliche Grundriss und die Höhe des spitz zulaufenden Daches. Statt der reich geschmückten Fassade am Eingangsportal wurde ein weiß verputzter Treppengiebel aus Backstein gewählt.

Im Gegensatz zur prunkvollen, von Renaissance und Barock geprägten Inneneinrichtung der Vorkriegszeit zeigt sich die Kirche heute eher dezent, für eine Kathedrale geradezu schlicht. Ein großer Verlust war die Zerstörung der farbigen Wandmalereien von Jacopo Palma, von denen einzig ein Fragment die Sprengungen überlebt hat; umso farbenfroher wirken die Glasfenster von Zbigniew Łoskot und Wacław Taran-

Der Bazyliszek bewachte laut Legende ...

czewski. Erhalten sind u. a. ein Kruzifix aus dem frühen 16. Jh. und das Taufbecken in schwarzem Marmor von 1631. Sehenswert ist auch das klassizistische Grabmal der Familie Małakowski, das 2012 gründlich restauriert wurde. Weitere Restaurierungsarbeiten sind geplant und werden die Kirche wesentlich beeindruckender erscheinen lassen.

In der **Krypta** ruhen u. a. die Sarkophage masowischer Herzöge, des letzten polnischen Königs Stanisław August Poniatowski, der polnischen Präsidenten der Zwischenkriegszeit sowie des Literaturnobelpreisträgers Henryk Sienkiewicz. Auch der für den Kampf gegen den Staatssozialismus bedeutende Primas von Polen Stefan Wyszyński fand hier seine letzte Ruhe.

Für den Besuch der Krypta wird zusätzlich zum eher symbolischen Eintrittspreis um eine Spende gebeten, die für den Erhalt der Kellergewölbe verwendet wird. Derzeit ist die Krypta

... einen Schatz im Keller eines Hauses am Rynek mit versteinerndem Blick

allerdings gesperrt (Stand 2014). Unklar ist noch, ab wann man diese wieder besichtigen kann – seit Jahren kämpfen die Restaurateure nämlich vergeblich gegen die Feuchtigkeit im Untergrund.

Um an die Zerstörungen im Zweiten Weltkrieg zu erinnern, wurde an der Südseite der Kathedrale ein Teil der Raupe eines ferngesteuerten deutschen Panzers namens Goliath eingefasst, der beim Warschauer Aufstand 1944 die Kathedrale beschoss.

Mo–Sa 10–17.30, So 15–17.30 Uhr.

Krypta: Mo-Sa 10-13/15-17.30, So 15-17.30 Uhr unter Vorbehalt (s. o.). Messe: Mo–Sa 7, 7.30, 8, 19 Uhr; So 8, 9.30, 11, 12.30, 18, 19, 21 Uhr. Symbolischer Eintritt (nur für Krypta) 0,50 €, Spenden erwünscht. www.katedra.mkw. pl. Ul. Świętojańska 8.

Jesuitenkirche (Kościół Jezuitów)

Mit ihrer weiß-roten Fassade hebt sich die 1609–1626 nach Plänen von Jan Frankiewicz im Stil des Polnischen Manierismus erbaute Kirche von der benachbarten Johanniskathedrale und den umliegenden Häusern markant ab. Der Wiederaufbau nach dem 2. Weltkrieg begann 1948 und dauerte neun Jahre. Seitdem strahlt die schlanke Front in altem Glanz, ganz im Gegensatz zum heute eher modernen, schlichten Innenraum – die barocken Kunstwerke konnten im Krieg nicht gerettet werden. So ist v. a. die Krypta mit den Grabmalen einen Blick wert, darunter der Grabstein des Adligen Jan Tarło (1527–1587), aber auch der Leuchter in der Kuppel des Presbyteriums.

Das Sanktuarium und die Kirche sind heute der Gnadenreichen Muttergottes gewidmet, der Schutzpatronin von Warschau. Ein beliebtes Fotomotiv ist die Bärenstatue am Eingang, die aus der Piaristenkirche (→ Tour 2) stammt.

Tägl. 9–20 Uhr; Messe: Mo–Sa 8, 8.30 (nicht Juli/Aug.), 16, 17.30, 20 Uhr; So 8.30, 10, 11, 12, 13, 16, 17.30, 20 Uhr. www.laskawa.pl. Ul. Świętojańska 10.

Altmarkt (Rynek Starego Miasta), Sirene (Syrenka)

Eine nette optische Täuschung hält der Rynek bereit: Steht man auf ihm, sind die abgehenden Gassen von den meisten Stellen aus nicht zu sehen, weshalb man sich auf einem komplett abgeschlossenen Platz wähnt. Vom Frühling bis in den Herbst stehen hier überall die Tische der Restaurants, an manchen Tagen locken Festivals und spezielle Märkte.

Benannt sind die vier Seiten des Rynek nach polnischen Politikern des 18. Jh. An der nördlichen *Dekert-Seite* mit gotischen Fundamenten und barocken Fassaden gab es die geringsten Zerstörungen. Bei der Rekonstruktion wurde das Innenleben der Häuser miteinander verbunden, die heute das *Historische Museum Warschaus* bilden. Besonders schön sind die Kamienica Baryczków (Nr. 32) und die Kamienica pod Murzynem (Unter dem Mohren, Nr. 36) mit einer Renaissancefassade von Santi Gucci.

Die östliche *Barss-Seite* war am stärksten zerstört. Am schönsten ist hier unserer Meinung nach die Kamienica Winklerowska (Nr. 20), in der heute das *Literaturmuseum* und originale gotische Wandmalereien zu finden sind.

An der *Zakrzewski-Seite* im Süden des Rynek fallen v. a. zwei Häuser ins Auge. Die Kamienica Pod Bazyliszkiem (Unter dem Basilisk, Nr. 5) schmückt ein Schild mit dem legendären Monster, das im Keller des Hauses einen Schatz bewachte. Jeder, der das Untier erblickte, wurde zu Stein. Schließlich besiegte ein listiger Schusterjunge das Mischwesen aus Drache und Hahn, indem er ihm einen Spiegel vorhielt – der Basilisk versteinerte sich selbst. Die Hausecke der Kamienica Pod Lwem (Unter dem Löwen, Nr. 13) schmückt ein goldenes Relief mit dem König der Tiere.

Die *Kołłątaj-Seite* im Westen ist die vielleicht bezauberndste Seite des Platzes. Besonders schön sind die beiden Eckhäuser: an der nördlichen Ecke die Kamienica Pod Św. Anną (Unter der Heiligen Anna, Nr. 31), an der südlichen Ecke die Kamienica Simonettich (Nr. 15), an deren Fassade unter der auffälligen Wanduhr ein Schild an den Wiederaufbau des Platzes erinnert. Auch die kunstvollen Fassaden der Kamienica Wójtowska (Nr. 19) und Kamienica Fukierowska (Nr. 27) sind einen Blick wert; in letzterer residiert heute eines der bekanntesten Restaurants der Stadt.

Die auf eine Warschauer Legende (→ Geschichte der Stadt) anspielende *Sirene* in der Platzmitte schuf Bildhauer Konstanty Hegel (1799–1876); von 1855 bis 1928 stand sie bereits hier, seit dem

Fassadendetail an einem Altmarkthaus

Jahr 2000 beherrscht die kämpferische Seejungfer erneut den Mittelpunkt des Altmarkts. Besonders beliebt ist die Sirene natürlich bei Fotografen, aber auch bei Kindern, die gern um die Bronzeskulptur tanzen. Legendär sind die Geräusche der Wasserspiele rund um den Fuß der Skulptur, die manche Warschauer als unweibliches Rülpsen oder Schlürfen interpretieren.

Historisches Museum Warschaus (Muzeum Historyczne m.st. Warszawy)

Karten, Gemälde, Kunstgegenstände, Handschriften, Fotos, Schmuckstücke, Möbel, Kleidung sowie einige ungewöhnliche Exponate ... Auf vier Stockwerken und in 60 Räumen gibt das Museum einen umfassenden Einblick in sieben Jahrhunderte Warschauer Geschichte. Im museumseigenen Kino informiert der Film „Warsaw will remember" über die Stadt vor dem Zweiten Weltkrieg, die Zerstörungen von 1939 bis 1945 und den Wiederaufbau.

Bis voraussichtlich Mitte 2017 wegen aufwendiger Restaurierungsarbeiten geschlossen. Anschließend wird eine vollkommen überarbeitete Ausstellung zu sehen sein.

Film über Warschau (auf Engl.): Di–So 12 & 14 Uhr. Ticket 2,50 €, erm. 2 €. Film auf Deutsch nur nach Voranmeldung: ✆ 22-5313839 oder 6353342. ✆ 22-6351625, www.muzeumwarszawy.pl. Rynek Starego Miasta 28–42.

Altstadtkeller (Piwnice staromiejskie)

Wie es sich für eine richtige Renovierung gehört, wurde auch bei den Altstadthäusern mit dem Fundament begonnen. Die Kellergeschosse wurden schon auf Vordermann gebracht und sind zu besichtigen. Im Jahr 2014 gab es hier allerdings keine Ausstellungsstücke zu sehen, dafür aber die Kellerwände, die im Gegensatz zu den höheren Stockwerken noch original aus dem Mittelalter stammen.

Di–So 10–20 Uhr. Eintritt 2,50 €, erm. 2 €, Do frei. Sa/So engl.-sprachige Führung, Gruppenanmeldung unter ✆ 22-5313852, www.muzeumwarszawy.pl. Rynek Starego Miasta 40.

Literaturmuseum (Muzeum Literatury)

Das Museum dokumentiert das Leben und Schaffen des polnischen „Dichterfürsten" und Romantikers Adam Mickiewicz, der in Polen ähnlich bekannt ist wie Goethe in Deutschland oder Grillparzer in Österreich. Wechselnde Ausstellungen informieren über andere bedeutende polnische Literaten. Spannend ist das Museum nicht nur für an polnischer Literatur Interessierte, sondern auch für alle, die sich für alte Handschriften, Kostüme und Möbel begeistern.

Mo/Di und Fr 10–16, Mi/Do 11–18, So 11–17 Uhr, Sa und letzter So im Monat geschlossen. Eintritt 1,50 €, erm. 1 €. ✆ 22-8314061, www.muzeumliteratury.pl. Rynek Starego Miasta 20.

Praktische Infos → Karte S. 89

Restaurants

Viele Warschauer behaupten, in der Altstadt könne man nicht gut speisen. Wir sehen das etwas anders. Allerdings: Die Preise orientieren sich an den Touristen, günstiges Essen sollte man hier natürlich nicht erwarten. Und es werden oft noch 10 % für den Service aufgeschlagen.

U Fukiera ⑦ Das älteste der vielen Restaurants von Magda Gessler und wie alle anderen mit überbordender Fantasie eingerichtet, aber überteuert. Die Ideen für das Design und die Karte sind von ländlicher Tradition inspiriert, die Terrasse vor dem Restaurant schmücken zahllose Pflanzen. Lammkoteletts mit Wachteleiern und Gurkensalat 20,50 €. Elegante Kleidung vonnöten! Nicht zuletzt deshalb, weil hier häufig Könige, Präsidenten, Topmodels, Hollywood-Sternchen und sonstige VIPs zu dinieren pflegen. Die Kellner scheinen sich darauf etwas einzubilden. Tägl. 12–24 Uhr. Rynek Starego Miasta 27, ℅ 22-8311013, www.ufukiera.pl.

Bistro Warszawa [10] Ganz, ganz andere Einrichtung als in den dunklen Altstadtrestaurants mit ihren Antiquitäten, nämlich helle Wände im Shabby-Look und riesige Leuchten. Auch die Küche ist weniger schwer, empfehlenswert die Salate für 7–9 €. Tägl. 11–23 Uhr. Rynek Starego Miasta 1/3, ℅ 22-6353769, www.bistrowarszawa.pl.

Kamienne Schodki [2] Stimmungsvolles Restaurant mit Sommerterrasse auf dem Rynek. Berühmt für seine Ente auf polnische Art, es gibt aber auch Fischgerichte wie Thymian-Forelle vom Rost 13 €. Tägl. 10–24 Uhr, im Sommer ab 9 Uhr. Rynek Starego Miasta 26, ℅ 22-8310822, www.kamienneschodki.pl.

U Barssa [4] Eines der besseren Restaurants mit polnischer Küche in der Altstadt. Die Qualität und das angenehme Ambiente haben aber ihren Preis: Die legendäre Barssa-Ente kostet 17 €. Tägl. 9–23 Uhr. Rynek Starego Miasta 14, ℅ 22-6352476 www.ubarssa.pl.

Pod Herbami [16] Altpolnische Küche in altpolnischer Umgebung. Die Stühle mit roten Bezügen im einen Saal, die mit braun-weißen im anderen verströmen herrschaftlich-adelige Atmosphäre. Fleischplatte mit Pilzen und Saisongemüse für 2 Pers. 36 €. Tägl. 11–23 Uhr. Ul. Piwna 21/23, ℅ 22-8316447, www.zrherby.pl.

Zapiecek [14] Seit 2013 auch glutenfreie Gerichte; Lammkotelett in Pfeffersoße für 17 €, ansonsten überwiegend Fleischgerichte. Tägl. 11–23 Uhr. Ul. Piwna 34/36, ℅ 22-8315693, www.zapiecek.win.pl.

Gospoda Kwiaty Polskie [3] „Gasthaus der polnischen Blumen" lautet der Name übersetzt, was schon alles über die Bemalung der Wände verrät. Die Küche ist altpolnisch, aber zu Preisen, wie man sie sonst nur außerhalb der Altstadt und des Zentrums bekommt. Lecker und viel! Hauptgericht 6–20 €. Tägl. 11–23 Uhr. Ul. Wąski Dunaj 4/6/8, ℅ 22-8876520, www.gospodakwiatypolskie.pl.

Café Zamek [21] Ein Café und Luxusrestaurant im wunderschönen Schlossgarten mit Ausblick auf das Weichseltal. Innen sitzt man zwischen Marmorbüsten, Kronleuchtern und altem, edlem Porzellan. Dafür bezahlt man dann stolze 3,50 € für den Kaffee. Fasan mit Früchten, Dauphine-Kartoffeln und Moosbeeren 16 €. Tägl. 10–21 Uhr. Pl. Zamkowy 4, ℅ 22-3555116, www.cafe-zamek.pl.

Polka [20] 2008 eröffnete Magda Gesslers zweites Restaurant in der Altstadt und unter großem Interesse der lokalen und nationalen Presse. Günstiger als in anderen Restaurants der Edelgastronomin sind hier die Preise für die Riesenportionen, trotzdem ist das urig-elegante Lokal oft von den VIPs der Stadt reserviert. Schweinshaxe auf Kraut 10,50 €. Tägl. 10–24 Uhr. Ul. Świętojańska 2, ℅ 22-6353535, www.restauracjapolka.pl.

Bazyliszek [12] Portionen zum Sattwerden bekommen die Gäste, die in einer der fünf Hallen sitzen können. Die Atmosphäre hat sich seit den mitunter auch urigen Zeiten der Volksrepublik Polen kaum verändert, die Preise sind noch bezahlbar. Tatar vom Rind 5 €, Riesenschnitzel mit Pommes und Salat 6 €. Tägl. 11–24 Uhr. Rynek Starego Miasta 1/3, ℅ 22-8311841, www.bazyliszek.waw.pl.

Cafés

»› Unser Tipp: Same Fusy [1] Geheimnisvoller afrikanisch-asiatisch-exotischer Fleck, wie aus einem Indiana-Jones-Film, und das mitten in der Altstadt! Die vielen versteckten Eckchen machen das Café zu einem beliebten Ort fürs Rendezvous. Man kann eine der mehr als 50 Kaffeevariationen genießen oder aus noch mehr Teesorten wählen. Leider mit lagebedingtem Aufpreis – unter 4 € wird nichts aufgebrüht. Tägl. 11–23 Uhr, Tea-Room erst ab 13 Uhr. Ul. Nowomiejska 10, ℅ 22-8319936, www.samefusy.pl. **‹‹‹**

Keks [11] Kleines, süßes Café mit Schwarz-Weiß-Fotos an der Wand. Tägl. 10–22 Uhr, manchmal länger. Rynek Starego Miasta 1/3.

Einkaufen

PolArt [6] Holzschnitzereien, Glas- und Stoffmalereien, Stickarbeiten, Trachten, Scherenschnitte … Folkloristisches Kunsthandwerk aus ganz Polen wartet auf Kenner und neue Liebhaber. Mo–Fr 10–18, Sa 10–14 Uhr. Rynek Starego Miasta 10.

Pracownia Krawiecka Józefa Błońskiego [19] Seit 1969 lassen sich die Warschauer vom sympathischen Józef Błoński elegante Anzüge, Smokings, Fracks, Mäntel, Kostüme und Röcke maßschneidern. Mo–Fr 12–19.30 Uhr. Ul. Piwna 6/10, www.blonski.pl.

Praktische Infos

Galeria Plakatu 9 Wer es nicht in das berühmte Plakatmuseum nach Wilanów geschafft hat, sieht hier, was ihm entgangen ist. Polnische Plakatkunst auf höchstem Niveau, wegen begrenzten Raums lädt das Geschäft aber leider weniger zum Stöbern ein, und es gibt mit jedem Jahr weniger Plakate zu kaufen. Die wenigen Schätze befinden sich geradeaus und dann links, sobald man sich durch die weniger reizvollen Souvenirs gekämpft hat. Tägl. 10–17 Uhr. Rynek Starego Miasta 23, www.poster.com.pl.

»> Unser Tipp: metal GALERIA 6 Wirklich schöner, moderner Schmuck zum Schmücken, nicht zum Protzen. Aus den Materialien Bernstein, Silber und Metall zaubert der Designer Marcin Zaremski erschwingliche Kreationen. Tägl. 10–18 Uhr. Rynek Starego Miasta 8, www.zaremski.pl. **«**

»> Unser Tipp: Cukrowa Sowa 22 Leckere und teils ungewöhnliche Bonbons aus eigener Herstellung. Man kann dabei zusehen und sich selbst als Bonbonmacher versuchen. Tägl. 11–19 Uhr, Vorführungen Sa/So ab 12 Uhr jede halbe Stunde bis 18 Uhr. Ul. Piwna 7, www.cukrowasowa.pl. **«**

Galerien

»> Unser Tipp: Galeria obok ZPAF 17 Eine Galerie, die Werke junger polnischer Fotografen ausstellt – Experimentierfreude geht dabei vor fotografischer Professionalität. Und was die Autodidakten da mit der Linse zaubern, ist schon einen Kauf wert, zumindest einen Abstecher. Di–Sa 14–19 Uhr, im Winter nur bis 17 Uhr. Pl. Zamkowy 8, ✆ 22-3573556, www.go.zpaf.pl. **«**

Musik & Museen

Muzeum Farmacji 15 Ein Pharmaziemuseum mit Ausstellungsobjekten aus der königlichen Apotheke, dem alten Warschau und dem fernen Japan. Die alte Registrierkasse bekam in Poman Polańskis Filmerfolg Pianist eine Nebenrolle. Di–So 10–18 Uhr. Eintritt 1,50 €, erm. 1 €, Do frei. Ul. Piwna 31/33, ✆ 22-8317179, www.muzeumwarszawy.pl.

Muzeum Cechu Rzemiosł Skórzanych 5 Das Museum der Lederhandwerks-Zunft zeigt traditionelle Schuhmacher-Werkstätten und Erinnerungsstücke eines Zunftmitglieds. Der Schuhmacher Jan Kiliński wurde als Kommandant des Warschauer Kościuszko-Aufstands von 1794 bekannt. Do–Sa 10–15 Uhr, Eintritt frei. Ul. Waski Dunaj 10, ✆ 22-8319673, www.cechjanakilinskiego.waw.pl.

Staromiejski Dom Kultury 8 Kulturzentrum mit Ausstellungen, Livekonzerten (v. a. Jazz), Theater, Kabarett und vielem mehr. Rynek Starego Miasta 2, ✆ 22-8312375, www.sdk.pl.

Malerisches Flair in der Altstadt

Entspanntes Flair in der Neustadt

Nowe Miasto: Durch die Neustadt

So jung, wie der Name sagt, ist die Neustadt natürlich nicht mehr, gebaut wurde sie an der Wende vom 14. zum 15. Jahrhundert. Deshalb gleicht sich die Geschichte von Nowe und Stare Miasto, den beiden ältesten Teilen Warschaus.

Weil die Neustadt sich außerhalb der mittelalterlichen Stadtmauern entwickeln konnte, ist sie offener und weitläufiger als die Altstadt. Das mag einer der Gründe sein, warum die Warschauer die Neustadt lieber besuchen als die südlich angrenzende Stare Miasto. Davon profitieren v. a. die Restaurants und Cafés an der ulica Freta, auf der man gern flaniert. Südländische Atmosphäre verbreitet auch der *Neumarkt* mit seiner stimmungsvollen St.-Kazimierz-Kirche. Überhaupt prägen viele prächtige Kirchen und Klöster die Neustadt, obwohl sie einst eher der Stadtteil der ärmeren Bevölkerung war. Im 2. Weltkrieg wurde die Nowe Miasto fast völlig zerstört, doch der Wiederaufbau wurde beinahe so entschlossen angepackt wie in der Altstadt.

An den Rändern der 600 Jahre alten Neustadt prägen allerdings mitunter harte Kontraste zu modernen Neubauten das Bild, z. B. das Gebäude des Obersten Gerichts der Republik oder das Intraco I-Hochhaus.

Tour 2

Tour

Ausgangspunkt der Tour ist nicht die Neustadt, sondern bereits das Ende der Miodowa-Straße (ulica Miodowa) beim Palast der Krakauer Bischöfe (Pałac Biskupów Krakowskich, Nr. 5).

Anfahrt mit Bus 116, 178, 180, Haltestelle Kapitulna. Ⓜ Ratusz/Arsenał.

Ende: Ulica Stawki. Tram 15, 18, 35. Bus 157, Haltestelle Muranowska. Ⓜ Dworzec Gdański.

Reine Gehzeit 45 bis 75 Min.

Von unserem Ausgangspunkt geht es auf der Miodowa-Straße in Richtung Norden an einer Reihe prachtvoller barocker und klassizistischer Paläste vorbei, bis nach 400 m an der Kreuzung zur ulica Długa rechts die farbenfrohe → **Feldkathedrale der Polnischen Armee** (Katedra Polowa Wojska Polskiego) auftaucht.

Die Kreuzung über die ul. Długa überqueren wir in Richtung des schräg links stehenden → **Krasiński-Palais** (Pałac Krasińskich), hinter dem sich der → **Krasiński-Garten** (Ogród Krasińskich) erstreckt. Einen harten Kontrast zu den klassizistischen und barocken Gebäuden setzt der gelungene postmoderne Bau gegenüber: das → **Oberste Gericht der Republik Polen** (Gmach Sądu Najwyższego Rzeczypospolitej Polskiej), dessen zwei Hauptgebäude auf beiden Seiten des Platzes durch einen Übergang miteinander verbunden sind. Vor dem Gerichtsgebäude erinnert das ebenso gelungene → **Denkmal des Warschauer Aufstands** (Pomnik Powstania Warszawskiego) an den blutigen Kampf gegen die deutschen Besatzer 1944 (→ Geschichte der Stadt).

Auf der ulica Długa geht es nun nach Osten in Richtung Neustadt, wo zur Rechten die Stadtmauern der Altstadt und die Barbakane zu sehen sind (→ Tour 1), ein vorgelagertes Verteidigungswerk.

Die erste Sehenswürdigkeit der Neustadt ist die → **Heiliggeistkirche der Pauliner** (Kościół Paulinów pod wezwaniem Św. Ducha) auf der rechten Seite an der Ecke ulica Długa/Freta. Von hier geht es nach links in die ul. Freta, die für ihre guten Restaurants und Cafés bekannt ist. Dort taucht gleich rechts, schräg gegenüber der Paulinerkirche, das nächste Gotteshaus auf, die → **St.-Hyazinth-Kirche der Dominikaner** (Kościół Dominikanów św. Jacka). Ein paar Schritte weiter auf derselben Straßenseite lädt das → **Marie-Curie-Museum** (Muzeum Marii Skłodowskiej-Curie), das Geburtshaus der wohl berühmtesten Tochter der Stadt, zum Besuch ein.

Kurz darauf folgt der → **Neustädter Marktplatz** (Rynek Nowego Miasta), auch hier reihen sich zahlreiche Lokale, die an lauen Sommerabenden südländisches Flair verbreiten. Schmuckstück an der Ostseite des Platzes ist die weiße → **St.-Kazimierz-Kirche** (Kościół św. Kazimierza) mit ihrem runden Kuppeldach.

Den Neustädter Markt verlassen wir am nordöstlichen Ende bei St. Kazimierz in Richtung der → **Kirche Mariä Heimsuchung** (Kościół Nawiedzenia Najświętszej Marii Panny), die an der rechten Straßenseite der ul. Przyrynek steht. Vom kleinen Park hinter der Kirche aus bietet sich ein schöner Blick nach Osten über die Weichsel und zum Stadtteil Praga am anderen Ufer. Am diesseitigen Ufer lockt seit 2011 der → **Multimedia-Brunnenpark** (Multimedialny Park Fontann) begeisterte Schaulustige an.

Auf der an der Kirche vorbeiführenden ulica Kościelna führt unsere Tour aber weg von der Weichsel in Richtung Westen; wir passieren das hübsche Luxushotel Le Régina und erreichen die → **Franziskanerkirche** (Kościół św. Franciszka).

Hier geht es rechts in die ul. Zakroczymska, der wir bis zum rekonstruierten → **Sapieha-Palais** (Pałac Sapiehów) folgen.

Am Ende der ul. Zakroczymska verlassen wir die Neustadt, biegen links in die ulica Konwiktorska ein, die nach ca. 400 m in die ul. Muranowska übergeht. Dort steht auf einer Grünfläche zwischen den Fahrbahnen das → **Denkmal der im Osten Gefallenen und Ermordeten** (Pomnik Poległym i Pomordowanym na Wschodzie).

An moderner Architektur Interessierte können, einige Schritte weiter, zum Abschluss der Tour noch das → **Intraco I-Hochhaus** aus den 70er-Jahren anschauen (ulica Stawki).

Auf Kopfsteinpflaster von Kirche zu Kirche

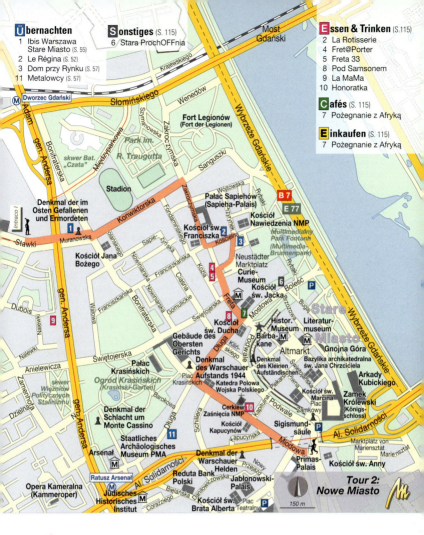

Sehenswertes

Miodowa-Straße
(Ulica Miodowa)

Die „Honigstraße" erhielt den Namen von den Lebkuchenbäckereien, die hier seit dem 16. Jh. ihre Leckereien verkauften. Inzwischen sind es eher Paläste, die das Straßenbild prägen. Der *Pałac Biskupów Krakowskich* (Nr. 5) zeigt deutlich, wie vermögend die Kirche zur Bauzeit in der zweiten Hälfte des 18. Jh. war. Der schräg gegenüberliegende *Pałac Branickich* (Nr. 6) zählt zu den schönsten Palästen im Warschau des 17. Jh.; zur Zeit der Aufklärung war er ein Treffpunkt von Künstlern, Philosophen und Freigeistern. Derzeit ist hier noch ein städtisches Amt angesiedelt, doch soll der Pałac Branickich künftig anderweitig genutzt werden.

In der 1683–94 von Tylman van Gameren gebauten *Kapuzinerkirche (Kościół Kapucynów,* Nr. 13) ruhen zwei Königssarkophage, das Herz von Jan III. Sobieski und die Gebeine von August II.

Doch der architektonische Höhepunkt in der ulica Miodowa ist der *Pałac Paca-Radziwiłłów* (Nr. 15). Ende des 17. Jh. wurde er von Tylman van Gameren für Prinz Dominik Mikołaj Radziwiłł geplant, später von Jakub Fontana und zuletzt von Henryk Marconi umgebaut. Leider sind die noblen Innenräume des Pałac Paca nicht zu besichtigen – hier ist das Gesundheitsministerium untergebracht. Als einzige ruthenische griechisch-orthodoxe Kirche der Stadt hat die *Cerkiew Zaśnięcia Najświętszej Marii Panny* (Nr. 16) eine für die Gemeinde wichtige Funktion, auch wenn der Bau kaum als Gotteshaus zu erkennen ist.

Der klassizistische *Pałac Borchów* (Nr. 17/19) hat eine wechselvolle Geschichte hinter sich. Im 17. Jh. zunächst im Stil des Barock errichtet, später umgebaut und als Restaurant genutzt, ging er aus dem Eigentum der namensgebenden Adelsfamilie in das des Erzbistums über. Nach der Rekonstruktion in der Nachkriegszeit ist der Palast heute der Sitz des Primas von Polen. Am Ende der Straße steht das *Collegium Nobilium* (Nr. 24), früher eine Eliteschule, heute Sitz einer Theaterakademie.

Bus 116, 178, 180, Haltestelle Kapitulna. Ⓜ Ratusz/Arsenał.

Feldkathedrale der Polnischen Armee (Katedra Polowa Wojska Polskiego)

An der Stelle der heutigen Kathedrale baute der Piaristenorden 1642 eine Holzkirche, die in den Jahren 1660–1682 ihre heutige steinerne Form erhielt. Die Fassade im Stil des Palladianismus, ein von Venetien ausgehender klassizistischer Stil des 16. Jh., vollendete Jakub Fontana 1769. Im 19. Jh. bauten die russischen Besatzer die Kathedrale in eine orthodoxe Kirche mit Zwiebeltürmen um, was nach der Wiedererlangung der politischen Unabhängigkeit 1918 rückgängig gemacht wurde. Im Zweiten Weltkrieg wurde sie als Feldlazarett genutzt und bei Bombenangriffen zerstört. Der Wiederaufbau dauerte von 1946 bis 1960.

Als wichtigste Warschauer Garnisonskirche ist die Katedra Polowa zugleich die Kathedrale des polnischen Militärs und Ort aller religiösen Zeremonien der Armee; ein Anker als Symbol für die Marine und ein Propeller für die Luftwaffe schmücken den Eingang. In einer kleinen Kapelle auf der linken Seite wird der Gefallenen der großen Schlachten der polnischen Geschichte gedacht, in einer Kapelle auf der rechten den Opfern des Massakers von Katyń, bei dem die Rote Armee 1939 mehr als 20.000 Menschen, vorwiegend polnische Intellektuelle, ermordete.

Tägl. 9–18 Uhr. Messe Mo–Sa 7, 7.30, 18, So 8, 10, 12, 13, 18 Uhr. www.katedrapolowa.pl. Ul. Długa 13/15.

Bus 116, 178, 180, Haltestelle Plac Krasińskich. Ⓜ Ratusz/Arsenał.

Krasiński-Palais (Pałac Krasińskich)

Den auch als „Palast der Republik" bekannten Bau plante Tylman van Gameren 1677–1683 im Auftrag der Magnatenfamilie Krasiński. Bei der Inneneinrichtung beeindrucken besonders die Reliefs mit den Heldentaten des römischen Patriziers Marcus Valerius. Zeitweise war hier im 18. Jh. eine bedeutende Sammlung von Werken Rembrandts, Dürers, Rubens' und Correggios zu sehen, die heute z. T. im Nationalmuseum (→ Tour 4) gezeigt wird. Zurzeit dient das Schloss als Dependance der Nationalbibliothek, Interessierte können hier in alten Drucken, Ikonografien und Manuskripten stö-

Karyatiden am Obersten Gericht

bern. Vor dem Palast stehen seit 2009 farbenfrohe Pegasus-Skulpturen.

Mo–Fr 9–17 Uhr, Juli/Aug. nur bis 15 Uhr; Ikonografien nur Di 12–16 und Mi 9–14 Uhr. www.bn.org.pl. Plac Krasińskich 3/5.

Bus 116, 178, 180, Haltestelle Plac Krasińskich. Ⓜ Ratusz/Arsenał.

Krasiński-Garten
(Ogród Krasińskich)

Der 1676 von Tylman van Gameren angelegte Barock-Park war bis zur Eröffnung des Saski-Parks 1727 Warschaus größte Parkanlage, erst 1776 wurde sie für die Allgemeinheit geöffnet. Seitdem dürfen die Bürger zwischen alten Schwarznuss-, Ginkgo- und Haselnussbäumen flanieren. Den westlichen Teil des Gartens schmückt ein barockes Tor, ebenfalls ein Werk von van Gameren. In den Jahrzehnten vor dem 2. Weltkrieg war der Park v. a. bei den in der Nähe wohnenden Juden beliebt, auch heute trifft man hier häufig jüdische Touristen an. Seit der Restaurierung im Millenniumsjahr locken ein Teich mit künstlichem Wasserfall, Blumenbeete und ein moderner Spielplatz auch wieder viele Warschauer an. Erneute Arbeiten gab es von 2012 bis 2014 und anschließend Proteste. Grund hierfür waren die Pläne der Stadtverwaltung, die jahrelang gewohnten durchgehenden Öffnungszeiten zu begrenzen.

2014 (noch) durchgehend geöffnet. www.ogrodkrasinskich.pl. Bus 116, 178, 180, Haltestelle Plac Krasińskich. Ⓜ Ratusz/Arsenał.

Oberstes Gericht der Republik Polen
(Gmach Sądu Najwyższego Rzeczypospolitej Polskiej)

Mit diesem Gebäude schufen die Architekten Marek Budzyński und Zbigniew Badowski 1996 eines der eindrucksvollsten Bauwerke der letzten Jahrzehnte. Verbunden sind die Gebäudeteile auf beiden Straßenseiten durch eine Überführung; getragen wird der gläserne Bau von 76 grünen Säulen, geschmückt von der Waage der Justitia und juristischen Lehrsätzen auf Polnisch und Latein.

An der dem Platz abgewandten Ostseite des Gebäudes symbolisieren drei Karyatiden Glaube, Hoffnung und Liebe. Die Gesichter der weiblichen Skulpturen sind übrigens denen der Frau und der beiden Töchter des Architekten Budzyński nachempfunden. Das Kunstwerk steht etwas abseits, weil der damalige Bischof der gegenüberliegenden Feldkathedrale die Skulpturen als „zu nackt" empfand. Der Entwurf musste deshalb um 180 Grad gedreht werden – die Skulpturen stehen nun am Eingang bei den Parkplätzen an der ulica Świętojerska. Um dort hinzukommen, geht man rechts am Denkmal und der Ostseite des Gebäudes vorbei.

Das begrünte Dach des Gerichtsgebäudes provozierte einige Warschauer zu dem sarkastischen Kommentar, dies sei durchaus symbolisch zu verstehen: „Darüber wächst schon Gras ..."

Besichtigung nur für polnische Schulklassen und Studentengruppen. www.sn.pl. Plac Krasińskich 2/4/6.

Bus 116, 178, 180, Haltestelle Plac Krasińskich. Ⓜ Ratusz/Arsenał.

Denkmal des Warschauer Aufstands (Pomnik Powstania Warszawskiego)

Das monumentale Mahnmal von Wincenty Kućma und Jacek Budyn wurde zum 45. Jahrestag des Warschauer Aufstands am 1. August 1989 enthüllt. Es zeigt die Aufständischen, wie sie aus Abwasserkanälen steigen und eine Barrikade verteidigen. Das städtische Kanalsystem wurde während des Aufstands 1944 genutzt, um sich zwischen den zerstreuten Gruppen zu bewegen und zu kommunizieren (→ Geschichte der Stadt).

Das Denkmal beeindruckt durch die Dynamik ihrer Skulpturen, die sich tatsächlich zu bewegen scheinen. An dieser Stelle hielt der frühere Bundespräsident Roman Herzog seine gefeierte Rede zum 50. Jahrestag des Warschauer Aufstands, nachdem er zuvor denselben noch mit dem Ghettoaufstand von 1943 verwechselt hatte. In seiner Rede bat er die Polen um Vergebung für alle Verbrechen, die ihnen von deutscher Seite angetan wurden.

Ul. Długa. Bus 116, 178, 180, Haltestelle Plac Krasińskich. Ⓜ Ratusz/Arsenał.

Heiliggeistkirche der Pauliner (Kościół Paulinów pod wezwaniem Św. Ducha)

Die Kirche des städtischen Krankenhauses aus dem 14. Jh., ursprünglich eine Holzkirche, wurde in der Schwedischen Sintflut von 1555 bis 1557 zerstört und als barocke Steinkirche neu errichtet. Paulinermönche aus Częstochowa (Tschenstochau) gründeten bei der Kirche ein Kloster, das sie mit dicken Mauern vor Angriffen schützten.

Zum Gedenken an die Mönche startet hier seit 1711 alljährlich am 6. August eine Pilgerwanderung bis in das für Katholiken bedeutende Kloster Jasna Góra in Tschenstochau.

Links an der Kirche versteckt sich übrigens ein unscheinbarer Anbau und ein beliebtes Fotomotiv: „Warschaus kleinstes Haus" (→ Kastentext).

Tägl. 9–17 Uhr. Messe Mo–Sa 7, 8, 17, So 7, 9.30, 11, 12.30, 18, 20.30 Uhr. www.paulini.com.pl. Ul. Długa 3.

Bus 116, 178, 180, Haltestelle Plac Krasińskich. Ⓜ Ratusz/Arsenał.

St.-Hyazinth-Kirche der Dominikaner (Kościół Dominikanów św. Jacka)

Die 1603–39 nach Plänen von Giovanni Battista Trevano gebaute Kirche des Dominikanerklosters präsentierte sich früher in einem Stilmix aus Renaissance und Frühbarock. Beim Wiederaufbau nach dem 2. Weltkrieg gab man den barocken Elementen den Vorzug, weshalb das Gotteshaus heute harmonischer wirkt als früher.

Die größte Sehenswürdigkeit im Inneren ist die nach einem Entwurf von Tylmanvan Gameren zwischen 1691 und 1694 gebaute Kotowski-Kapelle: Sie zählt zu den wenigen und schönsten Kirchenkapellen Warschaus, die in ihrer ganzen Pracht vollständig wiederhergestellt wurden.

Tägl. 9–18 Uhr. Messe Mo–Sa 7, 8.15, 12, 18, So 8, 9, 10.30, 12, 16, 18, 19.30, 21.30 Uhr. www.freta.dominikanie.pl. Ul. Freta 10.

Bus 116, 178, 180, Haltestelle Plac Krasińskich. Ⓜ Ratusz/Arsenał.

Warschaus kleinstes Haus

Warschau quillt über vor mächtigen Schlössern und Palästen, vor Wolkenkratzern und endlosen Wohnblocks. Höher, weiter, breiter, länger war seit Jahrhunderten die Devise der Architekten. An der nördlichen Seite der Heiliggeistkirche in der ulica Długa jedoch findet sich die Ausnahme in Form eines Anbaus, den man leicht übersieht – fast wirkt er wie ein zum Gotteshaus gehörender Schuppen. Doch gleich nach seinem Bau Ende des 18. Jh. bekam das klassizistische Häuschen eine eigene Hausnummer (ulica Długa 1), es diente als Wohnung. Auch wenn die Menschen in früheren Zeiten äußerst beengt lebten, hier war nun wirklich kein Platz. Vielleicht handelte es sich um Polens erste *kawalerka*, eine Art Einzimmerappartement oder Junggesellenwohnung? – die Hausarbeit wäre hier zumindest überschaubar.

In den 1950er-Jahren hatte sich in dem zimmergroßen Häuschen ein Kiosk eingerichtet, seitdem werden aus dem Fenster Zeitungen, Süßigkeiten und Getränke verkauft. Übrigens: Warschaus lange Zeit schmalstes Haus steht nicht weit entfernt in der Altstadt am plac Kanonia.

Marie-Curie-Museum (Muzeum Marii Skłodowskiej-Curie)

In diesem Haus wurde Warschaus wohl bekannteste Tochter 1867 geboren und wuchs hier auf. Obwohl die Eltern beide als Lehrer arbeiteten und Maries Begeisterung für die Wissenschaft weckten, blieb ihr im von Russland unterdrückten Polen eine qualifizierte Ausbildung verwehrt. So ging Marie zum Studium nach Paris. Dort entdeckte sie zusammen mit ihrem späteren Ehemann Pierre Curie die Elemente Polonium und Radium, ein Meilenstein in der Erforschung der Radioaktivität.

Für ihre bahnbrechenden Leistungen erhielt Curie 1903 den Nobelpreis für Physik und 1911 den für Chemie.

Das Museum widmet sich weniger der Forscherin Curie als vielmehr dem Menschen dahinter. Neben den historischen Gerätschaften erlauben v. a. die persönlichen Fotografien und Dokumente einen intimen Blick auf das faszinierende Leben der polnischen Nobelpreisträgerin. Mit dem 2012 geschaffenen Graffiti an der Fassade ist das Gebäude nicht mehr so leicht zu übersehen.

Sept.–Mai Di 8.30–16, Mi–Fr 9.30–16, Sa 10–16, So 10–15 Uhr, Juni–Aug. Di–Fr 10–19, Sa 11–19, So 10–18 Uhr, Mo jeweils geschlossen. Eintritt 3 €, erm. 1,50 €. ✆ 22-8318092, muzeum-msc.pl. Ul. Freta 16.

Bus 116, 178, 180, Haltestelle Plac Krasińskich. Ⓜ Ratusz/Arsenał.

Neustädter Marktplatz (Rynek Nowego Miasta)

Der 1408 angelegte Platz war damals mit 135 mal 120 Metern Fläche zweimal so groß wie der Marktplatz der Altstadt.

Dominikanerkirche (oben),
St.-Kazimierz-Kirche (Mitte)

Kirche Mariä Heimsuchung (unten)

Nach 1680 unterstrich ein Rathaus die Selbstständigkeit der Neustadt als eigene Gemeinde. Nachdem die Neustadt Teil Warschaus geworden war, wurde es 1818 abgerissen. Bei der Wiederbebauung nachdem Weltkrieg rekonstruierte man die Gebäude aus dem 18. und 19. Jh., wobei hier weniger Detailtreue als bei anderen Bauten festzustellen ist – der aufmerksame Betrachter erkennt sofort den Einfluss des Sozialistischen Realismus. Heute schmückt sich der Neustädter Marktplatz mit einem schönen Brunnen in unregelmäßig dreieckiger Gestalt. An warmen Tagen locken Biergärten und Cafés mit Tischen im Freien.

Bus 116, 178, 180, Haltestelle Plac Krasińskich. Ⓜ Ratusz/Arsenał.

St.-Kazimierz-Kirche
(Kościół św. Kazimierza)

Der weiße Bau mit runder Kuppel ist der Blickfang auf dem Neustädter Marktplatz, von innen zeigt er sich eher schlicht. Ursprünglich war das Gotteshaus ein Palast, wurde dann aber von Königin Maria Kazimiera Sobieska zu einer Kirche für den Benediktinerinnen-Orden umfunktioniert. Zwischen 1688 und 1692 wurden unter Leitung von Tylman van Gameren größere Umbauten im klassizistischen Stil des Palladianismus realisiert, der sich an dem venezianischen Architekten Palladio (1508–1580) orientiert. Im Zweiten Weltkrieg versorgten hier die Benediktinerinnen zunächst verwundete Zivilisten. Im August 1944 eröffneten sie ein weiteres Spital für verletzte Aufständische, was schwere Bombardierungen der deutschen Truppen zur Folge hatte. Am 31. August 1944 wurden bei einem Luftangriff vier Priester, 35 Nonnen und mehr als tausend Zivilisten getötet. Im Gegensatz zur Kirche wurde das bis zum Krieg daneben stehende Kotowski-Palais nicht wieder aufgebaut. Wegen seiner Funktion als Lazarett war es ebenfalls ein bevorzugtes Ziel der deutschen Luftwaffe.

Messe: Mo–Sa 8, So 9 und 17 Uhr.

www.sakramentki.opoka.org.pl. Rynek Nowego Miasta.

Bus 116, 178, 180, Haltestelle Plac Krasińskich, Ⓜ Ratusz/Arsenał.

Kirche Mariä Heimsuchung
(Kościół Nawiedzenia Najświętszej Marii Panny)

Das auch als Marienkirche bekannte Gotteshaus zählt zu den ältesten Kirchen der Stadt – und zu den seltenen Bauwerken im Stil der Gotik. 1411 wurde die Kirche an der Stelle eines heidnischen Tempels gebaut, der spätgotische Glockenturm stammt von 1581. Die im 2. Weltkrieg zerstörte Marienkirche wurde 1947–1952 neu aufgebaut; ihr Inneres ist entsprechend schlicht gehalten.

Hinter dem Gotteshaus erstreckt sich ein kleiner Park, von dem Treppen an die Weichsel führen. Wegen der schönen Sicht auf den Fluss und das andere Ufer ist der Park ein beliebtes Ziel der Sonntagsspaziergänger.

Tägl. 8–18.30 Uhr, im Sommer nur sporadisch. Messe Mo–Fr 7, 15, 18.30 Uhr, Sa 7, 18.30 Uhr, So 8.30, 9.30, 11, 12, 18.30 Uhr. www.przyrynek.waw.pl. Ul. Przyrynek 2.

Bus 178, 227, Haltestelle Konwiktorska. Ⓜ Dworzec Gdański.

Multimedia-Brunnenpark
(Multimedialny Park Fontann)

Der 2011 eröffnete Komplex aus vier Brunnen wurde bei Warschauer und Touristen schnell zum Publikumsmagneten. Tagsüber ist es einfach ein recht schön gestalteter Platz mit Brunnenanlage, an der Kinder gerne spielen. An Sommerwochenenden wartet dann das große Multimedia-Spektakel „Wasser – Licht – Klang", bei dem diverse Themen, u. a. die Geschichte Warschaus, mithilfe von Lasern, Beamern, LEDs, Fontänen sowie oft dramatischer Musik und Sounds dargestellt werden.

Brunnenbetrieb tägl. 8.30–22.30 Uhr, Wasserspiele tägl. 16–16.30 Uhr; Mai/Sept. 21–21.30 Uhr, Juni–Aug. 21.30–22 Uhr, jeweils Fr/Sa Multimedia-Brunnen-Show. www.parkfontann.pl. Skwer I Dywizji Pancernej (zwischen Neustadt & Weichsel). Bus 118, 185, Haltestelle Sanguszki.

Franziskanerkirche
(Kościół św. Franciszka)

Im Gegensatz zu anderen polnischen Städten kamen die Franziskaner erst spät nach Warschau: 1646. Neben ihrem Kloster steht die Kirche, mit deren Bau 1679 im barocken Stil begonnen wurde; die Arbeiten zogen sich bis 1788 hin, wovon die strenge klassizistische Fassade zeugt. Die wertvollsten Kunstschätze haben hier den Krieg überstanden: Besonders sehenswert ist beim Heiligkreuz-Altar das Kruzifix von Andreas Schlüter (1660–1714), Schöpfer des verschollenen, berühmten Bernsteinzimmers. Ebenso sehenswert sind der „Christus am Ölberg" (1661) im Presbyterium, ein Gemälde des „schlesischen Rembrandts", Michael Willmann, sowie die Reliquien des Heiligen Vitalis in der Kapelle beim Presbyterium.

Tägl. 8–19 Uhr. Messe Mo–Sa 6.30, 8, 10, 19, So 7, 8.30, 10, 11.30, 13, 17, 19 Uhr. www.warszawa.franciszkanie.pl. Ul. Zakroczymska 1.

Bus 178, 227, Haltestelle Konwiktorska. Ⓜ Dworzec Gdański.

Sapieha-Palais
(Pałac Sapiehów)

Gebaut wurde das Palais 1731–46 für den litauischen Großkanzler Jan Fryderyk Sapieha. Der verschwenderische spätbarocke Stil und die langgezogene Fassade zeugen von der Bedeutung des Kanzlers. Im 19. Jh. wurde das Palais als Kaserne zweckentfremdet, das für den Novemberaufstand von 1830 wichtige Vierte Infanterieregiment war zu dieser Zeit hier stationiert

(→ Geschichte der Stadt). 1944 wurde der Palast von den deutschen Truppen zerstört und schließlich abgerissen; in den Nachkriegsjahren wurde das Gebäude rekonstruiert und dient seitdem als Schulgebäude.

Ul. Zakroczymska 6. Bus 178, 227, Haltestelle Konwiktorska. Ⓜ Dworzec Gdański.

Denkmal der im Osten Gefallenen und Ermordeten
(Pomnik Poległym i Pomordowanym na Wschodzie)

Das Mahnmal in Form eines offenen Eisenbahnwaggons voller Kreuze erinnert seit 1995 an all die Polen, die nach dem Angriff Russlands 1939 auf Polen von der Roten Armee nach Sibirien verschleppt und dort ermordet worden waren, sowie an die Opfer des Katyń-Verbrechens: Bei dem Massaker wurden mehr als 20.000 Angehörige der polnischen Intelligenz auf Befehl des Kreml exekutiert. Auf jeder der metallenen Schwellen steht der Name eines russischen Ortes, an dem Verbrechen gegen Polen begangen wurden. Bis zur Wende 1989 waren diese traurigen Taten natürlich ein Tabuthema.

Ul. Muranowska. Tram 15, 18, 35 und Bus 116, 157, 178, 227, Haltestelle Muranowska. Ⓜ Dworzec Gdański.

Intraco I-Hochhaus

Der gläserne, 138 m hohe Büroturm mit 39 Stockwerken ist weithin sichtbar und eignet sich gut zur Orientierung. Allerdings passt er so gar nicht in die Umgebung, was daran liegen mag, dass der schwedische Investor 1975 bei der Gestaltung offenbar freie Hand hatte. Wegen der ausschließlichen Verwendung von Glas an der Fassade stört der Monolith aber nicht weiter – er wirkt eher schlicht und markiert, wohlwollend gesagt, einen interessanten Kontrast zur Neustadt.

Kein Zutritt. www.intraco.pl. Ul. Stawki 2. Tram 15, 18, 35 und Bus 116, 157, 178, 227, Haltestelle Muranowska. Ⓜ Dworzec Gdański.

Multimedia-Show beim Brunnenpark

Praktische Infos

→ Karte S. 107

Restaurants

》》 Unser Tipp: Fret@Porter 4 Liebevoll geführtes Restaurant, das auch als Galerie, Café, Club und Bar fungiert. Wohlgefühlt haben sich hier schon so unterschiedliche Stars wie Paulo Coelho, Pierre Cardin, Cesaria Evora, Kayah, Czesław Niemen oder die Deutsche Sarah Connor. Fret@Porter-Ente mit Wildrosensoße, Kartoffelklößchen und Roter Beete 13,50 €. Tägl. 11–23 Uhr. Ul. Freta 37. ℡ 22-6352055, www.fretaporter.pl. 《《

Honoratka 10 In dem seit 1826 betriebenen Restaurant pflegte Chopin gelegentlich zu speisen – ob im Palastkeller oder im von einem Grünstreifen umgebenen Sommergarten, ist nicht überliefert. Im selben Gebäude residiert übrigens die deutsch-polnische IHK. Lunchmenu von 12 bis 16 Uhr 5 €, auch sonst erschwinglich. Tägl. 12–23 Uhr. Ul. Miodowa 14 (Eingang auch über ul. Podwale 11). ℡ 22-6350397, www.honoratka.com.pl.

》》 Unser Tipp: Freta 33 5 Mediterrane und polnische Fusion-Küche in einfallsreich und stilvoll eingerichtetem Raum. Viele wechselnde Tagesgerichte, das Gemüse dazu stammt aus ökologischem Anbau, Fleisch und Käse werden von polnischen Bauern aus der Region bezogen. Tägl. 10–23 Uhr. Ul. Freta 33/35. ℡ 22-6350931, www.freta33.pl. 《《

Pod Samsonem 8 An dem Restaurant mit einigen jüdischen Gerichten scheiden sich die Geschmäcker. Doch das Pod Samsonem ist eine Institution, nicht zuletzt, weil es das erste Nachkriegslokal war, auf dessen Speisekarte z. B. wieder Karpfen auf jiddische Art zu finden war (4 €). Tägl. 10–23 Uhr. Ul. Freta 3/5. ℡ 22-8311788, www.podsamsonem.pl.

La Rotisserie 2 Edles Hotelrestaurant im Le Régina, in dem frische Gerichte nach Saison kreiert werden, Chefkoch Paweł Oszczyk sammelt einen Preis nach dem anderen. Bei unserem letzten Besuch erfreute ein Thunfisch-Tatar mit Koriander und Ingwer auf Mango-Chutney den Gaumen (16 €). Tägl. 12–23 Uhr. Ul. Kościelna 12. ℡ 22-5316070, www.rotisserierestaurant.com.pl.

La MaMa 9 2011 eröffnetes und seitdem sympathisch geführtes nigerianisches Restaurant. Günstiges Bier und Gerichte wie afrikanisches Gulasch für 10 €. Mo 13–24, Di–Sa 11–24, So 12–23 Uhr. Ul. Andersa 23, ℡ 22-2263505, www.lamama.eu.

Beim Marie-Curie-Museum

Cafés & Pubs

Pożegnanie z Afryką 7 Wie in ganz Polen serviert auch diese Filiale ausgezeichneten Kaffee. Tägl. 7–21 Uhr, im Sommer bis 22 Uhr. Ul. Freta 4/6. ℡ 22-501383091, www.pozegnanie.com.

Einkaufen

Pożegnanie z Afryką 7 Zahllose Kaffeesorten, dazu Kunst und Schmuck rund um die schwarze Bohne. Mo–Fr 10–19, Sa/So 10–17 Uhr. Ul. Freta 4/6. www.pozegnanie.com.

Kultur

Stara ProchOFFnia 6 Zentrum mit Theater, Konzerten und Kunstprojekten. Galerie tägl. 11–20 Uhr, Abendveranstaltungen meist 19 oder 20 Uhr. Ul. Boleść 2. ℡ 22-6358964, www.scek.pl/teatr/stara-prochownia.

Der Königstrakt lädt zum gemütlichen Flanieren ein

Trakt Królewski: Auf Warschaus Prachtallee

Der sogenannte Königstrakt führt vom Schlossplatz in Richtung Süden. Entlang der aus drei Straßen zusammengesetzten Achse geht es vorbei an Adelspalästen, dem Universitätscampus und Regierungsgebäuden, flaniert man auf Alleen und eleganten Einkaufsstraßen.

Nach der Restaurierung zwischen 2006 und 2008 präsentiert sich der Boulevard so schön wie lange nicht mehr, was die Warschauer zurecht mit Stolz erfüllte, trifft der in der Vorkriegszeit gängige Beiname „Paris des Ostens" für die polnische Metropole zumindest für diese Achse der Stadt wieder zu. Mit zehn Kilometern Länge bis zum Schloss in Wilanów zählt der Königstrakt zu den längsten Prachtstraßen der Welt.

Den Anfang macht die *Krakowskie Przedmieście*, die Krakauer Vorstadt. Ihren Namen verdankt sie dem mittelalterlichen Krakauer Stadttor und der Straße, die in die frühere Hauptstadt Polens führte. Schon im 14. Jh. gab es hier vereinzelte Siedlungen, in den folgenden Jahrhunderten wurden die ersten Paläste gebaut, für die in der von Mauern eingezwängten mittelalterlichen Altstadt kein Platz mehr war.

Auch die darauf folgende Allee *Nowy Świat* (Neue Welt) verdeutlicht mit ihrem Namen denselben Zweck. Heute ist die Nowy Świat der Teil des Königstrakts, auf dem die Warschauer am liebsten flanieren, hier reihen sich die Geschäfte, Cafés und Bars aneinander.

Tour 3

Ab dem *plac Trzech Krzyży* (Platz der drei Kreuze) schließlich beginnen die *aleje Ujazdowskie*, in deren Nähe die meisten Botschaften residieren, wovon exklusive Restaurants und Boutiquen profitieren.

Der eigentliche Königtrakt führt noch weiter, vorbei an den *Łazienki Królewskie* (→ Tour 9) bis nach *Wilanów* (→ Tour 12). Seit dem Chopinjahr 2010 sind Hörstationen entlang des Königstrakts zwischen der Altstadt und den aleje Jerozolimskie zu finden. Bei diesen kann man sich auf Bänken ausruhen und im Sitzen Chopins beliebtesten Kompositionen lauschen.

Tour

Ausgangspunkt ist der Schlossplatz (Plac Zamkowy), unter dem der → Tunnel der Ost-West-Trasse W-Z (Tunel Trasy W-Z) verläuft. Anfahrt mit Bus 116, 128, 175, 178, 180, 222, Haltestelle plac Zamkowy. Tram 4, 20, 23, 26, Haltestelle Stare Miasto.

Ende: plac Trzech Krzyży. Rückfahrt mit Bus 108, 116, 118, 166, 171, 180, Haltestelle plac Trzech Krzyży.

Dauer: Reine Gehzeit der Tour 45 bis 75 Min.

Die Tour auf dem Königstrakt ist einfach, muss man doch immer nur geradeaus in Richtung Süden laufen. Unsere Beschreibung beschränkt sich deshalb darauf, einige Paläste, Denkmäler und Bauten vorzustellen, die unten im Abschnitt „Sehenswertes" nicht erwähnt werden. Bei den jeweiligen Sehenswürdigkeiten finden Sie auf einem Würfel Hinweistafeln mit Kurzinfos auf Polnisch und Englisch.

Den Anfang auf der rechten Straßenseite der *Krakowskie Przedmieście*

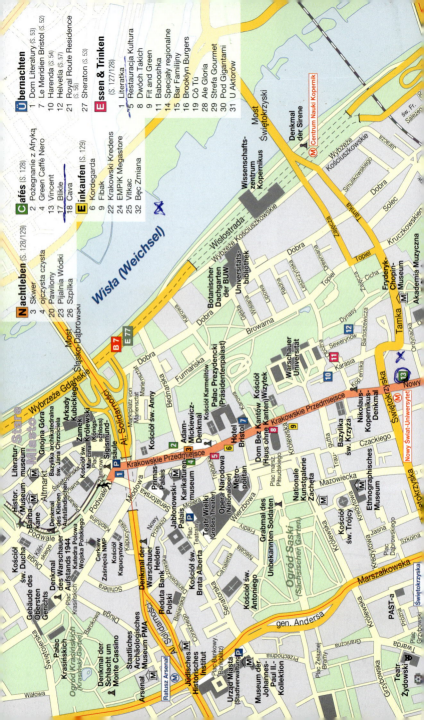

Palme beim Rondo de Gaulle'a

macht die Kamienica Prażmowskich im Rokoko-Stil (Nr. 87), einem Zentrum der polnischen Literaten.

Einen schönen Blick über diesen Teil des Königstrakts und auf die Altstadt bietet die → **Aussichtsterrasse** (Taras Widokowy) vom Glockenturm der → **St.-Anna-Kirche** (Kościół św. Anny, linke Straßenseite), zweifellos eines der schönsten Gotteshäuser Warschaus.

Weiter vorbei an einigen schönen Bürgerhäusern und der zur Linken steil abfallenden ulica Bednarska stoßen wir auf der linken Straßenseite auf das → **Adam-Mickiewicz-Denkmal** (Pomnik Adama Mickiewicza), das am Ende des länglichen Platzes vor der barocken → **Karmeliterkirche** (Kościół Karmelitów) mit ihrer spektakulären klassizistischen Fassade steht. Direkt daneben thront zwischen zwei Löwenskulpturen das Reiterdenkmal für Fürst Józef Poniatowski, hinter dem sich der prächtige → **Präsidentenpalast** (Pałac Prezydencki) mit zwei Seitenflügeln ausbreitet. Ihm direkt gegenüber residiert das Ministerium für Kunst und Kultur im spätbarock-klassizistischen *Pałac Potockich* (Nr. 15) mit einer beachtenswerten Mauer im Neorokoko-Stil.

Nobler als im → **Hotel Bristol** wird man in Polen nicht schlafen können; der weiße Neo-Renaissance-Palast neben dem Präsidentenpalast an der Ecke zur ulica Karowa verdeutlicht, wie es auf dem Königstrakt vor dem Zweiten Weltkrieg ausgesehen hat. Ein paar Schritte weiter auf der linken Seite rahmen zwei Denkmäler für den Schriftsteller Bolesław Prus und den polnischen Primas Stefan Wyszyński die dahinter stehende, einst barocke, später klassizistisch umgebaute → **Visitantinnenkirche** (Kościół Wizytek) ein.

Einen interessanten Kontrast zu den hauptsächlich barocken, klassizistischen und historistischen Gebäuden bildet das → **Haus ohne Kanten** (Dom

Eine Palme für Warschau

Während eines Israelbesuchs hatte die Künstlerin Joanna Rajkowska die Idee, mit künstlichen Palmen an die Herkunft des Namens aleje Jerozolimskie (Jerusalemer Alleen) zu erinnern und so der früher hier lebenden Juden zu gedenken. Die Allee kreuzt den Königstrakt beim Rondo de Gaulle'a, auf der Höhe der Nowy Świat und dem ehemaligen Parteigebäude. Und Rajkowska setzte sich gegen die anfänglichen, ästhetisch begründeten Proteste durch. Eigentlich war ihr Konzept, die gesamte Straße ein ganzes Jahr lang mit Palmen zu schmücken, doch reichte das Geld nur für eine einzige. Die aber blieb wenigstens nach dem Ende des Projekts im Jahr 2003 stehen. Inzwischen hat die Nachbildung einer Dattelpalme schon ihre erste Rundumerneuerung hinter sich und steht seitdem unter dem offiziellen Schutz des Stadtpräsidenten. Heute ist sie eines der Warschauer Wahrzeichen und gilt als Symbol für ein hoffentlich glücklicheres Jahrtausend. Ihr Bild schmückt Broschüren, Postkarten, T-Shirts, Bücher und Souvenirs.

Bez Kantów) direkt gegenüber der Kirche (rechte Seite zwischen ulica Tokarzewskiego-Karaszewicza und ulica Królewska), das das Hotel Bristol modernistisch widerspiegelt.

Ein paar Schritte weiter erreichen wir durch das schöne neobarocke Tor auf der linken Seite den Campus der → **Warschauer Universität** (Uniwersytet Warszawski) mit einigen sehenswerten Palästen. Auf der anderen Straßenseite steht der *Pałac Czapskich* (Nr. 5), heute Sitz der Akademie der Schönen Künste. Das Herz des romantischen Komponisten Chopin wurde nach seinem Tod in die nahe → **Heiligkreuzkirche** (Bazylika św. Krzyża) gebracht, die man nicht nur deswegen gesehen haben sollte.

An der Weggabelung bei der Kirche steht passenderweise hinter dem → **Nikolaus-Kopernikus-Denkmal** (Pomnik Mikołaja Kopernika) der *Pałac Staszica* (Nr. 72), den Antonio Corazzi von 1820 bis 1830 für die Gesellschaft der Wissenschaften errichtete. Heute ist das Palais Sitz der Polnischen Akademie der Wissenschaften.

Wir bleiben auf dem Königstrakt und überqueren die ulica Świętokrzyska.

Hier beginnt die *ulica Nowy Świat*, auf der Flanieren angesagt ist: Über einige hundert Meter geht es vorbei an edlen Geschäften, Restaurants und Cafés. Die schönsten Gebäude auf diesem etwa 600 m langen Abschnitt stehen auf der rechten Straßenseite: der spätbarocke *Pałacyk Sanguszków* (Nr. 51) und der *Pałac Kossakowskich* (Nr. 19).

Angekommen am Rondo Charles'a de Gaulle'a, an dem sich Nowy Świat und aleje Jerozolimskie kreuzen, fällt die in der Straßenmitte stehende Palme (→ Kastentext oben) ins Auge. Auf der anderen Straßenseite erinnert das *Charles-de-Gaulle-Denkmal* daran, dass der spätere französische Präsident nach dem Ersten Weltkrieg in der Nowy Świat wohnte.

Direkt dahinter, an derselben Ecke des Rondos, erhebt sich das einstige → Parteigebäude (Dom Partii), in dem heute das Banken- und Finanzzentrum untergebracht ist. Ein Stück weiter nach links auf den aleje Jerozolimskie stoßen wir auf das mächtige Gebäude des *Nationalmuseums* (→ Tour 4).

Auch wenn der eigentliche Königstrakt noch ein paar Kilometer weiter führt, endet unser Spaziergang Ihren Füßen zuliebe 300 m weiter am → **Platz der drei Kreuze** (plac Trzech Krzyży) mit der → **St.-Alexander-Kirche** (Kościół św. Aleksandra) in seiner Mitte.

Wer Kondition für weitere 600 m auf dem Königstrakt hat, kann den Weg noch bis zum *Park Ujazdowski* gehen oder die *Łazienki-Królewskie* (Tour 9) besuchen.

Infos zu weiteren Sehenswürdigkeiten am königlichen Weg siehe Tour 9 und Tour 12.

Sehenswertes

Tunnel der Ost-West-Trasse
(Tunel Trasy W–Z)

Während man überirdisch an der Rekonstruktion der Vergangenheit arbeitete, wurde die urbane Zukunft in einen Tunnel verlegt. Der Tunnel einer von Ost nach West verlaufenden Straßentrasse wurde wegen des steigenden Verkehrsaufkommens schon 1949 eröffnet. Um die Geneigtheit der Warschauer zum Sozialismus zu erhöhen, wurden die Aufzüge und Gänge im Prunk des „Sozialistischen Realismus" geschmückt, der an die historischen Metrostationen in Moskau erinnert. Heute zeigen sich Auto- und Straßenbahntunnel sowie Treppen und Aufzüge eher nüchtern, wenngleich der Kontrast zum darüberliegenden Schlossplatz reizvoll ist.

Plac Zamkowy. Bus 116, 128, 175, 178, 180, Haltestelle plac Zamkowy. Tram 4, 20, 23, 26, Haltestelle Stare Miasto.

Aussichtsterrasse
(Taras Widokowy)

Wer die 150 Stufen im Glockenturm der St.-Annen-Kirche bezwungen hat, wird mit einem traumhaften Blick auf die Altstadt, den Schlossplatz und die beginnende Krakowskie Przedmieście belohnt. Auch für das obligatorische Erinnerungsfoto zu empfehlen.

Mo–Fr 10–18 Uhr (Mai–Okt bis 21 Uhr), Sa/So 11–18 Uhr (Mai–Okt bis 22 Uhr), bei Regen oder Schneefall geschlossen. Eintritt 1 €. ☎ 22-3749484, www.taraswidokowy.pl. Ul. Krakowskie Przedmieście 68, plac Zamkowy.

Bus 116, 128, 175, 178, 180, Haltestelle plac Zamkowy. Tram 4, 20, 23, 26, 40, Haltestelle Stare Miasto.

St.-Anna-Kirche
(Kościół św. Anny)

Die heutige Universitätskirche geht auf einen Kirchenbau für das Bernhardinerkloster zurück, der Mitte des 15. Jh. vollendet wurde. Die Liste der bei spä-

St.-Anna-Kirche

teren barocken und klassizistischen Umbauten tätigen Baumeister liest sich wie ein Best of der wichtigsten Warschauer Architekten: Tylman van Gameren, Jakub Fontana, Karol Bay, Chrystian Piotr Aigner, Henryk Marconi und andere hinterließen hier ihre Spuren. Eine Besonderheit ist auch die Mitwirkung des Allroundtalents Stanisław Kostka Potocki an der Gestaltung der Fassade mit den vier Evangelisten Matthäus, Markus, Lukas und Johannes.

Das Innere lockt mit prachtvollen Altären, einer sehenswerten Kanzel, schöner Orgelempore und Fresken von Walenty Żebrowski. Im benachbarten Kloster sind gotische Sterngewölbe und ein gotischer Saal erhalten geblieben. Übrigens hat die Kirche den Ruf, dass jede hier geschlossene Ehe unter einem guten Stern stehen wird – auf einen Termin muss man entsprechend lange warten.

Tägl. 8–18.30 Uhr, Messe Mo–Sa 7 (nur im Semester), 7.30, 15, 18.30 Uhr, So 8.30, 10, 12, 15, 19, 21 Uhr. www.swanna.waw.pl. Ul. Krakowskie Przedmieście 68, plac Zamkowy.

Bus 116, 128, 175, 178, 180, Haltestelle plac Zamkowy, Tram 4, 20, 23, 26, Haltestelle Stare Miasto.

Adam-Mickiewicz-Denkmal
(Pomnik Adama Mickiewicza)

Von patriotischer Bedeutung war die Enthüllung des Denkmals im Jahr 1898, das Cyprian Godebski (1835–1909) zum 100. Geburtstag des Nationaldichters in Zeiten verschärfter Russifizierung schuf. Aus eben diesem Grund rissen die Nazis es ab und transportierten Teile nach Hamburg; von dort wurden sie nach dem Krieg an die heutige Stelle zurück verbracht und 1950 zu einem vollständigen Denkmal rekonstruiert. Seitdem blickt der polnische Dichterfürst wieder mit stolzgeschwellter Brust und in beinahe römischer Pose auf die Passanten

Ul. Krakowskie Przedmieście. Bus 116, 175, 178, 180, 222, Haltestelle Hotel Bristol, Ⓜ Nowy Świat-Uniwersytet.

Spektakuläre Fassade der Karmeliterkirche

Karmeliterkirche
(Kościół Karmelitów)

Das Gotteshaus ist auch als Mariä-Himmelfahrt- und St. Joseph-Kirche bekannt. Die spektakuläre Fassade mit klassizistischen Elementen und Anspielungen an den Orient und das antike Ägypten ist ein Meisterwerk von Efraim Szreger, für dessen Fertigstellung er bis 1779 siebzehn Jahre lang arbeitete. Die barocke Kanzel und der Hauptaltar wurden von Tylman van Gameren geschaffen. Da die Kirche unzerstört blieb, war sie bis zum Wiederaufbau des Johannisdoms (→ Tour 1) die wichtigste Kathedrale der Stadt.

Messe Mo–Sa 7 und 18.30, So 8, 9.30, 11, 12.30, 18.30 Uhr. Ul. Krakowskie Przedmieście 52/54, www.wmsd.waw.pl. Bus 116, 175, 178, 180, 222, Haltestelle Hotel Bristol, Ⓜ Nowy Świat-Uniwersytet.

Präsidentenpalast
(Pałac Prezydencki)

Der nach den vorherigen adeligen Besitzern auch Pałac Koniecpolskich, Radziwiłłów oder Pałac Namiestnikowski genannte Prunkbau wurde 1643 errichtet; für das heutige neoklassizistische Erscheinungsbild zeichnet Chrystian Piotr Aigner verantwortlich. Bis zu seiner Nutzung als Palast des Präsidenten (seit 1994) war das Gebäude Ort historisch bedeutsamer Ereignisse: 1791 trafen sich hier die Abgeordneten, um die Verfassung auszuarbeiten; ab 1818 war der Palast der Sitz des russischen Statthalters; 1955 wurde in den Räumlichkeiten der legendäre Warschauer Pakt geschlossen, 1970 der Warschauer Vertrag zwischen Polen und der BRD als Teil der Ostverträge; und 1989 tagte hier der „Runde Tisch" mit Vertretern der sozialistischen Noch-Regierungspartei sowie der Gewerkschaft Solidarność, weiteren Demokratiebewegungen und der katholischen Kirche.

www.president.pl. Ul. Krakowskie Przedmieście 46/48. Bus 116, 175, 178, 180, 222, Haltestelle Hotel Bristol, Ⓜ Nowy Świat-Uniwersytet.

Hotel Bristol

Um die Wende zum 20. Jh. errichteten Władysław Marconi und Stanisław Grochowicz das Gebäude mit dem charakteristischen Turm – eine Mischung aus Jugendstil und Neo-Renaissance; für die Gestaltung im Stil der Sezession waren v. a. die Krakauer Tadeusz Stryjeński und Franciszek Mączyński verantwortlich. Trotz späterer Umbauten blieb die im Jugendstil gehaltene Inneneinrichtung des Wieners Otto Wagner d. J. erhalten. Nach den Zerstörungen im Weltkrieg wurde das Gebäude zunächst im Stil des Sozialistischen Realismus wieder aufgebaut; nach der Rekonstruktion im ursprünglichen Stil in den frühen 1990er-Jahren knüpft das Haus wieder an seine Blütezeit in den goldenen Zwanzigern an. Ohne Zweifel ist das Hotel heute das luxuriöseste in ganz Polen. Wer sich eine Übernachtung nicht leisten kann, darf zumindest das Ambiente (in eleganter Kleidung) bei einem Cafébesuch genießen.

www.hotelbristolwarsaw.pl. Ul. Krakowskie Przedmieście 42/44. Bus 116, 175, 178, 180, 222, Haltestelle Hotel Bristol, Ⓜ Nowy Świat-Uniwersytet.

Visitantinnenkirche
(Kościół Wizytek)

Von innen wie von außen zählt die auch als St. Joseph bekannte Kirche zu den schönsten Gotteshäusern in Warschau. Gebaut wurde sie 1728–1761 nach den spätbarocken Entwürfen von Karol Bay. Nach dem Tod Bays vollendete Efraim Szreger die auffällige Fassade und den Hauptaltar, während Jan Jerzy Plersch die Skulpturen an der Fassade und die Kanzel gestaltete. Formvollendet wirkt der den Proportionen des Innenraums kunstfertig angepasste Hauptaltar. Die heutige Pracht erklärt sich nicht zuletzt dadurch, dass die Kirche im Zweiten Weltkrieg von Zerstörungen weitgehend verschont blieb.

Tägl. 8.30–13 und 15–17 Uhr. Messe Mo–Sa 7, 8, 17, So 7.30, 9, 10, 11, 12 und 17 Uhr. www.wizytki.waw.pl. Ul. Krakowskie Przedmieście 34.

Bus 116, 175, 178, 180, 222, Haltestelle Hotel Bristol, Ⓜ Nowy Świat-Uniwersytet.

Haus ohne Kanten
(Dom Bez Kantów)

Nach der Legende geht der Name auf ein Missverständnis zurück: Die Architekten Czesław Przybylski (1880–1936) und Stefan Bryła (1886–1943) sollen die Aufforderung von Marschall Józef Piłsudski, ein Haus ohne „kanty" zu bauen, allzu wörtlich genommen haben. Das polnische Wort für „Kante" bezeichnet zugleich „Schwindel" – die Bauleiter sollten sich also nicht bestechen lassen. Wie dem auch sei: Der modernistische Bau mit seiner abgerundeten Fassade schafft einen reizvollen Kontrast zum schräg gegenüber stehenden Hotel Bristol.

Ul. Krakowskie Przedmieście 11. Bus 102, 111, 116, 175, 180, 222, Haltestelle Uniwersytet, Ⓜ Nowy Świat-Uniwersytet.

Warschauer Universität
(Uniwersytet Warszawski)

Schon von der Krakowskie Przedmieście aus ziehen die klassizistischen Fassaden des *Pałac Uruskich* (Nr. 30, heute Geografiefakultät) und des *Pałac Tyszkiewiczów* (Nr. 32, Polnische Literaturakademie) den Blick auf sich. Und hinter dem schönen Haupttor verstecken sich weitere sehenswerte Gebäude der 1816 gegründeten Universität, die 1830–1862 zur Zeit der russischen Besatzung geschlossen bleiben musste. Der Pałac Kazimierzowski (Nr. 26/28, Rektorat) am östlichen Ende des Campus wurde als Villa Regia 1637–41 im Stil des Barock gebaut, verdankt sein heutiges Aussehen aber klassizistischen Umbauten im frühen 19. Jh. In der Mitte des Campus steht die Alte Bibliothek, vom Eingang aus gesehen links das neoklassizistische Auditorium Maximum. Auf einer der Bänke sitzt die von Studierenden geschaffene Skulptur des Ewigen Studenten, der mehr zu entspannen als zu büffeln scheint.

Der Campus ist für Polens größte Hochschule natürlich längst viel zu klein, ihre Räumlichkeiten verteilen sich heute über das ganze Stadtgebiet.

www.uw.edu.pl. Ul. Krakowskie Przedmieście 26/28/30/32. Bus 102, 111, 116, 175, 180, 222, Haltestelle Uniwersytet, Ⓜ Nowy Świat-Uniwersytet.

Heiligkreuzkirche
(Bazylika św. Krzyża)

Vor dem Eingangsportal schmückt eine interessante, das Kreuz tragende Chris-

Der ewige Student auf dem Universitätscampus

tusfigur von Andrzej Pruszyński (1836–1895) den Treppenaufgang. Die spätbarocke Fassade stammt von Jakub Fontana, die Kirche plante Józef Szymon Bellotti Ende des 17. Jh.

Einen Besuch im Innern lohnt nicht nur wegen der vielen barocken Altäre und Epitaphe: Geradezu eine Pilgerstätte ist die Urne mit dem Herzen von Frédéric Chopin, das, wie er es gewünscht hatte, nach seinem Tod hier die letzte Ruhe fand.

Tägl. 10–18 Uhr. Messe Mo–Sa 6, 7, 8, 9, 18, 19 Uhr (außer Sa). So 6, 7.30, 9, 10.30, 11.45, 13, 16, 18, 19 Uhr. www.swkrzyz.pl. Ul. Krakowskie Przedmieście 3.

Bus 102, 111, 116, 175, 180, 222, Haltestelle Uniwersytet, Ⓜ Nowy Świat-Uniwersytet.

Nikolaus-Kopernikus-Denkmal (Pomnik Mikołaja Kopernika)

Vor dem Institut der Polnischen Akademie der Wissenschaften erinnert ein Denkmal an den wohl einflussreichsten Forscher des Landes. Während der deutschen Besetzung beseitigten die Nazis die polnischen und lateinischen Inschriften und brachten stattdessen eine deutschsprachige Gedenktafel an, die Kopernikus als deutschen Forscher rühmte; die Tafel wurde nun immer wieder von den Widerständlern entwendet und daraufhin von den Nazis stets durch eine neue ersetzt – ein für die Polen lebensgefährlicher Streit um die Nationalität des Forschergenies. Humor zeigten die Aufständischen, als die Besatzer ein anderes Denkmal, für Jan Kiliński, versteckten. An der Kopernikus-Skulptur hinterließen sie folgende Nachricht: „Wegen der Beseitigung des Kiliński-Denkmals verlängere ich den Winter um zwei Monate, Kopernik." 1944 wollten die Deutschen das Kopernikus-Denkmal einschmelzen, wozu den abziehenden Truppen jedoch keine Zeit mehr blieb.

Ul. Krakowskie Przedmieście. Bus 102, 111, 116, 175, 180, 222, Haltestelle Uniwersytet, Ⓜ Nowy Świat-Uniwersytet.

Parteigebäude (Dom Partii)

Das auch als „Weißes Haus" bekannte Gebäude wurde 1952 im Stil des Sozialistischen Realismus für die Polnische Vereinigte Arbeiterpartei gebaut. Da nur wenigen Menschen der Zugang erlaubt war, entstanden in der Folgezeit viele bis heute bekannte Legenden – so gab es Gerüchte über geheime Tunnels zum Kulturpalast sowie zu einem unterirdischen Fluchtbahnhof mit Verbindung nach Moskau. Während hier früher das „Kapital" von Marx studiert wurde, dient der Bau mit seinen realsozialistischen Reminiszenzen heute ironischerweise als Sitz der Warschauer Wertpapierbörse, um die kaum weniger mysteriöse Geschichten kursieren ...

Ul. Nowy Świat 6. Tram 7, 8, 9, 22, 24, 25, Bus 111, 117, 158, Haltestelle Muzeum Narodowe. Bus 111, 116, 175, 180, Haltestelle Foksal (nur unter der Woche). Ⓜ Nowy Świat-Uniwersytet.

Platz der drei Kreuze (plac Trzech Krzyży), St.-Alexander-Kirche (Kościół św. Aleksandra)

Als einer der exklusivsten Plätze der Hauptstadt ist er heute eine Adresse für Luxusrestaurants und edle Bouti-

Urne mit Chopins Herzen

quen. Sein Name erklärt sich durch die drei Kreuze, von denen eines auf der Kirche steht, die beiden anderen auf den Säulen gegenüber ihrem Eingang. Das 1818–25 von Chrystian Aigner geplante neoklassizistische Gotteshaus zeigt auffällige Ähnlichkeiten mit dem römischen Pantheon. Bei der Rekonstruktion nach dem Krieg verzichtete man auf die Wiederherstellung der Umbauten aus dem späten 19. Jh. und orientierte sich an den ursprünglichen Plänen.

Das südliche Ende des Platzes schmückt seit 1752 eine Skulptur des Heiligen Johannes Nepomuk, die Kronmarschall Franciszek Bieliński als Dank für die Pflasterung der ulica Nowy Świat in Auftrag gegeben hatte.

Kirche: Messe Mo–Sa 6.30, 7, 7.30, 8, 9, 16, 19, So 7, 8.30, 10, 11.30, 13, 16, 19 Uhr. Ul. Książęca 21.

Bus 108, 116, 118, 166, 171, 180, Haltestelle plac Trzech Krzyży.

Praktische Infos → Karte S. 118/119

Restaurants

Ale Gloria 28 Statt ihre Gäste auf einem roten Teppich willkommen zu heißen, lässt Gastronomin Magda Gessler sie durch einen von Erdbeeren und weißen Schwänen geschmückten Gang eintreten. Auch wenn dabei die Grenze zum Kitsch für manchen überschritten ist, das Ale Gloria wird man wohl nie vergessen. Auch der Chefkoch ist einfallsreich – seine Gerichte ließen sogar die Berufsgourmets von Michelin staunen. Die rosa Entenbrust in Erdbeersoße mit Klößchen und scharfem Erdbeersalat kostet 17 €. Tägl. 12–23 Uhr. Plac Trzech Krzyży 3, ✆ 22-5847080, www.alegloria.pl.

Pod Gigantami 30 Diplomaten schätzen das Restaurant mit seinen europäischen und polnischen Gerichten. Zwei Atlanten (poln. Gigant) tragen den Balkon des interessanten Gebäudes aus dem frühen 20. Jh. 3-Gänge 30–70 €. Mo–Sa 11–24 Uhr. Al. Ujazdowskie 24. ✆ 22-6292312, www.podgigantami.pl.

Strefa Gourmet 29 Zwei Lokale von Magda Gessler im nobel restaurierten Dom Dochodowy mit dem schönen Patio. *Embassy* ist das Café und Tortenparadies, *Czaji* ist Restaurant und Teebar zugleich, mit Holzpferd an der Decke. Zusammen bilden sie die Botschaft des guten Geschmacks. Starten könnte man mit Thunfisch-Carpaccio für 12 €, beim polnischen Porterhouse-Steak wird es etwas teurer: 32 €. *Czaj* Mo–Sa 12–23, So 12–18 Uhr, *Embassy* tägl. 9–23 Uhr. Plac Trzech Krzyży 3. ✆ 22-5847474, www.czaji.com, www.embassy.pl.

Literatka 1 Altpolnisches Restaurant mit urig-gemütlicher Einrichtung, der Kaffee wird aus alten Porzellantassen getrunken. Rippchen in Honig mit Kohl und Röstkartoffeln 11,50 €. Tägl. 10–24 Uhr. Krakowskie Przedmieście 87. ✆ 22-8273054, www.literatka.com.pl.

U Aktorów 31 Das Lieblingsrestaurant vieler Schauspieler, einige sind auf Fotos an der Wand verewigt. Eisbein in Bier mit Kartoffeln und Kraut 10 €. Tägl. 12–23 Uhr. Al. Ujazdowskie 45. ✆ 22-6286550, www.uaktorow.com.pl.

Babooshka 11 Russische Küche, georgische Limo, moldawischer Wein und ukrainisches Bier. Billig und deshalb immer voll. Bliny mit Räucherlachs und Kaviar 7 €. Tägl. 12–22 Uhr. Ul. Obożna 9/102. ✆ 22-4063366, www.babooshka.pl.

Brooklyn Burgers 16 In dieser *Hamburgerownia* gibt es wohl Warschaus beste Burger, der verantwortliche Küchenchef kommt aus den USA, wie man bei der offenen Küche schnell feststellen kann. 200g-Burger für 5–6,50 €. So–Do 12–23, Fr/Sa 12–2 Uhr. Ul. Nowy Świat 36, ✆ 22-2702144.

Restauracja Kultura 5 Schöne Lampen schmücken das Künstlerrestaurant im Filminstitut. Tatar 7,50 €, Ente mit Äpfeln und Moosbeeren 12 €. So–Fr 11–23, Sa 12–24 Uhr. Krakowskie Przedmieście 21/23, www.restauracjakultura.pl.

Dwóch Takich 8 Rustikal und gemütlich eingerichtetes Sandwich-Bistro mit super Lunchmenü. Frühstück bis 12 Uhr 3–4 €. Tägl. 8–22 Uhr. Krakowskie Przedmieście 11.

🌿 **Specjały regionalne** 14 Bistro und Delikatessengeschäft mit dem Feinsten aus Warschaus Umgebung, natürlich alles ohne Chemie. 2 Grillwürste 9 €. So–Do 11–23, Fr/Sa 11–24 Uhr, im Sommer oft auch bis 3 Uhr in der Nacht geöffnet. Ul. Nowy Świat 44, www.specjalwiejski.pl. ■

》》 Unser Tipp: Bar Familijny 15 Milchbar mit langer Geschichte und den üblichen Niedrigpreisen, aber sauber und erst kürzlich renoviert. Mo–Fr 7–20, Sa/So 9–17 Uhr. Ul. Nowy Świat 39. 《《

Fit and Green 9 Gesunde Neueröffnung vom Sommer 2014, die voll eingeschlagen hat. Vegane und vegetarische Burger für 2,50–5,50 €, ansonsten Suppen, Pierogi und Nudeln, alles fleischlos. Mo–Fr 10–21, Sa/So 12–21 Uhr. Krakowskie Przedmieście 5,

》》 Unser Tipp: Cô Tú 19 Kultige asiatische Bar in einem Pavillon, die schon Gourmetpreise eingeheimst hat. Mo–Fr 11–21, Sa 12–21, So 12–19 Uhr. Bei den Pavillons im Innenhof, Ul. Nowy Świat 22–28/21. 《《

Cafés & Pubs

》》 Unser Tipp: Blikle 17 Was so schwäbisch klingt, ist eine polnische Institution in Sachen Konditorenkunst und neben dem Kaffeehaus Wedel (→ Tour 6) das zweite traditionsreiche Kaffeehaus Warschaus. Tägl. 9–21 Uhr. Ul. Nowy Świat 35. ✆ 22-8286601, www.blikle.pl. 《《

Vincent 13 Patisserie, deren Croissants bis auf den Königstrakt hinaus duften. Tägl. 6.30–24, Fr/Sa bis 1 Uhr. Ul. Nowy Świat 64.

Pożegnanie z Afryką 2 Café mit hervorragenden Kaffeemischungen, auch zum Kaufen. Tägl. 9–21 Uhr, im Sommer 8–22 Uhr. Ul. Krakowskie Przedmieście 62/Ecke ul. Bednarska. ✆ 22-510233455, www.pozegnanie.com.

Green Caffè Nero 4 Im Haus *Telimena* spielte Chopin für seine Freunde. Das Café hat wirklich guten Kaffee und ungewöhnliche Kuchen und Torten wie die Spinattorte „Wimbledon". Tägl. 7–23 Uhr. Krakowskie Przedmieście 27, ✆ 22-4652097, www.greencaffenero.pl.

Cava 18 „Eine Tasse voller Genuss" ist der Wahlspruch des Cafés. Tatsächlich stehen hier Baristas, die ihr Handwerk verstehen. Mo–Fr 9–24, Sa/So ab 10 Uhr. Ul. Nowy Świat 30/Ecke ul. Foksal. www.cava.pl.

Nachtleben

Skwer 3 Schön gelegene Filiale der fabryka trzciny (→ Tour 10) auf einem grünen

Die Pawilony sind ein schöner Kontrast zum eleganten Königstrakt

Platz am Königstrakt. Bistrogerichte für 7–10 € und Cocktails für 4,50–6,50 €. Tägl. 10–24, Fr/Sa bis 1 Uhr. Krakowskie Przedmieście 60a, ℅ 22-6190513, www.fabrykatrzciny.pl.

Szpilka 26 In dieser Bar treffen sich Nachtschwärmer, Pseudo-Künstler, metrosexuelle Männer und Frauen mit Highheels (polnisch Szpilka). Durchgehend geöffnet. Plac Trzech Krzyży 18. ℅ 22-6210370, www.szpilka.com.

»» Unser Tipp: Pawilony 20 Diverse Kneipen und Clubs in den Pavillons, die sich in einem Hinterhof verteilen. Schöner Kontrast zum eleganten Königstrakt. Ul. Nowy Świat 22/28. ««

Pijalnia Wódki 23 Eine weitere der in den letzten Jahren so in Mode gekommenen „polnischen Tapas-Bars". Es gibt Kurze und weitere Getränke für 1 €, als Grundlage Snacks wie Würstchen oder Bigos für 2 €. Dazu werden alte und neue polnische Schlager zum Mitsingen gespielt. Durchgehend geöffnet. Ul. Nowy Świat 19.

ojczysta czysta 4 Im Sommer 2014 eröffnete Bar, in der es Wodka und Bier für 1 € gibt, polnische Snacks für 2 €. Etwas eleganter als die anderen Nachahmer der berühmten Bar Przekąski Zakąski. Tägl. 11–3 Uhr. Krakowskie Przedmieście 33, www.ojczystaczysta.pl.

Einkaufen

EMPiK Megastore 24 Bücher, Stadtpläne, Zeitschriften, CDs und mehr in einer Filiale von Polens großer Buchhandelskette. Auch Kartenvorverkauf. Mo–Sa 9–22, So 11–19 Uhr. Ul. Nowy Świat 15/17. www.empik.com.

Bęc Zmiana 32 Seit 2002 unterstützt die Stiftung kulturelle und soziale Projekte in Warschau, inzwischen sind ihre Mitglieder aber auch vielgefragte Experten für Stadtplanung und den öffentlichen Raum. In der kleinen Buchhandlung findet man viele alternative Guides und kitschfreie Souvenirs. Ul. Mokotowska 65, www.funbec.eu/sklep.

Vitkac 25 Shopping-Galerie für Luxusmode und teure Designerstücke. Mo–Sa 11–21, So 11–18 Uhr. Ul. Bracka 9, www.vitkac.com.

Chopin-Hörstation

Krakowski Kredens 22 Delikatessengeschäft mit frischen Produkten wie Schinken, Wurst, Käse. Ebenso beliebt sind auch die Konfitüren, Honig, Senf und Süßes oder der 10 Jahre im Eichenfass gereifte Wódka Okowita. Ideal als Mitbringsel, für spontanen Hunger gibt es einen Snackstand. Mo–Fr 10–19, Sa 10–16, So 11–14 Uhr. Ul. Nowy Świat 22. www.krakowskikredens.pl.

Galerien

Kordegarda 6 Die Galerie gehört zur Nationalen Kunstgalerie Zachęta (→ Tour 5), für Qualität ist also gesorgt. Zu den Ausstellungen kommen viele Passanten, weniger die Kunstfreaks. Di–So 11–19 Uhr. Krakowskie Przedmieście 15/17, ℅ 22-4210125, www.zacheta.art.pl.

Fibak 9 Die Galerie des ehemaligen polnischen Tennisprofis und Kunstsammlers Wojciech Fibak zeigt Klassiker der polnischen Moderne wie Tadeusz Kantor, aber auch junge Talente. Mo–Fr 11–19, Sa 11–16 Uhr. Krakowskie Przedmieście 5, ℅ 22-3200297. www.galeriafibak.com.pl.

Viel Multimediales gibt es im Chopin-Museum zu entdecken

Mariensztat und Powiśle: An der Weichsel entlang zum Sejm

Die beiden näher zur Weichsel hin gelegenen Stadtteile lassen Touristen häufig links liegen. Zu Unrecht, denn v. a. Mariensztat hat den Ruf des romantischen Warschaus. In Powiśle dagegen entstehen immer mehr Prestigeprojekte.

Warschauer Journalisten notieren zufrieden, dass sich die Stadt nun endlich dem sie durchfließenden Fluss zuwende, statt ihm wie bisher die kalte Schulter zu zeigen. Der Name **Mariensztat** setzt sich, wie unschwer zu erkennen, aus dem weiblichen Vornamen und dem polonisierten Wort „Stadt" zusammen. Im 18. Jh. entstand zwischen Altstadt und der Weichsel eine neue Siedlung, die der Adelige Eustachy Potocki bei seiner Vermählung mit Maria Kątska als Mitgift erhielt. Seiner Braut zuliebe nannte er das Viertel romantisch Maryenstadt, und schmeichelte mit dem deutschen Suffix zugleich dem aus Sachsen stammenden König August III. Erst nach dem Zweiten Weltkrieg, in dem auch Maryenstadt fast völlig zerstört wurde, wählte man den polnischen Namen.

Anders als die nahen Gebäude des Königstrakts und der Altstadt wurde Mariensztat nicht detailgetreu rekonstruiert und verlor damit sein Vorkriegsflair. Die Architekten setzten aber bei den Aufbauarbeiten von 1948 bis 1949 in der neuen Siedlung keine

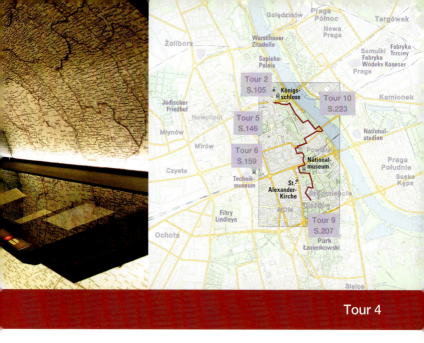

Tour 4

reinen sozialistischen Ideale um, sondern kreierten einen Stil, der an ein Dorf des 18. Jahrhunderts erinnert – sie gaben Mariensztat einen fast dörflichen Charakter, der noch heute zu spüren ist.

Das Herz der Siedlung ist der *Rynek* mit dem Brunnen, den wie in ganz Mariensztat schöne Skulpturen schmücken. Ansonsten prägen das Viertel viele Grünflächen, die in den Stadtteil Powiśle übergehen.

Powiśle war Jahrhunderte lang das Armenzentrum Warschaus. Arbeitslose, Handwerker, Hafenarbeiter und Fischer bewohnten den verrufenen Ort mit ärmlichen Häusern und viel Rotlichtmilieu – Powiśle unterschied sich deutlich vom Reichtum, der weiter westlich herrschte. Das sollte sich nach dem Zweiten Weltkrieg nicht ändern. Viele zerstörte Häuser wurden nicht wieder aufgebaut, teilweise wurden Plattenbauten errichtet. Erst in den letzten Jahren entstanden einige große, moderne Neubauten, darunter architektonisch interessante Projekte wie die neue Universitätsbibliothek und das 2010 eingeweihte Wissenschaftszentrum, die das Gesicht von Powiśle langsam verändern; daneben haben sich weitere Fakultäten sowie exklusive Residenzen mit Luxusappartements angesiedelt. Fashion-Begeisterte freuen sich auf viele Boutiquen rund um die ul. Solec.

Damit die Stadt dem Fluss endlich nicht mehr „die kalte Schulter zeigt", wurde mit dem 2002 fertiggestellten Weichselstraßentunnel (Tunel Wisłostrady) ein erster Schritt getan, die trennende und breit am Ufer entlanglaufende Hauptverkehrstrasse in den Untergrund zu verbannen. Hier wird in den nächsten Jahren der erste Abschnitt einer Promenade entstehen, der der Metropole Warschau angemessen ist.

Tour

> **Ausgangspunkt** ist der Schlossplatz. Anfahrt mit Bus 116, 128, 175, 178, 180, Haltestelle Plac Zamkowy. Tram 4, 20, 23, 26, Haltestelle Stare Miasto.
>
> Den recht langen Rundgang können Sie beliebig abkürzen, indem Sie sich z. B. auf Mariensztat oder die modernen Bauten am Weichselufer beschränken.
>
> **Ende:** Sejm und Senat, ul. Wiejska 4/6/8/10. Rückfahrt mit Bus 107, 159, Haltestelle Wiejska.
>
> **Dauer:** Reine Gehzeit der Tour 3 bis 3¾ Std.

Vom Schlossplatz, dem Beginn unserer Tour, geht es in Richtung Krakowskie Przedmieście am steinernen Gesims entlang, von dem unten die *Trasa W-Z* zu sehen ist. Wir verlassen den Platz vor dem Glockenturm der *St.-Anna-Kirche* und steigen die Treppen hinunter. Dabei halten wir uns rechts auf der ulica Marienstzat und kommen nach 150 m in der Grünanlage zu einer Frauenstatue im Stil des Sozialistischen Realismus, die ein Huhn in der Hand hält.

Geradeaus führt der Weg zum → **Marienstädter Marktplatz** (Rynek Mariensztacki). Von dort weiter auf der *ulica Marienszat* bis zur *ulica Dobra*, in die wir rechts einbiegen. Vorbei an der Orientalistik-Fakultät der Universität und einer Klinik gehen wir 450 m geradeaus bis zur → **Universitätsbibliothek/BUW** (Biblioteka Uniwersytecka BUW), deren → **Botanischer Dachgarten** (Ogród Botaniczny na dachu) einen der schönsten Ausblicke über die Stadt bietet; das Eingangstor des Gartens erreichen wir schon ein paar Meter vor der Bibliothek. Hier befinden wir uns bereits im Stadtteil *Powiśle*.

Nach der Bibliothek geht es nach links über die ulica Lipowa zum Weichselufer, das hier noch sich selbst überlassen scheint. Lange Zeit standen auf dieser „Nicht-Promenade" pinkfarbene Hirsche – leider eine auf nur drei Jahre beschränkte Kunstausstellung. Hier steht seit 2010 das → **Wissenschaftszentrum Kopernikus** (Centrum Nauki Kopernik), eines der Warschauer Prestigeprojekte. Auf der anderen Seite der Schrägseilbrücke, die wir nach 350 m am Fluss entlang unterqueren, ist bereits das → **Denkmal der Sirene** (Pomnik Syreny) zu sehen. Nach Brücke und Sirene geht es auf die ulica Zajęcza, die uns zurück in Richtung Stadtmitte führt.

Nach 450 m, bei der ulica Topiel, gehen wir links und bei der nächsten Kreuzung rechts in die steil ansteigende ulica Tamka, womit wir den Stadtteil Powiśle wieder verlassen. Wo nach 250 m linkerhand der *Brunnen mit Ente* (→ Kastentext) auftaucht, steigen wir die Treppen hoch zum → **Frédéric-Chopin-Museum** (Muzeum Fryderyka Chopina), das seit 2010 wieder geöffnet ist.

Eine weitere Treppe führt hinauf zur ulica Ordynacka, auf der wir rechts – vorbei an der Chopin-Akademie – bis zur ulica Okólnik gehen. Am Ende der ulica Okólnik führt die Tour schräg links in den Park mit einem Spielplatz. Wir umrunden den schönen Zamoyski-Palast in einem unvollständigen Halbkreis und gehen dann geradeaus Richtung Süden bis zum Parkplatz und den aleje Jerozolimskie. Um auf die andere Straßenseite zu gelangen, nehmen wir die Unterführung, deren Ein- und Ausgang sich bei den beiden schönen neoklassizistischen Türmchen befindet, und erreichen so das → **Nationalmuseum** (Muzeum Narodowe), in dessen östlichem Flügel das → **Polnische Mili-**

Mariensztat und Powiśle 135

tärmuseum (Muzeum Wojska Polskiego) untergebracht ist. Vor der Straßenüberquerung können Sie zur Linken den schönen Neorenaissance-Türmchen, die den Beginn des Most Poniatowskiego markieren, einen Blick schenken.

Am westlichen Ende des Museums biegen wir nach links und folgen der aleja Lorentza direkt am Zaun entlang; anschließend schräg links über die Grünfläche auf dem parallel zur Hauptstraße verlaufenden Weg, bis die Fußgängerbrücke zu sehen ist, die uns über die breite Straße geradewegs zum → Geologischen und Paläontologischen Museum PAN (Muzeum Ziemi PAN) führt.

Nach dem Museum geht es auf der aleja Na Skarpie weiter, zur Linken erstreckt sich der *Śmigłego-Rydza-Park* mit breiter Terrasse und Treppe. Nach rechts, über die ulica Nullo, erreichen wir die ulica Frascati, in die wir links einbiegen und nach 200 m erneut links in die ulica Wiejska.

Gegen Ende der Straße erreichen wir das polnische Parlament, den → **Sejm**, sowie den → **Senat**, gegenüber steht das moderne „Denkmal der Heimatarmee".

Geld macht nicht glücklich, po warszawsku

In einem Brunnen unter dem Frédéric-Chopin-Museum steht die Skulptur einer Ente mit Krone, die an eine beliebte Warschauer Gute-Nacht-Geschichte erinnert, das Märchen von der Goldenen Ente (Złota kaczka): Eine wunderhübsche Prinzessin wurde von einer bösen Hexe in eine Ente verzaubert und in die Verliese unter dem Ostrogski-Palast gesperrt. Erst wenn jemand einen Teil des Münzschatzes unter dem Palast findet und ihn an einem einzigen Tag für sein Vergnügen ausgibt, wäre sie von dem bösen Zauber erlöst. Der Finder würde dann reich sein, denn den größeren Rest des riesigen Schatzes dürfte er für sich behalten ... Tatsächlich begab es sich eines Tages, dass ein junger Schumacher die 100 Dukaten fand. Den ganzen Tag lang irrte er umher, gab das Geld mit vollen Händen aus, bis ihm nur noch ein einziger Groschen blieb. Er drehte ihn zwischen Daumen und Zeigefinger und warf das Geldstück

schließlich einem bettelnden Kriegsinvaliden in den Hut. Frohen Mutes kehrte er zum Palast zurück. Doch weder bekam er den Schatz, noch wurde das schöne Mädchen erlöst, denn er hatte ja nicht die gesamte Summe zu seinem Vergnügen ausgegeben. Der Jüngling wurde aber ein gefragter Schuhmachermeister, fand eine liebevolle Frau und lebte mit seiner Familie fortan glücklich und zufrieden.

Die Moral des Märchens mit halbem Happyend: Einem Bettler etwas zu geben, ist ganz in Ordnung – denn Geld allein macht sowieso nicht glücklich.

Der Dachgarten der BUW bietet fantastische Ausblicke

Sehenswertes

Marienstädter Marktplatz
(Rynek Mariensztacki)

Der zentrale Platz des Stadtteils wurde 1865 angelegt und war schon damals an drei Seiten bebaut. An der offenen Nordseite führte vor dem Zweiten Weltkrieg das Wiadukt Pancera vorbei, das sicherlich weniger Verkehr ertragen musste als die heutige Trasa W-Z. Trotzdem ist es auf dem Platz recht ruhig, wobei heute weniger los sein dürfte als in den Fünfzigerjahren. Kinder und junge Erwachsene sangen hier propagandistische Lieder, auch Szenen des ersten polnischen Farbspielfilms „Przygoda na Mariensztacie" (Abenteuer in Mariensztat) wurden hier gedreht. Die Lieder und der Film lobten den Bau der Wohnsiedlung und kreierten das bis heute bestehende Image als Warschaus romantischste Ecke.

Ein schönes Fotomotiv sind die knienden Kinderfiguren am Brunnen in der Mitte des Marktplatzes.

Bus 118, 127, Haltestelle Mariensztat.

Botanischer Dachgarten der Universitätsbibliothek/BUW
(Ogród Botaniczny na dachu BUW)

Mit 10.000 m² Fläche zählt er zu den größten Dachgärten Europas, v. a. aber ist er einer der schönsten des Kontinents. Gestaltet wurde der 2002 eröffnete Ogród Botaniczny von Irena Bajerska. Ein Wasserfall verbindet den oberen mit dem unteren Teil des Gartens, in dem viele seltene Pflanzen wachsen. Die Ränder der Dachterrasse sind jeweils durch Brücken und Pergolas miteinander verbunden. Die Brücken wie auch die Aussichtsterrasse bieten einen fantastischen Blick über Weichsel und Stadt. Und von vielen

Stellen kann man durch die Glaskuppel und spezielle Fenster die Studenten beim Lernen beobachten oder das Interieur der Bibliothek begutachten.

Nov.–März 8–15 Uhr (ohne Zugang zum Dach), April/Okt. bis 18 Uhr, Mai–Sept. bis 20 Uhr. Eintritt frei. www.buw.uw.edu.pl. Ul. Dobra 56/66.
Bus 105, 118, 127, Haltestelle Biblioteka Uniwersytecka, Ⓜ Centrum Nauki Kopernik.

Universitätsbibliothek/BUW
(Biblioteka Uniwersytecka/BUW)

Als 1999 das neue Gebäude nach fünfjähriger Bauzeit fertig war, verließ die Universitätsbibliothek nach 150 Jahren endlich den alten, längst zu klein gewordenen Campus. Die Architekten Marek Budzyński und Zbigniew Badowski schufen hier ein Meisterwerk, das bald zu den neuen Wahrzeichen Warschaus zählte und auch den polnischen Papst beeindruckte. Das Gebäude besteht aus zwei ineinander verwobenen Teilen, der Vorbau lässt Platz für Cafés, Geschäfte und Restaurants.

Vor dem Gebäude an der sog. „Kulturellen Fassade" sind mehrere Tafeln angebracht, darunter ein Notenfragment der Etüde b-moll von Karol Szymanowski, naturwissenschaftliche Formeln sowie diverse religiöse oder philosophische Textpassagen in den Originalsprachen Sanskrit, Hebräisch, Arabisch, Altgriechisch, Altrussisch und Altpolnisch. Beim Eingang der Bibliothek stehen die „Kolumnada Filosofów" genannten vier hohen Säulen, geschmückt mit den Büsten der polnischen Philosophen Kazimierz Twardowski, Jan Łukasiewicz, Alfred Tarski und Stanisław Leśniewski. Einen Blick wert sind auch die bewachsene Dachterrasse und die Glaskuppel im Zentrum der Bibliothek (s. o.).

Mo–Fr 9–21, Sa 12–19, So 15–20 Uhr (Juli/Aug. Mo/Di 14–21, Mi–Fr 9–16 Uhr). Kostenloser Tagespass am Info-Tresen beim Eingang: Mo–Fr 9–20, Sa 11–18 Uhr; im Informatorium sonntags Führungen: ✆ 22-5525181; www.buw.uw.edu.pl. Ul. Dobra 56/66.
Bus 105, 118, 127, Haltestelle Biblioteka Uniwersytecka, Ⓜ Centrum Nauki Kopernik.

Wissenschaftszentrum Kopernikus
(Centrum Nauki Kopernik)

Der Gebäudekomplex über dem Tunel Wisłostrady (Weichselstraßentunnel) ist seit seiner Fertigstellung 2010 aus zwei Gründen einen Besuch wert. Zum einen ist der Bau von Architekt Jan Kubec ein Meisterwerk, das die Umgebung prägt; das Dach ist ebenso begrünt wie das der neuen Universitätsbibliothek, das Planetarium umhüllt ein rostroter Mantel, und die verschiedenen Ebenen fließen mit dem Amphitheater ineinander. Der zweite Grund für eine Visite sind die interaktiven Ausstellungen an mehr als 400 Orten innerhalb und außerhalb des Gebäudekomplexes, an denen die Naturwissenschaften besonders für Laien und Kinder lebendig dargestellt werden. Insgesamt also ein stimmiges Gesamtkonzept aus Museum, Jahrmarkt-Attraktionen, Action, ungewöhnlichen Erfahrungen und wirklichem Einfühlen in naturwissenschaftliche Themen. So kann man sein eigenes Porträt von einem Roboter zeichnen lassen oder sich „Ich liebe Dich" in den meisten Weltsprachen anhören, man kann einen Mord aufklären, Skelette ausbuddeln, sein Gesicht altern lassen, Tornados und Erdbeben bei der Entstehung beobachten – oder die musikalischen Ursprünge der verschiedenen Weltreligionen entdecken. Nicht zuletzt bietet das Zentrum ausländischen Gästen einen Einblick in das junge, weltoffene und liberale Polen. Mit der Chipkarte kann man sich anmelden und die diversen Ergebnisse der Stationen abspeichern, um sie sich am Ende aushändigen zu lassen.

Zentrum: Di–So 9–19 Uhr, Mo geschlossen; wegen des großen Andrangs ist eine Reservierung zu empfehlen. Eintritt 6 €, erm. 4 €, Familien 17 €, Gruppen 3 €/Pers. ℡ 22-5964100, www.kopernik.org.pl.

Planetarium: Di–Do/So 9.30–21, Fr/Sa 9.30–21.30 Uhr. Eintritt 4,50–6 €, erm. 3–6 €. ℡ 22-5964100, www.niebokopernika.pl.

Entdeckergarten: Durchgehend geöffnet. Eintritt frei. Wybrzeże Kościuszkowskie 20. Bus 102, 162, 185, Haltestelle Pomnik Syreny, Ⓜ Centrum Nauki Kopernik.

Denkmal der Sirene
(Pomnik Syreny)

Die unserer Meinung nach schönere der beiden Sirenen, eine Sagengestalt aus der Gründungslegende Warschaus (→ Geschichte der Stadt), steht direkt am Weichselufer. Wie ihre Schwester in der Altstadt (→ Tour 1) hat das Guss-Zinn-Bronze-Denkmal eine bewegte Geschichte hinter sich, die in diesem Fall die abgebildete Krystyna Krahelska betrifft: Die junge Poetin und Ethnografin stand 1939 der Bildhauerin Ludwika Nitschowa Modell. Nitschowa veränderte dabei das Gesicht der Sirene so weit, dass man ihr lebendes Vorbild auf den Straßen der Stadt nicht erkennen konnte. Krystyna Krahelska wurde nur einige Monate später als Soldatin der Heimatarmee (→ Geschichte der Stadt) in den ersten Stunden des Warschauer Aufstands schwer verletzt und starb am 2. August 1944.

Ul. Wybrzeże Kościuszkowskie. Bus 102, 162, 185, Haltestelle Pomnik Syreny, Ⓜ Centrum Nauki Kopernik.

Frédéric-Chopin-Museum
(Muzeum Fryderyka Chopina)

Ein Muss für Chopin-Freunde, doch auch das Gebäude an sich ist sehenswert – stolz erhebt sich das Ostrogski-Schloss (Zamek Ostrogskich) über der ulica Tamka. Prinz Janusz Ostrogski erwarb das Gelände Ende des 16. Jh. und begann mit dem Bau einer Burg. Aus dieser Zeit stammt das Backsteinfundament, auf dem 1681 nach Plänen von Tylman van Gameren die heutige Palastresidenz emporwuchs. Anfang des 18. Jh. wurde das Schloss mit prunkvoll-barockem Interieur versehen.

Im Zweiten Weltkrieg zerstört, nutzte die Chopin-Gesellschaft das wieder aufgebaute Schloss seit Mitte der 50er-Jahre als Sitz, später auch als Museum. Umfangreiche Restaurierungsarbeiten am Palast wurden, pünktlich zum 200. Geburtstag des Komponisten, 2010 abgeschlossen. Seitdem sind hier endlich wieder die wertvollen Notenschriften, private Briefe und Fotografien zu sehen. Viel spannender aber ist die sehr gelungene Erneuerung des Ausstellungskonzepts: Modernste Multimedia-Technik und Museumsdidaktik helfen, in die Welt von Chopin geradezu einzutauchen. Dabei entscheidet der Besucher, was er wann und in welcher Reihenfolge sehen und hören möchte. Neu ist auch der Aufbau der Präsentation: In den Kellerräumen lernt man Chopins

Im Wissenschaftszentrum Kopernikus

erste kompositorischen Schritte als Kind kennen. Im Erdgeschoss wird seine Kindheit in Żelazowa Wola (→ Ausflüge) und Warschau dokumentiert. Im 1. Stock mit dem Pariser Salon sind interaktive Hörstationen installiert; der 2. Stock schließlich widmet sich Chopins europäischen Reisen und den letzten Tagen seines Lebens. Natürlich sind hier auch regelmäßig Klavierkonzerte mit Werken des Komponisten zu hören.

Di–So 11–20 Uhr, Mo geschlossen. Eintritt 5,50 €, erm. 3 €, Familien 15,50 €, So frei. ℅ 22-4416251, www.chopin.museum. Ul. Okólnik 1.

Bus 102, 105, 162, Haltestelle Topiel oder Nowy Świat, Ⓜ Nowy Świat-Uniwersytet.

Polnisches Militärmuseum
(Muzeum Wojska Polskiego)

Das Haus präsentiert etwas verstaubt mehr als ein Jahrtausend Militärgeschichte, Erklärungen auf Englisch oder Deutsch fehlen. Mehr als entschädigt wird man allerdings durch die Qualität der Exponate. Zu den kostbarsten zählen der vergoldete Helm eines heidnischen Häuptlings aus dem 10. Jh. sowie die Husarenrüstungen, die u. a. bei der Schlacht vor Wien die polnische Kavallerie vor den Türken schützten. Exotisch und teils ungewöhnlich sind die Sammlungen außereuropäischer Waffen mit Stücken aus dem ottomanischen Türkei, dem Tatarenreich, Japan und Afrika. In einem Park neben dem östlichen Flügel sind Panzer, gepanzerte Fahrzeuge und Flugzeuge zu sehen, die die polnische Armee im Zweiten Weltkrieg einsetzte.

Schon länger ist der Umzug des Museums in die Warschauer Zitadelle (→ Tour 11) geplant, wo es dann seine Sammlungen auf größerer Fläche und mit modernster Technik ansprechend präsentieren kann.

Mi 10–17, Do–So 10–16 Uhr, Mo/Di geschlossen. Eintritt 4 €, erm. 2 €, So frei, Führung (auf Englisch) 43–100 €. ℅ 22-6295271, www.muzeumwp.pl. Al. Jerozolimskie 3.

Tram 7, 8, 9, 22, 24, 25. Bus 111, 117, 158. Haltestelle Muzeum Narodowe. Ⓜ Nowy Świat-Uniwersytet.

Nationalmuseum
(Muzeum Narodowe)

Das 1862 gegründete Museum der Schönen Künste ist seit 1916 polnisches Nationalmuseum. 1926 wurde mit dem Bau des heutigen modernistischen Gebäudes begonnen, die offizielle Einweihung fand erst 1938 statt. Zwar konnte das Museumsgebäude den Zweiten Weltkrieg verhältnismäßig unbeschadet überstehen und viele Werke versteckt oder gerettet werden. Einige wertvolle Stücke wurden jedoch von den Nazis zerstört oder befinden sich noch immer als Beutekunst in Deutschland.

Das *Erdgeschoss* zeigt antike und mittelalterliche Kunst, *auf allen drei Etagen* sind ausländische und polnische Malerei sowie *im 3. Stockwerk* einige Galerien zu Kunsthandwerk und Gebrauchskunst zu sehen. Im *ersten Stock* finden die regelmäßigen Wechselausstellungen statt.

Von den *antiken Kunstschätzen* (Erdgeschoss, rechts des Eingangs) ziehen ein ägyptischer Papyrus aus dem 14. Jh. v. Chr., Keilschriften, ägyptische Statuen und zylinderförmige Siegel aus Mesopotamien die Blicke auf sich. Aufgrund der Beteiligung des Nationalmuseums an einer Ausgrabung in der altgriechischen Siedlung Tyritake auf der Krim kommen seit 2008 regelmäßig neue interessante Stücke dazu.

Von 1961 bis 1964 wurden die vom Nationalmuseum finanzierten Ausgrabungen der Kathedrale im nubischen Faras, heute Sudan, realisiert, das Nationalmuseum ergatterte dabei u. a. das wunderschöne Fresko der Heiligen Anna, die Mutter der heiligen Maria, aus dem 8. Jh. Man kann sie in der *Faras-Sammlung* (Erdgeschoss, links des Eingangs) bewundern.

Die *Mittelalter-Sammlung* (Erdgeschoss, rechts des Eingangs) zeigt v. a.

christliche Kunst, Triptychen und Schnitzkunst.

Anschließend erreicht man über die Treppen das 1. Stockwerk und damit die *Galerie der Kunst des 19. Jahrhunderts*. Was dem Louvre die Mona Lisa, ist dem polnischen Nationalmuseum die „Bitwa pod Grunwaldem" („Schlacht von Grunwald") von Jan Matejko. Das gewaltige, detailreiche Ölgemälde zeigt die polnische Armee im siegreichen Kampf gegen den Deutschen Orden. Ein weiteres Werk des auf Historiengemälde spezialisierten Malers aus Krakau ist der „Stańczyk" (Hofnarr). Władysław Podkowińskis Warschauer Stadtansichten, Józef Chełmońskis ländliche Motive wie die „Störche" sowie Jacek Malczewskis „Polnischer Hamlet" und „Der Tod" sind weitere sehenswerte Werke dieser Sammlung.

Nicht verpassen sollte man die verträumten Kinderzeichnungen von Stanisław Wyspiański in einem kleinen Nebenzimmer.

In der über drei Stockwerke verteilten *Galerie der Alten Europäischen Malerei* ist die „Jungfrau mit Kind" von Sandro Botticelli ein Publikumsmagnet, ein zweiter sind die berühmten Veduten und das Selbstbildnis von Canaletto, alle zu sehen im 3. Stockwerk unter dem Motto „Große und kleine Geschichten". Im Erdgeschoss sind Natur- und Tierdarstellungen zu entdecken, im 1. Stockwerk Landschaftsbilder.

Die Galerie *Kunst im 20. und 21. Jahrhundert* im 1. Stockwerk zeigt interessante Werke der Moderne, darunter Tadeusz Kantor, Witkacy, die „Sozialistischen Realisten" und ein Keramikensemble von Picasso, doch sind Liebhaber moderner Kunst besser beraten, die Zachęta (→ Tour 5) oder das Zamek Ujazdowskie (→ Tour 9) zu besuchen. Das liegt auch daran, dass leider viele in den Archiven schlummernde Schätze nur zu besonderen Gelegenheiten gezeigt werden, darunter etwa das Kabinett der Zeitgenössischen *Grafiken und Zeichnungen* mit Zeichnungen von Pablo Picasso, Paul Klee, Witkacy u. a.

Bis Mitte 2014 hat sich viel verändert. Seitdem wird die Faras-Sammlung sowie die antiken und mittelalterlichen Schätze wesentlich zeitgemäßer und

Fresko der Heiligen Anna aus dem 8. Jahrhundert

liebevoller präsentiert. Ein Glanzlicht im Jahr 2014 war die Präsentation einiger Raubkunstwerke, die erst in den letzten Jahren wieder in den Besitz des Museums gekommen waren. Besonders erwähnenswert ist die Ausstellung zu Ehren von Alexander Gierymski, dessen lange verschollenes Meisterwerk „Die Jüdin mit den Orangen" 2010 auf einer Auktion in Buxtehude auftauchte.

Di–So 10–18, Do bis 21 Uhr, Mo geschlossen. Dauerausstellungen 4 €, erm. 2,50 €, Familien 7,50 €, Gruppen 2,50/Pers., Kinder von 7–16 J. 0,25€, Di frei, Führungen (auf Deutsch) 38 €. Wechselausstellungen 5 €, erm. 4 €, Familien 12,50 €. ✆ 22-6293093, www.mnw.art.pl. Al. Jerozolimskie 3.

Tram 7, 8, 9, 22, 24, 25. Bus 111, 117, 158. Haltestelle Muzeum Narodowe. Ⓜ Nowy Świat-Uniwersytet.

Geologisches und Paläontologisches Museum PAN (Muzeum Ziemi PAN)

1951 eröffnete das Museum nach 20-jähriger Planungszeit mit ersten Sammlungen von Edelsteinen, Mineralien und Fossilien. Die Dauerausstellungen „Es gibt nur eine Erde", „Gestaltungsprozesse der Erde", „Aus der geologischen Vergangenheit der Erde", „Granit, Granit", „Bevor die Kohle entstand" und „Meteoriten – Steine vom Himmel" zeigen heute nahezu 100.000 Exponate. Am besten, man vergleicht die verschiedenen Gesteinsformen und erfreut sich an der vielfältigen Schönheit.

Unbestrittener Höhepunkt aber ist eine der weltweit größten Sammlungen an Bernsteinen und Inklusionen. Achten Sie hier besonders auf den mehr als 4 kg schweren Bernsteinbrocken aus Borneo sowie die vom erhärteten Harz eingeschlossenen Insekten und Blüten.

Mo–Fr 9–16, So 10–16 Uhr, Sa geschlossen. Eintritt 1 €, erm. 0,50 €, So frei. ✆ 22-6298063, www.mz.pan.pl. Al. Na Skarpie 20/26, 27.

Bus 108, 118, 162, 166, Haltestelle Książęca oder Bus 116, 171, 180, Haltestelle pl. Trzech Krzyży.

Sejm und Senat

Polens parlamentarische Tradition geht zurück bis ins 15. Jh., 1569 zogen die beiden Häuser von Krakau nach Warschau um. Im Unterhaus, dem Sejm, kam zunächst der Landadel zusammen, im Senat hingegen die Magnaten und hohe Geistlichkeit. Von 1569 bis 1795 hatte der von den beiden Kammern gewählte König Stimmrecht. Schon kurz nach der Französischen Revolution verabschiedeten hier die Abgeordneten des Sejm Europas erste demokratische Verfassung, die wegen der Teilungen Polens jedoch nicht in Kraft treten konnte. Der Sejm als Geburtsort für Demokratie und Grundrechte spielt in Polen also eine ähnliche Rolle wie die „Verfassungsgebende Nationalversammlung" 1848 in der Frankfurter Paulskirche. In den heutigen Gebäudekomplex zogen der mit dem Bundestag vergleichbare Sejm und der dem Bundesrat ähnliche Senat erst kurz nach der Unabhängigkeit im Jahr 1918. Das frühere Mädcheninternat wurde den Bedürfnissen eines modernen Parlaments nach und nach angepasst; weder der Abgeordnetensaal noch das halbrunde Hauptgebäude unterscheiden sich heute in Sachen Komfort und repräsentativer Eleganz von anderen Parlamenten. Sehenswert sind die Art-Déco-Flachreliefs an der Fassade, die u. a. Wissenschaft, Handel und Recht symbolisieren. Gegenüber dem Gebäude steht das Pomnik Armii Krajowej (Denkmal der polnischen Heimatarmee) in Form eines windgeblähten Segels, das den Widerstand gegen den Naziterror symbolisiert.

Mehrmals jährlich Tage der offenen Tür und kostenlose Führungen nach Anmeldung (v. a. Schüler, Studenten, Wissenschaftler): Mo–Fr um 11.30 Uhr mit Perso oder Pass beim Gebäude H, frühzeitig anmelden. ✆ 22-6942338, www.sejm.gov.pl (Sejm). ✆ 22-6949265, www.senat.gov.pl (Senat). Ul. Wiejska 4–10.

Bus 107, 159, Haltestelle Wiejska.

Praktische Infos

→ Karte S. 132/133

Restaurants

》》 Unser Tipp: Tamka 43 13 Paweł Kwiatkowski und Robert Trzópek waren schon Chefköche im Kopenhagener Noma (mehrmals zum besten Restaurant der Welt gewählt) sowie im El Bulli an der Costa Brava – keine Frage, ihre Michelin-Sterne haben sie sich verdient. Gutes Preis-Leistungs-Verhältnis, das 5-Gänge-Degustationsmenü kostet mit 48 € (mit Wein 95 €) um einiges weniger, als man in Paris, London oder Madrid für vergleichbare Qualität hinblättern muss. Tägl. 12–23 Uhr. Ul. Tamka 43 (gegenüber Chopin-Museum), ℡ 22-4416234, www.tamka43.pl. 《《

Bliss 1 geschmackvoll eingerichtetes Chinarestaurant, das für die Künste des Kochs schon mehrere Preise gewonnen hat. Authentisch zubereitete Peking-Ente 37 €, Spinat in Kantonsoße 7 €. Tägl. 12–23 Uhr. Ul. Boczna 3 (Rynek Mariensztacki). ℡ 22-8263210, www.blissgarden.pl.

Endorfina Foksal 16 Das luxuriöse Restaurant im Palast der Zamoyski-Familie garantiert ein Erlebnis für Auge und Gaumen, ob in den eleganten Renaissance-Innenräumen oder im höfischen Garten. Heilbuttfilet auf Mus von grünen Erbsen, mit Herzoginkartoffeln und karamellisierten Karotten 17 €. Tägl. 11–23 Uhr, Sa/So ab 12 Uhr. Ul. Foksal 2. ℡ 22-8275411, www.endorfinafoksal.pl.

Kamanda Lwowska 18 Uriges ukrainisches Restaurant, einige Gerichte wie das Pferdetatar sind für westeuropäische Gaumen dann doch etwas gewöhnungsbedürftig. Fleischplatte für 2 Pers. 20 €. Tägl. 12–24 Uhr. Ul. Foksal 10, ℡ 22-8281031, www.kamandalwowska.pl.

Studio Buffo 21 Das Restaurant im gleichnamigen Musiktheater ist bei Warschauer Schauspielern beliebt. Hauptgericht 7–16 €. Mo–Fr 9.30–23, Sa/So 13–23 Uhr. Ul. Konopnickiej 6. ℡ 22-3390775, www.studiobuffo.com.pl.

🌿 **SAM** 4 Bio-Bistro mit Brot aus dem eigenen Backofen und vielen exotischen Gerichten, mehrfach wurde das Frühstück zu Warschaus bestem gewählt. Mo–Fr 8–22, Sa/So 9–22 Uhr. Ul. Lipowa 7a, www.sam.info.pl. ∎

Sto900 20 Bistro und Café, in dem kein Möbelstück zu dem anderen zu passen scheint. Auch die Gäste sind alles andere als uniformell, von vielen Lesben besucht. Di–So 10–22, Mo 11–22 Uhr. Ul. Solec 18/20.

🌿 **Veg Deli** 3 Ein vegetarisches Restaurant, in dem nicht nur viel Wert auf die Zutaten gelegt wird, sondern auch auf die raffinierte Zubereitung. Eingerichtet mit viel fröhlichem Weiß. Mo–Sa 12–22, So 12–20 Uhr. Hg. 5–7,50 €. Ul. Radna 14, ℡ 773-669874 (mobil). ∎

Cafés & Pubs

》》 Unser Tipp: czuły barbarzyńca 8 Eine Welt der Literatur, ein Treffpunkt der Warschauer Intelligenz, ein Club zum Kaffeetrinken und Klönen. In dieser bekanntesten Buchhandlung der Stadt verschwinden die Grenzen zwischen Café, Geschäft, Ersatzbüro und WiFi-Tempel. Auch von der Inneneinrichtung ein voller Treffer: Eine Schaukel und ein metallener Fisch

Sejm mit interessanten Flachreliefs

Praktische Infos 143

hängen von der Decke. Mo–Sa 10–21, So 12–22 Uhr. Ul. Dobra 31, 22-8263294, www.czuly.pl. «

Tarabuk 5 Wenig passt so gut zusammen wie Kaffee und Kultur. Mit diesem Konzept wurde diese Buchhandlung mit Café eröffnet, in der sich der für Warschauer Verhältnisse sehr günstige Kaffee (Espresso 1,50 €, Cappuccino 2 €) fast wie zu Hause genießen lässt. Der selbst gemachte Kuchen ist ein Traum! Tägl. 11–22 Uhr. Ul. Browarna 6. 22-8270814, www.tarabuk.pl.

Nachtleben

»» **Unser Tipp:** Warszawa Powiśle 17 Ein alter runder Fahrkartenschalter, ein paar Liegestühle davor und ein Plattenspieler. So einfach wie in Berlin vor ein paar Jahren kann es sein, einen Kultclub zu eröffnen. So–Do 10–1, Fr/Sa 10–4 Uhr. Ul. Kruczkowskiego 3b, www.powisle.blog.pl. «

Pod Baryłką 2 Typische Eckkneipe, wie es sie in Deutschland leider immer seltener gibt. Seit 15 Jahren eine Institution des entspannten Nachtlebens mit polnischen Bieren und Cocktails. Im Sommer ist der Biergarten auf dem Rynek mehr als gut besucht, für Raucher gibt es bei kalten Temperaturen einen Rauchersaal. Tägl. 12–24 Uhr, Di/Do/Sa ab 14 Uhr. Rynek Mariensztacki, Ul. Garbarska 7. 22-8266239, www.podbarylka.pl.

1500m² do wynajęcia 20 Sehr alternativer Club in einer alten Druckfabrik. Breites Angebot: Flohmärkte, Clubbing Events mit Top-DJs, Konzerte und junge Warschauer als Gäste. Ul. Solec 18/20.

BarKa 7 entspannte Atmosphäre in lauen Sommernächten auf einer zum Club umfunktionierten Fähre. Regelmäßig Konzerte und DJ-Sets. Auf Höhe der Wybrzeze Kościuszkowskie 35 (in der Nähe der Sirene). Tägl. 12–2 Uhr.

OsiR 11 Alternative Kneipe, mit Schwerpunkt auf Radlern als Gästen, seit 2014 auch vegetarische Gerichte. So–Do 16–24, Fr/Sa 16–3 Uhr. Ul. Tamka 40.

Einkaufen

»» **Unser Tipp:** Czapki i Kapelusze 15 Die Boutique der sympathischen Designerin Marta Ruta bietet der modebewussten Warschauer Dame teils ungewöhnliche Hüte und Mützen. Mo–Fr 11–18 Uhr. Ul. Solec 97. «

Sozialistische Frauenstatue in Mariensztat

Reykjavik District 20 Der isländische Designer Olly Lindal hat die Herzen der männlichen Warschauer Fashion-Victims mit seinen tollen Mänteln, Jacketts, Schals, T-Shirts und Anzügen im Sturm erobert. Einer der Gründe dürfte die ungewöhnlich gestaltete Boutique sein. Di–Fr 13–19, Sa/So 13–17 Uhr. Ul. Solec 18/20, www.reykjavikdistrict.com.

Product Place_Ment 6 Polnische Designerstücke von Möbeln über Leuchten bis zu Mode, aber auch sehr viele mitbringenswerte Warschau- und Polen-Souvenirs. Mo–Fr 11–19, Sa 11–18 Uhr. Ul. Leszczyńska 12, www.polishdesignnow.com.

Love & Trade 20 Neue polnische Designer, alternative Mode, Underground-Flair. Di–So 13–19 Uhr. Ul. Solec 18/20.

Chopin Store 13 Chopin-Andenken und -Bücher, aber auch viele wirklich schöne und qualitativ hochwertige Souvenirs. Ul. Tamka 43, www.chopinstore.eu.

upominki Od Joli 12 Süßes Geschäft mit Handgemachtem und Souvenirs. Uns haben es besonders die Plüschtiere für die Kinder angetan. Di–Fr 11–19 Uhr. Ul. Kopernika 25, www.od-joli.pl.

Das Metropolitan von Norman Foster

Park Saski

Die Demonstration von Macht und Reichtum beschränkt sich nicht auf den Königstrakt. Rund um den Park Saski gibt es Paläste, Kunstgalerien und das Teatr Wielki, das Große Theater, zu bestaunen. In den letzten Jahren haben sich Bürogebäude, Firmenhochhäuser und Banken hinzugesellt, denn in diesem Teil Warschaus tut man v. a. eines: arbeiten.

Im westlich an die Altstadt grenzenden Viertel sind um die Mittagszeit die Bistros und Sushi-Bars von den Angestellten der umliegenden Firmen bis auf den letzten Platz besetzt. Geschäfte gibt es kaum, interessante schon gar nicht. Stattdessen ist die Gegend eine der beliebtesten Ecken zum Ausgehen. Elegante Cocktailbars, versnobte Clubs, aber auch Oper und Nationaltheater sorgen dafür, dass die Straßen außerhalb der Bürozeiten nicht aussterben.

Interessant kann ein Besuch des Viertels auch sein, um die Veränderungen der Stadt zu verstehen und ihre Entwicklungssprünge zu verfolgen. So erinnert der *plac Piłsudskiego* immer mehr an alte, glanzvolle Zeiten. Und der *Park Saski* zeigt, dass Warschau zu Unrecht als graue Metropole verschrien ist.

Als eine der vielen grünen Oasen war dieser ein Teil der sog. *Sächsischen Achse* (Oś Saska), die ihren Namen dem sächsisch-polnischen König August II. verdankt, besser bekannt unter seinem Beinamen der Starke. Die städtebauliche Anlage aus dem Anfang des 18. Jh. verläuft im rechten Winkel zur Krakowskie Przedmieście und war bis zum Zweiten Weltkrieg von den die Prachtstraße säumenden Palästen geprägt. Vom Prunk des gerne in barockem Luxus schwelgenden Königs ist leider wenig erhalten. Das Sächsische und das Brühlsche Palais

Tour 5

sollten eigentlich längst rekonstruiert werden, es sollte eines der ehrgeizigsten Projekte seit dem Wiederaufbau des Königsschlosses werden. Die Bauzäune standen schon, als die Finanzkrise die Pläne vorerst auf Eis legte. Wie die Berliner beim Stadtschloss werden auch die Warschauer noch eine Weile warten müssen.

Anders verhält es sich mit der einst neben dem Sächsischen Palais stehenden orthodoxen Alexander-Newski-Kathedrale (Sobór św. Aleksandra Newskiego). Als verhasstes Symbol der Russifizierung wurde sie nach dem Ende der Teilungen Polens nach und nach abgerissen.

Wenn viele arbeiten, damit eine lächelt …

Alle Jahre wieder kommt der Weihnachtsstress, werden Geschenke doch grundsätzlich zu spät gekauft. Wer sie schon im November besorgt, kann die Feiertage dagegen ruhig auf sich zukommen lassen. Nicht so im Fall von König August II. Mocny. Zwar kümmerte er sich bereits sieben Wochen vor dem Fest um die Bescherung für seine geliebte Tochter Anna Karolina Orzelska (1707–1769), stressig wurde die Sache aber trotzdem. Der König hatte sich nämlich ein Geschenk überlegt, das unter keinen Baum passt: einen im Rokoko-Stil aufwendig umgebauten Palast. Und so mussten nicht weniger als 300 Maurer und Handwerker 45 Tage und Nächte lang schuften, um das Gesicht der Königstochter, die in Europa als eine der schönsten Frauen ihrer Zeit galt, pünktlich zum Fest zum Strahlen zu bringen. Doch Schönheit vergeht bekanntlich, auch die des Pałac Błękitny (Blaues Palais). Er verblasst heute gegenüber den benachbarten Bauwerken, und so ist es kein großer Verlust, dass man ihn nicht besichtigen kann.

Tour

> **Ausgangspunkt** ist das Arsenal in der ulica Długa 52, in dem das Staatliche Archäologische Museum untergebracht ist.
>
> Anfahrt mit Tram 4, 15, 18, 23, 26. Bus 107, 111, 190, Haltestelle Ratusz Arsenał. Ⓜ Ratusz Arsenał.
>
> **Ende**: Ethnografisches Museum (Muzeum Etnograficzne), ul. Kredytowa 1.
>
> Rückfahrt mit Bus 111, 174, 175, Haltestelle plac Piłsudskiego. Oder mit Bus 102, 105, 174, Haltestelle Zachęta. Ⓜ Świętokrzyska.
>
> **Dauer**: Reine Gehzeit der Tour 1¾ bis 2½ Std.

Nach dem Besuch von → **Arsenal** und → **Staatlichem Archäologischem Museum** (Państwowe Muzeum Archeologiczne PMA) nutzen wir die Unterführung der Metrostation Ratusz Arsenał, um auf die andere Seite der ulica Andersa zu gelangen. Dort kommen wir bei einem typischen Block im Stil des Sozialistischen Realismus heraus, in dem sich das legendäre *Muranów-Kino* befindet, das 2003 bei den Europa Cinemas Awards für das europaweit beste Programm ausgezeichnet wurde.

Rechts davon steht das *Mostowski-Palais*, das Hauptquartier der Warschauer Polizei. Wir wenden uns aber nach links, überqueren die aleja Solidarności an der Ampel und stehen auf dem → **Bankenplatz** (plac Bankowy). An seiner Westseite passieren wir das Rathaus, die Stadtverwaltung, ein Denkmal für den romantischen Nationaldichter Juliusz Słowacki und das Ministerium für Staatsvermögen, bis wir an der Ecke zur ulica Elektoralna auf das → **Museum der Johannes-Paul II.-Sammlung** (Muzeum Kolekcji im. Jana Pawła II) stoßen.

Danach machen wir kehrt und überqueren den Platz über die Ampel in Richtung des → **Blauen Hochhauses** (Błękitny Wieżowiec), das an der Stelle der im Zweiten Weltkrieg zerstörten Großen Synagoge steht. Vor dem Glasturm erinnert ein ausnehmend hässliches Denkmal an den Vorkriegsstadtpräsidenten Stefan Starzyński (→ Geschichte der Stadt), das der Beliebtheit des Politikers Hohn spricht.

Nach ein paar Schritten nach rechts, an der aleja Solidarności entlang, und dann wieder rechts in die ulica Tlomackie erreichen wir das → **Jüdische Historische Institut** (Żydowski Instytut Historyczny), in dem u. a. das berühmte Ringelblum-Archiv mit Dokumentationen zum Warschauer Ghetto zu finden ist.

Wir gehen nun die ulica Tłomackie weiter und die erste Möglichkeit nach links in die ulica Corazziego, die geradewegs auf die lange Zeit bekannteste Ruine der Stadt zuführt, die der → **Polnischen Bank** (Reduta Bank Polski). Von dort halbrechts in die ulica Bielańska und 200 m bis zur Kreuzung hinunter, dann nochmals rechts in die ulica Senatorska bis zur → **St.-Anton-Kirche der Reformatoren** (Kościół św. Antoniego oo. Reformatorów).

Nach der Kirche erreichen wir links den Saski-Park; statt aber in den Park zu gehen, biegen wir links in die ulica Niecała, vorbei an einer typischen Appartementresidenz reicher Warschauer, und dann links in die ulica Wierzbowa. Ein Zebrastreifen wird überquert, und wir stehen vor einem Seitenflügel des Teatr Wielki, in dem sich das Theatermuseum befindet.

Um die Ecke öffnet sich der *Theaterplatz* (plac Teatralny) mit imposanten, großteils klassizistischen Bauten. Das als → **Großes Theater** (Teatr Wielki)

Park Saski 147

bekannte mächtige Gebäude ist zugleich Sitz des → **Staatstheaters** (Teatr Narodowy) und der *Nationaloper* (Opera Narodowa). Schräg gegenüber bildet das ehemalige Rathaus, das → **Jabłonowski-Palais** (Pałac Jabłonowskich), mit seinem Neorenaissance-Stil einen verblüffenden Kontrast.

Vom Theaterplatz führt die links abgehende, kurvige ulica Nowy Przejazd nach 150 m zur Warschauer Interpretation der griechischen Siegesgöttin Nike. Wer nach dem Stefan-Starzyński-Denkmal auf dem plac Bankowy nicht zu verschreckt ist, kann hier also ein weiteres sehen: Das → **Denkmal der Warschauer**

Helden „Nike" (Pomnik Bohaterów Warszawy Nike) ist aber weitaus gelungener und ein beliebtes Fotomotiv.

Wieder zurück am Theaterplatz, biegen wir links in die ulica Senatorska, die am → **Primas-Palais** (Pałac Prymasowski) vorbeiführt. An der nächsten Ecke nach rechts in die ulica Kozia einbiegen, in der wir auf das äußerst sehenswerte → **Karikaturenmuseum** (Muzeum Karykatury) stoßen.

Parallel zur ulica Krakowskie Przedmieście gehen wir die ulica Kozia weiter und biegen nach 200 m, an ihrem Ende, rechts in die ulica Trębacka ein. Das bereits von hier aus sichtbare → **Metropolitan-Gebäude** (Metropolitan) von Norman Foster zählt zu den schönsten Bauten zeitgenössischer Architektur. Staunen Sie aber nicht zu sehr, denn beim Überqueren des Zebrastreifens sollten Sie sich vor rasenden Porsches und Jaguars in Acht nehmen.

Ruhiger wird es auf der anderen Seite des Metropolitan mit seinem schönen Innenhof. Über den plac Piłsudskiego erreichen wir das → **Grabmal des Unbekannten Soldaten** (Grób Nieznanego Żołnierza), das in der Vorkriegszeit in das Sächsische Palais integriert war und heute gegenüber dem Józef-Piłsudski-Denkmal steht. Das Palais soll in den nächsten Jahren rekonstruiert werden. Bereits von 1924 bis 1926 abgetragen und nicht wieder aufgebaut wurde die orthodoxe Alexander-Newski-Kathedrale, aus politischen Gründen nachvollziehbar, architektonisch jedoch ein großer Verlust.

Ein weiterer Teil der sog. Sächsischen Achse ist der herrliche → **Sächsische Garten** (Ogród Saski), der sich hinter dem Grabmal des Unbekannten Soldaten ausbreitet. An seinem südlichen Rand, etwa auf Höhe des Brunnens im Garten, befindet sich mit der → **Nationalen Kunstgalerie Zachęta** (Zachęta Narodowa Galeria Sztuki) der in Polen wohl bedeutendste Ausstellungsort für zeitgenössische Kunst.

Nach dem Besuch der Zachęta gehen wir weiter Richtung Süden, umrunden die Evangelisch-Augsburgische Kirche der Heiligen Dreieinigkeit und erreichen das → **Ethnografische Museum** (Muzeum Etnograficzne).

Das Nike-Denkmal ist ein beliebtes Fotomotiv

Archäologisches Museum im Arsenal

Sehenswertes

Arsenal & Staatliches Archäologisches Museum
(Arsenał & Państwowe Muzeum Archeologiczne PMA)

Von 1638 bis 1643 ursprünglich als Zeughaus (Cekhauz) errichtet, diente das frühbarocke Gebäude später als Offiziersschule und Waffendepot. Historisch bedeutend ist das Arsenal wegen dreier Ereignisse. 1794 wurde es während des Kościuszko-Aufstands gestürmt, um an die Waffen zu kommen und sie unter der Bevölkerung zu verteilen. Beim November-Aufstand von 1830 wiederholte sich die Geschichte. Und während der deutschen Besatzung im Zweiten Weltkrieg wurden hier konspirative Aktionen geplant und Juden sowie Polen deutscher Abstammung versteckt, die der Kollaboration mit den Nazis entgehen wollten. 1943 gelang es der Pfadfinderbewegung Szare Szeregi in der „Operation Arsenal", den Widerstandskämpfer Jan Bytnar aus einem Gestapo-Transport zu befreien.

Das *Museum* zeigt Fundstücke aus Polen von der Altsteinzeit über das Mittelalter bis zur Neuzeit. Besonders gelungen sind die Präsentationen zur 2500 Jahre alten Siedlung bei Biskupin in der Nähe des heutigen Posen sowie zur Architektur der polnischen Romanik und Gotik.

Museum: Mo–Fr 9–16, So 10–16 Uhr, Sa geschlossen. Eintritt 2,50–3 €, erm. 1–1,50 €, So frei. ✆ 22-5044800, www.pma.pl. Ul. Długa 52.

Tram 4, 15, 18, 23, 26. Bus 107, 111, 190, Haltestelle Ratusz Arsenał. Ⓜ Ratusz Arsenał.

Bankenplatz (plac Bankowy)

Wie am Namen unschwer zu erkennen, wurde der Platz zu repräsentativen Zwecken angelegt: für Banken, Börse und das Palais des Schatzministeriums (1825). Die imposanten klassizistischen

Paläste von Antonio Corazzi an der Westseite wurden nach dem Krieg rekonstruiert, die mit Arkaden verbundenen Gebäude werden heute als Rathaus und Stadtverwaltung genutzt.

An der Ostseite des Platzes verzichtete man auf eine Rekonstruktion, weshalb der plac Bankowy architektonisch etwas zusammengewürfelt erscheint.

Tram 4, 15, 18, 35, Bus 107, 111, 171, Haltestelle plac Bankowy. Ⓜ Ratusz Arsenał.

Museum der Johannes-Paul-II.-Sammlung
(Muzeum Kolekcji im. Jana Pawła II)

Trotz des Namens ist die reiche Sammlung von 400 Gemälden und Skulpturen nicht die des polnischen Papstes – das Ehepaar Janina und Zbigniew Carroll-Porczyński vermachte sie der Warschauer Erzdiözese. 1989 bekam die Sammlung ein eigenes Museum im von Antonio Corazzi 1825–1829 errichteten Palast der Bank Polski. Obwohl hier wirklich sehenswerte Werke u. a. von Dürer, Rembrandt, Caravaggio, Gainsborough, Van Dyck oder da Cortona zu entdecken sind, wirkt die Museumsgestaltung etwas angestaubt. Durchaus interessant aber ist die themenbezogene Präsentation wie in den Sälen „Mutter und Kind" oder „Bibel und Heilige". Noch interessanter dürfte die Meinung mehrerer polnischer Kunsthistoriker sein, die die Authentizität einiger der Werke infrage stellen, was zu einem jahrelangen Rechtsstreit führte.

Di–So 10–16 Uhr, Mo geschlossen. Eintritt 2 €, erm. 1 €. ✆ 022-6202725, www.muzeummalarstwa.pl. Plac Bankowy 1.

Tram 4, 15, 18, 35. Bus 107, 111, 171. Haltestelle plac Bankowy. Ⓜ Ratusz Arsenał.

Blaues Hochhaus
(Błękitny Wieżowiec)

Der Firmensitz von Peugeot und Sony Polska, auch bekannt unter den Namen Blue Tower Plaza, Srebrny Wieżowiec (Silberturm) oder Złoty Wieżowiec (Goldturm), steht an der Stelle der 1943 von den Nazis zerstörten Großen Synagoge. Das jüdische Gotteshaus mit seiner Kuppel lehnte sich architektonisch an die Berliner Synagoge und das Pantheon an. Die Bauarbeiten für den Büroturm begannen Ende der 80er-Jahre und endeten 1991, obwohl an dieser Stelle schon in den 50er-Jahren ein Hochhaus geplant war. Die dunklen, das Sonnenlicht reflektierenden Glasscheiben sollen es weniger dominant erscheinen lassen – urteilen Sie selbst.

Plac Bankowy 2. Tram 4, 15, 18, 23, 26. Bus 107, 111, 190, Haltestelle Ratusz Arsenał. Ⓜ Ratusz Arsenał.

Jüdisches Historisches Institut
(Żydowski Instytut Historyczny)

Zu sehen ist hier die weltweit größte Sammlung von Originaldokumenten, Büchern und Objekten, von Kunstwerken und Sakralgegenständen, die mit der Geschichte der polnischen Juden

Blaues Hochhaus

zusammenhängen und die Shoah überstanden. Das reiche Veranstaltungsangebot mit Ausstellungen, Themenabenden, Diskussionen und Konzerten befasst sich mit dem Jahrhunderte langen kulturellen Einfluss, die die jüdische Gemeinde auf Polen hatte. Angeboten werden auch zweistündige Führungen durch das ehemalige Ghetto (buchbar über die deutschsprachige Homepage). Untrennbar verbunden ist die Geschichte der inzwischen staatlichen Kulturinstitution mit dem Historiker Emanuel Ringelblum, der das Untergrundarchiv des Warschauer Ghettos leitete. Zeitweise selbst ein Teil des Ghettos, wurde hier nicht nur geforscht, sondern auch praktisch geholfen.

Mo–Fr und So 10–18 Uhr. Eintritt 2,50 €, erm. 1 €, So frei. Führung (auf Deutsch) 35 €/Gruppe. ✆ 22-8279221, www.jhi.pl. Ul. Tlomackie 3/5.

Tram 4, 15, 18, 23, 26. Bus 107, 111, 190, Haltestelle Ratusz Arsenał. Ⓜ Ratusz Arsenał.

Polnische Bank
(Reduta Bank Polski)

Das 1907–1911 erbaute Gebäude, lange Zeit die prominenteste Ruine im Zentrum der Stadt, diente seit 1926 als Sitz der Bank Polski. Eigentlich sollte hier das Museum des Warschauer Aufstands einziehen, man verzichtete aber darauf, da der Platz nicht ausreichte. Inzwischen wird das Gebäude als Bürozentrum genutzt, auch wenn es von außen teilweise noch immer den Eindruck einer Ruine vermittelt.

Ul. Bielańska 10. Tram 4, 15, 18, 23, 26. Bus 107, 111, 190, Haltestelle Ratusz Arsenał. Ⓜ Ratusz Arsenał.

St.-Anton-Kirche der Reformatoren (Kościół św. Antoniego oo. Reformatorów)

Das Gotteshaus, ursprünglich eine Holzkirche, wurde 1668–1680 von Józef Szymon Bellotti durch einen barocken Steinbau ersetzt. Mit dem Projekt wurde an eine gewonnene Schlacht gegen das Zarenreich gedacht. Nach den Zerstörungen im Weltkrieg wurde St. Anton bis 1956 wieder aufgebaut. Im Kreuzgang erinnern Gräber und Epitaphe an die Opfer der Naziverbrechen und des Katyń-Massenmords.

Messe: Mo–Sa 6.30, 7, 8, 18 Uhr, So 7, 8, 9.30, 11, 12.30, 18 Uhr. Ul. Senatorska 31/33. Bus 111, 174, 222, Haltestelle plac Teatralny, Bus 116, 175, 178, 180, Haltestelle plac Zamkowy.

Staatstheater (Teatr Narodowy)

Offiziell hat das Theater den Status der ersten Bühne Polens inne, weshalb das Publikum hier die besten Regisseure und Schauspieler des Landes genießen darf. Gespielt werden von dem 1765 von Stanisław August gegründeten Ensemble Klassiker, aber auch zeitgenössische Stücke des polnischen Theaters. Von den drei über die Stadt verteilten Bühnen ist die Sala Bogusławskiego mit 600 Sitzen im Westflügel des *Teatr Wielki* (→ Großes Theater) die schönste. Dieser Flügel des Großen Theaters brannte 1985 ab, der Wiederaufbau dauerte fast elf Jahre.

Im *Theatermuseum* sind Bühnenbilder und Kostüme berühmter Inszenierungen sowie Dokumente zur Geschichte des Hauses zu sehen. Für Theaternarren lohnt ein Besuch auch wegen der Nachlässe berühmter Schauspieler und Sänger wie Helena Modrzejewska oder Jan Kiepura.

Kasse: Di–Sa 11–14.30 und 15–19, So ab 16 Uhr oder 2 Std. vor den Aufführungen. Eintritt 7,50–22,50 €. ✆ 22-6920609, www.narodowy.pl.

Museum: wechselnd, meist Mo–Fr 10–14 Uhr und in den Pausen von Vorstellungen. Eintritt 2 €, erm. 1 €, Do frei. ✆ 22-6920756, www.teatrwielki.pl. Plac Teatralny 3.

Bus 111, 174, 222, Haltestelle plac Teatralny.

Großes Theater (Teatr Wielki), Nationaloper (Opera Narodowa)

Schon von seiner Größe beeindruckt das von 1825 bis 1833 nach Plänen von Antoni Corazzi errichtete Gebäude. Und es illustriert mit seiner Geschichte die politische Situation und historische Entwicklung bei den Bauarbeiten: Während Warschau zu Beginn als Königreich unter dem russischen Reich noch relativ eigenständig war, zog nach dem Novemberaufstand von 1830 der Zar die Zügel an. Der Name „Nationaltheater" wurde verboten, weshalb man sich für den bis heute gültigen entschied. Das Bauwerk, damals das größte Theater Europas, sollte noch prächtiger werden – was ebenfalls untersagt wurde.

Von außen gefällt die neoklassizistische Fassade mit dem an die Antike angelehnten Fries und den Säulengängen. Im Zweiten Weltkrieg zerstörten die deutschen Truppen das Gebäude fast vollständig, weshalb sowohl Oper als auch Nationaltheater in der Nachkriegszeit zunächst auf andere Bühnen ausweichen mussten. Für den Wiederaufbau war Architekt Bohdan Pniewski (1897–1965) verantwortlich, der das Theater bis zu seinem Tod rekonstruierte und erweiterte. Bei der Gestaltung des weitläufigen Foyers ließ er sich vom Ballsaal des Königsschlosses inspirieren.

Schmuckstück des Teatr Wielki ist die *Hauptbühne im Moniuszko-Saal*, die mit 48 m Höhe und 57 m Tiefe auch größte Inszenierungen ermöglicht. Auftreten darf dort die polnische Nationaloper, deren rund tausend Beschäftigte Opern- und Ballettaufführungen auf höchstem Niveau garantieren. Zu besonderen Anlässen dürfen auch die Kollegen der spielenden Zunft die Bühne nutzen.

Den Platz vor dem Gebäude zieren die Denkmäler für Stanisław Moniuszko (1819–1872), Gründer der Nationaloper, und Wojciech Bogusławski (1757–1829), ein Schauspieler und Regisseur, der an der Weichsel unter dem Beinamen „Vater des polnischen Theaters" bekannt ist.

Kasse: tägl. 9–19 Uhr, Sa/So ab 11 Uhr. Eintritt 6–36 €. ☎ 22-6920200, www.teatrwielki.pl. Plac Teatralny 1.

Bus 111, 174, 222, Haltestelle plac Teatralny, Bus 116, 175, 178, 180, Haltestelle plac Zamkowy.

Nomen est omen: Großes Theater

Moniuszko-Denkmal mit Blick auf das Jabłonowski-Palais

Jabłonowski-Palais
(Pałac Jabłonowskich)

Das mit seinem Turm weithin sichtbare einstige Rathaus wurde erst 1997 rekonstruiert. 1773–1785 wurde das Gebäude von Jakub Fontana und Dominik Merlini errichtet. Nach Umbauten zu Beginn des 19. Jh. ersetzte der Palast das städtische Rathaus auf dem Altmarkt, das abgerissen worden war. Nach einem Brand während des Januaraufstands 1863 wurde das Jabłonowski-Palais neu aufgebaut, diesmal im Stil der Neorenaissance. Nach dem Wiederaufbau in den 1990er-Jahren strahlt es wieder in alter Pracht, kann aber leider nicht besichtigt werden.

Ul. Senatorska 14/16. Bus 111, 174, 222, Haltestelle plac Teatralny, Bus 116, 175, 178, 180, Haltestelle plac Zamkowy.

Denkmal der Warschauer Helden Nike (Pomnik Bohaterów Warszawy Nike)

Warschaus Version der Siegesgöttin ist den Opfern des Zweiten Weltkriegs gewidmet. Die in kampfbereiter Pose auf einer Säule kniende Statue von Marian Konieczny (geb. 1930) löste zahlreiche Kontroversen aus, obwohl sie nach unserer Meinung zu den gelungeneren Skulpturen in Warschau zählt. An der heutigen Stelle an der Trasa W–Z steht die Nike erst seit 1997, zuvor schmückte sie den Theaterplatz.

Trasa W–Z. Bus 111, 174, 222, Haltestelle plac Teatralny, Bus 116, 175, 178, 180, Haltestelle plac Zamkowy.

Primas-Palais
(Pałac Prymasowski)

Ende des 16. Jh. auf Initiative des Bischofs von Płock errichtet, wurde das Palais schon bald zerstört; seit dem Wiederaufbau zeigt es sich in klassizistischer Form. Leider wird man die im neuen Millennium schön restaurierten Innenräume kaum zu Gesicht bekommen, da sie nur für Konferenzen, Festlichkeiten und Bälle vermietet werden. Die dafür fällige Gebühr übertrifft den üblichen Eintrittspreis der Warschauer Paläste ein wenig.

www.palacprymasowski.pl. Ul. Senatorska 13/15. Bus 116, 175, 178, 180, Haltestelle plac Zamkowy.

Karikaturenmuseum
(Muzeum Karykatury)

Ein Geheimtipp! Das Museum dokumentiert nicht nur die Biografien der wichtigsten polnischen Karikaturisten, auch ihre Werke sind natürlich zu sehen. So kann man etwa den Stil der Zeichnungen eines Jan Piotr Norblin (1745–1830) mit den Bildern vergleichen, die man von Wilhelm Busch im Kopf hat. Gut zu verfolgen ist die Entwicklung der polnischen Karikatur über die letzten drei Jahrhunderte bis zu den heutigen Meistern ihres Fachs, wie Henryk Sawka (geb. 1958) oder Sławomir Mrożek (geb. 1930).

Di–So 10–18 Uhr. Eintritt 2 €, erm. 1 €, Di frei. ✆ 22-8278895, www.muzeumkarykatury.pl. Ul. Kozia 11.

Bus 116, 175, 178, 180, Haltestelle plac Zamkowy.

Metropolitan-Gebäude
(Metropolitan)

In beeindruckender Form präsentiert sich das 2003 fertiggestellte Bürogebäude, auf das die Warschauer besonders stolz sind. Stararchitekt Norman Foster bewies mit seiner Arbeit, dass moderne Architektur durchaus mit älteren Gebäuden in der Umgebung haromieren kann. Auf keinen Fall sollte man einen Abstecher in den Innenhof verpassen, in dem ein elektronisch gesteuerter Brunnen nicht nur die Kinder begeistert.

Innenhof durchgehend geöffnet. www.metropolitan.waw.pl. Plac Piłsudskiego 1.

Bus 111, 174, 175, Haltestelle plac Piłsudskiego.

Grabmal des Unbekannten Soldaten
(Grób Nieznanego Żołnierza)

Auf Initiative von unbekannten Warschauern wurde in den 1920er-Jahren wie überall in Europa der im Ersten Weltkrieg gefallenen Soldaten gedacht, hier zuerst allerdings nur inoffiziell mit einer Steintafel. General Władysław Sikorski ließ das heutige Mahnmal mit der ewigen Flamme 1925 von Stanisław Ostrowski (1879–1947) errichten. Die erhaltenen Säulen gehörten zu den mittleren Arkaden des Pałac Saski, der im Zweiten Weltkrieg zerstört wurde und aufwendig rekonstruiert werden soll. Im Grabmal wurde ein unbekannter polnischer Soldat bestattet, der bei der Verteidigung von Lemberg (Lwów) gefallen war, auch Erde von den Schlachtfeldern wurde hinzugefügt. Nach der Zerstörung beim Warschauer Aufstand wurde das Grabmal wieder aufgebaut und zudem den Opfern des Zweiten Weltkriegs gewidmet. Gegenüber dem Grabmal steht ein Kreuz zum Gedenken an den polnischen Papst Johannes Paul II., der hier 1979 eine auch politisch bedeutende Messe hielt.

Wachablösung tägl. 12 Uhr. Projekt zum Saski-Palast: www.saski360.pl. Plac Piłsud-

Grabmal des Unbekannten Soldaten vom sächsischen Garten aus gesehen

Park Saski 155

skiego. Bus 111, 174, 175, Haltestelle plac Piłsudskiego. Oder Bus 102, 105, 174, Haltestelle Zachęta.

Sächsischer Garten (Ogród Saski)

Auf der sog. Sächsischen Achse von der Krakowskie Przedmieście in Richtung Westen bildete der für König August II. Mocny geschaffene Park ein Schmuckstück. Um 1700 schrittweise vergrößert, wurde er bereits 1727 für die Allgemeinheit geöffnet, immerhin ein halbes Jahrhundert vor Versailles.

Der heutige Landschaftspark im englischen Stil erfreut mit von Blumenbeeten gesäumten Promenaden, einem See und zahlreichen Skulpturen.

Besonders beliebt sind der von Henryk Marconi 1855 gebaute Springbrunnen, die Sonnenuhr von 1863 in der Nähe, der ebenfalls von Marconi geschaffene Wasserturm sowie der Sybillen-Tempel. Nach dem Krieg wurden die Gärten nicht in alter Größe wiederhergestellt, trotzdem ist schwer vorstellbar, dass sie früher schöner waren als heute. Die begonnene Rekonstruktion der beiden Paläste auf dem plac Piłsudskiego ist also auch in diesem Sinne ein spannendes Projekt.

Durchgehend geöffnet. Plac Piłsudskiego. Bus 111, 174, 175, Haltestelle plac Piłsudskiego. Oder Bus 102, 105, 174, Haltestelle Zachęta.

Nationale Kunstgalerie Zachęta (Zachęta Narodowa Galeria Sztuki)

„Zachęta", so der Kurzname einer der ambitioniertesten Kunstgalerien Polens, bedeutet so viel wie „Ermutigung" oder „Ansporn". Gegründet wurde die gleichnamige Gesellschaft 1860, die Galerie eröffnete zur Jahrhundertwende und wurde nach der Wende 1990 wieder ins Leben gerufen. Das Neorenaissance-Gebäude realisierte der Warschauer Architekt Stefan Szyller 1899–1903, auch der Entwurf für das Glasdach im Innenhof stammt von ihm.

Ein tragisches Ereignis brachte die Galerie in die Geschichtsbücher. Bei einer Vernissage am 16. Dezember 1922 wurde der Zwischenkriegspräsident Gabriel Narutowicz von einem geistig verwirrten Maler erschossen. Den Zweiten Weltkrieg überstand das Gebäude fast unbeschädigt, dennoch wurde die ursprüngliche Sammlung ins Nationalmuseum verbracht, wo sie bis heute zu sehen ist.

Im Millenniumsjahr feierte man das 100-jährige Jubiläum mit einer großen Ausstellung zum polnischen Kunstschaffen in diesem Zeitraum. Seit 2003 hat die Zachęta den Status einer nationalen Kunstgalerie, ihre wechselnden Ausstellungen sind in der Stadt, in Polen und sogar im Ausland Gesprächsthema, wenngleich für manchen die modernen Werke zu provokativ sind. So versuchte der nationalkonservative Politiker Witold Tomczak, die Skulptur „La Nona Ora" (1990) des italienischen Künstlers Maurizio Cattelan (geb. 1960) zu zerstören. Sie zeigt Papst Johannes Paul II., wie er von einem Meteoriten getroffen wird. Anschließend beleidigte Tomczak die in Polen überaus angesehene Kuratorin Anda Rottenberg mit teils antisemitischen Artikeln und „offenen Briefen". Dermaßen peinlich geworden, wurde Tomczak ins EU-Parlament weggelobt, wo er dem Ansehen Polens z. B. mit Tiraden gegen Schwule weiterhin unverdrossen Schaden zufügte – zum Glück nur eine Legislaturperiode lang.

Di–So 12–20 Uhr, Mo geschlossen. Eintritt 4 €, erm. 2,50 €, Familien 4,50 €, Do frei. ☎ 22-5569600, www.zacheta.art.pl. Plac Małachowskiego 3.
Bus 111, 174, 175, Haltestelle plac Piłsudskiego. Oder Bus 102, 105, 174, Haltestelle Zachęta. Ⓜ Świętokrzyska.

Ethnografisches Museum (Muzeum Etnograficzne)

Das 1888 gegründete Museum zeigt Stücke der polnischen, europäischen und außereuropäischen Volkskulturen;

den Fundus dafür bieten u. a. die großen privaten Sammlungen der polnischen Ethnologen Bronisław Piotr Piłsudski (1866–1918), Leopold Janikowski (1855–1942) und Jan Kubary (1846–1896).

Die interessantesten Exponate sind die der polnischen Volkskunst, v. a. Schnitzarbeiten, traditionelle Trachten aus fast allen Landesteilen sowie afrikanische Masken aus verschiedenen Regionen des Kontinents. Ein Ende der seit Jahren andauernden Renovierungsarbeiten ist für Mitte 2015 angepeilt.

Di–Fr 9–17, Sa 10–18, So 12–17 Uhr, Mo geschlossen. Eintritt 3 €, erm. 1,50 €, Sa frei, ✆ 22-8277641, www.pme.waw.pl. Ul. Kredytowa 1.

Bus 111, 174, 175, Haltestelle plac Piłsudskiego. Oder Bus 102, 105, 174, Haltestelle Zachęta. Ⓜ Świętokrzyska.

Praktische Infos → Karte S. 147

Restaurants

>>> Unser Tipp: Cesarski Pałac 5 Das mit Stilgefühl asiatisch eingerichtete Lokal betritt der Gast über eine Brücke, unter der in einem Bächlein Fische schwimmen. Die chinesische Besitzerin Yajia Lin-Iwanejko gilt in Warschau als Botschafterin des guten Geschmacks. Spektakulär ist der mongolische Grill im benachbarten „Tshingis Chan", von dem der Küchenchef fernöstliche Leckereien auf den Teller zaubert. Hauptgericht um die 7–17 €, die Riesenplatte für 10 Pers. kostet 250 €. Mo–Fr 12–23, Sa 12.30–23, So 12.30–22 Uhr. Ul. Senatorska 27, ✆ 22-8279707, www.cesarskipalac.com. **<<<**

>>> Unser Tipp: Kiku 1 Vielleicht Warschaus beste Sushi-Bar, die schönste allemal. Das Auge isst mit und erfreut sich an der Papierkunst in dieser „japanese dining gallery". Japanische Nudeln 9 €, Sushi-Set 13–28 €. Tägl. 12–23 Uhr. Ul. Senatorska 17, ✆ 22-8920901, www.kiku.pl. **<<<**

Michel Moran 9 Sehr populär bei den Managern, die im gegenüberliegenden Metropolitan-Gebäude arbeiten. Chefkoch Michel Moran wirkte zuvor schon in renommierten Restaurants in Paris, Genf, Luxemburg und Madrid, in Warschau erfüllte er sich dann den Traum eines eigenen Lokals. Business-Lunch 16–22 €, ansonsten häufig wechselnde Gerichte wie Entrecote für 26 €. Mo–Sa 12–22.30 Uhr, So Ruhetag. Plac Piłsudskiego 9, ✆ 22-8260107, www.restaurantbistrodeparis.com.

Thai Thai 7 Der thailändische Küchenchef Sanad Changpuen garantiert höchste Qualität. 2013 eröffnete er sein Restaurant in den edlen Räumlichkeiten im Nationaltheater. Riesengarnelen in rotem Curry mit frischem Chili 19 €. Tägl. 12–23 Uhr. Plac Teatralny 3 (im Theater), www.thaithai.pl.

Sakana 4 Sushi-Bar, die ausgezeichneten Fisch-Häppchen schwimmen auf Bötchen vorbei. Die Preise allerdings sind höher als in London oder München. Mo–Do 12–23, Fr/Sa 12–1, So 13–22 Uhr. Ul. Moliera 4, ✆ 22-8265958, www.sakana.pl.

El Popo 6 Mexikanisches Restaurant mit Papageien im Käfig. Chili 5,50 €, Fajita 12–14 €. Tägl. 12–24 Uhr. Ul. Senatorska 27, ✆ 22-8272340, www.kregliccy.pl.

St. Antonio 11 Ein beliebtes Restaurant in guter Lage mit großem Garten. Hauptgericht 9–19 €. Di–Sa 11–24, So/Mo 12–24 Uhr. Ul. Senatorska 37, ✆ 22-8263008, www.stantonio.pl.

Muu Muu 2 Das 2014 unter die 100 besten polnischen Restaurants gewählte Steakhouse folgt mit seiner Karte zwei Trends der letzten Jahre: Die Schönen und Reichen in Polen essen mehr Rindfleisch und trinken mehr Wein. Steaks 9,50–21 €, das 550g-T-Bone für 24 € und das Chateaubriand für 2–3 Pers. 49 €. So–Do 12–22, Fr/Sa 12–23 Uhr. Ul. Moliera 8, ✆ 22-4651553, www.muumuu.pl.

Naleśnikarnia 8 Fünfundzwanzig Pfannkuchenvariationen von herzhaft bis süß kitzeln hier für 3–5 € den Gaumen. Mo–Fr 8–20, Sa/So 12–18 Uhr. Ul. Moliera 2, ✆ 22-8268948.

Cafés & Pubs

Antrakt 10 Liebevoll eingerichtetes Café voller Antiquitäten, mit Glück ist noch ein

Platz am Fenster frei – das Antrakt ist bei Schauspielern des Teatr Wielki beliebt. Mo–Fr 11–23, Sa/So 13–24 Uhr. Plac Piłsudskiego 9, ✆ 22-8276411, www.antraktcafe.pl.

Pędzący Królik ❷ Pop-Art-Kissen und -Sessel, Neon-Hasen und Fastschonkitsch sowie Anspielungen auf Alice im Wunderland – das „Rasende Kaninchen", so der Name auf Deutsch, setzt einen krassen Kontrast zu den snobistischen Clubs in der Umgebung, auch wenn man dieselbe Klientel hat. Leichte Bistrogerichte und Salate sowie hervorragende Kuchen. So–Do 10–23, Fr/Sa bis 24, Sa/So ab 11 Uhr. Ul. Moliera 8, ✆ 22-8260245, www.pedzacykrolik.com.

🌿 **Klubokawiarnia resort** ❸ Nettes Clubcafé unter dem Motto „Reduce – Reuse – Recycle". Hippe Einrichtung aus recycelten Einkaufswagen, Büchern, Straßenschildern und Klopapierrollen, Zum Essen gibt es Toasts und Wraps. So–Do 11–2, Fr/Sa bis 6, Sa/So ab 10 Uhr. Ul. Bielańska 1. ∎

Bookhousecafe ⓱ Café mit kostenlosem Hotspot in einer Buchhandlung, wurde 2008 zum für Familien mit Kindern angenehmsten Ort im Zentrum gekürt. Mo–Fr 7.30–23 Uhr. Ul. Świętokrzyska 14, www.domksiazki.pl.

Nachtleben

Tygmont ⓯ Vom US-Jazz-Magazin Downbeat mal unter die 100 bedeutendsten Jazzclubs der Welt gewählt, die guten Zeiten sind aber längst Geschichte. Inzwischen leider, leider nur noch eine drittklassige Disco. Mo/Di 20–1, Mi/Do 20–2, Fr/Sa 20–3, So 19–4 Uhr. Ul. Mazowiecka 6, ✆ 22-8283409, www.tygmont.com.pl.

Paparazzi ⓭ Teils versnobtes Publikum, das an Cocktails nippt. Strenge Türsteher, Eintritt erst ab 21 Jahren. Mo–Do 18–1, Fr/Sa 18–4, So 18–1 Uhr. Ul. Mazowiecka 12, ✆ 22-8284219, www.paparazzi.com.pl.

Galerien

》》 **Unser Tipp:** Galeria Andrzeja Mleczki ⓰ Der politisch nicht korrekte Karikaturist ist in Polen Kult; in der Galerie kann man Plakate, Bücher, Postkarten, T-Shirts, Tassen und sogar Bettwäsche mit seinen Motiven erstehen. Tägl. 10–18 Uhr. Ul. Marszałkowska 140, ✆ 22-8295760, www.mleczko.pl. 《《

Innenhof der St.-Anton-Kirche

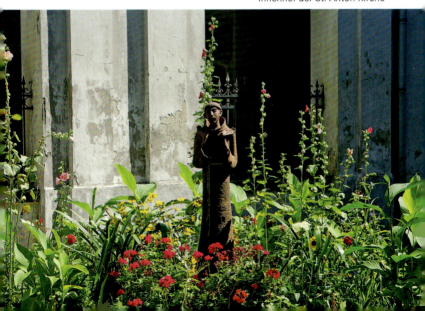

Ein Teil der Warschauer Skyline bei Sonnenuntergang

Centrum: Vom Kulturpalast zu den Wolkenkratzern

Rund um den Kulturpalast pulsiert das Herz der Stadt. Hier arbeiten Banker und Manager, hier wird hemmungslos dem Konsum gefrönt. Nirgendwo sonst ist Warschau aber auch so chaotisch und aufregend. Passanten hetzen zur Metro, an den Fassaden versprechen monströse Werbeplakate das Blaue vom Himmel, und fast wöchentlich ist eine neue Baustelle zu entdecken …

Immer noch unfertig wirkt die Umgebung rund um den plac Defilad. Nach dem Krieg als repräsentatives Zentrum geplant, wurde in den 1950er-Jahren letztlich kaum mehr als der Kulturpalast errichtet, ein ungeliebtes Geschenk Stalins in Form eines monströsen Wolkenkratzers. Der Zentralbahnhof war schon ein von Geldmangel bedingter Kompromiss, die seltsam zeltförmigen Einkaufszentren auf dem Platz sowieso, und auch der Übergang zwischen Königstrakt und Kulturpalast in Form der in den 60er-Jahren hochgezogenen Ściana Wschodnia (Ostwall) ist alles andere als gelungen. Eine interessante Ausnahme ist die markante Rotunde der PKO-BP-Bank von 1979, bei der man sich gerne trifft, bevor man in die ulica Chmielna zum Shoppen oder Essen geht.

In den kommenden Jahren wird sich das Bild um den plac Defilad und die angrenzenden Straßen gründlich ändern. Schon jetzt träumen die Warschauer von einem harmonischen Zentrum, in dem der Kulturpalast keine derart dominante Rolle mehr spielen wird. Dann werden noch mehr Wolkenkratzer und weitere architektonisch interessante Gebäude das Bild einer moder-

Tour 6

nen Metropole prägen: In Planung sind neue Museen, eine neue Philharmonie, Einkaufsarkaden und Brunnenanlagen (→ Kasten). Die in den Himmel ragenden Türme, die Glasfassaden und geschwungenen Linien der schon gebauten Gebäude sind für Warschauer und Polen wie eine Bestätigung, dass der Sozialismus endgültig begraben ist und neue, wirtschaftlich starke und politisch freie Zeiten angebrochen sind. Selten zeigt sich die Symbolkraft zeitgenössischer Architektur so deutlich wie in Warschau!

Tour

> **Ausgangspunkt** ist die ul. Chmielna am Königstrakt. Anfahrt mit Bus 111, 116, 175, 180, Haltestelle Foksal.
>
> **Ende**: ulica Złota/Ecke aleja Jana Pawła II. Weiterfahrt mit Tram 10, 17, 33, 37. Bus 109, 160, 174, Haltestelle Rondo ONZ. Ⓜ Rondo ONZ.
>
> **Alternativ**: Endpunkt am Warta-Tower. Ul. Chmielna 85. Weiterfahrt mit Tram 7, 8, 9, 22, 24, 25. Bus 127, 128, 157, 158, 175, Haltestelle Plac Starynkiewicza.
>
> **Dauer**: Reine Gehzeit der Tour 1¼ bis 1¾ Std.

Von der ulica Nowy Świat biegen wir in die ulica Chmielna ein. Vorbei an vielen Boutiquen und Geschäften geht es nach 300 m rechts in die ulica Szpitalna, auf der wir in Richtung Norden das traditionsreiche Kaffeehaus Wedel zur Rechten passieren.

Weiter geradeaus geht es zum → **Platz der Aufständischen Warschaus** (plac Powstańców Warszawy), an dem Warschaus ältestes Hochhaus steht. Wesentlich moderner zeigt sich die → **Zentrale der Polnischen Telekom** (TP S. A., Office Building) daneben. Durch das Tor an dem langen Wohnblock an der Westseite des Platzes und dann geradeaus auf der ulica Sienkiewicza erreichen wir die → **Nationalphilharmonie** (Filharmonia Narodowa), die sich in dem gegenüberliegenden Glasbau spiegelt. Noch ein paar Schritte weiter Richtung Westen, und schon ist der berühmt-berüchtigte Kulturpalast (Pałac Kultury) zu sehen. Zuvor ist noch die ulica Marszałkowska zu überqueren (an der Ampel rechts oder alternativ durch die Unterführung zur Linken), und wir stehen auf dem → **Paradeplatz** (plac Defilad). Durch den Świętokrzyski-Park im Norden des Platzes, vorbei am Brunnen, geht es nach links zur Nordseite des Kulturpalasts, zum → **Evolutionsmuseum PAN** (Muzeum Ewolucji PAN) im Palast der Jugend, einem Flügel des mächtigen Bauwerks. Auf dem Weg zur Ostseite lohnen Blicke auf die mit sozialistischen Skulpturen geschmückte Fassade. Hier können wir den Wolkenkratzer, offiziell → **Kultur- und Wissenschaftspalast** (Pałac Kultury i Nauki) genannt, auch betreten, um die prunkvollen Innenräume zu besichtigen und mit dem Aufzug auf die Aussichtsterrasse zu fahren. An seiner Südseite lohnt ein kurzer Abstecher in die Kinoteka sowie ein längerer ins → **Technikmuseum** (Muzeum Techniki). Schließlich geht es zur Westseite, in der sich der → **Kongresssaal** (Sala Kongresowa) befindet.

Auch wenn viele Warschauer den Weg über die Straße wählen, nehmen wir sicherheitshalber den Weg durch die Unterführung, durch die wir direkt vor dem spektakulären → **Einkaufszentrum Goldene Terrassen** (Złote Tarasy) herauskommen. Gleich nebenan befindet sich der von Stararchitekt Daniel Libeskind entworfene → **Złota-44-Wolkenkratzer** (Złota 44 Tower). Ein seltsames Loch zwischen dem Haupthaus und einer schmalen Säule ziert den daneben stehenden → **Intercontinental-Wolkenkratzer** (InterContinental), den Grund dafür finden Sie im Kastentext „Licht und Schatten". Weiter auf der ulica Emilii Plater in Richtung Norden steht das → **Warschauer Finanzzentrum** (Warszawskie Centrum Finansowe), das ahnen lässt, wie es in einigen Jahren rund um den Kulturpalast aussehen wird. Anschließend geht es links in die ulica Świętokrzyska bis zum → **Rondo-ONZ 1-Wolkenkratzer** (Rondo ONZ 1). Auf der anderen Straßenseite streckt sich das → **Ilmet-Hochhaus** (Ilmet) etwas weniger weit in den Himmel.

Die aleja Jana Pawła II gehen wir nun 300 m nach Süden und bei der ulica Złota nach rechts. Im Hinterhof des Hauses Nr. 62 stoßen wir auf die murów getta). Nur für Hochhausarchitektur-Interessierte lohnt der Weg über

die ulica Twarda in Richtung Südwesten bis zur ulica Chmielna, in der das → **Warta-Hochhaus** (Warta-Tower) mit schönem Patio steht. Hoch hinaus will an dieser Stelle der Unternehmer Jan Kulczyk, Polens zweitreichster Mann. Ob er die 280 m erreichen darf, ist allerdings mehr als fraglich, da sich hier ein Korridor für in Warschau startende oder landende Flugzeuge befindet.

Sehenswertes

Platz der Aufständischen Warschaus
(plac Powstańców Warszawy)

Der 1921–1945 nach Napoléon Bonaparte benannte Platz ist anscheinend mit einem Fluch belastet. Im 18. Jh. stand hier ein Sterbespital für arme Warschauer. Wegen der nur halbherzigen Wiederaufbauarbeiten nach dem Zweiten Weltkrieg ist der Platz auch heute beileibe keine Schönheit, den Sitz der Polnischen Nationalbank tauften die Warschauer respektlos, aber treffend „Sarg".

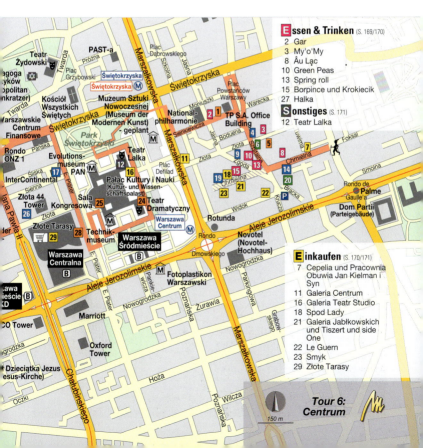

Interessant ist jedoch das *Hotel Warszawa*, das seit 2010 restauriert wird. Unter dem Namen Prudential wurde es 1934 im Art-déco-Stil errichtet und war bis zum Bau des Kulturpalasts mit 66 m Warschaus höchstes Gebäude. Wegen der schweren Stahlträger hielt es im Zweiten Weltkrieg Artilleriebeschuss und Sprengungen stand und wurde in den 50er-Jahren im realsozialistischen Stil umgebaut. Noch ist das heruntergekommene Gebäude mit seinem verblichenen Glanz ein beliebtes Fotomotiv; in den letzten Jahren wurde die Fassade als riesige Werbewand genutzt, doch die Umbauarbeiten für Büros und Luxusappartements sind fast abgeschlossen.

Plac Powstańców Warszawy. Bus 107, Haltestelle Pl. Powstańców Warszawy oder Bus 111, 116, 175, 180, Haltestelle Ordynacka. Ⓜ Świętokrzyska.

Zentrale der Polnischen Telekom (TP S. A. Office Building)

Das gläserne Bürogebäude wäre nicht weiter der Rede wert, würden sich in seinen blauen Scheiben nicht die alten, noch unsanierten Wohnblöcke spiegeln. Im Internet wurde es in einem alternativen Blog treffend als „hypermoderne Rakete inmitten von Trümmern" bezeichnet.

Ul. Moniuszki 1 a. Bus 107, Haltestelle Pl. Powstańców Warszawy oder Bus 111, 116, 175, 180, Haltestelle Ordynacka. Ⓜ Świętokrzyska.

Nationalphilharmonie
(Filharmonia Narodowa)

Unter der künstlerischen Leitung des Penderecki- und Boulanger-Schülers Antoni Wit entwickelte sich die Nationalphilharmonie zu einem der angesehensten Häuser in Europa. Interessanterweise hat das Orchester schon viele Soundtracks für Computerspiele und japanische Animationsfilme produziert; für Freunde klassischer Musik dürfte wichtiger sein, dass im schönen Konzertsaal alle fünf Jahre der Chopin-Wettbewerb veranstaltet wird.

Von außen hat das im Jahr 1900 in nur zwölf Monaten fertiggestellte Gebäude

Platz der Aufständischen Warschaus mit Hotel Warszawa (rechts), im Hintergrund die Zentrale der TP S. A.

Die Philharmonie spiegelt sich im gegenüberliegenden Gebäude

allerdings viel von seiner früheren Pracht eingebüßt, weshalb ein Neubau auf dem plac Defilad geplant ist. Die grellgrünen Neonröhren mit dem Schriftzug „Filharmonia" passen auch so gar nicht zu einem Haus, das sich der anspruchsvollen klassischen Musik widmet. Eine Anekdote erzählt von den deutschen Komponisten Christoph Gluck und Georg Friedrich Händel, deren Büsten in den Vorkriegsjahren nebeneinander an der Fassade zu sehen waren. „Glück im Handel" wünschten sich dann die geschäftstüchtigen Warschauer auf Deutsch, wenn sie hier vorbeikamen.

Kasse: Mo–Sa 10–14 und 15–19 Uhr, So bei Veranstaltungen 4 Std. vor Beginn. Karten 5–40 €. ✆ 22-5517111, filharmonia. pl. Ul. Jasna 5.

Tram 4, 18, 35, Bus 171, 178, 227, Haltestelle Metro Świętokrzyska. Ⓜ Świętokrzyska.

Paradeplatz (plac Defilad)

Auf dem bisher noch weitläufigen Platz mit dem Kulturpalast wird in den nächsten Jahren das neue Zentrum Warschaus entstehen, das alle anderen Citys in Europa in den Schatten stellen soll. Geplant sind u. a. ein Neubau für das Museum für Zeitgenössische Kunst, ein neues Philharmoniegebäude, diverse Wolkenkratzer, Einkaufspassagen, Glaspaläste sowie der dringend benötigte Bahnhofsneubau. So wird der in sozialistischer Zeit (und bis heute) beliebte Witz wohl bald seinen Sinn verlieren: „Wo hat man den schönsten Blick auf Warschau? Vom Kulturpalast: Von dort aus sieht man ihn nicht."

Die aktuellen Pläne für den Paradeplatz sind entweder auf der leider nur polnischsprachigen Homepage zu besichtigen – oder mit bewegten Bildern auf youtube, wo man einfach den Namen des Platzes eingibt. Nach der Realisierung des Großprojekts wäre wohl auch eine Umbenennung angezeigt, denn für Schauspiele wie Militärparaden wird auf dem plac Defilad, der nach dem Krieg noch Stalin-Platz hieß, kein Platz mehr sein. Zuvor gilt es allerdings noch, mit den im Sozialismus enteigneten Grundstücksbesitzern einen bezahlbaren Kompromiss zu finden.

www.placdefilad.pl. Tram 4, 7, 8, 9, 18, 22, 24, 25. Bus 117, 127, 128, 131, 158, 171, Haltestelle Centrum. Ⓜ Centrum.

Die „Stalinstachel" wird das künstliche Licht brauchen

Licht und Schatten

In den kommenden Jahren wird das Zentrum um den plac Defilad große städtebauliche Veränderungen erleben. Neben dem neuen Museum für Zeitgenössische Kunst, der neuen Nationalphilharmonie und dem Bahnhofsneubau werden v. a. die Wolkenkratzer herausstechen. Doch inmitten dieser Goliaths der Stadtplanung bereiten ein paar verhältnismäßig kleine, alte und hässliche Davids den Investoren schlaflose Nächte. Nicht genug, dass die langen Wohnblocks stehen bleiben werden. Damit die neuen Wolkenkratzer und Hochhäuser den Bewohnern das Tageslicht nicht verdecken, müssen die Architekten bei ihren Projekten Rücksicht nehmen. Deutlich wird das z. B. beim Intercontinental-Wolkenkratzer, dessen wie herausgeschnitten wirkendes Loch zwischen dem Hauptturm und der schmalen, tragenden „Säule" der Existenz des kleinen Wohnblocks an der ulica Pańska 3 geschuldet ist. Wenig Mitleid haben die Stadtplaner dagegen mit dem Kulturpalast. Wenn die Vorhaben umgesetzt werden, wird dem „Stalinstachel" das Licht von den neuen kapitalistischen Prunkbauten genommen werden – das einstige Wahrzeichen Warschaus wird dann fast nicht mehr zu sehen sein!

Evolutionsmuseum PAN
(Muzeum Ewolucji PAN)

Kinder und Dino-Fans werden inmitten der Skelette und Modelle ihren Spaß haben, auch wenn die Art der Präsentation fast schon prähistorischen Charakter hat. Trotzdem begeistern sich Generationen von Kindern stets aufs Neue für Dinosauriergerippe und Modelle frühzeitlicher Menschenahnen.

Im *Palast der Jugend* gibt es zudem Sporthallen, ein Schwimmbad sowie regelmäßig Veranstaltungen für Kinder

und Teenager, von Theater über Tanz bis zu Sprachkursen.
Museum: Di–Sa 8–16, So 10–14.30 Uhr, Mo/Feiertage geschlossen. Eintritt 2 €, erm. 1 €. ✆ 22-6566637, www.muzewol.pan.pl.
Palast der Jugend: ✆ 22-6203363, www.pm.waw.pl. Plac Defilad 1, Eingang ul. Świętokrzyska.
Tram 4, 18, 35, Bus 171, 178, 227, Haltestelle Metro Świętokrzyska. Ⓜ Świętokrzyska.

Kultur- und Wissenschaftspalast
(Pałac Kultury i Nauki)

Für die von 1952 bis 1956 dauernden Bauarbeiten wurden eigens 3500 russische Arbeiter abgestellt, die zusammen mit ihren polnischen Kollegen den 231 m hohen Turm des Kulturpalastes in Rekordzeit vollendeten. Obwohl der russische Architekt Lew Rudniew durch ganz Polen reiste, um traditionelle Bauwerke zu studieren und deren Stile in den Palast einfließen zu lassen, gefiel der Wolkenkratzer den Warschauern kein bisschen. Die Spitznamen wie Bejing (Anlehnung an die Abkürzung PKiN), Pajac (polnisch: Clown, Verballhornung von Pałac/Palast), „Stalinstachel" oder, etwas milder, „russische Hochzeitstorte" hängen sicher damit zusammen, dass die überwiegende Mehrheit der Polen sowohl den Diktator als auch den Sozialismus entschieden ablehnte. So waren auch die 2007 aufkommenden Proteste gegen die Aufnahme des Gebäudes in das Denkmalschutzregister großteils politisch motiviert.

Die Fassade des Kulturpalastes schmücken mächtige Säulen und Skulpturen. Polenkennern wird auffallen, dass die Attiken den Renaissance-Tuchhallen in Krakau nachempfunden sind. Beherrschend sind die sozialistischen Allegorien der Figuren, die Wissenschaft, Arbeit und Kunst darstellen. Die Phase der Entstalinisierung nach dem Tod des Diktators ist an einem Detail zu erkennen: Bei der Skulptur mit dem Buch in der Hand wurde der ursprünglich unter Marx, Engels und Lenin eingravierte Name Stalins entfernt.

Einige der Innenräume mit „sozialistischen" Kronleuchtern, Marmorfluren und weiteren, i. d. R. faszinierenden, aber überdimensionierten Details sind öffentlich zugänglich, unter anderen die Museen und Theater. Man sollte es sich nicht nehmen lassen, auch den Clubs auf der Westseite, dem Café Kulturalna im Teatr Dramatyczny und der Kinoteka einen Besuch abzustatten.

Über die Ostseite gelangt man zum Aufzug, der zum „Gotischen Saal" im 30. Stock auf 114 m Höhe fährt. Publikumsmagnet dort ist natürlich die Aussichtsterrasse mit Rundblick über die Stadt. Angeblich soll der russische Kosmonaut Jurij Gagarin an dieser Stelle Höhenangst bekommen haben, obwohl er der erste Mensch im Weltall war. Das Sicherheitsgitter ließ man übrigens erst einbauen, als sich schon acht Lebensmüde von der Brüstung in den Tod gestürzt hatten.

Aussichtsterrasse tägl. 9–18 Uhr, Juni–Aug. So–Do bis 20 Uhr und Fr/Sa bis 23.30 Uhr. Eintritt 4,50 €, erm. 3 €, Gruppen mit mehr als 10 Pers. 2,50 €, 5 € in Sommernächten. ✆ 22-6567600, www.pkin.pl. Plac Defilad 1.
Tram 4, 7, 8, 9, 18, 22, 24, 25. Bus 117, 127, 128, 131, 158, 171, Haltestelle Centrum. Ⓜ Centrum.

Technikmuseum
(Muzeum Techniki)

Das zweite Museum im Kulturpalast wartet in Teilen ebenfalls noch auf die Wende, 50-jährige Warschauer behaupten gar, hier habe sich seit ihrer Kindergartenzeit nichts geändert. Insofern zeigt das Haus eher die Geschichte der Technik, allerdings mit sehenswerten Exponaten wie historischen Haushalts- und Telekommunikationsgeräten. Die Kosmonautenprogramme und Ausstellungen zum Hüttenwesen hingegen lassen den Geist des jungen Sozialismus der 50er-Jahre spüren. Die beiden interessantesten Ausstellungen sind leider nur mit polnischsprachiger Führung zu besichtigen und kosten zusätzlichen Eintritt: Das sog. *Glasmädchen* zeigt die Anatomie des menschlichen Körpers, das *Planetarium* erwartungsgemäß die Himmelskörper unseres Universums.

April–Sept. Di–Fr 9–17, Sa/So 10–17 Uhr. Okt.–März Di–Fr 8.30–16.30, Sa/So 10–17 Uhr. Mo immer geschlossen. Eintritt 3,50 €, erm. 2 €. Planetarium 1 €. Glasmädchen 0,50 €. ✆ 22-6566747, www.muzeum techniki.warszawa.pl. Plac Defilad 1.

Tram 4, 7, 8, 9, 18, 22, 24, 25. Bus 117, 127, 128, 131, 158, 171, Haltestelle Centrum. Ⓜ Centrum.

Kulturpalast und Skyline aus ungewöhnlicher Perspektive

Kongresssaal (Sala Kongresowa)

Das Sahnestück des Kulturpalastes bietet beinahe 3000 Menschen Platz. Hier fanden früher die Kongresse der Kommunistischen Partei statt, hier spielten aber auch schon Größen wie die Stones, Miles Davis, Marlene Dietrich oder Louis Armstrong. Der halbrunde Konzertsaal ist eigentlich nur bei Aufführungen, Messen und Tagungen zu besichtigen, mit etwas Glück fällt Ihr Warschaubesuch aber auf die lange Nacht der Museen oder den Tag des offenen Denkmals, vielleicht gibt auch einer Ihrer Lieblingsmusiker gerade ein Konzert. Noch mehr Glück oder viel Charme braucht man, um zu den Kassenöffnungszeiten einen Blick in das rotweiß-goldene Innere werfen zu dürfen. Eine Alternative bietet seit 2014 das Reisebüro TRAKT (s. u.).

Zutritt nach 2- bis 14-tägiger Voranmeldung über das Reisebüro TRAKT (ul. Kredytowa 6, ✆ 22-8278069, www.trakt.com.pl). Kasse: Mo–Fr 11–18, Sa 11–15 Uhr und vor Veranstaltungen. Karten 18–110 €. ✆ 22-6567299, www.kongresowa.pl. Plac Defilad 1.

Tram 7, 8, 9, 22, 24, 25, 33. Bus 117, 127, 131. Haltestelle Dworzec Centralny. Ⓜ Centrum.

Einkaufszentrum Goldene Terrassen (Złote Tarasy)

An dem extravaganten Gebäude scheiden sich die Geschmäcker. Für die einen ist der Konsumtempel geschmackloser Kitsch, für andere ein Gewinn für die Stadt. Fakt ist, dass er schon kurz nach Fertigstellung 2007 zu einem neuen Wahrzeichen Warschaus und das Team um den US-amerikanischen Architekten Jon Jerde mit Preisen überhäuft wurde. Interessant ist v. a. das gewellte Glasdach, das aus acht ineinander fließenden Kuppeln besteht. Der Name bezieht sich übrigens weder auf die Lage noch auf den Umsatz der auf 225.000 m² verteilten Geschäfte, Boutiquen, Restaurants, Kinos und Bü-

Wolkenkratzer und moderne Architektur

ros, sondern auf die Straße, an der die Shopping Mall liegt.

Mo–Sa 9–22, So 9–21 Uhr. ✆ 22-2222200, www.zlotetarasy.pl. Ul. Złota 59.

Tram 7, 8, 9, 22, 24, 25, 33. Bus 117, 127, 131. Haltestelle Dworzec Centralny. Ⓜ Centrum.

Złota-44-Wolkenkratzer
(Złota 44 Tower)

Bei diesem Projekt ging es nach Aussage der Verantwortlichen um nicht weniger, als Warschau auf die Weltkarte der Architektur und ins öffentliche Interesse Europas zurückzubringen. Mit Daniel Libeskind hat man in mehrfacher Hinsicht den Richtigen für die Aufgabe gewählt. Der in Warschau geborene Stararchitekt kennt den Ort seit seiner Kindheit, hat die Weichselmetropole oft als architektonisch interessanteste Stadt Europas bezeichnet und wurde nicht zuletzt wegen seiner vielgelobten Entwürfe beauftragt. Der Wolkenkratzer ragt, harmonisch von einer segelförmigen Hülle verschlungen, 192 Meter in den Himmel und erfüllt dabei modernste ökologische Standards. Die Finanzkrise führte 2009 zum Baustopp, 2010 wurden die Arbeiten wieder aufgenommen, 2012 konnte schließlich die Fertigstellung gefeiert werden. Unverständlich ist aber die Gestaltung der Fassade, die dermaßen billig und hässlich aussieht, dass viele Warschauer ihren Zorn in Leserbriefen, Blogs und auf Facebook kundtaten.

www.zlota44tower.com. Ul. Złota 44.

Tram 7, 8, 9, 22, 24, 25, 33. Bus 117, 127, 131. Haltestelle Dworzec Centralny. Ⓜ Rondo ONZ

Intercontinental-Wolkenkratzer (InterContinental)

Die seltsame Form des 164 m hohen Turms erklärt sich durch Bauauflagen (→ Kastentext oben). Seit seiner Fertigstellung 2003 ist der Wolkenkratzer eines der höchsten Hotels der Welt. Wer über das nötige Kleingeld für die Mitgliedskarte oder eine Übernachtung verfügt, sollte sich einen Wellness-Tag im 43. und 44. Stock des Hotels leisten – es gibt kaum einen Ort in Warschau mit besserer Sicht.

RiverView Wellness Centre: Mo–Fr 6–23, Sa/So 7–21 Uhr. ✆ 22-3288640, www.warszawa.intercontinental.com, www.riverview.com.pl. Ul. Emilii Plater 49.

Tram 7, 8, 9, 22, 24, 25, Haltestelle Dworzec Centralny. Bus 109, 160, Haltestelle Emilii Plater. Ⓜ Rondo ONZ.

Museum der Modernen Kunst
(Muzeum Sztuki Nowoczesnej)

Es ist eines der spannendsten Warschauer Themen der letzten Jahre: Wann und wo kann mit dem Bau des Museums begonnen werden? Zuvor gibt es nämlich mehrere Stolpersteine aus dem Weg zu schaffen. Der erste ist mit dem Ort verbunden, ist der Museumsbau doch für die Nordost-Flanke des plac Defilad vorgesehen. Und hier gibt es noch zahlreiche Alteigentümer, die im Sozialismus enteignet wurden und nun auf hohe Entschädigungszahlungen spekulieren. Beim zweiten geht es um Probleme zwischen der Stadt und dem Schweizer Architekten Christian Kerez, der den Wettbewerb unter 109 Teilnehmern eigentlich gewonnen hatte. Anfängliche Kommunikationsschwierigkeiten eskalierten in immer heftigeren gegenseitigen Vorwürfen, die schließlich im Mai 2012 zur Vertragsauflösung führten. 2014 gab es dann eine erneute Ausschreibung. Bis 2019 wird man sich für die Ausstellungen mit den Räumlichkeiten des ehemaligen Möbelhauses Emilia begnügen müssen, statt die wirklich sehenswerten Werke der Wechselausstellungen vor riesigen Betonwänden auf sich wirken zu lassen.

Di–So 12–20 Uhr. Eintritt frei. ✆ 22-5964010, www.artmuseum.pl. Adresse bis 2019: Ul. Emilii Plater 51 & ul. Pańska 3. Tram 7, 8, 9, 22, 24, 25, Haltestelle Dworzec Centralny. Bus 109, 160, Haltestelle Emilii Plater, Ⓜ Rondo ONZ.

Warschauer Finanzzentrum
(Warszawskie Centrum Finansowe)

Nach zweijähriger Bauzeit wurde der mit 165 m noch in den Topten der höchsten Gebäude Warschaus befindliche Wolkenkratzer 1998 für die Finanzwelt geöffnet. Leider sind die ebenfalls sehenswerten Innenräume nicht zu besichtigen, so bleibt der Blick auf die Fassade des von einem polnisch-amerikanischen Architektenteam entworfenen Turms.

www.wfc.pl. Ul. Emilii Plater 53. Tram 7, 8, 9, 22, 24, 25, Haltestelle Dworzec Centralny. Bus 109, 160, Haltestelle Emilii Plater. Ⓜ Rondo ONZ.

Rondo-ONZ 1-Wolkenkratzer
(Rondo ONZ 1)

Mit 194 m ist der Wolkenkratzer des Architekturkonzerns Skidmore, Owings and Merrill noch das dritthöchste Gebäude Warschaus. Nachdem 2006 die Arbeiten nach dreijähriger Bauzeit beendet waren, freuten sich die Warschauer über einen gelungenen Turm. Die Investoren mussten ihn jedoch wegen der auf 200 Millionen Euro gestiegenen Baukosten verkaufen und erzielten sogleich nach Fertigstellung 260 Millionen Euro. Besonders interessant sind die Aufzüge, die auch vom Erdgeschoss aus zu beobachten sind.

www.rondo1.pl. Tram 10, 17, 33, 37. Bus 109, 160, 174, 178. Haltestelle Rondo ONZ. Ⓜ Rondo ONZ.

Ilmet-Hochhaus (Ilmet)

Von weither durch den Mercedes-Stern auf dem Dach zu erkennen ist der 1997 gebaute Turm einer Immobilienfirma, in dem Daimler-Benz, die Volkswagen-Bank, AirSwiss und andere ihren Sitz haben. Mit seinen rötlich-lachsfarbenen

Querverstrebungen, den dunklen Fenstern und seiner harmonischen Form zählt er sicher zu den schöneren Hochhäusern der Stadt. 2011 entschied sich die Schweizer Bank UBS jedoch zu einem Abriss des Turms ab Ende 2014, entstehen soll stattdessen bis 2016 ein 188 m hoher Wolkenkratzer.

Al. Jana Pawła II 15. Tram 10, 17, 33, 37, Bus 109, 160, 174, 178, Haltestelle Rondo ONZ. Ⓜ Rondo ONZ.

Reste der Ghettomauer
(Fragmenty murów getta)

Von der 1940 gebauten Ghettomauer sind nur vereinzelte Teile stehen geblieben. So an zwei Stellen im Hinterhof dieses Mietshauses, was zudem zeigt, wie weit sich das Ghetto nach Süden ausgedehnt hat.

Ul. Sienna 55, Zugang über ulica Złota 62 (zwischen den Pavillons mit den Geschäften), außerhalb der Ferien manchmal auch über den Schulhof in der ul. Sienna 53. Tram 10, 17, 33, 37, Bus 109, 160, 174, 178, Haltestelle Rondo ONZ. Ⓜ Rondo ONZ.

Warta-Hochhaus
(Warta-Tower)

Selten treten in Warschau die Kontraste so klar hervor wie bei diesem gläsernen Hochhaus einer Versicherungsgesellschaft mit großzügiger Raumaufteilung in den ersten Stockwerken. Die unmittelbare Umgebung ist nämlich noch von Holzhütten, alten Garagen und eher ärmlichen Wohnblocks geprägt.

Als einer der wenigen modernen Bürotürme ist das Warta-Hochhaus auch innen zu besichtigen – wegen des mit Bambus und modernen Skulpturen gestalteten Patios durchaus lohnenswert. Direkt daneben soll nach Plänen des polnischen Milliardärs Jan Kulczyk Warschaus höchster Wolkenkratzer entstehen. Ob die geplante Höhe die startenden und landenden Flugzeuge beeinträchtigen könnte, ist bislang allerdings immer noch nicht geklärt.

Ul. Chmielna 85 Tram 7, 8, 9, 22, 24, 25. Bus 127, 128, 157, 158, 175, Haltestelle Plac Starynkiewicza. Ⓜ Rondo ONZ.

Praktische Infos
→ Karte S. 160/161

Restaurants

Gar 🟥2 Wie die anderen Kreationen von Magda Gessler strotzt auch dieses italienische Restaurant vor kreativen Einfällen. Ein Holzhirsch sitzt im Kamin, barocke Lampen spenden den von cremefarbenem und hellem Holz bestimmten Interieur wärmendes Licht. Seit 2010 wurde die Einrichtung durch heftigen Italokitsch ergänzt, der nächste Wandel kommt bestimmt. Pizza 4–9 €, Pasta 5–10 €, Arrosto di manzo 10 €. Mo–Sa 12–23, So 12–22 Uhr. Ul. Jasna 10, ✆ 22-8282605, www.gar.com.pl.

Halka 🟥27 Süß eingerichtetes Restaurant mit Buntglasfenstern; liebevoller Service. Polnische Hauptgerichte wie knusprig geröstete Schweinshaxe mit jungen Kartoffeln und Kraut 8,50 €. Tägl. 11–22 Uhr. Ul. Pańska 85, ✆ 22-6528102, www.restauracjahalka.pl.

》》 Unser Tipp: spring roll 🟥13 Super leckere Frühlingsrollen und Warschaus bester vietnamesischer låu, zu Deutsch Feuertopf. Mo–Do 11–22, Fr 11–23, Sa 12–23, So 12–22 Uhr. Ul. Szpitalna 3, ✆ 22-4681264, www.springroll.waw.pl. 《《

Borpince 🟥15 Ungarisches Keller-Restaurant mit langer Weinkarte und vielen vegetarischen Gerichten. Spezialitätenplatte für 2 Pers. 20,50 €. Tägl. 12–23 Uhr. Ul. Zgoda 1, ✆ 22-8282244, www.borpince.pl.

🌿 **Green Peas** 🟥10 Öko-Bar und -Café mit vielen vegetarischen und veganen Gerichten. Alle Zutaten natürlich aus Bio-Anbau. Glutenfreie Pasta für 4,50 €, weitere Hg. für ca. 5 €. Mo–Fr 9–20, Sa/So 12–21 Uhr. Ul. Szpitalna 5, ✆ 22-8261985, www.greenpeas.pl. ∎

My'o'My 🟥3 Bagel-Burger und Bioküche. Zum Schmunzeln hat uns der „Perverse

Deutsche" gebracht, ein Bagel mit Schweinekotelett, Speck und Senf. Mo 11–22, Di–Do 10–22, Fr/Sa 10–24, So 10–21 Uhr. Ul. Szpitalna 8 (Eingang über ul. Górskiego), www.myomy.pl.

Krokiecik 15 Beliebte Selbstbedienungs-Lunchbar. Żurek 2 €, Hg. 2,50–5 €. Mo–Sa 8–21, So 10–19 Uhr. Ul. Zgoda 1, ✆ 22-8273037, www.krokiecik.pl.

Âu Lạc 8 Vegetarische und vegane vietnamesische Bar mit leckeren und günstigen Gerichten. Mo–Sa 10–21, So 11–20 Uhr. Ul. Chmielna 10.

Cafés & Pubs

»> Unser Tipp: między nami 20 „Unter uns", so der Name auf Deutsch. Das deutsche Magazin PolenPlus entdeckte hier das „Lebensgefühl des stilvollen Warschaus", das italienische Blatt „Glamour" fand den „Rhythmus einer Hauptstadt". Polenweit gilt das Café inzwischen als Marke, und auch in Berlin ist man auf den polnischen Geschmack gekommen, dort wurde eine Filiale eröffnet. Mo–Do 10–23, Fr/Sa 10–24, So 14–23 Uhr. Ul. Bracka 20, ✆ 22-8285417, www.miedzynamicafe.com. «<

»> Unser Tipp: Wedel 6 Eine polnische Institution, die den Geist des 19. Jahrhunderts atmet. Seit mehr als 150 Jahren wird unter den Kronleuchtern von Kellnerinnen in Uniform eine heiße Schokolade serviert, die nicht von dieser Welt zu sein scheint. Mo–Fr 8–22, Sa 10–22, So 10–21 Uhr. Ul. Szpitalna 8, ✆ 22-8272916, www.wedelpijalnie.pl. «<

Grycan 21 Serviert das vielleicht beste Eis der Stadt, v. a. die Sorbets sollte man probiert haben. Tägl. 10–20 Uhr. Ul. Chmielna 21, www.grycan.pl.

Między Słowami 19 Eine Oase der Ruhe im lärmenden Stadtzentrum zu sein, ist hier mehr als nur ein Versprechen: sympathisches Café mit Tischen im Innenhof und vielen Brettspielen. Mo–Fr 7.30–23, Sa/So 8.30–23 Uhr. Ul. Chmielna 30, ✆ 22-8267468, www.kawiarniamiedzyslowami.pl.

Nachtleben

Lemon Club & Café 1 Das Café ist rund um die Uhr geöffnet, der Club öffnet um 20.30 Uhr. Selbst mitten in der Nacht ist es brechend voll, was auch an den guten DJs liegen dürfte. Ul. Sienkiewicza 6, ✆ 22-8295544, www.lemonclub.com.

pies czy suka 5 Bedeutet übersetzt „Hund oder Hündin", was aber nichts über das Lokal verrät. Bistrogerichte, frisch gepresste Säfte und hervorragende Cocktails. So–Do 11–23, Fr/Sa 11–1 Uhr. Ul. Szpitalna 8a (Hinterhof), ✆ 22-8818373, www.piesczysuka.com.

Café Kulturalna 24 Ein Künstlercafé der Warschauer Intelligenz im Teatr Dramatyczny, dramatisch geht es mitunter auch bei den Freejazz- und Rockkonzerten oder bei DJ-Sets zu. Die Inneneinrichtung im Stil der 50er hat man gelassen. So–Do 12–1, Fr/Sa 12–3 Uhr. Im Kulturpalast, plac Defilad 1, ✆ 22-6566281, www.kulturalna.pl.

Club Mirage 25 Technoclub mit einer einer Tanzfläche, die wie in einem veredelten LSD-Trip farbig blinkt. Ansonsten gibt es einen Brunnen und viele sozialistische Kronleuchter. Manchmal werden auch Hits aufgelegt. Mi–Sa ab 21 Uhr. Eintritt ab 3 €. Im Kulturpalast, plac Defilad 1, ✆ 22-6201454, www.clubmirage.pl.

barStudio 16 Klubokawiarnia mit „gesellschaftlich-kulturell-politischen Ambitionen". Bei unserem ersten Besuch 2014 wurde ein Kinderfest mit viel Gelächter und Spaß organisiert. So–Do 9–24, Fr/Sa 9–4 Uhr. Plac Defilad 1.

Hard Rock Cafe Warsaw 28 Wem die überall gleiche Mischung aus überteuerten Burgern und Rockmusik gefällt, wird auch die Warschauer Filiale mögen. Aber oft gute Live-Acts! So–Do 9–24, Fr/Sa bis 2 Uhr. Złote Tarasy, Ul. Złota 59, ✆ 22-2220700, www.hardrockcafe.pl.

Einkaufen

Smyk 23 Macht seit mehr als 50 Jahren Kinder froh. Aus dem ersten und legendären Kaufhausgebäude der Kette musste das Paradies für Spielzeug, Plüschtiere, Bekleidung und Spiele leider ausziehen. Mo–Sa 10–21, So 10–20 Uhr. Ul. Chmielna 25, www.smyk.com.

Pracownia Obuwia Jan Kielman i Syn 7 Leider haben in Polen in den letzten Jahren immer mehr Schuhmacher aufgegeben. Zum Glück hat mit Kielman ein Familienunternehmen in vierter Generation überlebt, das wiederholt zum besten seiner Zunft in Europa gewählt wurde. Die Wartezeit für maßgefertigte Schuhe zum Preis ab 500 € beträgt 3–6 Wochen bei mehrmaliger Anprobe – zu lange sicherlich für den Wochenendtouristen, reinschauen darf

Praktische Infos 171

Kunstinstallation vorm Ostflügel des Kulturpalasts

man trotzdem. Ul. Chmielna 6, ✆ 22-8284630, www.kielman.pl. ■

side one 21 Plattenladen mit interessanten Vinyls für DJs und Sammler. Mo–Fr 13–19, Sa 12–16 Uhr. Ul. Chmielna 21, www.sideone.pl.

Spod Lady 18 Die Übersetzung lautet „unterm Ladentisch". Zu kaufen gibt es ostalgische Souvenirs und Retro-Geschenke, die das sozialistische Polen augenzwinkernd abfeiern. Mo–Fr 11–19, Sa 11–15 Uhr. Ul. Chmielna 26 (Hinterhof), www.spodlady.com.

Cepelia 7 Polnisches Kunsthandwerk, schöne Mitbringsel. Mo–Fr 11–19, Sa 11–15 Uhr. Ul. Chmielna 8, www.cepelia.pl.

》》 Unser Tipp: Tiszert 21 Die kreativen T-Shirts sind in ganz Polen der Renner, man findet Aufdrucke der Warschauer Palme, ostalgische Motive und Statements zu unbeliebten polnischen Politikern. Mo–Fr 11–19, Sa 11–15 Uhr. Ul. Chmielna 21 (im Innenhof), www.tiszert.com. 《《

Galeria Centrum 11 Kaufhaus mit Mode, Schmuck und Kosmetik. In den benachbarten Läden Boutiquen und die große Buchhandlung Empik. Galeria: Mo–Sa 9.30–21, So 11–20 Uhr. Empik: Mo–Sa 9–22, So 11–20 Uhr. Ul. Marszałkowska 104/122, www.empik.com.

Złote Tarasy 29 Im Konsumtempel mit seinen mehr als 200 Geschäften, Kinos, Fast-Food-Restaurants und Cafés verbringen manche Touristen einen ganzen Tag. Mo–Sa 9–22, So 9–21 Uhr. Ul. Złota 59, ✆ 22-2222200, www.zlotetarasy.pl.

Galerien

》》 Unser Tipp: Le Guern 22 Aufregende Ausstellungen aus verschiedenen Bereichen zeitgenössischer Kunst, u. a. Fotografie, Malerei, Bildhauerei, Installationen, Filme, Videokunst oder Performances. Di–Fr 12–18, Sa 11–16 Uhr. Ul. Widok 8 (2. Stock), ✆ 22-6906969, www.leguern.pl. 《《

Galeria Jabłkowskich 21 Interessante Fotoausstellungen, sehr oft im Innenhof des Gebäudes. Tägl. 7–22 Uhr. Ul. Chmielna 21, www.braciajablkowscy.pl.

Galeria Teatr Studio 16 Das nach Polens Vorzeige-Avantgardisten Witkacy benannte Kunstzentrum zeigt zeitgenössische polnische Werke, während im Theater nicht weniger Ambitioniertes aufgeführt wird. Di–So 12.30–20.30 Uhr, Juli/Aug. geschlossen. ✆ 22-6566980, www.teatrstudio.pl.

Kultur

Teatr Lalka 12 Puppentheater mit langer Tradition im Kulturpalast. Eintritt 7,50 €. Pałac Kultury i Nauki, plac Defilad 1, ✆ 22-6204950, www.teatrlalka.waw.pl.

Denkmal der Ghettohelden vorm Historischen Museum der polnischen Juden

Śródmieście Północne: Auf den Spuren des Ghettos

Von der tragischen Geschichte des Viertels in der nördlichen Innenstadt ist kaum noch etwas zu erahnen. Auf der Fläche des einstigen jüdischen Ghettos erinnern nur mehr vereinzelte Mauerreste, Mahnmäler und Museen an die Verbrechen der Nazis.

Ansonsten präsentiert sich das Quartier in einem weitgehend chaotischen Stilmix: Wohnblocks des Sozialistischen Realismus, Plattenbauten und zeitgenössische Architektur wechseln sich ab. Besonders die Wolkenkratzer der letzten Jahre im Unterbezirk Mirow lassen einen staunen. Wie sehr die Schrecken der Geschichte im Bewusstsein der Warschauer dennoch verwurzelt sind, zeigt die Tatsache, dass die Grenzen des früheren Ghettos nicht nur auf Touristenkarten, sondern in fast jedem Stadtplan verzeichnet sind. Mahnmäler und Museen, die an den Zweiten Weltkrieg erinnern, sind über ein Gebiet verstreut, das die damalige Größe des Ghettos verdeutlicht.

Das *Museum des Warschauer Aufstands* zählt zu den ambitioniertesten historischen Projekten, die in den letzten Jahren in Europa verwirklicht wurden. Und das *Historische Museum der polnischen Juden* präsentiert sich nicht weniger eindrucksvoll. Doch nicht nur mit dem Naziterror verbundene Stätten findet man in der nördlichen Innenstadt. Rund um den plac Grzybowski sind einige jüdische Institutionen präsent, die wegen der Rückkehr vieler Juden aus Israel oder den USA stetig erweitert werden.

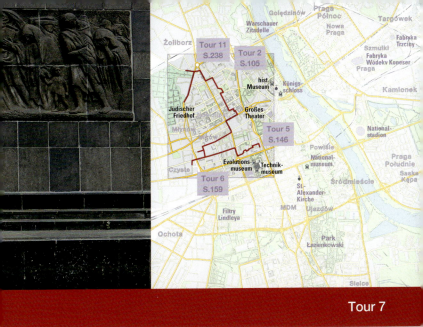

Tour 7

In den *Mirów-Markthallen* werden wie seit Jahrhunderten die täglichen Einkäufe erledigt, im neuen *Warsaw Trade Tower* wird gearbeitet. Als Père Lachaise Warschaus gilt der sich über eine enorme Fläche im Nordwesten ausbreitende *Powązki-Friedhof*. Die Gräber reicher und berühmter Polen mit kunstvoll gestalteten Grabsteinen sind hier ebenso zu bestaunen wie die Parkanlage, an die sich der ebenfalls sehenswerte *Jüdische Friedhof* anschließt.

Tour

Ausgangspunkt ist das Hochhaus der Polnischen Telefon-Aktiengesellschaft (PAST-a) in der ul. Zielna 39 (Zentrumsnähe). Anfahrt mit Tram 4, 15, 18, 35. Bus 171, 178, Haltestelle Metro Świętokrzyska. Ⓜ Świętokrzyska.

Ende: Jüdischer Friedhof (Cmentarz Żydowski), ul. Okopowa 49.

Rückfahrt mit Tram 1, 22, 27. Bus 180. Haltestelle Cm. Żydowski, Fahrzeit ins Zentrum mit Tram 13 Min., mit Bus 20 Min.

Dauer: Reine Gehzeit der Tour 4½ bis 6 Std. Eine Zweiteilung der Tour kann sinnvoll sein.

Diese Tour ist die längste in diesem Reisebuch; nehmen Sie sich also genug Zeit und benutzen Sie zwischen den einzelnen Stationen eventuell öffentliche Verkehrsmittel – oder teilen Sie den Rundgang auf.

Die beim Startpunkt, dem Hochhaus der → **Polnischen Telefongesellschaft** (PAST-a), abzweigende → **Prózna-Straße** (ulica Prózna) wurde nach dem 2. Weltkrieg vernachlässigt, lange Zeit hatte sie die tragische Ausstrahlung einer Kriegsruine. In den 1920er- und 30er-Jahren eines der Zentren des jüdischen Warschaus, die Restaurierung der Südseite wurde schon fertiggestellt.

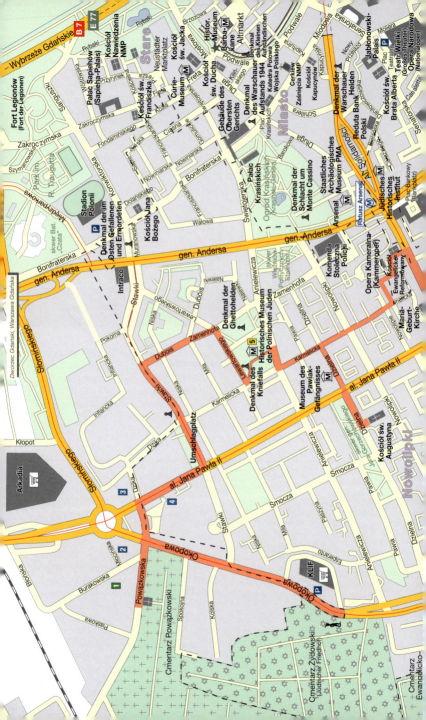

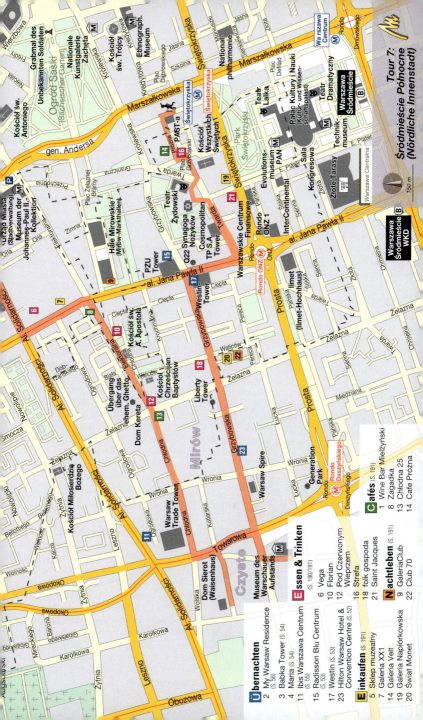

Die Próżna-Straße führt direkt auf den inzwischen rundum erneuerten → **Grzybowski-Platz** (plac Grzybowski) zu, an dem zur Linken die → **Allerheiligenkirche** (Kościół Wszystkich Świętych) und geradeaus in westlicher Richtung das → **Jüdische Theater** (Teatr Żydowski) steht. Ein weiteres Relikt der goldenen Zeit des Warschauer Judentums ist die → **Nożyk-Synagoge** (Synagoga Nożyków) nur einige Schritte hinter dem Theater.

Auf der ulica Twarda geht es weiter zum Wolkenkratzer → **Cosmopolitan**, dann zum → **TP S. A.-Tower** der Polnischen Telekom und anschließend nach rechts in die aleja Jana Pawła II. An der nächsten Kreuzung ist auf der rechten Seite die Baustelle des Wolkenkratzers → **Q22** und der → **PZU-Tower** zu sehen, auf der linken ragt der → **Westin-Tower** in den Himmel.

Der folgende Teil der Tour ist lang; wer sie nicht vollständig gehen mag, geht nach Süden zur Bushaltestelle beim Rondo ONZ, steigt für zwei Haltestellen in die Linie 109 oder 178 in Fahrtrichtung Os. Górczewska bzw. PKP Ursus ein und bei der Haltestelle Rondo Daszyńskiego wieder aus.

Wer die 1,2 km lange Fußstrecke vorzieht, stößt an der Ecke zur ul. Żelazna auf die Ruinen der ehemaligen Fabrik Duschik & Scholze, die rekonstruiert ein Teil des neuen → **Liberty Tower** werden soll. Weiter geht es auf der ul. Grzybowska bis zum beeindruckenden Wolkenkratzer → **Warsaw Spire**. Vor diesem biegt man links ab und gelangt so zur Baustelle des → **Generation Park**. Anschließend geht man zurück zum Warsaw Spire und überquert die breite ulica Towarowa, geht ein paar Schritte weiter geradeaus, die erste Möglichkeit nach links und gelangt so zum → **Museum des Warschauer Aufstands** (Muzeum Powstania Warszawskiego), eines der modernsten Museen in Europa. Weniger markant präsentiert sich das → **Waisenhaus** (Dom Sierot), in dem der berühmte Pädagoge Janusz Korczak tätig war. Bekannt wurde Korczak nicht nur für seine bahnbrechenden Ideen in der Kindererziehung, sondern auch als tragischer Märtyrer, der für die von ihm betreuten Waisenkinder in den Tod ging. Man erreicht das Waisenhaus über die ulica Towarowa, die man 200 m nach Norden läuft, und dann links in die ulica Jaktorowska einbiegt, bis zur Haus-Nr. 6.

Nach dem Besuch des Waisenhauses überqueren wir erneut die ulica Towarowa und stehen vor dem vielleicht eindrucksvollsten der neuen Hochhaustürme, dem → **Warsaw Trade Tower**. Wer nun rechts auf der ulica Chłodna an Autowerkstätten und Baugrundstücken vorbeigeht, entdeckt nach Überquerung der ulica Żelazna an der nördlichen Straßenseite ein Denkmal, das an den nicht mehr erhaltenen → **Übergang über das ehemalige Ghetto** (Most łączący dwie części getta) erinnert. An dieser Stelle gelangten die internierten Juden vom nördlichen in den südlichen

Auf dem Powązki-Friedhof

Teil des Ghettos. Direkt danach kommt man links in einen Innenhof, in dem das schmale → **Keret-Haus** (Dom Kereta), das eine symbolische wie künstlerische Funktion hat, zwischen zwei Wohnblöcken eingezwängt ist. Hier trennen sich die ulica Chłodna und die etwas schräg nach Norden verlaufende, verkehrsberuhigte ulica Elektoralna, wobei wir Letztere mit ihren vielen in den letzten Jahren eröffneten Cafés und Restaurants wählen.

An der *St.-Andreas-Kirche* (Kościół św. Andrzeja Apostoła) links vorbei, geradeaus weiter und ein paar Schritte rechts an der gegenüberliegenden Seite der aleja Jana Pawła II laden die historischen → **Mirów-Markthallen** (Hale Mirowskie) zum Kaufen und Bummeln ein. Danach geht es 400 m auf der aleja Jana Pawła II nach Norden, vorbei an Wohnblöcken im Stil des „Sozialistischen Realismus". An der nächsten Ecke biegen wir rechts in die breite aleja Solidarności ein, auf der nach 400 m links die Evangelisch-Reformierte Kirche (Kościół Ewangelicko-Reformowany) steht. Schräg hinter der Kirche versteckt sich die → **Kammeroper** (Opera Kameralna), die über die Grenzen Warschaus und Polens hinaus für ihre Mozart-Interpretationen berühmt ist.

Auf Gehwegen links an der Kammeroper vorbei und wieder nach links erreichen wir die ulica Karmelicka, die wir rechts und geradeaus nach Norden gehen, dann nach links in die ulica Dzielna bis zum → **Museum des Pawiak-Gefängnisses** (Muzeum Więzienia Pawiak), vor dem das Mahnmal eines kahlen Baumes an den für seine Folterungen gefürchteten Ort erinnert. Auf der anderen Straßenseite der aleja Jana Pawła II und ein paar Schritte weiter steht in der ulica Dzielna die → **St.-Augustinus-Kirche** (Kościół św. Augustyna), die als einziges Gebäude in der Umgebung von der Zerstörung des Ghettos verschont blieb.

Denkmal des Kniefalls

Nach einem Blick auf das Gotteshaus geht es auf der ulica Dzielna zurück zur ulica Karmelicka, auf der wir den Weg nach Norden fortsetzen und bei der zweiten Möglichkeit rechts in die ulica Anielewicza einbiegen. Im Park auf der linken Seite steht seit 2013 der eindrucksvolle Bau des → **Historischen Museums der polnischen Juden** (Muzeum Historii Żydów Polskich); dahinter stoßen wir auf das bekannte → **Denkmal der Ghettohelden** (Pomnik Bohaterów Getta). Hier tat 1970 Willy Brandt seinen berühmten Kniefall, ein historisch bedeutsamer Moment, an den in unmittelbarer Nähe, im Nordwesten des Parks, das → **Denkmal des Kniefalls** (Pomnik przyklękającego Willy'ego Brandta) erinnert.

Anschließend biegen wir in die von Gedenksteinen gesäumte ulica Zamenhofa ein, gehen auf dieser Straße 350 m nach Norden und dann nach links, bis wir an der ulica Stawki das Denkmal am ehemaligen → **Umschlagplatz** sehen, an dem SS und Wehrmacht die Juden zusammentrieben, bevor sie in die Vernichtungslager deportiert wurden.

Die ulica Stawki führt Richtung Westen nach 250 m zur aleja Jana Pawła II, in die

Sendlerowas Liste

Polen war das einzige der von den Nazis besetzten Länder, in dem eine staatliche Organisation zur Rettung der Juden existierte. Die im Untergrund agierende polnische Exilregierung gründete als eines ihrer Organe den „Rat für die Unterstützung der Juden", besser bekannt unter dem Codenamen Żegota. Ins Leben gerufen wurde er von der Sozialistin Wanda Krahelska-Filipowicz und der Schriftstellerin Zofia Kossak-Szczucka. Wie Letztere betonte, beruhte die Hilfe für jüdische Polen auf der tiefen Überzeugung, Protest und Widerstand seien die Pflicht eines jeden Menschen und Katholiken. Władysław Bartoszewski, früher außenpolitischer Berater des damaligen polnischen Ministerpräsidenten Donald Tusk, machte sich durch sein organisatorisches Geschick verdient und kämpfte u. a. gegen die Szmalcowniki genannten polnischen Nazi-Kollaborateure.

Unter den vielen bekannten und vergessenen Widerständlern ging besonders die Krankenschwester *Irena Sendlerowa* in die Geschichte ein. Rund 2500 jüdische Kinder schmuggelte sie aus dem Warschauer Ghetto und versteckte sie unter neuen Namen in Klöstern, bei polnischen Familien, in Waisenhäusern. Obwohl sie von der Gestapo aufgespürt und in der Haft gefoltert wurde, verriet sie die neuen Namen der Kinder nicht; zwecks späterer Familienzusammenführung hatte sie die Namenslisten in Einmachgläsern unter einem Apfelbaum versteckt. Auf dem Weg zu ihrer Hinrichtung schlug ein bestochener SS-Mann sie nieder und ließ sie in einem Straßengraben liegen, worauf sie von der Żegota gerettet werden konnte – ihr Name tauchte später auf den Listen der hingerichteten Polen auf.

Denkmal der Ghettohelden

Irena Sendlerowa blieb bis zu ihrem Tod 2008 bescheiden: „Jedes mit meiner Hilfe gerettete Kind ist die Berechtigung meiner Existenz auf dieser Erde, nicht jedoch ein Anrecht auf Ruhm", sagte Irena Sendlerowa über ihr selbstloses Tun. Dank gefälschter Dokumente, ausgeklügelter Fluchtwege und Verstecke konnten im ganzen Land allein von der Żegota etwa 75.000 Juden gerettet werden. Hinzu kommen weitere Organisationen und zahllose Privatleute, die für ihre jüdischen Mitmenschen das Leben riskierten: Polen war im Zweiten Weltkrieg das einzige Land, in dem auf die Juden gewährte Hilfe ausdrücklich die Todesstrafe stand. Und trotzdem: Die meisten der „Gerechten unter den Völkern" in der israelischen Gedenkstätte Yad Vashem stammen aus Polen.

Śródmieście Północne 179

wir rechts einbiegen und nach 300 m vor dem Rondell, bei der Tankstelle, links in die ulica Dzika gehen. Geradeaus über die breite ulica Okopowa kommen wir zum → **Powązki-Friedhof** (Cmentarz Powązkowski) in der gleichnamigen Straße, einem der schönsten Friedhöfe Europas. Kaum weniger reizvoll ist der → **Jüdische Friedhof** (Cmentarz Żydowski), den wir nach 1 km auf der ulica Okopowa in Richtung Südwesten erreichen. Hier endet unser Rundgang durch die Nördliche Innenstadt.

Sehenswertes

Polnische Telefon-Aktiengesellschaft
(Polska Akcyjna Spółka Telefoniczna PAST-a)

Schon von Weitem sichtbar ziert ein Anker, das Symbol des um Unabhängigkeit kämpfenden Polens, die Fassade des Hochhauses, einst der Sitz der Polnischen Telefongesellschaft, die hier ihre Zentrale hatte. Nach der Fertigstellung 1908 war es Warschaus höchstes Gebäude. Während des Warschauer Aufstands war der wegen seiner Höhe strategisch wichtige Turm 20 Tage lang hart umkämpft, bevor er schwer beschädigt von den Aufständischen eingenommen wurde.
Ul. Zielna 39. Tram 4, 15, 18, 35, Bus 171, 178, Haltestelle Metro Świętokrzyska. Ⓜ Świętokrzyska.

Grzybowski-Platz
(plac Grzybowski), Próżna-Straße (ul. Próżna)

Hier pulsierte einst das Leben, rund um den 2011 restaurierten Platz und die Straße befand sich eines der jüdischen Zentren der Stadt. Derzeit wird weiter saniert; außerdem sollen weitere Restaurants und Cafés sowie Wohnungen für jüdische Rückkehrer aus den USA und Israel entstehen. Der derzeitige Zustand der nördlichen Häuserreihe in der ul. Próżna erinnert allerdings noch an die Schrecken der Shoah. Während des jährlichen Jüdischen Festivals Anfang September lebt die kurze Straße aber jetzt schon auf; Klezmerkonzerte, Jiddisch-Workshops, Filme und vieles mehr begeistern dann jüdische und nichtjüdische Besucher gleichermaßen.
Tram 4, 15, 18, 35, Bus 171, 178, Haltestelle Metro Świętokrzyska. Bus 102, 105, 160, 174, Haltestelle plac Grzybowski. Ⓜ Świętokrzyska.

Allerheiligenkirche
(Kościół Wszystkich Świętych)

Das Gotteshaus wurde 1861–1883 an der Stelle einer alten Renaissance-Kirche gebaut, seine beiden Türme und die schöne Neorenaissance-Fassade weisen deutlich auf Baumeister Henryk Marconi hin. Während der deutschen Okkupation war die Allerheiligenkirche eine von drei katholischen Kirchen im Ghetto. Vom Saulus zum Paulus wurde in dieser Zeit Prälat Marceli Godlewski, der in der Vorkriegszeit noch durch antijüdische Predigten aufgefallen war. Als er das Morden und den Antisemitismus im Ghetto miterlebte, half er unter Einsatz seines Lebens vielen Juden bei der Flucht und beim täglichen Überleben. Mitglied der Gemeinde war übrigens auch Ludwik Hirszfeld, der das Rhesus-System der Blutgruppen entwickelte.
Tägl. 10–17 Uhr. Messe Mo–Sa 6.30, 7.15, 8, 9, 17, 18 Uhr (Juli/Aug. weder 9 noch 17 Uhr), So 6.30, 8, 9.30, 11, 12.30, 18.30 Uhr. www.wszyscyswieci.pl. Plac Grzybowski 3.
Tram 4, 15, 18, 35, Bus 171, 178, Haltestelle Metro Świętokrzyska. Bus 102, 105, 160, 174, Haltestelle plac Grzybowski. Ⓜ Świętokrzyska.

Jüdisches Theater
(Teatr Żydowski)

Das auch nach den jüdischen Schauspielerinnen Ester Rachel und ihrer Tochter Ida Kamińska benannte Theater ist ein kultureller und sozialer Treffpunkt der Warschauer Juden. Gespielt werden seit der Gründung 1950 v. a. Dramen, gelegentlich auch Musicals wie Anatevka (Fiddler on the Roof). Eine Besonderheit des Theaters ist, dass hier als einziger Institution weltweit regelmäßig Stücke in jiddischer Sprache auf die Bühne kommen.

Kasse: Mo–Fr 11–14 und 15–18, Sa 12.30–19, So 14.30–18 Uhr. Karten 6–20 €. ✆ 22-6206281, www.teatr-zydowski.art.pl. Plac Grzybowski 12/16.

Tram 4, 15, 18, 35, Bus 171, 178, Haltestelle Metro Świętokrzyska. Bus 102, 105, 160, 174, Haltestelle plac Grzybowski. Ⓜ Świętokrzyska.

Nożyk-Synagoge
(Synagoga Nożyków)

Von den Hunderten von jüdischen Gebetshäusern in Warschau ist dies das einzige, das den Zweiten Weltkrieg überlebt hat. Heute ist es für die wachsende jüdische Bevölkerung Warschaus als Synagoge von Bedeutung. Mit Michael Schudrich steht der Gemeinde der Oberrabbiner von Polen vor. Den Auftrag zum Bau der orthodoxen Synagoge ergab im späten 19. Jh. der Kaufmann Zalman Nożyk an Leandro Marconi (1834–1919), den Sohn von Henryk Marconi. Von diesem stammt die 1902 fertiggestellte neoromanische Fassade mit byzantinischen Details. Das wertvollste Objekt im Innern ist eine Thora-Rolle, die aus der 1943 zerstörten Großen Synagoge am plac Bankowy (→ Tour 5) in die USA gerettet werden konnte.

Mo–Fr 9–18, So 11–18, im Sommer jeweils bis 19 oder 20 Uhr, Fr. abends und Sa geschlossen. Käppi kann ausgeliehen werden. Eintritt 1,50 €. ✆ 22-6522805, www.warszawa.jewish. org.pl. Ul. Twarda 6.

Tram 4, 15, 18, 35, Bus 171, 178, Haltestelle Metro Świętokrzyska. Bus 102, 105, 160, 174, Haltestelle plac Grzybowski. Ⓜ Świętokrzyska.

Cosmopolitan

Ende 2013 waren die Arbeiten am auch Twarda oder Hines Tower genannten Wolkenkratzer von Helmut Jahn beendet. Zusammen mit dem Bahntower am Potsdamer Platz und dem Frankfurter Messeturm wird das zweithöchste Appartementhaus Warschaus einen besonderen Platz im Katalog des „Starchitekten" einnehmen. In die Luxuswohnungen und Penthouses sind natürlich nur die Warschauer mit den dicksten Brieftaschen eingezogen. Unmittelbar neben dem 160 m hohen Cosmopolitan soll in den kommenden Jahren mit dem Turm der Jüdischen Gemeinde der nächste zum Staunen bringende Bau entstehen.

www.cosmopolitan.waw.pl. Ul. Twarda 2/4. Tram 4, 15, 18, 35, Bus 171, 178, Haltestelle Metro Świętokrzyska. Bus 102, 105, 160, 174, Haltestelle plac Grzybowski. Ⓜ Świętokrzyska.

TP S. A.-Tower

Die interessante 128 m hohe Komposition aus steinernen Quadern und Zylin-

In der Nożyk-Synagoge

dern wurde nach Finanzierungsproblemen 2003 fertiggestellt. Ein weiterer Grund für die Verzögerung war der Fund einer 580 kg schweren Fliegerbombe aus dem Zweiten Weltkrieg während der Bauarbeiten, die nach der sog. Top-Down-Methode (gleichzeitiges Bauen der ober- und unterirdischen Teile) realisiert wurden. Das Dach zieren weder Helm noch Antenne, es dient als Hubschrauberlandeplatz. Eine Besonderheit ist der von außen sichtbare, in einem Winkel von 14° gebaute Aufzugsschacht, in dem die Lifte mit 2,5 Metern pro Sekunde hoch- und hinunterschießen.

Ul. Twarda 14. Tram 10, 17, 33. Bus 160, 174, Haltestelle Rondo ONZ. Ⓜ Rondo ONZ.

Q22

Immer häufiger zeigt sich in Warschau auch der unerbittliche Hunger des Kapitalismus. Gebäude, die erst in den Neunzigern errichtet wurden, reißt man nun wieder ab, um Platz zu schaffen für noch höhere, noch modernere Türme. So entsteht an der Stelle des Hotels Mercure Fryderyk Chopin seit 2013 mit dem Q22 ein 195 m hoher Wolkenkratzer mit Büroflächen. Bis Mitte 2016 soll der Turm mit seiner abgeschrägten Fassade fertiggestellt sein.

Al. Jana Pawła II 22. Tram 10, 17, 33. Bus 160, 174, Haltestelle Rondo ONZ. Bus 102, 105, 174, Haltestelle Aleja Jana Pawła II. Ⓜ Rondo ONZ.

PZU-Tower

Von 1997 bis ins Jahr 2000 zogen sich die Arbeiten an dem Büroturm eines Versicherungsunternehmens am ehemaligen Hauptsitz der Warschauer Jüdischen Gemeinde. Besonders gelungen ist das Atrium zwischen dem 18. und 25. Stockwerk, zu dem der Zutritt leider nicht gestattet ist. Bemerkenswert ist die an einer Seite auffallend gerundete Form des Gebäudes, zum anderen das ausgeklügelte Lüftungs- und Heizungssystem, das Sonneneinstrahlung und

Panorama-Aufzugschacht des Westin-Towers

natürliche Luftströme intelligent nutzt und so den Verbrauch fossiler Energien nahezu auf Null reduziert.

Al. Jana Pawła II 24. Tram 10, 17, 33. Bus 160, 174, Haltestelle Rondo ONZ. Bus 102, 105, 174, Haltestelle Aleja Jana Pawła II., Ⓜ Rondo ONZ.

Westin-Tower

Besonders hoch ist das Gebäude zwar nicht, architektonisch dafür umso gelungener. Unter anderem wurden beim Bau 2001–2003 auch Stilelemente der umliegenden Gebäude mit aufgenommen. Faszinierend ist der „Anbau" des Panorama-Aufzugsschachts, den die Lifte mit 3,5 m/s hochschießen. Eine Visite wert ist auch das Patio; im Zweifelsfall kann man sagen, dass man eventuell ein Zimmer sucht.

www.westin.pl. Al. Jana Pawła II 21. Tram 10, 17, 33. Bus 160, 174, Haltestelle Rondo ONZ. Bus 102, 105, 174, Haltestelle Aleja Jana Pawła II., Ⓜ Rondo ONZ.

Liberty Tower

2015 soll mit den ersten Arbeiten am Liberty Tower begonnen werden, der bei Fertigstellung 130 Meter in den Himmel ragen wird. Pläne sehen vor, die Fabrik Duschik & Scholze zu rekonstruieren und in das Bürogebäude zu integrieren. Den halb verfallenen Altbau direkt daneben möchte die Jüdische Gemeinde retten, um in dessen Räumlichkeiten eine Galerie mit Fotografien des Ghettos einzurichten.

Ul. Grzybowska 50. Tram 1, 8, 22, 24. Bus 102, 105, Haltestelle Muzeum Powstania Warszawskiego, Ⓜ Rondo Daszyńskiego.

Warsaw Spire

Bis 2015 soll der nächste Wolkenkratzer vollendet sein. Mit 220 m Höhe wird der neomodernistische, ellipsenförmige Tower des belgischen Architektenbüros Jaspers & Eyers Partners dann als zweithöchster Bau in Warschau in den Himmel zeigen. Flankiert wird der bei den Eurobuild Awards 2011 als Sieger hervorgegangene Turm von zwei niedrigeren Gebäuden, Brunnenanlagen und Arkaden. Zwei interessante Details sind vor Baubeginn „Alienmaul" getaufte Eingangsbereich sowie die Glasfassade, die über das eigentliche Gebäude hinausragen wird. Wer auf den Geschmack gekommen ist, kann ein paar Meter weiter in Richtung Süden in der ul. Prosta 32 mit dem an den Hochhauskomplex Łucka City „angeklebten" Prosta Tower und seiner karoförmigen Fassade ein weiteres Beispiel für Warschaus zeitgenössische Architektur begutachten.

www.warsawspire.pl. Ul. Towarowa/Łucka. Tram 1, 8, 22, 24. Bus 102, 105, Haltestelle Muzeum Powstania Warszawskiego, Ⓜ Rondo Daszyńskiego.

Generation Park

2014 wurde das nur wenige Jahre zuvor renovierte Bürogebäude des IPN (vergleichbar mit der deutschen Gauck-Behörde) abgerissen, um Platz zu schaffen für den 180 m hohen Wolkenkratzer, der noch 2016 fertiggestellt werden soll. Dessen Investor Skanska kündigte seinem Kollegen, dem Investor des benachbarten Warsaw Spire, einen „harten Kampf um die Herzen der Warschauer" an. Entstehen sollen nämlich auch für die Öffentlichkeit nutzbare Flächen.

Ecke ul. Towarowa/Prosta/Łucka/Wronia. Tram 1, 8, 22, 24. Bus 102, 105, Haltestelle Muzeum Powstania Warszawskiego, Ⓜ Rondo Daszyńskiego.

Museum des Warschauer Aufstands (Muzeum Powstania Warszawskiego)

Der blutige Aufstand der Warschauer Bevölkerung gegen die deutschen Besatzer im Juli 1944 wurde in stalinistisch-sozialistischer Zeit totgeschwiegen – die für ein freies Polen Kämpfenden wurden lange Zeit als Ver-

Foto einer jungen Krankenschwester vor dem Museum des Warschauer Aufstands

Im Museum des Warschauer Aufstands

räter diskreditiert und teilweise in sowjetische Straflager verschleppt. Kein Wunder, dass nach der Wende die Forderung aufkam, endlich die eigene Geschichte schreiben zu können. Zum 60. Jahrestag des Aufstands war es dann soweit. Das Gebäude des ehemaligen Straßenbahnkraftwerks wurde pünktlich zum 31. Juli 2004 feierlich eingeweiht.

Unabhängig vom historischen Hintergrund ist das Haus aus einem weiteren Grund bemerkenswert. Die federführenden Museumsdesigner Jarosław Kłaput, Dariusz Kunowski und Mirosław Nizio haben hier Polens modernstes Museum geschaffen – und eines der ambitioniertesten weltweit. Alle zeitgemäßen museumsdidaktischen Konzepte wurden berücksichtigt, Interaktivität ist kein leeres Versprechen: Die Informationen muss man sich selbst suchen, man hört im Vorbeigehen etwas, steuert ein Video, kriecht durch Kanalrohre, schlüpft also in die Rolle der Aufständischen.

Auf dreieinhalb Etagen verteilen sich die Ausstellungen, für die man mindestens zwei, eher vier Stunden einplanen sollte. Zu den spektakulärsten Objekten zählen ein komplett erhaltenes Bombenflugzeug (eine Consolidated B-24), der von den Aufständischen eingesetzte Panzerwagen Kubuś und eine exakte Nachbildung des Palladium-Kinos, in dem wie einst Filme des Informationsbüros der Polnischen Armee laufen. Sehr spannend sind auch die zahllosen persönlichen Briefe und Tagebücher von Aufständischen.

Über den Aufzug erreicht man die Aussichtsterrasse mit guter Sicht auf die Umgebung.

Vor dem Gebäude erinnert eine 156 m lange Mauer, die Mur Pamięci, an die Aufständischen; die Namen von etwa 10.000 getöteten Kämpfern sind hier eingraviert.

Polenweit gab es eine lange und heftige Diskussion um die Frage, ob das Museum historisch korrekt oder vielleicht deutschfeindlich sei. Letzteres trifft nach unserer Meinung nicht zu, an den Tatsachen wurde nicht gerüttelt. Zu Wort kommt in einem Film beispielsweise auch ein Mitglied des Sturm-Pionier-Regiments Herzog, ein Pionier-Bataillon der Wehrmacht, das zur Niederschlagung des Aufstands eingesetzt wurde. Allerdings: Für Kinder scheint uns das Museum wenig geeignet, auch wenn oder gerade weil es eine spezielle Kinderabteilung gibt: Eine gewaltfreie Erziehung wird hier ad absurdum geführt, stattdessen dürfen die Kleinen ein bisschen Krieg spielen. Wie bei anderen Weltkriegsausstellungen empfehlen wir einen Besuch erst ab 14 Jahren, bei reifen Kindern vielleicht schon ab 12 Jahren.

Museum: Mo/Mi/Fr 8–18, Do 8–20, Sa/So 10–18 Uhr, Di geschlossen, Juli/Aug. jeweils erst ab 10 Uhr. Eintritt 3,50 €, erm. 2,50 €, Gruppen 2 €/Pers., So frei. Führungen (auf Deutsch) für Gruppen nach Voranmeldung 12,50–17,50 € plus erm. Eintritt von 2 €/Pers., dt.-sprachiger Audioguide 2,50 €. ✆ 22-5397905, www.1944.pl. Ul. Grzybowska 79, Eingang ul. Przyokopowa.

Lesesaal: Mo, Mi, Fr 9–16.30, Do 11.30–19, Di und Sa/So geschlossen.

Tram 1, 8, 22, 24. Bus 102, 105, Haltestelle Muzeum Powstania Warszawskiego, Ⓜ Rondo Daszyńskiego.

Waisenhaus der Sierot-Gesellschaft (Dom Sierot)

„Güte darf man verlangen, aber keine, die Aufopferung ist." Der Mann, der dies sagte, hielt sich nicht an seine Worte, stattdessen opferte er sein Leben für „seine" Kinder: Janusz Korczak, der wohl einflussreichste Pädagoge seiner Generation, wurde 1878 als Henryk Goldszmit in Warschau geboren. Zunächst arbeitete der polyglotte Sohn einer jüdischen Familie als Kinderarzt, bevor er zu schreiben begann. Schon seine ersten Romane und Kinderbücher waren erfolgreich, was auch seiner Karriere als Arzt förderlich war. Mit dem erwirtschafteten Gewinn finanzierte er dann sein Herzensprojekt, das Waisenhaus (Dom Sierot).

Diese Lebensaufgabe prägte in den 1930er-Jahren auch sein pädagogisches Hauptwerk, das für Kinderrechte eintrat und die Bedürfnisse der Kinder ernst nahm. Da sich das Waisenhaus außerhalb des von den Nazis eingezäunten Ghettos befand, wurde Korczak zur Verlegung ins Ghetto gezwungen. Im August 1942 holte die SS dort die ungefähr 200 Kinder ab, um sie in das Vernichtungslager Treblinka zu verschleppen. Korczak bestand darauf mitzufahren, obwohl er wusste, dass dies seinen Tod bedeuten würde. In den letzten Tagen vor ihrem Tod wollte er „seinen" Kindern Trost spenden, wovon auch das erhaltene Tagebuch erzählt, das er im Ghetto zu schreiben begann.

Heute ist im Dom Sierot ein Forschungszentrum zu Leben und Werk von Janusz Korczak eingerichtet, das sog. Korczakianum. Die (auch englischsprachige) Ausstellung zur Geschichte des Waisenhauses wurde 2012 gründlich überarbeitet und ist nach Voranmeldung zu besichtigen.

Di 10–18, Mi–Fr 10–14 Uhr, Ausstellung Di–Fr 10–16 Uhr. Eintritt frei, Gruppen mit Voranmeldung 25 €. ✆ 22-6323027, www.muzeumwarszawy.pl, www.januszkorczak.de. Ul. Jaktorowska 6.

Tram 1, 8, 22, 24. Bus 102, 105, Haltestelle Muzeum Powstania Warszawskiego, Ⓜ Wolska (ab 2016).

Warsaw Trade Tower

Das mit 208 m zweithöchste Gebäude Warschaus und Polens ist eine Arbeit von Piotr Majewski und Andrzej Wyszyński. 1999 nach nur zweijähriger Bauzeit fertiggestellt, zählt der Wolkenkratzer zu den gelungensten seiner Art, was auch die kritischen Warschauer einräumen. Mit 7 m/s gehören die Aufzüge zu den schnellsten Europas. Ein Blick ins Foyer lohnt sich, auch wenn man als Tourist nicht höher als bis zum zweiten Stock durchkommt. Einen interessanten Kontrast bildet das Kopfsteinpflaster in der ul. Ogrodowa, das auch

Śródmieście Północne 185

als Kulisse für einen Film im frühen 19. Jahrhundert dienen könnte.

www.wtt.pl. Ul. Chłodna 51. Tram 1, 22, 23, 24, 26, 27. Bus 171, 190. Haltestelle Okopowa, Ⓜ Wolska (ab 2016).

Übergang über das ehemalige Ghetto
(Most łączący dwie części getta)

Auf Höhe des heutigen Hauses mit der Nr. 22 befand sich bis zur Auflösung des Ghettos 1943 ein hölzerner Fußgängerübergang, der den nördlichen mit dem südlichen Teil des Ghettos verband. Heute erinnern zwei Stelen an die Opfer und die längst abgerissene Brücke. Hier kann man mithilfe von Okularen vier Dias mit Originalansichten aus der Zeit des Ghettos betrachten und dazu jüdische Trauermusik hören.

Ul. Chłodna 22 (früher 24/26). Tram 1, 22, 23, 24, 26, 27. Bus 171, 190. Haltestelle Okopowa, Ⓜ Rondo ONZ.

Keret-Haus (Dom Kereta)

Die mit einer Breite von 92 bis 152 cm im Jahr 2012 errichtete Kunstinstallation gilt als schmalstes Haus der Welt. Der erste Bewohner und Namensgeber ist der israelische Schriftsteller, Poet und Drehbuchautor Etgar Keret. Eingezwängt zwischen zwei Wohnblöcken an der Stelle des früheren Übergangs zwischen den beiden Teilen des Ghettos, erfüllt das Gebäude heute auch eine symbolische Funktion – Keret hat polnische Wurzeln und befindet sich zwischen der Heimat seiner Eltern und seinem Geburtsland Israel. Einst schmuggelte seine Mutter hier als Kind Brot zu ihrer Familie ins Ghetto. Die Installation kann man als Brücke zwischen Tradition und Moderne deuten, zugleich soll auf die beengten Wohnverhältnisse vieler Warschauer aufmerksam gemacht werden.

Tag der offenen Tür 1-mal/Monat, meist Sa 12–15 Uhr. Eintritt gegen Spende von mind. 5 €. www.domkereta.pl. Ul. Chłodna 22/ul. Żelazna 74. Tram 1, 22, 23, 24, 26, 27. Bus 171, 190. Haltestelle Okopowa, Ⓜ Rondo ONZ.

Mirów-Markthallen
(Hale Mirowskie)

Die um 1900 gebauten Hallen aus rotem Backstein waren bis zu ihrer Zerstörung im Zweiten Weltkrieg die größten ihrer Art in Warschau. Ihre ursprüngliche Funktion als Marktplatz erfüllen heute wohl die Goldenen Terrassen (→ Tour 6 Centrum). Doch im Gegensatz zu den üblichen Konsumtempeln kann man in den Mirów-Hallen noch immer vergleichsweise ursprünglich und unterhaltsam einkaufen. Die Hallen wurden nach dem Krieg rekonstruiert, verfielen aber seit den 80er-Jahren mehr und mehr; nach gründlicher Restaurierung 2011 und 2012 sind zum Glück wieder viele schöne architektonische Details zu erkennen.

Mo–Fr 7–20, Sa 7–18 Uhr. Plac Mirowski 1. Tram 17, 33, Haltestelle Hala Mirowska.

Kammeroper
(Opera Kameralna)

In dem von außen beinahe wie ein Einfamilienhaus anmutenden Gebäude werden hauptsächlich barocke Werke, mittelalterliche Singspiele sowie fast vergessene und zeitgenössische polnische Opern gespielt, gelegentlich auch italienische Komponisten. Berühmt ist das Haus als Kammeroper, das als einziges das gesamte Opern-Oeuvre von Mozart im Repertoire hat.

Kasse: Mo–Fr 11–19 Uhr, Sa/So 3 Std. vor Beginn. Karten 10–80 €. ✆ 22-8312240, www.operakameralna.pl. Al. Solidarności 76 b.

Tram 18, 23, 26, 35, Bus 107, 111. Haltestelle Ratusz Arsenał. Ⓜ Ratusz Arsenał.

Museum des Pawiak-Gefängnisses
(Muzeum Więzienia Pawiak)

Das 1830 gebaute Gefängnis hat eine lange und erschütternde Geschichte.

Doch die schlimmsten Verbrechen gegen seine Häftlinge geschahen während der deutschen Besatzung, als die Gestapo das Gebäude für Verhöre und Folterungen nutzte. Geschätzte 120.000 Insassen durchliefen von 1939 bis 1944 das Gefängnis, von denen 37.000 anschließend in und um Warschau hingerichtet wurden, weitere 60.000 kamen in die Vernichtungslager.

„Wir werden Pawiak rächen", war eine in den letzten Kriegsjahren oft gehörte Parole. 1944 sprengten die Nazis vor ihrem fluchtartigen Rückzug alle Einrichtungen; vor dem Gebäude steht ein Baum mit Gedenkplaketten, der die Zerstörungen auf wundersame Weise überlebt hat. Das heutige Museum und Mausoleum dokumentiert die Schrecknisse dieser Zeit, der Besuch ist erst ab 14 Jahren erlaubt.

Mi–Fr 9.30–17, Do und Sa/So 10–17 Uhr, Mo/Di geschl. Eintritt 2 €, erm. 1 €, Do frei. ℡ 22-8319289, www.muzeum-niepodleglosci.pl. Ul. Dzielna 24. Tram 17, 33, 37. Bus 107, Haltestelle Nowolipki.

St.-Augustinus-Kirche (Kościół św. Augustyna)

Ende des 19. Jh. gebaut, ist die Kirche weniger wegen ihrer eigentlich reizvollen Neorenaissance-Architektur bekannt. Vielmehr wurde sie durch das Foto, das die Kirche nach der Niederschlagung des Ghettoaufstands zeigt, zum Sinnbild für die Zerstörungen und Morde in Warschau: Das Bild des inmitten von Trümmern stehenden Gotteshauses, eine der drei Kirchen im Ghetto, zählt zu den bekanntesten Motiven des Zweiten Weltkriegs. Der Kirchturm wurde als Beobachtungspunkt und Maschinengewehrstand von der SS zweckentfremdet.

Tägl. 10–18 Uhr. Messe Mo–Fr 7, 8, 9, 18.30, So 7, 8.30, 10, 11.30, 13, 18.30, 19.45 Uhr. www.swaugustyn.pl. Ul. Nowolipki 18. Tram 17, 33, 37. Bus 107, Haltestelle Nowolipki.

Historisches Museum der polnischen Juden (Muzeum Historii Żydów Polskich)

Nach langer Planungs- und Bauzeit fand die feierliche Eröffnung des Museums Ende Oktober 2014 statt. Die architektonisch ausgeklügelte Gestaltung stammt von den finnischen Architekten Ilmari Lahdelma (geb. 1959) und Rainer Mahlamäki (geb. 1956), die sich beim internationalen Wettbewerb u. a. gegen Daniel Libeskind durchsetzten, der das Jüdische Museum Berlin plante. Mit quadratischer Grundfläche, gläsernen Außenwänden und wellenförmigen Galerien im Innern setzt das Gebäude neue Maßstäbe in der polnischen Museumsarchitektur. Das Haus bietet nicht nur Raum für Ausstellungen zur

Baumskelett vor dem Museum des Pawiak-Gefängnisses

1000-jährigen Geschichte der polnischen Juden, sondern setzt auch die jahrhundertelangen guten Beziehungen zwischen katholischen und jüdischen Polen fort. Das zeigt besonders eindrucksvoll die Dauerausstellung, die in acht Etappen unterteilt ist. In der ersten Galerie „*Wald*" dreht sich alles um die Legende, der zufolge die in Westeuropa vertriebenen Juden ins Gebiet des heutigen Polen kamen und hier eine Botschaft aus dem Himmel vernahmen, die „Po-lin" lautete – aus dem Hebräischen ins Deutsche übersetzt: „Hier sollte man sich niederlassen". Auch die Liebesgeschichte zwischen König Kazimierz Wielki und der bildschönen Jüdin Esther kommt nicht zu kurz. Die zweite Galerie namens „*Erste Begegnungen*" beschäftigt sich mit dem Mittelalter und den Beiträgen der Juden zur Modernisierung des jungen Landes sowie dem entsprechend engen Verhältnis der polnischen Könige zu den Neuankömmlingen. „*Paradisus Iudaeorum*" *(Jüdisches Paradies)* heißt die dritte Galerie, die Polens goldene Epoche von der zweiten Hälfte des 16. Jh. bis ins 17. Jh. umfasst. Dieser Zeitraum stellte zugleich eine Blütezeit der immer größer werdenden jüdischen Gemeinde dar, was u. a. Krakaus jüdischer Stadtteil Kazimierz veranschaulicht. Beeindruckend ist die vierte Galerie mit dem Namen „*Städtchen*", in der eine kunstvolle Rekonstruktion von Gewölbe und Dach der nicht erhaltenen hölzernen Synagoge von Gwoździec (in der heutigen Ukraine) zu sehen ist. „*Herausforderungen der Moderne*" wurde die fünfte Galerie genannt, die sich mit dem Beitrag der jüdischen Bevölkerung zur Industrialisierung während der Teilungen Polens beschäftigt. Zugleich werden auch die Unterschiede zwischen chassidischen und liberalen Juden und die Frage nach Assimilierung, Integration und Aufklärung behandelt. Die sechste Galerie trägt den schlichten Namen „*Straße*", die mit multimedialen

Im Historischen Museum der polnischen Juden

Fassaden der ul. Zamenhofa nachempfunden ist. Sie präsentiert das zweite goldene Zeitalter für die polnischen Juden während der Zwischenkriegszeit, in der berühmte Meisterwerke polnisch-jüdischer Künstler in den Gattungen Literatur, Theater und Film entstanden. Mit der Shoa und speziell dem Warschauer Ghetto beschäftigt sich die siebte Galerie namens „*Vernichtung*". Den Abschluss bildet die achte Galerie unter dem Namen „*Nachkriegszeit*", die eine Epoche thematisiert, in welcher die meisten der wenigen überlebenden Juden Polen verließen, u. a. wegen Pogromen und antisemitischen Kampagnen der sozialistischen Machthaber. Als positiver und hoffnungsvoller Abschluss wird aber auch das Wiederaufkeimen des jüdischen Lebens in Polen nach dem Ende des Sozialismus präsentiert. Fazit: In Sachen Konzeption und Gestaltung zählt ein weiteres Museum der Stadt zu den Highlights in Europa

Mi–Mo 10–18, Sa 10–20 Uhr, Di geschl., letzter Einlass 1,5 Std. vor dem Schließen. Online-Reservierung empfohlen. Eintritt 7,50 €, erm. 5 €, Gruppen ab 10 Pers. 5 €, erm. 4 €, Familienticket 16 € (Dauer- und Wechselausstellungen), 6 €, erm. 4 €, Gruppen ab 10 Pers. 4 €, erm. 2,50 €, Familienticket 14 €, Mo frei (nur Dauerausstellung). ✆ 22-4710301, www.jewishmuseum.org.pl. Ul. Anielewicza 6.

Bus 111, 180, Haltestelle Nalewki-Muzeum. Tram 17, 33, 37, Haltestelle Anielewicza.

Denkmal der Ghettohelden
(Pomnik Bohaterów Getta)

Schon am fünften Jahrestag des Ghetto-Aufstands von 1943 wurde das Mahnmal enthüllt. Auf seiner Westseite zeigt es eine Menschenmenge in der Schlacht, auf der Ostseite die Erlösung der Märtyrer. Als Material wählte man schwedischen Labradorit, ein Gestein, das auch Albert Speer für seine nationalsozialistischen Großbauten verwendete. Auf einer Tafel steht auf Polnisch, Jiddisch und Hebräisch folgende Widmung: „Für diejenigen, die in der nie dagewesenen heldenhaften Schlacht für die Würde und Freiheit des jüdischen Volkes, für ein freies Polen und für die Befreiung des Menschen gekämpft haben. Polnische Juden." Hier, an dieser Stelle, kniete 1970 Bundeskanzler Willy Brandt nieder, als er anlässlich der Unterzeichnung der Ostverträge nach Warschau gekommen war.

Von der ulica Zamenhofa bis zum Umschlagplatz (→ unten) verteilen sich 16 schwarze Granitblöcke, die an die Menschen und Ereignisse im Ghetto erinnern.

Plac Bohaterów Getta, ul. Zamenhofa. Bus 111, 180, Haltestelle Nalewki-Muzeum. Tram 17, 33, 37, Haltestelle Anielewicza.

Denkmal des Kniefalls (Pomnik przyklękającego Willy'ego Brandta)

„Unter der Last der jüngsten Geschichte tat ich, was Menschen tun, wenn die Worte versagen. So gedachte ich Millionen Ermordeter." Mit diesen Worten erklärte der damalige Bundeskanzler Willy Brandt später seinen berühmten Kniefall vom 7. Dezember 1970 – ein symbolischer Akt, der für die Polen von ungeahnter Bedeutung war: Nur ein paar Schritte vom eigentlichen Ort des Geschehens entfernt, benannten die Warschauer den Platz nach diesem Ereignis, an das auch ein kleines Denkmal erinnert. Für Deutsche, die den einstigen Kanzler dafür noch immer verurteilen, sind die Worte des Hamburger Journalisten Hermann Schreiber so aktuell wie damals: „Dann kniet er, der das nicht nötig hat, für alle die, die es nötig haben, aber nicht knien – weil sie es nicht wagen oder nicht können oder nicht wagen können."

Skwer W. Brandta. Bus 111, 180, Haltestelle Nalewki-Muzeum, Tram 17, 33, 37, Haltestelle Anielewicza.

Umschlagplatz (Umschlagplatz)

Von diesem Ort aus, einem nicht mehr existierenden Güterbahnhof, wurden seit dem 22. Juli 1942 täglich 5000 bis 6000 Menschen nach Treblinka transportiert, an manchen Tagen bis zu 10.000. Seit 1988 steht zum Gedenken an die Opfer ein Monument von Hanna Szmalenberg und Władysław Klamerus an der Stelle des früheren Bahnhofseingangs. Stellvertretend für die rund 450.000 Juden des Ghettos sind 448 Vornamen von Abel bis Żanna in die Mauer eingraviert. An der Mauer des benachbarten Hauses ist auf Polnisch, Jiddisch

Mahnmal am Umschlagplatz

und Hebräisch zu lesen: „Ach Erde, bedecke mein Blut nicht, und mein Schreien finde keine Ruhestatt. (Hiob 16.18)"
Ul. Stawki 10. Tram 17, 33, 35, 37. Bus 157, Haltestelle Stawki.

Powązki-Friedhof
(Cmentarz Powązkowski)

Mit 43 Hektar Fläche ist der 1790 entstandene Friedhof so groß wie der Vatikan, etwa 2.500.000 Menschen liegen hier begraben. Kein Wunder, dass der Cmentarz Powązkowski oft als Chronik der Stadt bezeichnet wird. Abgesehen von seiner Größe lohnt ein Besuch wegen der Harmonie der Kunstwerke und der Gestaltung des Parks.

Während des Warschauer Aufstands 1944 nutzte die polnische Armee die vielen Versteckmöglichkeiten zwischen den Gräbern und versorgte von hier aus das nahe Ghetto mit Nahrungsmitteln, Medikamenten und Waffen. Auf einer weitläufigen Fläche im nördlichen Teil sind die Opfer des Aufstands begraben. Da viele Namen der Getöteten unbekannt waren, tragen ihre Gräber oft nur eine Identifikations-Nummer des Polnischen Roten Kreuzes.

Neben den kunstvollen Grabsteinen und Skulpturen an einzelnen Gräbern ist auch das Mausoleum mit vielen Größen der polnischen Geschichte, aber auch von Architekten wie Dominik Merlini (1730–1797) einen Besuch wert. Eine Besonderheit ist die sog. aleja Zasłużonych, die „Allee der Verdienten" zwischen dem Eingangstor II (Brama św. Honoraty) an der ulica Powązkowska und der ulica Spokojna. Hier und an weiteren Orten des Friedhofs stößt man auf die Grabstätten wichtiger Warschauer Künstler, darunter der Lyriker und Dramatiker Zbigniew Herbert (1924–1998), der Tenorsänger Jan Kiepura (1902–1966), Regisseur Krzysztof Kieślowski (1941–1996), Jazzpianist und Filmkomponist Krzysztof Komeda (1931–1969), Rocksänger Czesław Niemen (1939–2004) und der Pianist Władysław Szpilman (1911–2000).

Am Eingangstor findet sich ein genauer Lageplan der Gräber. Trotzdem sind sie nicht immer einfach zu finden, da wegen der ständigen Erweiterungen keine einheitliche Kennzeichnung der Parzellen möglich war – manche sind mit Großbuchstaben, die meisten aber mit Zahlen markiert, einige wenige mit römischen Ziffern oder kleinen Buchstaben; so liegen beispielsweise die Parzellen 1 und 2 neben den Parzellen 181 und 159 usw. ... Etwas Zeit und Geduld sollte man also mitbringen.

Dez.–April tägl. 7–17 Uhr, Mai–Sept. tägl. 7–20 Uhr, Okt. bis 19 Uhr, Nov. bis 18 Uhr. Ul. Powązkowska 14. Tram 1, 22, 27. Bus 180. Haltestelle Powązkowska.

Jüdischer Friedhof
(Cmentarz Żydowski)

Die 1806 gegründete Ruhestätte, einer der größten jüdischen Friedhöfe in Europa, wird bis heute genutzt. Hier finden sich u. a. die Gräber von großen Rabbis wie Ber Meisels und Szlomo Lipszyc oder jüdischer Autoren wie Icchok Lejb Perec. Im Ausland weit bekannt ist beispielsweise Ludwik Zamenhof, der Erfinder des Esperanto, oder der Pädagoge Janusz Korczak, dessen Grabmal daran erinnert, wie er mit seinen Waisenkindern in den Tod geht. Auf dem Friedhof finden sich auch zahlreiche symbolische Ruhestätten von Juden, die Polen verließen und anderswo begraben sind, oder von Opfern der Shoah, deren Leichnam nicht gefunden werden konnte.

Mo–Do 10–17 Uhr (Herbst/Winter nur bis zur Dämmerung), Fr 9–13, So 11–16 Uhr, Sa geschlossen. Eintritt 1,50 €. Männer müssen Kopfbedeckung tragen. ✆ 22-8382622, www.beisolam.jewish.org.pl. Ul. Okopowa 49/51. Tram 1, 22, 27. Bus 180. Haltestelle Cm. Żydowski.

Praktische Infos → Karte S. 174/175

Restaurants

Pod Czerwonym Wieprzem 12 Die Idee für diese Kaschemme (zu Deutsch: „Unterm roten Schwein") muss den Besitzern bei einem Wodka-Besäufnis gekommen sein – oder eher noch am Tag danach beim Kater; man verkauft sich als letztes Geheimnis der PRL (Volksrepublik Polen) und tischt den Gästen diese Story auf: Im Jahr 2006 sollen Arbeiter auf ein Untergrundlokal gestoßen sein, in dem einst die Genossen speisten, auch Mao, Lenin, Castro und andere sollen vorbeigeschaut haben. Viele Gäste, auch Journalisten, wollten die Story gern glauben, in den USA wird eifrig von der commie-eatery erzählt. Ob sich auch Bruce Willis als Gast den Bären hat aufbinden lassen? Das Essen wird von Mädchen in sozialistisch korrekter Uniform an die Tische geschleppt: Lamm Lenin 12 €, Eisbein Erich 10 € und fürs Proletariat ein Schnitzel für 8,50 €. Tägl. 12–24 Uhr (Küche bis 23 Uhr). Ul. Żelazna 68, ✆ 22-8503144, www.czerwonywieprz.pl.

🌿 **Vega** 6 Die beste vegetarische Bar in Warschau. Zwar keine schöne Einrichtung, aber frische Salate und einfallsreiche Gerichte. Bei jedem Besuch spendet man zudem automatisch an bedürftige Kinder. Großes Menü mit Vorspeise, Hauptgericht mit Beilage und Salat 3–4 €, mit Suppe 4–5 €. Tägl. 11–20 Uhr. Al. Jana Pawła II 36 c, ✆ 22-3535400, www.vega-warszawa.pl. ■

Florian 10 Buntglasfenster, alte Möbel, verschiedene Säle, alte Spiegel und alter Sherry auf einem Schiebewagen. Angesichts der kreativ gestalteten Säle verblasst sogar die eigentlich gute altpolnische Küche. Dem Vorzeigedeutschen in Polen und Autor von „Viva Polonia", Steffen Möller, hat es auch gefallen. In einer seit 2010 verkehrsberuhigten Zone gelegen. Hauptgericht 9–14 €. Mo–Fr 10–22, Sa/So 11–22 Uhr. Ul. Chłodna 3, ✆ 22-6209398, www.florian.pl.

Saint Jacques 21 Französisches Bistro mit heimeligem Flair und guter Weinkarte. Gute Salate 5,50–8,50 €. Mo–Sa 12–23, So 12–22 Uhr. Ul. Świętokrzyska 34, ✆ 22-6202531, www.saintjacques.pl.

Strefa 16 Der Chefkoch Jarosław Walczyk hat sein Handwerk am Meer gelernt und ist begeisterter Angler. So verwundert es

Praktische Infos 191

nicht, dass v. a. die Fischgerichte überzeugen. 2014 gab es Thunfischsteak auf Hirse mit Trüffeldressing, grünem Spargel „sous-vide" mit Orangenkaviar für 27 €. Ach ja, das Auge isst ja mit: gelungene Einrichtung in Weiß-Beige-Grau. Tägl. 12–24 Uhr, Bar Mo/Fr ab 10, Sa/So ab 11 Uhr. Ul. Próżna 9, ℡ 22-2550850, www.restauracja strefa.pl.

folk gospoda 18 Urig eingerichtete Karczma, die Kellnerinnen und Kellner tragen alte Warschauer Tracht. Die Wildplatte kostet 37 €, der Folkburger 10 €. Tägl. 12–24 Uhr (Küche bis 23 Uhr), Folkmusik live tägl. 19.30 Uhr. Ul. Walicόw 13, ℡ 22-8901605, www.folkgospoda.pl.

Cafés & Pubs

»» Unser Tipp: Cafe Próżna 14 Verströmt nicht nur wegen der alten Fotos die Atmosphäre des Vorkriegswarschaus. Sehr guter Kaffee, täglich frische Blumen, netter Service und viele junge Gäste, die auch den kostenlosen Hotspot nutzen. Oft Ausstellungen, abends Jazzkonzerte. Mo–Fr ab 10.30, Sa/So ab 10 Uhr, So/Mo bis 22, Di–Do bis 23, Fr/Sa bis 24 Uhr. Ul. Próżna 12, ℡ 22-6203257, www.cafeprozna.pl. ««

»» Unser Tipp: Wine Bar Mielżyński 1 Bei Mielżyński treffen Warschaus Weinkenner auf die Schönen und Reichen der Metropole. Und sie alle schwärmen auch von der sehr guten mediterranen Küche. Der Chef spricht übrigens ein hervorragendes Deutsch. Mo–Fr 9–23, Sa 11–23, So 12–20 Uhr. Ul. Burakowska 5/7, ℡ 22-6368709, www.mielzynski.pl. ««

Zagadka 8 Beliebtes Café zum verquatschten Frühstück. Auch tägl. wechselndes Angebot von super Kuchen. Mo–Mi 8–22, Do/Fr 8–23, Sa 10–23, So 10–22 Uhr. Ul. Elektoralna 24, www.zagadka. waw.pl.

Chłodna 25 13 Ein manager- und touristenfreies Zentrum der Gegenkultur mit toller Einrichtung; tagsüber wird hier am nächsten Roman oder Theaterstück gefeilt, abends folgen Poetry Slams und Jazzkonzerte. Viel Tränen gab es bei der vorübergehenden Schließung 2013, viel Freude bei der Wiedereröffnung 2014. Mo–Fr 9–23, Sa 11–23, So 12–22 Uhr. Ul. Żelazna 75a (Eingang über ul. Chłodna 25), ℡ 22-6202413, www.klubchlodna25.pl.

Nachtleben

Club 70 22 Im roten Ziegelbau mit Boogie-Bar wird bis zum Umfallen getanzt, und zwar zu 70er-Funk, Latin-Hits und Rock'n'Roll. Fr/Sa ab 21 Uhr. Ul. Walicόw 9, ℡ 22-6546767, www.club70.com.

GaleriaClub 9 Hinter der verspiegelten Tür am Haupteingang der Markthallen verbirgt sich einer der beliebtesten Homoclubs der Stadt. Nicht so auf Coolness bedacht und elitär wie an anderen Orten, ist das Galeria auch Treffpunkt vieler Crossdresser, Drag Queens und feierwütiger Heten. Nicht zuletzt deshalb fühlt man sich hier manchmal wie in einem Film des spanischen Kult-Regisseurs Pedro Almodόvar. Di–So ab 21 Uhr. Plac Mirowski 1 (Hale Mirowskie), ℡ 22-8154155, www.clubgaleria.pl.

Einkaufen

Galeria Velt 14 Schöne Designerlampen und Glaswaren. Mo 15.30–19, Di–Fr 11.30–19, Sa 11.30–15 Uhr. Ul. Próżna 12, ℡ 22-6203257, www.velt.pl.

Sklep muzealny 5 Museumsgeschäft im Historischen Museum der polnischen Juden. Zu kaufen gibt es viel Interessantes und Schönes. Tägl. 10–18 Uhr. Ul. Anielewicza 6, www.store.jewishmuseum.org.pl.

Świat Monet 20 Eine Welt der Münzen mit vielen Sammlerstücken. Mo–Fr 9–18 Uhr, Juli/Aug. bis 17 Uhr. Im Innenhof des Aurum, Ul. Walicόw 11, www.mennica.com.pl.

Galerien

Galeria Napiόrkowska 19 Werke junger und arrivierter polnischer Künstler, für deren Förderung Katarzyna Napiόrkowska, die Direktorin, das Goldene Verdienstkreuz des Landes erhielt. Die ZEIT schwärmte über sie: „Kunstvoll. Sie hat Raum für die besten modernen Künstler des Landes." Und die sind nicht ganz billig … Mo–Fr 11–18, Sa 11–15 Uhr. Ul. Świętokrzyska 32, ℡ 22-6521177, www.napiorkowska.pl.

Galeria XX1 7 Ein Kunstzentrum für die besten Künstler aus Masowien, regelmäßig sehenswerte Ausstellungen. Di/Mi/Fr 11–17, Do 13–19, Sa 11–15 Uhr. Al. Jana Pawła II 36, ℡ 22-6207872, www.galeriaxx1.pl.

Tour 7: Śrόdmieście Pόłnocne → Karte S. 174/175

Platz der Verfassung und eines von vielen sozialistischen Details im Viertel MDM

Śródmieście Południowe: Im Herz des Sozialistischen Realismus

In der südlichen Innenstadt sollte entlang einer beim Kulturpalast beginnenden Achse rund um die ulica Marszałkowska eine sozialistische Vorzeigesiedlung entstehen. Obwohl die Arbeiten nie vollendet wurden, ist die sogenannte MDM ein Musterbeispiel des Sozialistischen Realismus.

Geprägt wird das Viertel durch die in den frühen 50er-Jahren entstandenen Bauten im Stil des Sozialistischen Realismus. Die modernen, verhältnismäßig großzügigen Wohnungen waren damals sehr begehrt. Dies sollte sich bald ändern, da ihr Baustil untrennbar mit dem ungeliebten Sozialismus verbunden war. Inzwischen haben sich die Warschauer mit den wuchtigen Blocks und den damals politisch korrekten Wandbildern abgefunden.

Viele Cafés, Restaurants, Geschäfte und Galerien locken in diesem südlichen Teil der Innenstadt. Am besten ist das Treiben auf dem *Erlöserplatz* und dem *Verfassungsplatz* zu beobachten. Treffen wird man hier auch auf angehende Ingenieure und Techniker der nahen *Politechnika*, die mit einem wirklich traumhaften Hauptgebäude verwöhnt sind: Die Aula der Hochschule sollte man gesehen haben; sie zählt im Bezirk zu den wenigen Vorkriegsbauten, die wie verlorene Farbtupfer im Sozialistischen Realismus wirken. Die Zeiten ebenfalls überdauert hat das *Fotoplastikon*, das sog. Warschauer Stereoskop, derzeit einer der angesagtesten Geheimtipps der Stadt: Der faszinierende Vorläufer des Kinos mit seiner unvergleichlichen, sentimentalen Atmosphä-

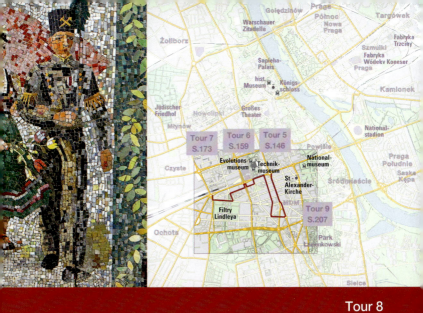

Tour 8

re zeigt unter anderem bewegte Originalaufnahmen des alten Warschaus.

Im westlich der südlichen Innenstadt gelegenen Stadtbezirk *Ochota* trägt die östlichste Siedlung den Namen *Filtry*, die bedeutendste Sehenswürdigkeit des Bezirks. Die *Wasserfilteranlagen* waren im 19. Jh. ein Meilenstein der Stadtentwicklung, der sich schon in ihrer Größe zeigt: Die Anlagen erstrecken sich auf einer riesigen Grundfläche bis zur südlichen Innenstadt.

Tour

Ausgangspunkt ist der zentrale plac Zawiszy, an der Ecke des charakteristischen → Millennium-Plaza-Hochhauses.

Anfahrt mit Tram 1, 7, 9, 22, 24, 25. Bus 127, 157, 159, 175, Haltestelle plac Zawiszy. Ⓜ Rondo Daszyńskiego.

Ende: Novotel-Hochhaus, ul. Marszałkowska 94.

Verbindungen: Tram 4, 7, 8, 9, 18, 22, 24, 25. Bus 117, 127, Haltestelle Centrum. Ⓜ Centrum.

Dauer: Reine Gehzeit der Tour 2 bis 2¾ Std.

Technische und architektonische Errungenschaften prägen diesen Stadtrundgang. Vom plac Zawiszy, dem Startpunkt, erreichen wir über die ulica Raszyńska bei der ersten Möglichkeit links die ulica Koszykowa, die entlang einer langen Mauer am Areal der → Lindley-Filteranlagen (Filtry Lindleya) verläuft. Immer wieder erspäht man hier Pumpen und Wasserhäuser aus rotem Backstein, die den Zweck der Anlage verraten. Leider ist das Gelände bislang nur an wenigen Tagen im Jahr öffentlich zugänglich, was sich in naher Zukunft ändern soll. Nach dem Ingenieur Lindley, der die Anlage bauen ließ,

ist auch die Straße benannt, in die wir links einbiegen und so auf die → **Kind-Jesus-Kirche** (Kościół Dzieciątka Jezus) stoßen.

Der Schädel auf dem Obelisken vor dem Gotteshaus erinnert an die Toten eines Armenspitals, das am heutigen plac Powstańców Warszawy stand.

Weniger gruselig wird es in der ulica Nowogrodzka, in die wir rechts einbiegen und die im weiteren Verlauf an der Mauer eines Krankenhauses vorbeiführt. An der breiten Hauptstraße, der ulica Chałubińskiego, gehen wir ein paar Schritte nach links und stehen vor dem → **ORCO-Tower**. Durch die Unterführung kommen wir auf die andere Straßenseite, an der der → **Lilium-Tower** entstehen soll – der für 2009 geplante Baubeginn wurde aber wegen der Finanzkrise wiederholt verschoben. Der Turm soll nach seiner Fertigstellung den schräg gegenüber liegenden Kulturpalast an Höhe und sicher auch an Schönheit übertreffen.

In unmittelbarer Umgebung ragen bereits der → **Marriott-Wolkenkratzer** und der → **Oxford-Tower** in den Himmel. Weitere Wolkenkratzer sind an dieser Stelle geplant. Weiter geht es auf der ulica Nowogrodzka, dann bei der ersten Möglichkeit links und über die ulica Emilii Plater zur Hauptstraße, der aleje Jerozolimskie, von der wir schon den Kulturpalast und die anderen Bauwerke auf der nördlichen Seite sehen. Etwas schwerer zu finden ist das → **Warschauer Stereoskop** (Fotoplastikon Warszawski), ein Vorläufer des neuzeitlichen Kinos, das in eine vergangene Zeit entführt; es liegt versteckt im Hinterhof des Hauses al. Jerozolimskie 51.

Nach dieser beeindruckenden Zeitreise gehen wir die erste Möglichkeit nach rechts in die ulica Poznańska, auf der wir 800 m zurücklegen. Dort ändert die Straße ihren Namen in ulica Lwowska, auf der es weitere 300 m geradeaus geht. Wer müde Füße oder wenig Zeit hat, kann stattdessen mit der Metro von der Station Centrum in Richtung Süden zur Station Politechnika fahren. Unser Ziel ist jeweils das Hauptgebäude des → **Warschauer Polytechnikums** (Politechnika Warszawska) mit seiner faszinierenden Aula aus dem Jahr 1901. Von dem sternförmigen Platz zieht sich die ulica Nowomiejska 400 m bis zum → **Erlöserplatz** (plac Zbawiciela) mit seinem interessanten Architekturmix, der von den beiden Türmen der → **Erlöserkirche** (Kościół Najśw. Zbawiciela) dominiert wird.

In purem Sozialistischen Realismus zeigt sich der mächtige → **Platz der**

Innenhof des Warschauer Polytechnikums

Verfassung (plac Konstytucji) mit seinen riesigen Kandelabern, der nach 200 m auf der ulica Marszałkowska in Richtung Norden erreicht ist. Der Platz ist das Herz des → **Wohnbezirks Marszałkowska-Straße** (Marszałkowska Dzielnica Mieszkaniowa – MDM), den wir, vorbei an den typischen Wohnblocks, immer geradeaus nach Norden in Richtung Zentrum ablaufen. Den Abschluss unseres Rundgangs bildet das → **Novotel-Hochhaus**, das wie schon das Millennium-Plaza-Haus beim Auftakt der Tour ein guter Orientierungspunkt ist.

Sehenswertes

Millennium-Plaza-Hochhaus

Ein zweites Las Vegas mit Formel 1-Strecke und Spielkasinos wollte der umstrittene türkische Architekt und Geschäftsmann Vahap Toy im ostpolnischen Biała Podlaska aus dem Boden stampfen. Im Gegensatz zu dieser Investitionspleite wurde sein 116 m hoher Turm in der Hauptstadt 1999 vollendet. Die Warschauer mögen ihn trotzdem nicht und tauften ihn mit schmeichelhaften Namen wie Duschkabine, Dixie-Klo oder Red-Bull-Dose im Schraubstock. In den ersten Stockwerken befindet sich ein Einkaufszentrum, in höhere Aussichtshöhen gelangt man als Tourist leider nicht. Seit 2012 gibt es die sehr erfolgreiche Erlebniswelt „Niewidzialna Wystawa", bei der man im Dunkeln die Erfahrungen von Blinden nachempfinden kann.

www.millenniumplaza.pl.

Ausstellung: Mo–Fr 12–20, Sa/So 10–20 Uhr. Eintritt 5–6 €, erm. 4–5,50 €. ✆ 504-324444 (mobil), www.niewidzialna.pl. Al. Jerozolimskie 123a.

Tram 1, 7, 9, 22, 24, 25. Bus 127, 157, 159, 175, Haltestelle plac Zawiszy. Ⓜ Rondo Daszyńskiego.

Lindley-Filteranlagen
(Filtry Lindleya)

Rote Ziegelsteine prägen das Bild der Pump- und Filteranlagen und Säle, die das historische Wasserwerk der Stadt bilden. Das bis heute in Betrieb befindliche, wenn auch modernisierte Industriedenkmal soll in den nächsten Jahren in die Liste des UNESCO-Weltkulturerbes aufgenommen werden. Verantwortlicher Ingenieur war der Engländer William Lindley (1808–1900), einer der Pioniere der Ver- und Entsorgungstechnik, der Stromversorgung, des Eisenbahn- und Hafenbaus – kurz, der gesamten Stadtinfrastrukturplanung. Nachdem Lindley schon in Hamburg, Leipzig, Düsseldorf und Frankfurt moderne Wasserversorgungssysteme installiert hatte, führte sein gleichnamiger Sohn die Arbeiten in Warschau ab 1883 aus, und schon 1886 konnten die Einheimischen das Ergebnis schmecken. Wer Glück hat, kann im Sommer an den Tagen der offenen Tür eine Führung mitmachen (bisher nur auf Polnisch). Auch wenn man die Sprache nicht versteht, sollte man sich diese Gelegenheit nicht entgehen lassen. Die unterirdische Wasserwelt mit ihren Ziegelsteinsälen und -tunnels sowie die anschließende Verkostung des frisch gefilterten Wassers fasziniert nicht nur Technikbegeisterte. Auskünfte erhält man beim Portier am Tor der ulica Koszykowa, mit einiger Geduld unter der unten genannten Telefonnummer sowie in den Tourist-Informationen. Für die nächsten Jahre ist eine dauerhafte Öffnung geplant, was wohl auch mit der angestrebten Aufnahme in die Weltkulturerbe-Liste zusammenhängt.

An Tagen der offenen Tür 7–18 Uhr sowie in der Langen Nacht der Museen; im Juli/Aug. jeden Samstag; dauerhafte Öffnung geplant. Eintritt frei. ✆ 22-6224404,

Reservierung über dniotwarte@mpwik.com.pl, www.mpwik.com.pl. Ul. Koszykowa 81.

Tram 7, 8, 9, 22, 24, 25. Bus 127, 128, 157, 158, 175, Haltestelle Plac Starynkiewicza. Oder Bus 159, Haltestelle Lindleya.

Kind-Jesus-Kirche
(Kościół Dzieciątka Jezus)

Die Anfang des 20. Jh. gebaute neugotische Kirche wirkt etwas verloren, was daran liegt, dass das dazugehörige backsteinerne Hospital nach dem Krieg nicht wieder aufgebaut wurde. Als einer der wichtigsten Vertreter des Warschauer Historismus schuf Józef Pius Dziekoński hier ein Gotteshaus, das von außen interessanter ist als von innen.

Unheimlich und traurig wirkt der Totenschädel auf dem Obelisken vor dem Gotteshaus, der im 18. Jh. zur Erinnerung an die 30.000 im Spital Verstorbenen aufgestellt wurde. Die hygienischen Zustände im Krankenhaus sollen damals nicht die besten gewesen sein.

Tägl. 8.30–18 Uhr. Messe Mo–Sa 6.15, 7, 8, 18, So 7, 8.30, 10, 11.30, 13, 18 Uhr. www.dzieciatko-jezus.pl. Ul. Lindleya 2.

Tram 7, 8, 9, 22, 24, 25. Bus 127, 128, 157, 158, 175. Haltestelle Plac Starynkiewicza.

ORCO-Tower

115 m ragt das auch als FIM-Tower bekannte Gebäude in die Höhe, das wohl besonders wegen seiner rosafarbenen Verstrebungen von den Warschauern zu den hässlichsten Bauten der Stadt gekürt wurde. Kaum 15 Jahre nach der Fertigstellung 1996 wurde er wieder umgebaut, wobei auch weniger dominante Farben verwendet wurden. Von der Form her war das gläserne Hochhaus sowieso schon interessant.

Kein Zutritt. Al. Jerozolimskie 81. Tram 7, 8, 9, 10, 17, 22, 24, 25, 33, 37. Bus 117, 127, 128, 131, 158, 174, 175. Haltestelle Dworzec Centralny. Ⓜ Centrum.

Marriott-Wolkenkratzer

Der offizielle Name des 1980–1989 errichteten 170 m-Bauwerks ist Centrum LIM, durchgesetzt hat sich der Name der Hotelkette. Die Architekten Jerzy Skrzypczak, Andrzej Bielobradek und Krzysztof Stefański haben hier einen recht simplen Turm realisiert, der aber nachts überzeugt, wenn seine Fassade weiß leuchtet. Auf den ersten Stockwerken residieren viele, teils noble Geschäfte. 1998 kletterte der als Spiderman gerühmte französische Freeclimber Alain Robert den Turm hinauf, wofür er gerade mal 17 Minuten benötigte. Für Ungeübte gibt es einen Aufzug in den Panorama Club, der auf den höchsten Etagen des Wolkenkratzers v. a. nachts einen faszinierenden Blick über die Stadt gewährt. Hier oben kostet das Bier mehr als 4 €, was bei dem Ausblick zu verschmerzen ist; zudem gibt es gute Weine und Cocktails.

Panorama-Bar im 40. Stock: Tägl. 18–24 Uhr. ☎ 22-6306306, www.panoramabar.pl, www.lim.com.pl. Al. Jerozolimskie 65.

Tram 7, 8, 9, 10, 17, 22, 24, 25, 33, 37. Bus 117, 127, 128, 131, 158, 174, 175. Haltestelle Dworzec Centralny. Ⓜ Centrum.

Lilium-Tower

Eigentlich für 2009 geplant, waren die Arbeiten 2012 immer noch nicht begonnen. Wegen der Finanzkrise verzögert sich das Projekt, zu hoffen bleibt, dass der faszinierende Entwurf der iranischen Stararchitektin Zaha Hadid in den kommenden Jahren doch noch verwirklicht wird. Der Wolkenkratzer soll dann nicht nur den Kulturpalast überragen, sondern mit seinen vier flügelförmigen Kanten zugleich ein Signal für die nächste Bauetappe zeitgenössischer Architektur sein, auch in der unmittelbaren Umgebung. Seit Mitte 2014 soll der Investor erneut den Antrag auf Baugenehmigung vorbereiten, laut unbestätigten Quellen soll aber ein kostengünstigeres Projekt dem Hadid-Projekt vorgezogen werden. Schade!

Al. Jerozolimskie/ul. Chałubińskiego. Tram 7, 8, 9, 10, 17, 22, 24, 25, 33, 37. Bus 117, 127, 128, 131, 158, 174, 175. Haltestelle Dworzec Centralny. Ⓜ Centrum.

Oxford-Tower

Auch als Intracco II bekannt, ist der 150 m-Wolkenkratzer im minimalistischen „Internationalen Stil" gehalten. Nach Fertigstellung 1979 durfte der Turm im polnischen Kinderfilm „Herr Kleks im Kosmos" von Krzysztof Gradowski die Rolle einer Grundschule „spielen".

Ul. Chałubińskiego 8. Tram 7, 8, 9, 10, 17, 22, 24, 25, 33, 37. Bus 117, 127, 128, 131, 158, 174, 175. Haltestelle Dworzec Centralny. Ⓜ Centrum.

Warschauer Stereoskop
(Fotoplastikon Warszawski)

Vor einigen Jahren noch als absoluter Geheimtipp gehandelt, wird das nostalgische Kino immer mehr zu einer der Hauptsehenswürdigkeiten der Stadt. In der zweiten Hälfte des 19. Jh. entstanden überall in Europa zahllose Spielorte der in Deutschland erfundenen Anlage, die unter dem Namen „Kaiserpanorama" vermarktet wurde. Mit dem Auftreten der ersten neuzeitlichen Kinos verschwanden die Fotoplastika dann nach und nach. Nicht so in Warschau: Das Vorführgerät befindet sich als weltweit einziges seiner Art seit der Eröffnung 1904 ununterbrochen in Betrieb – und immer noch am selben Ort; es handelt sich hier also nicht um eine „Revitalisierung".

Der magische Ort lässt der Fantasie freien Lauf, und den Poeten und ersten Betreiber Tadeusz Chudy inspirierte das Fotoplastikon zu diesen Worten: „Es dreht sich langsam die Riesentrommel, wie das Weltall, in die vergangene Welt."

Während der deutschen Besetzung diente die Anlage auch dazu, lebenswichtige Informationen auszutauschen, z. B. Pläne und Aufnahmen zu zeigen. In den Nachkriegsjahren erfüllte das Fotoplastikon wieder seine Funktion als Ort, um dem Alltag für ein paar Stunden zu entfliehen. Dabei können an der hölzernen Trommel bis zu 20 Personen dreidimensionale Fotos an sich vorbeiziehen lassen.

Spannende Zeitreise im Warschauer Stereoskop

Gezeigt werden sonntags Bilder aus der Zeit des Vorkriegswarschaus, die belegen, dass die polnische Hauptstadt einst eine der schönsten europäischen Metropolen war; auch historische und aktuelle Ansichten anderer Weltstädte sind zu sehen sowie Aufnahmen des heutigen Warschaus und zu wechselnden Themen. Seit 2008 ist das Fotoplastikon vorerst eine Abteilung des *Museums des Warschauer Aufstands*, wodurch sich der Eintrittspreis deutlich verringerte. Der Besitzer aber bleibt Tomasz Chudy, der Enkelsohn des Gründers.

Di–So 10–18 Uhr. Eintritt vorerst 1 €, erm. 0,50 €, So frei. ☎ 22-6253552, www.fotoplastikonwarszawski.pl, www.fotoplastikon.stereos.com.pl. Al. Jerozolimskie 51 (Hinterhof).

Tram 4, 7, 8, 9, 18, 22, 24, 25. Bus 117, 127, 128, 131, 158, 171, Haltestelle Centrum. Ⓜ Centrum.

Warschauer Polytechnikum
(Politechnika Warszawska)

Wenn die Schönheit eines Unigebäudes Einfluss auf die Leistungen der Studenten hätte, müssten die Absolventen des Warschauer Polytechnikums sehr gefragt sein. Tatsächlich gilt die Technische

Hochschule als eine der besten Landes. Für Touristen ist der fünfeckige, 1901 fertiggestellte Bau von Stefan Szyller (1857–1933) interessanter. Besonders gelungen ist die Aula, ein Innenhof, der mit farbigem Glas überdacht ist. 2008 fanden hier aufwendige Renovierungsarbeiten statt.

Mo–Fr 7–21, Sa 8–18 Uhr. 22-2347211, www.pw.edu.pl. Plac Politechniki 1.

Tram 10, 14, 15. Bus 118, 131, 187, 188, Haltestelle Metro Politechnika. Ⓜ Politechnika.

Erlöserkirche
(Kościół Najśw. Zbawiciela)

Nachdem in den 1880er-Jahren der gleichnamige Platz bebaut worden war, folgte zwischen 1901 und 1927 der Bau der Kirche. Das Gotteshaus vereint moderne Interpretationen von polnischer Renaissance und Barock. Im Zweiten Weltkrieg verlor die dreischiffige Basilika bei Bombenangriffen ihre schlanken Türme und wurde beim Warschauer Aufstand fast vollständig zerstört. Aus ästhetischen und ideologischen Gründen wollte man beim Bau der sozialistischen Siedlung Marszałkowska-Straße (MDM) eigentlich auf die Rekonstruktion der beiden Türme verzichten, entschied sich zum Glück aber anders. Im Inneren warten prunkvolle Details, so der Hauptaltar mit der Weltkugel im Zentrum, die farbig abgesetzte Kanzel und die aufwendig gestalteten Seitenkapellen. Auch wer sich für sakrale Bauten wenig interessiert, sollte hier einen Blick riskieren.

Tägl. 8.30–18.30 Uhr. Messe Mo–Sa 6.30 (nur im Winter) 7, 7.30, 8, 9 (nur im Winter), 15, 17 (nur im Winter), 18.30 und 20.30 Uhr. So 7, 8.30, 10, 10.30 (nur Winter), 11.30, 13, 18.30 und 20.30 Uhr. www.parafiazbawiciela.org. Ul. Marszałkowska 37.

Tram 4, 10, 14, 18, 35, Haltestelle Plac Zbawiciela. Ⓜ Politechnika.

Erlöserplatz (Plac Zbawiciela)

Auf dem runden, von Hofarchitekt und Gartenbaumeister Jan Chrystian Szuch (1752–1813) als Park einer königlichen Achse angelegten Platz kreuzen sich drei wichtige Straßenzüge. Viel prägender aber sind die hier aufeinander pral-

Der Plac Zbawiciela ist einer unserer Lieblingsorte in Warschau

lenden Architekturstile, die ihm eine verblüffend harmonische Gestalt geben. Dominant ist natürlich die Erlöserkirche mit ihren hohen Türmen, ansonsten zeigen die runden Wohnblocks Stilelemente der Jahrhundertwende, vereinzelt Jugendstil-Details und natürlich den Stil des Sozialistischen Realismus. Die Restaurants, Cafés und Kneipen sind fast touristenfrei, bei den Warschauern aber sehr beliebt. Im Sommer sorgen Tische unter den Arkaden für mediterranes Lebensgefühl. Der polnische Regisseur Krzysztof Krauze schenkte dem plac Zbawiciela in seinem gleichnamigen Film eine „Hauptrolle". Seit 2012 steht in der Mitte des Platzes eine Installation in Form eines Regenbogens, die von homophoben Rechtsradikalen wiederholt angezündet wurde.

Tram 4, 10, 14, 18, 35, Haltestelle Plac Zbawiciela. Ⓜ Politechnika.

Platz der Verfassung
(Plac Konstytucji)

Der dreieckige Platz zählt zu den weltweit größten und interessantesten Anlagen im Stil des Sozialistischen Realismus und bildet so das passende Gegenüber für den Kulturpalast. An den Fassaden sind viele der typischen Menschendarstellungen der sozialistischen Propaganda zu entdecken. Eindrucksvoll sind auch die riesigen Kandelaber, mehrarmige, säulenartige Straßenlaternen. Hinter den östlichen Fassaden blieben an der ulica Piękna und ulica Koszykowa vereinzelt Vorkriegsgebäude erhalten, was einen ungewöhnlichen Kontrast zur „sozialistischen Moderne" schafft.

Tram 4, 15, 18, 35. Bus 118, 131, 159, 187, Haltestelle Plac Konstytucji. Ⓜ Politechnika.

Wohnbezirk Marszałkowska-Straße (Marszałkowska Dzielnica Mieszkaniowa – MDM)

1950 wurden die Ruinen der klassizistischen und sezessionistischen Bauten aus der Vorkriegszeit abgetragen, in den folgenden zwei Jahren entstand hier eine moderne Siedlung für 45.000 Menschen. Ziel der Architekten war es, die Ideale des Sozialistischen Realismus in Form von mächtigen Wohnblocks mit breiten Balkonen und weitläufigen Arkaden zu verwirklichen. Dabei knüpften sie auch an die Bautraditionen der Hauptstadt an; so zeigen z. B. einige Fassaden Sgraffiti, die an Warschauer Altstadthäuschen erinnern. Dagegen sind die an der aleja Wyzwolenia stehenden Blocks eine Reminiszenz an die Pariser Place Vendôme. Wie ehrgeizig die Pläne für das MDM-Viertel waren, verdeutlicht die Tatsache, dass die 1952 fertiggestellten Gebäude nur ein Achtel des ursprünglich geplanten Projekts darstellen!

Gegenwärtig ist die Siedlung trotz ihrer Mächtigkeit bei den Warschauern akzeptiert und recht beliebt; ein Grund dürfte sein, dass ihr Stil durchgängig ist und sich auch in der Bauqualität deutlich von späteren Bausünden abhebt. Und während die Denkmalschützer die Aufnahme des Viertels in ihre Liste vorantreiben, freuen sich ihre Bewohner über zahlreiche Cafés, Restaurants, Geschäfte und Galerien.

Tram 4, 15, 18, 35. Bus 118, 131, 159, 187, Haltestelle Plac Konstytucji. Ⓜ Politechnika.

Novotel-Hochhaus

Das frühere Hotel Forum zieht durch seine weiße Front und die schmale, längliche Form die Blicke auf sich. 1972–1974 gebaut, war es damals das modernste Hotel mit westlichem Standard – und mit 111 m das höchste.

Auch dieses Hochhaus spielte in einem polnischen Film eine Rolle: In dem 1993 von Barbara Sass gedrehten Streifen „Pajęczarki" (abgeleitet von pająk, dem polnischen Wort für Spinne) nutzt die Protagonistin das Hochhaus wie Spiderman als „Gymnastikgerät".

Ul. Marszałkowska 94. Tram 4, 7, 8, 9, 18, 22, 24, 25. Bus 117, 127, 128, 131, 158, 171, Haltestelle Centrum. Ⓜ Centrum.

Praktische Infos

→ Karte S. 194/195

Restaurants

》》》 Unser Tipp: Mandala 31 Vielleicht das beste asiatische Restaurant in Warschau. Minimalistisches Design, indisch-thailändische Kreationen des nepalesischen Chefkochs und Tische im abbruchreifen Innenhof. Ungewöhnlich also in jeder Hinsicht, ist das Lokal bei den jungen und alternativen Warschauern ein Renner. Ebenso beliebt ist der Club, in dem auf Partys Weltmusik und House zu hören sind – oder Stand-up-Comedians auftreten und Kurzfilme gezeigt werden. Lunch Mo–Fr 12–17 Uhr 6–8 €, Tandoori-Gerichte 5,50–10 €. Mo–Do 12–22, Fr/Sa 12–23, So 13–21 Uhr, Club Mo–Sa ab 18 Uhr. Ul. Emilii Plater 9/11, ✆ 22-8910619, www.mandalaklub.com. 《《《

》》》 Unser Tipp: Grand Kredens 18 Für manchen mag es Kitsch sein, doch die meisten Besucher fühlen sich in diesem vor ungewöhnlichen Einfällen nur so überquellenden Restaurant pudelwohl. Unserer Meinung nach gibt es kaum ein Plätzchen, an dem das Warschau der Vorkriegszeit so zu spüren ist. Die Betreiber wollten allerdings eine Atmosphäre irgendwo zwischen den Straßen von Paris, den Plätzen des antiken Roms und einer irischen Taverne schaffen. Ach ja, statten Sie der Toilette einen Besuch ab, auch wenn Sie nicht müssen! Gegrillte Forelle mit Mandelsoße 12 €. Mo–Fr 10–24, Sa/So 11–24 Uhr. Al. Jerozolimskie 111, ✆ 22-6298008, www.kredens.com.pl. 《《《

》》》 Unser Tipp: Inaba 27 Im Keller der japanischen Hochschule bekommt man hervorragendes Sushi und vollendete Kochkunst aus Nippon; häufig Karaokeveranstaltungen. Die Einrichtung sollte allerdings dringend erneuert werden. Sushi-Sets 20–80 €, Lunch-Menü 12–17 Uhr 5–11 €. Tägl. 12–22 Uhr. Ul. Nowogrodzka 84/86, ✆ 22-6225955, www.inaba.com.pl. 《《《

Osteria 33 Geschmackvoll eingerichtetes Fischrestaurant mit hervorragender Küche. Fisch und Meeresfrüchte nach Gewicht 4–16 €/100 g, große Platte mit Fisch und Meeresfrüchten für 2 Pers. 50 €. Mo–Sa 12–23, So 13–21 Uhr. Ul. Koszykowa 54 (Eingang über Ecke ul. Piękna/Poznańska), ✆ 22-6211646, www.osteria.pl.

U Szwejka 39 Anti-Diät-Küche mit Riesenschnitzeln, Fleischbergen und Bierkrügen, die von Mädchen in Trachten an immer volle Tische geschleppt werden. Hauptgericht 5–8 €, „das beste Fleisch für die ganze Kompanie" (mind. 2 Pers.) für 15 €. Mo–Fr 8–24, Sa ab 10, So ab 13 Uhr. Pl. Konstytucji 1, ✆ 22-3391710, www.uszwejka.pl.

Soul Kitchen 38 „Essen für die Seele – Ja, Mann!" Zwar hat das edel und schlicht eingerichtete Restaurant keinen Bezug zu Fatih Akins gleichnamigem Meisterwerk, aber mit der Hauptfigur im Film doch eines gemeinsam – einen Koch, der mit Herz und Seele dabei ist. Zanderfilet auf Pfifferlingen 14,50 €. Fr ab 19 Uhr Live-Musik. Mi/Do 12–22, Fr/Sa 12–23, So 13–22 Uhr. Ul. Noakowskiego 16, www.soulkitchen.pl.

Dyspensa 36 Warme Farben geben diesem stilvollen Restaurant eine Extranote in Gemütlichkeit. Salat mit Forelle 10 €. Tägl. 12–22 Uhr. Ul. Mokotowska 39, ✆ 22-6299989, www.dyspensa.pl.

Sushi Zushi 4 Eine von Warschaus besten Sushibars, wie uns auch der ehemalige Fernsehstar Szymon Majewski (wie eine lustigere polnische Mischung aus Harald Schmidt und Stefan Raab) versicherte, den wir bei unserem letzten Besuch hier trafen. Mo/Do 12–23, Fr/Sa 12–3, So 13–22 Uhr. Ul. Żurawia 6/12, ✆ 22-4203373, www.sushizushi.pl.

La Tomatina 1 Wie eine italienische Trattoria, bei der zählt, was auf dem Teller landet, aber nicht unbedingt, wie es um den Teller herum aussieht. Eigene Pasta 6–9 €, Pizza 5–11 €. So–Do 11–23, Fr/Sa 11–24 Uhr. Ul. Krucza 47, ✆ 22-6251047, www.latomatina.pl.

》》》 Unser Tipp: tel-aviv 26 Vegetarische, vegane, glutenfreie, laktosefreie, v. a. aber leckere Gerichte wie das himmlische Hummus (4–7 €) und belegte Brote. Frühstück bis 12 Uhr 4–4,50 €. So–Do 8–24, Fr/Sa 8–2 Uhr, Küche nur bis 22 Uhr. Ul. Poznańska 11, ✆ 22-6211128, www.fooddesigners.pl. 《《《

Beirut Hummus & Music Bar 22 Snacks wie libanesisches Hummus, Kofta und weitere arabische Leckerbissen wie Tabouleh. Außerdem ein Club. Tägl. 12–23.30 Uhr. Ul. Poznańska 12, www.beirut.com.pl.

Wilczy Głód 25 Der Name ist ein Wortspiel, das übersetzt „Wolfshunger" bedeutet und sich auch auf den Namen der Straße bezieht, in der sich das Lokal befindet. Allerdings werden hier keine Fleischbrocken lieblos vor die Meute geworfen, stattdessen gibt es einfache Gerichte mit lokalen, saisonalen und vegetarischen Zutaten. Tägl. 9–23 Uhr. Ul. Wilcza 29a, ✆ 22-8910285.

Przegryź sobie coś pysznego 20 – „Iss eine leckere Kleinigkeit", so die Übersetzung; doch nicht nur die Karte mit vielen günstigen vegetarischen Gerichten kann sich sehen lassen. Die Galeristin Dominika Krzemińska und Journalist Piotr Najsztub engagieren auch die hippsten Künstler zur Verschönerung ihres Kunstbistros. Mo–Fr 9–22, Sa/So 10–22 Uhr. Ul. Mokotowska 52, ✆ 22-6217177.

»› Unser Tipp: BeKef 13 Wir haben nur die allerbesten Erinnerungen an die koschere Snackbar. Bei der Aktualisierung für die 3. Auflage haben wir hier nämlich unsere Fotokamera liegen gelassen und sind auf der Suche durch die halbe Stadt wieder im BeKef gelandet, wo uns die freundliche Bedienung schon lächelnd erwartete. Man muss aber nicht erst den Fotoapparat vergessen, um sich wohlzufühlen, passenderweise bedeutet der Name aus dem Israelischen übersetzt „Freude". Der Küchenchef Maimon Ben Ezra zaubert stets leckere und frische Gerichte aus Israel und dem Nahen Osten auf den Teller. Ul. Hoża 40, ✆ 22-6211856. ‹‹‹

Bambino 14 Leider müssen immer mehr der günstigen Warschauer Milchbars schließen, mit dem Bambino hat eine der besten bis jetzt überlebt. Bleibt zu hoffen, dass hier das Ende noch lange auf sich warten lässt. Ul. Krucza 21, www.barbambino.pl.

kroWARZYWA 15 Der Name ist ein Wortspiel mit den polnischen Wörtern für „Kuh" und „Gemüse". Zu essen gibt es vegane Burger, verwendet werden keine TK-Kost, kein Genfood und kein Natriumglutamat. Gesund ist es aber noch lange nicht, sondern eher veganes Fast Food. So–Do 12–23, Fr/Sa 12–24 Uhr. Ul. Hoża 42.

Bistro Berlin 42 Für heimwehkranke Currywurst-Vermisser, es gibt aber auch Krakauer, Thüringer und Nürnberger, die mit Pommes jeweils 3,50 € kosten. Mo–Sa 10–2, So 11–24 Uhr. Ul. Marszałkowska 43.

Bastylia 44 Die besten Crêpes für die frankophile Warschau (2–10 €, mit Kastanienmehl je 1,50 € teurer), interessanterweise auch ein Treffpunkt von Lesben und Schwulen. Seit dem Renovierungs-Upgrade zum zehnten

Karma auf dem pl. Zbawiciela

Jubiläum im Jahr 2011 schöner und v. a. größer. Tägl. 8–23 Uhr. Ul. Mokotowska 17 (Plac Zbawiciela), www.bastylia.eu.

Cafés & Pubs

»› Unser Tipp: Filtry 41 Jugendlich süß eingerichtetes Café mit persönlicher Note und sehr guten Kaffeemischungen. Man kann in Bildbänden und Büchern blättern, mit den sympathischen Besitzern klönen oder am Grünstreifen vorm Eingang auf einem der Liegestühle entspannen. Lecker die selbst gemachten Kuchen und das Frühstück, das es von 8 bis 11 Uhr gibt, an Wochenenden bis 13. Mo–Fr 8–21, Sa 10–21, So 10–20 Uhr. Ul. Niemcewicza 3, ✆ 507-815204 (mobil), www.filtrycafe.pl. ‹‹‹

»› Unser Tipp: Karma 44 Für Warschauer Twens definitiv ein trendiger place-to-be, dazu WiFi-Büro für alle, die nicht zu Hause arbeiten oder an ihrem Debütroman schreiben möchten. Die alte Kaffeeröstmaschine und Fotoausstellungen bieten auch was fürs Auge. Mo–Fr 7.30–23, Sa 8.30–23, So 9.30–23 Uhr. Plac Zbawiciela 3/5, ✆ 22-8758709, www.coffeekarma.eu. ‹‹‹

Niezłe Ziółko 16 Schön eingerichtetes Bistrocafé mit leckeren Suppen, Bistrogerichten, Kuchen und belegten Broten, auch das Frühstück ist beliebt. Mo–Do 8–20, Fr 8–22, Sa/So 9–22 Uhr. Ul. Krucza 17.

Słodki ... Słony 32 Magda Gesslers unverwechselbarer Stil zeigt sich auch in ihrem Café, das für ihre Verhältnisse schlicht „Süß ... Salzig" heißt. Der mit viel Holz gestaltete Tortentempel ist ein Paradies für Frauen, für die mitgeschleppten Männer gibt es auch Herzhaftes. Di–Fr 8–22, Sa/So 10–24 Uhr. Ul. Mokotowska 45, ✆ 22-6224934, www.slodkislony.pl.

Kolonia 46 Eine Kolonie für Warschaus junge Eltern. Während auf die Kinder ein Spielzeugparadies mit Garten wartet, gibt es für Mama und Papa im Holzhaus selbst gemachte Kuchen und guten Kaffee. Tägl. 8.30–20 Uhr, Sa/So ab 9 Uhr. Ul. bł. Ładysława z Gielniowa 11, ℡ 601-913563 (mobil), www.kolonia-ochota.pl. ■

Radio Café 9 Eine Hommage an die alten Zeiten, als Radio Free Europe den Hörern die virtuelle Flucht aus Polen ermöglichte. An der Wand passenderweise Fotos der 50er. Mo–Fr 7–23, Sa/So ab 10 Uhr. Ul. Nowogrodzka 56, ℡ 22-6252784, www.radiocafe.pl.

Charlotte 43 Beliebte Boulangerie und französische Weinbar, schöner ist es auch am Montmartre nicht. Frühstück bis 23 Uhr! Mo–Do 7–24, Fr 7–1, Sa 9–1, So 9–22 Uhr. Al. Wyzwolenia 18 (am pl. Zbawiciela), www.bistrocharlotte.com.

Kawiarnia funky 45 Funky Café, aber sehr laid-back und relaxt. Mit vielen Tischen unter und vor den Arkadengängen. Mo–Sa 8–22, So 10–22 Uhr. Pl. Zbawiciela 2.

Alibi 2 Entzückendes kleines Café mit guter Teekarte. Mo–Fr 10–18 Uhr. Ul. Nowogrodzka 4, ℡ 22-6220609.

Kawka 37 Sympathisches kleines Café mit einem Namen, der auf Polnisch sowohl Dohle als auch Käffchen bedeutet. Man freut sich auf deutsche Gäste, versichert man uns in diesem hinter den Arkaden des plac Konstytucji versteckten Kleinod. Viele Kaffeespezialitäten, der mit Chili hat noch jeden wach bekommen. Besonders beliebt ist bei den Gästen die Kaffeemischung „Blaue Mandeln". 2012 feierte man 10-jähriges Bestehen. Mo–Mi 9–22, Do/Fr 9–24, Sa 11–24, So 11–22 Uhr. Ul. Koszykowa 30, www.kawka.pl.

Nachtleben

Plan B 43 Unkomplizierter Club, in dem man noch Bier statt wie so oft in Warschau Cocktails trinkt, gute DJ-Sets. Mo–Do 11–1, Fr/Sa 11–3, manchmal bis 6 Uhr, So 13-1 Uhr. Al. Wyzwolenia 18 (Eingang über Plac Zbawiciela), ℡ 503-116154 (mobil), www.planbe.pl.

Znajomi Znajomych 28 Gute Cocktails, schöne Inneneinrichtung, aber weniger elegant als der Vorgängerclub Nobo. Stattdessen künstlerischer mit Kurzfilmabenden, Ausstellungen, Theatervorführungen und Funky Nites. Mo–Do 11–24, Fr 11–2, Sa 13–2, So 13–24 Uhr. Ul. Wilcza 58 a, ℡ 22-6282061, www.znajomiznajomych.waw.pl.

Klub Dekada 40 Bezeichnet sich etwas großspurig als besten Club der Hauptstadt. Wenn man auf Ladies Nights mit Soul-Hits, Oldies aus der Funkära und 80er-Pop wie Abba steht, wird man seinen Spaß am Tanzen haben. Mi/Do–Sa ab 21 Uhr. Ul. Grójecka 19/25, ℡ 22-8235558, www.dekada.pl.

Nowa Jerozolima 7 Sehr gut frequentierter Technoclub im halb verfallenen Altbau eines früheren Kinderkrankenhauses, direkt gegenüber dem Kulturpalast. Fr/Sa 23–6, So 12–2 Uhr. Al. Jerozolimskie 57.

Spiskowcy Rozkoszy 12 Sympathische Kneipe mit vielen unbekannten Bieren aus Polen und der Ukraine. Tägl. ab 16 Uhr, Mo–Mi bis 24, Do bis 1, Fr/Sa bis 2, So bis 23 Uhr. Ul. Żurawia 47/49, www.spiskowcy.pl.

Teatr Roma 11 Musicaltheater mit Produktionen wie Cats, Phantom der Oper oder Tanz der Vampire, aber auch wechselndem Programm. Eintritt 5–26 €. Ul. Nowogrodzka 49, ℡ 22-6288998, www.teatrroma.pl.

Einkaufen

Maciej Zień 21 Ohne Frage einer der besten Polnischen Mode-Designer mit seiner Stamm-Boutique. Polnische Promis, aber auch das eine oder andere Hollywood-Sternchen tragen seine Kreationen. Für ein Kleid muss man allerdings schon um die 1500 € hinblättern. Mo–Sa 11–20 Uhr. Ul. Mokotowska 57, www.zien.pl.

Butik Ani Kuczyńskiej 17 Mini-Kleider, elegante Kostüme und casual Mode von einer renommierten Warschauer Designerin. Mo–Fr 11–19, Sa 11–16 Uhr. Ul. Mokotowska 61, www.aniakuczynska.com.

QпШ 24 Robert Kupisz ist vermutlich der kommende Star am polnischen Designerhimmel. Viele interessante trag- und sogar bezahlbare Stücke für Männer und Frauen. Mo–Fr 11–19, Sa 11–14 Uhr. Ul. Mokotowska 48/204, www.robertkupisz.com.

Agent Provocateur 19 Die elegante und heiße Lingerie aus London kann frau jetzt auch in Warschau erstehen. Mo–Fr 11–20, Sa 11–16, So 12–16 Uhr. Ul. Mokotowska 59, www.agentprovocateur.com.

Galeria Grafiki i Plakatu 13 Besonders wegen der vielen polnischen Kunstplakate einen Abstecher zum Stöbern und Kaufen wert. Mo–Fr 11–18, Sa 10–15 Uhr. Ul. Hoża 40, ☎ 22-6214077 www.galeriagrafikiiplakatu.pl.

Pan tu nie stał 34 Ostalgischer Laden mit T-Shirts und mehr. Mo–Sa 11–18, So 12–16 Uhr. Ul. Koszykowa 34/50, www.pantuniestal.com.

Abstecher zur Królikarnia

Im Królikarnia-Palast, dem „Kaninchenhaus", befanden sich zur Zeit der Sächsischen Epoche im frühen 18. Jahrhundert die Kaninchengehege für Jagden. Im Park rund um das Palais tummeln sich heute statt der kleinen Nager allerdings eher Freunde der Kunst.

Der klassizistische Palast wurde anstelle eines Kaninchengeheges zwischen 1782 und 1786 für Karol de Valery-Thomatis, den Haushofmeister von König Stanisław August Poniatowski, gebaut. Das Projekt von Dominik Merlini weist mit seiner viereckigen Form und einer Kuppel deutliche Anleihen von der zu dieser Zeit oft kopierten Villa Capra „La Rotonda" im italienischen Vincenza auf. In der bei den Anwohnern beliebten Gartenanlage mit verstreut stehenden und liegenden Skulpturen gibt es im Sommer häufig Konzerte, Festivals und Happenings.

Im Palais residiert seit 1965 das *Xawery Dunikowski-Museum*, in dem wie im Park Skulpturen und weitere Werke des Künstlers sowie Ausstellungen zu wechselnden Themen zu sehen sind. Der oft als bester polnischer Bildhauer des 20. Jh. gefeierte Dunikowski überlebte seine Internierung in Auschwitz; mehrere Male sollte der Künstler hingerichtet werden, unter anderem, weil er sich weigerte, ein Modell des Konzentrationslagers zu bauen.

Królikarnia-Palast: Nov.–Juni Di–So 10–18 Uhr, Mo geschl., Juli–Okt. Mi/Fr–So 11–18 Uhr, Do 11–20 Uhr, Mo/Di geschl. Eintritt 2 €, erm. 1 €, Do frei. ☎ 22-8431586, www.krolikarnia.mnw.art.pl. Ul. Puławska 113 a.

Ⓜ Wierzbno, Tram 4, 10, 14, 18, Haltestelle Królikarnia.

Im Królikarnia-Palast ist das sehenswerte Xawery Dunikowski-Museum zuhause

Gondelfahrt in einer der schönsten Parkanlagen Europas

Łazienki Królewskie: Im grünen Warschau

Warschaus grüne Lunge zählt zu den schönsten Parkanlagen in Europa. Bei Touristen und Warschauern gleichermaßen beliebt, wird es hier an Sommerwochenenden nicht nur bei den sonntäglichen Chopin-Konzerten voll.

Schon im 13. Jh. existierte an der Stelle der heutigen Grünanlagen die Siedlung Jazdów, bei der die masowischen Herzöge eine Burg bauten und unter König Zygmunt III. Waza ein Schloss entstand. Eigentlich handelt es sich bei den Parkflächen um drei durch Straßen getrennte Teile: Im Norden über der aleja Armii Ludowej breitet sich der eher unspektakuläre *Park Ujazdowski* aus, gleich darunter die *Agrykola* zwischen Allee und der gleichnamigen Straße, an der sich Botschaften und das Schloss befinden. Der interessanteste Teil aber sind die *Łazienki Królewskie*, was mit „Königliche Bäder" übersetzt wird und auf den einstigen Zweck der Parkanlage hinweist: Prinz Stanisław Herakliusz Lubomirski ließ hier im 17. Jh. von Tylman van Gameren den ersten Badepavillon bauen. Rund ein Jahrhundert später wurde der Pavillon in ein Wasserschlösschen umgestaltet, das König Stanisław August Poniatowski fortan als Sommerresidenz diente. In den letzten Blütejahren vor den Teilungen Polens wurden hier die klassizistischen Ideale des Königs realisiert, die als „Styl Stanisławowski" (→ Architektur) bekannt sind und an kaum einem anderen Ort der Stadt so harmonisch umgesetzt wurden.

Die Baumeister Dominik Merlini und Jan Chrystian Kamsetzer, die Bildhauer

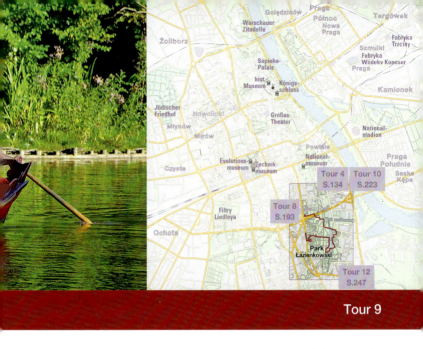

Tour 9

und Maler Marcello Bacciarelli und Jan Bogumił Plersch sowie der Landschaftsgärtner Jan Christian Schuch verwandelten die Łazienki Królewskie in eine Landschaft voller Seen, Blumenbeete, Teiche, klassizistischer Gebäude und an die Antike erinnernde Statuen, in der auch ein Amphitheater nicht fehlte.

Nach dem Tod des Königs ging der Besitz an den russischen Zaren Alexander I. über, der den Park, heute eine der großen Sehenswürdigkeiten Polens, noch um einige Gebäude erweiterte. Seit dem Ende des Ersten Weltkriegs steht der Park wieder den Polen offen, die seine Schönheiten oft und gern genießen. Ein guter Ort also für das architektonisch spektakuläre Museum der Geschichte Polens, das hier in den nächsten Jahren entstehen soll.

Tour

> Ausgangspunkt ist die Bushaltestelle Łazienki Królewskie, erreichbar mit den Linien 116, 166, 180.
>
> Ende: Park Ujazdowski, Bus 116, 138, 166, 180, Haltestelle Plac Na Rozdrożu.
>
> Reine Gehzeit 1¼ bis 1¾ Std. Fahrzeit ab Zentrum 8 Min.

Von der Bushaltestelle geht es ein paar Schritte nach Norden in Richtung Zentrum für die, die den schönen → **Botanischen Garten der Universität** (Ogród Botaniczny UW) besuchen möchten. Anschließend auf den aleje Ujazdowskie zurück zur Haltestelle, in deren Nähe das Józef-Piłsudski-Denkmal vor dem Palast steht. Wer die Eichhörnchen im Park füttern will, kann hier ein paar Nüsse kaufen, dann durch den Haupteingang hinein in den Park und geradeaus auf das berühmte → **Frédéric-Chopin-Denkmal** (Pomnik Fryderyka

Chopina) zu. An dem von Blumenbeeten geschmückten Wahrzeichen der Stadt am kleinen Teich darf man an Sommersonntagen den kostenlosen Konzerten lauschen. Danach geht es auf dem halbkreisförmigen Weg hinter dem See nach links in Richtung der Allee und nach einem Viertelkreis nach rechts zum Denkmal für den polnischen Literaturnobelpreisträger Henryk Sienkiewicz. Von hier aus ist das Observatorium des Botanischen Gartens zu sehen. Dort gehen wir rechts, fast parallel zum Botanischen Garten, und gelangen nach 200 m zum → **Wasserturm** (Wodozbiór) und zur → **Alten Orangerie** (Stara Pomarańczarnia).

Auf der Königspromenade genannten Hauptachse ist nach 100 m das → **Weiße Haus** (Biały Domek) erreicht, weiter auf dem breiten Weg folgt nach 200 m die → **Neue Hauptwache** (Nowa Kordegarda). Zwar ist von hier aus schon das „Palais auf dem Wasser" zu sehen, doch führt unser Weg erst am See entlang und weg vom Palast. Nach der 350 m entfernten Brücke am südlichen Ufer halten wir uns rechts und gehen bei der ersten Möglichkeit schräg links und geradeaus auf die → **Neue Orangerie** (Nowa Pomarańczarnia) zu. Anschließend kehren wir auf demselben Weg zurück oder wählen zur Abwechslung den schräg rechts abzweigenden. Wieder zurück am See, überqueren wir bei einer kleinen Kaskade und der Neptun-Skulptur eine weitere Brücke und gehen zum links schon sichtbaren → **Theater auf der Insel** (Teatr na Wyspie), das an ein antikes Amphitheater erinnert.

150 m weiter steht das → **Palais auf dem Wasser** (Pałac na Wodzie), eines der Warschauer Wahrzeichen und der Höhepunkt des Parkbesuchs; seine formvollendete Schönheit darf man von innen und von außen bewundern. Nordöstlich des Palais stehen dicht beieinander die → **Kadettenschule** (Podchorążówka), die → **Alte Hauptwache** (Stara Kordegarda) und das → **Myślewicki-Palais** (Pałac Myślewicki), letzteres sollte man auch von innen gesehen haben.

Über den sich von der Frontseite des Myślewicki-Palais entfernenden Weg verlassen wir den Park Łazienki Królewskie. Draußen geht es links auf die *ulica Agrykola* und die zweite Möglichkeit nach rechts bis zur → **Eremitage** (Ermitaż). Wieder zurück auf der ulica Agrykola, passieren wir das Reiterdenkmal zu Ehren des Türkenbezwingers Jan III. Sobieski und gehen durch das 150 m entfernte Tor bei den Sportanlagen nach rechts in diesen Teil des Parks, der wie die Straße Agrykola heißt, bis nach 200 m zur Rechten der Piaseczyński-Kanal auftaucht. Gegenüber vom Kanal führen Treppen zum → **Schloss Ujazdowski** (Zamek Ujazdowski) hinauf, das v. a. für seine Ausstellungen zeitgenössischer Kunst bekannt ist.

Wer der Parks noch nicht überdrüssig ist, kann abschließend den → **Ujazdowski-Park** (Park Ujazdowski) besichtigen, der weit weniger von Touristen überlaufen ist als die Łazienki-Królewskie. Dorthin geht es auf der über die Hauptstraße führende Fußgängerbrücke nördlich des Schlosses, dann 300 m nach links in Richtung aleje Ujazdowskie. In den nächsten Jahren soll hier für das → **Museum der Geschichte Polens** (Muzeum Historii Polski) ein spektakulärer Neubau entstehen, der sich quer über die Stadtautobahn Trasa Łazienkowska ziehen wird.

Außerhalb des Rundgangs

Abseits der oben vorgeschlagenen Tour sind weitere Gebäude und Skulpturen in ähnlichem Stil einen Besuch wert – beispielsweise der *Ägyptische Tempel* (Świątynia Egipska) im südwestlichen Teil des Łazienki-Parks, westlich der Neuen Orangerie. Oder der *Diana-Tempel* (Świątynia Diany) auf Höhe des Belvedere-Palasts und südwestlich des Chopin-Denkmals; beide wurden 1822 von Jakub Kubicki geplant.

Sehenswertes

> Die Łazienki Królewskie sind von Sonnenaufgang bis Sonnenuntergang geöffnet. Dez.–Feb. 6.30–16 Uhr, März/Nov. 6–17 Uhr, April/Mai und Aug.–Okt. 6–20.30 Uhr, Juni/Juli 6–21 Uhr, Eintritt zum Park frei. Wer alle Paläste und Gebäude sehen möchte, sollte sich das Kombiticket gönnen. Für 1 Tag kostet es 6 € (Sommer 7,50 €), erm. 4 € (Sommer 5 €), Kinder bis 16 J. 1 €, für 2 Tage je 1 € mehr.

Botanischer Garten der Universität (Ogród Botaniczny UW)

1818 auf Initiative des ersten Direktors Michał Szubert gegründet, erwarb sich der Botanische Garten schnell den Ruf, eine der interessantesten Anlagen in Europa zu sein. Doch als Reaktion auf den Novemberaufstand 1830 wurde er von den russischen Besatzern zur Strafe verkleinert. Heute genießt der Besucher einen auf die frühere Größe erweiterten Park mit 5000 Pflanzenarten und tropischen Gewächshäusern, in denen es nur so spießt und blüht. Einen historischen Einblick gewähren die alten Fundamente des „Tempels der Göttlichen Vorsehung", der hier zum Gedenken an die Verfassung von 1791 entstehen sollte, aber erst jetzt, mehr als 200 Jahre später, in Wilanów errichtet wird (→ Tour 12, Kastentext). Sehenswert ist auch das *Astronomische Observatorium* mit der 1824 geschaffenen neoklassizistischen Fassade an der Südseite des Gartens.

Garten: April–Aug. Mo–Fr 9–20, Sa/So 10–20 Uhr; Sept. tägl. 10–18 Uhr; Okt. tägl. 10–17, Sa/So 10–18 Uhr. ✆ 22-5530511, www.ogrod.uw.edu.pl. Al. Ujazdowskie 4.

Gewächshäuser: Mitte Mai bis Mitte Sept. So 10–17 Uhr; nach tel. Anmeldung ganzjährig Mo–Fr 9–15 Uhr, ✆ 22-5530514.

Eintritt: Park und Gewächshäuser 2 €, erm. 1 €, nur Park 1,50 €, erm. 1 €.
Bus 116, 166, 180, Haltestelle Łazienki Królewskie.

Belvedere (Belweder)

In der zweiten Hälfte des 17. Jh. zunächst im Barockstil errichtet, wurde der Palast 1818–1822 von Jakub Kubicki im Stil des Neoklassizismus umgebaut. Hier residierte der als Statthalter des russischen Zaren eingesetzte Großherzog Konstanty – beim Novemberaufstand 1830 war das Palais ein entscheidendes Angriffsziel der Kadetten; der für seine Grausamkeit berüchtigte Herzog konnte jedoch rechtzeitig fliehen.

Zwischen den Weltkriegen und nach der Wende 1989 fungierte das Belvedere als Sitz des Präsidenten, heute wird es vom polnischen Präsidenten und Premier nur noch für Empfänge genutzt. Vor dem Schloss steht eine Statue des Marschalls Józef Piłsudski nach einem Entwurf des polnischen Exilpräsidenten Stanisław Ostrowski (1892–1982).

Zutritt jeden letzten Sa im Monat um 10 Uhr über das Reisebüro TRAKT (ul. Kredytowa 6, ✆ 22-8278069, www.trakt.com.pl). Ul. Belwederska 54. Bus 116, 166, 180, Haltestelle Łazienki Królewskie.

Frédéric-Chopin-Denkmal (Pomnik Fryderyka Chopina)

Das Jugendstildenkmal zu Ehren des bekanntesten polnischen Komponisten wurde 1909 von Wacław Szymanowski (1859–1930) entworfen, wegen der Diskussionen um seinen künstlerische Qualität aber erst 1926 feierlich enthüllt. Es zeigt Chopin unter einer der für Masowien typischen Trauerweiden, deren Äste über dem Kopf des Romantikers hängen. Wegen Chopins Ansehen bei den patriotischen Polen zerstörten die Nationalsozialisten 1940 das Denkmal, das erst 1958 rekonstruiert wurde.

Belvedere   Frédéric-Chopin-Denkmal

Rund um Skulptur und Teich breiten sich Rosen- und Blumenbeete aus, dazwischen sitzt und steht das Publikum, wenn hier in der Sommersaison die sonntäglichen Chopin-Konzerte stattfinden. 2012 fanden rund um das Denkmal aufwendige Instandhaltungs- und Verschönerungsarbeiten statt.

Konzerte Mitte Mai–Sept. jeden So um 12 und 16 Uhr (kostenlos). www.lazienki-krolewskie.pl. Łazienki Królewskie.

Bus 116, 166, 180, Haltestelle Łazienki Królewskie.

Wasserturm (Wodozbiór)

Von hier aus wurde das Wasser zu den Palästen, Brunnen und Bädern des Parks gepumpt. Seine runde Gestalt erhielt der Turm 1777, bei Umbauarbeiten 1827 nahm sich der Architekt Christian Piotr Aigner das Grabmal der Caecilia Metella an der römischen Via Appia zum Vorbild und gab dem Bauwerk sein heutiges Aussehen. Heute sind im Innern des Wasserturms gelegentlich Ausstellungen moderner oder klassischer Kunst zu sehen.

Łazienki Królewskie. Bus 116, 166, 180, Haltestelle Łazienki Królewskie.

Alte Orangerie (Stara Pomarańczarnia)

Dominik Merlini (1730–1797) war der Baumeister der 1786–1788 errichteten Orangerie. Genutzt wurde sie ursprünglich, um die südländischen Gewächse vor Frost zu schützen, darunter, wie der Name verrät, auch Orangen. Im östlichen Flügel residiert das bis heute genutzte *Hoftheater* (Teatr Stanisławowski) mit Fresken und Marmorarbeiten von Jan Bogumił Plersch (1732–1817); die anderen Innenräume zeigen über 800 Skulpturen polnischer Bildhauer vom 16. bis zum 20. Jh.

Orangerie: Bis Mai 2015 wg. Renovierung zu. Mitte April bis Mitte Okt. Mo 11–18, Di–So 9–18 Uhr, Nov.–März jeweils nur bis 16 Uhr. Eintritt 2,50 €, erm. 1 €, Kinder bis 16 J. 0,25 €, Do frei, Führung (auf Deutsch) 17,50 €.

Łazienki Królewskie. Bus 116, 166, 180, Haltestelle Łazienki Królewskie.

Weißes Haus (Biały Domek)

Wahrscheinlich war das Gebäude an der Königspromenade das erste, das Dominik Merlini in den Łazienki Królewskie errichtete; seine Bauzeit (1774–

1776) und sein Zweck stehen hingegen fest: Es diente König Stanisław August Poniatowski als Liebesnest, in dem er seine Mätresse traf. Anders als die meisten Gebäude im Park überstand das Weiße Haus den Zweiten Weltkrieg fast unbeschadet, was besonders wegen der Fresken von Jan Bogumił Plersch und Jan Ścisło ein Grund zur Freude ist. An der Südfassade zeigt eine Sonnenuhr von 1776, welche Stund' geschlagen hat.

Mitte April bis Mitte Okt. Mo 11–18, Di–So 9–18 Uhr. Eintritt 1,50 €, erm. 1 €, Kinder bis 16 J. 0,25 €, Do frei, Führung (auf Deutsch) 17,50 €. www.lazienki-krolewskie.pl. Łazienki Królewskie. Bus 116, 166, 180, Haltestelle Łazienki Królewskie.

Neue Hauptwache
(Nowa Kordegarda)

Architekt war auch hier Dominik Merlini, für Bau und Inneneinrichtung (1779–1780) zeichnet Jan Bogumił Plersch verantwortlich; 1830 fügte Jakub Kubicki die Säulen und das klassizistische Dach hinzu. Obwohl der Name anderes vermuten lässt, wurde die Neue Hauptwache als Festpavillon und höfisches Komödientheater genutzt. Heute residiert hier ein Café mit dem Namen „Trou-Madame", unter dem das Gebäude ebenfalls bekannt ist.

www.lazienki-krolewskie.pl. Łazienki Królewskie. Bus 108, 162, Haltestelle Agrykola.

Neue Orangerie
(Nowa Pomarańczarnia)

Adam Loeve und Józef Orłowski schufen den viktorianischen Glaspalast im Jahr 1860. Das Innere diente damals wie heute der Aufzucht von tropischen und subtropischen Pflanzen. 1989 eröffnete hier das Restaurant Belvedere seine Pforten, das bei betuchten Gourmets und Staatsgästen als feine Adresse gilt. Eine Besichtigung ohne Restaurantbesuch ist leider nicht gern gesehen.

Restaurant tägl. 12-24 Uhr. www.lazienki-krolewskie.pl. Łazienki Królewskie. Bus 116, 119, 131, 166, 167, 168, 180, Haltestelle Spacerowa.

Theater auf der Insel
(Teatr na Wyspie)

Klarer als bei diesem Amphitheater von 1790 könnten die Anspielungen auf die Antike, in diesem Fall das Theater von Herculaneum am Golf von Neapel, nicht sein. Die Bühne auf einer künstlichen Insel im ebenso künstlich angelegten See schmückte Jan Chrystian Kamsetzer mit Ruinen und Skulpturen aus der griechischen Mythologie; die oberste Reihe des gegenüberliegenden Zuschauerrunds zieren ebenfalls klassizistische Skulpturen. Im Sommer gibt es hier regelmäßig Konzerte, Musicals und Theaterstücke.

www.lazienki-krolewskie.pl. Łazienki Królewskie.

Bus 108, 162, Haltestelle Agrykola.

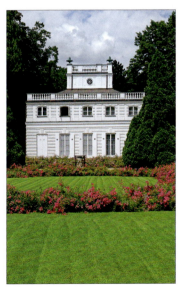

Das Weiße Haus – Liebesnest von Stanisław August Poniatowski

Palais auf dem Wasser
(Pałac na Wodzie)

Ohne Frage der architektonische Höhepunkt in den Łazienki Królewskie. Den Vorgängerbau, ein Badehaus, ließ Prinz Stanisław Herakliusz Lubomirski von 1680 bis 1690 von Tylman van Gameren errichten. Damals schon stand das Gebäude auf einer künstlichen Insel, die den See zweiteilt und über zwei Arkadenbrücken mit dem Park verbunden ist. Das heutige Palais planten Dominik Merlini und Jan Chrystian Kamsetzer von 1772 bis 1793 für König Stanisław August Poniatowski. Seine Fassade gliedert eine von Säulen getragene Attika. Von Andre Le Bruns geschaffene Allegorien der vier Kontinente (ohne Australien) zieren die Fassade am äußeren Rand, über den Säulen sind es die vier Jahreszeiten und im Zentrum des Dachs die vier Elemente.

Seit 1775 diente das Palais auf dem Wasser als königliche Sommerresidenz, hier fanden an Donnerstagen die berühmten Tafelgespräche statt, die der aufgeklärte Monarch mit Freigeistern, Künstlern und Freimaurern führte. Nach der 1795 erzwungenen Abdankung von König Stanisław August ging das Palais in die Hand von Prinz Józef Poniatowski über, seit 1817 nutzten es die russischen Zaren.

Die Nationalsozialisten wollten den Pałac na Wodzie vor ihrem Rückzug eigentlich noch sprengen, doch das schnelle Vordringen der Roten Armee ließ „nur" noch ein Brandschatzen zu. Unter Leitung des Architekten Jan Dąbrowski wurde nach dem Krieg sofort mit dem Wiederaufbau begonnen, die Arbeiten dauerten bis 1960. Seitdem ist die alte Pracht auch im Inneren wieder zu bestaunen: Malereien, Skulpturen und Marmorarbeiten, die meisten Werke von Marcello Bacciarelli und Jan Bogumił Plersch.

Während das *Przedpokój* (Vorzimmer) recht nüchtern ist, zeigt die *Sala Jadalna* (Speisesaal) prunkvolle Säulenarbeiten und Skulpturen römischer Kaiser. Wer sich für Malerei interessiert, wird in der *Galeria Obrazów* (Gemäldegalerie) mit schwarzem Marmorkamin und im *Gabinet Portretowy* (Porträtkabinett) fündig; zu sehen sind hier u. a. weniger bekannte Werke von Rembrandt und Rubens. Beim *Pokój Bachusa* (Bacchuszimmer) handelt es sich um das ursprünglich im chinesischen Stil gestaltete Badezimmer; sein Deckengemälde über den holländischen Kacheln und der größtenteils barocken Dekoration zeigt Bacchus, Ceres und Venus mit Armor. Zusammen mit dem *Przedsionek* (Vorhalle) bildet es den Teil

Die neue Orangerie ist heute ein Luxusrestaurant

Palais auf dem Wasser – der architektonische Höhepunkt in den „Königlichen Bädern"

des Badehauses, der auf die Zeit von Prinz Stanisław Herakliusz Lubomirski zurückgeht.

Besonders eindrucksvoll ist die zentrale, marmorne *Rotunda* (Rotunde) mit dem Pantheon der großen polnischen Könige (Kazimierz Wielki, Zygmunt I., Stefan Batory, Jan III. Sobieski) sowie der Kuppel, die die vier Tageszeiten zeigt.

Die *Sala Salomona* (Salomonsaal) war der Hauptsalon der Residenz.

Die von zwei gegenüberstehenden Kaminen geprägte *Sala Balowa* (Ballsaal) wurde für Empfänge, formelle Dinner und natürlich Bälle genutzt. Auf der einen Seite wird das mit einer Herkulesstatue geschmückte Sims von einem Zentaur und Zerberus gestützt, auf der anderen befindet sich die von Satyr Marsyas und König Midas gestützte Statue des Apoll.

Der wichtigste Raum des Palais ist natürlich der *Pokój Kąpielowy* (Badepavillon), der mit zwei Wannen ausgestattet war. Die wunderschön herausgearbeiteten Hochreliefs zeigen fünf Szenen aus Ovids Metamorphosen. Das sechste Relief ließ der König übrigens entfernen, um Platz für eine Heizung zu schaffen.

Mo 11–18, Di–So 9–18, Mitte April bis Mitte Okt. Do–Sa 9–20 Uhr. Eintritt 5 €, erm. 4 €, Kinder bis 16 J. 0,25 €, Do frei, im Winter Di–So 17–18 Uhr frei. Audioguide im Preis enthalten, Anmeldung für eine deutschsprachige Führung (25 €/Gruppe) 3 Tage im Voraus: ✆ 22-5060028. www.lazienki-krolewskie.pl. Łazienki Królewskie.

Bus 108, 162, Haltestelle Agrykola.

Kadettenschule
(Podchorążówka)

Das ursprünglich als Küche und Bedienstetenunterkunft, später als Schule für die Offiziersanwärter genutzte Gebäude ist weniger architektonisch interessant als vielmehr geschichtlich: Hier begann der Novemberaufstand von 1830, der v. a. von den Kadetten ausging und ein Ziel hatte: ein von Russland befreites Polen. In den Räumlichkeiten befindet sich heute ein Museum, das sich mit dem polnischen Komponisten,

Pianisten und Premier Ignacy Jan Paderewski sowie der Geschichte der Exilpolen befasst. Für historisch Interessierte kann der Besuch lohnen.

Mo 11–16, Di–So 9–16 Uhr, Mitte April bis Mitte Okt. Di–So bis 18 Uhr. Eintritt frei. ✆ 22-5060101, www.lazienki-krolewskie.pl. Ul. Agrykola 1. Bus 108, 162, Haltestelle Agrykola.

Alte Hauptwache
(Stara Kordegarda)

Auch wenn hier nur die Leibgarde des Königs untergebracht war, weist die zwischen 1791 und 1792 entstandene Kordegarda eine majestätische Fassade auf: Da der König von seinem „Palais auf dem Wasser" direkt auf das Gebäude blickte, wollte man ihm wohl keinen nüchternen Zweckbau zumuten; mit der Planung beauftragt wurde Jan Chrystian Kamsetzer. Derzeit wird das Gebäude für wechselnde Gemäldeausstellungen genutzt.

www.lazienki-krolewskie.pl. Łazienki Królewskie. Bus 108, 162, Haltestelle Agrykola.

Myślewicki-Palais
(Pałac Myślewicki)

Der frühklassizistische Palast zieht durch seine an eine Konzertmuschel erinnernde Form die Blicke auf sich, geplant und gebaut wurde er 1775–79 von Dominik Merlini im Auftrag von König Stanisław August Poniatowski. Von den Innenräumen sind besonders der Speisesaal und das Badezimmer sehenswert, beide schmückte Jan Bogumił Plersch mit Wandmalereien.

Mo 11–16, Di–So 9–16 Uhr, Mitte April bis Mitte Okt. jeweils bis 18 Uhr. Eintritt 1,50 €, erm. 1 €, Kinder bis 16 J. 0,25 €, Do frei. ✆ 22-5060101, www.lazienki-krolewskie.pl. Łazienki Królewskie. Bus 108, 162, Haltestelle Agrykola.

Eremitage (Ermitaż)

Das quadratische Gebäude mit einem Mansardendach von Tylman van Gameren diente Prinz Stanisław Herakliusz Lubomirski als Rückzugsort. Neben seinen militärischen und politischen Fähigkeiten war der Prinz auch als Poet, Theaterdramaturg und Verfasser von philosophischen, religiösen und historischen Abhandlungen bekannt. Heute finden hier ganz im Sinne Lubomirskis Ausstellungen, Konzerte und Literatentreffen statt.

www.lazienki-krolewskie.pl. Łazienki Królewskie. Bus 108, 162, Haltestelle Agrykola.

Schloss Ujazdowski
(Zamek Ujazdowski)

Die Schlossanlage thront über dem Park Agrykola mit dem Piaseczyński-Kanal, der über einige hundert Meter in Richtung Weichselufer führt. Im 13. Jh. stand an dieser Stelle ein Jagdschloss der masowischen Fürsten, das Matteo Castelli (1560–1632) für König Zygmunt III. Waza im barocken Stil umbaute (1620–1624). Seine heutige Gestalt verdankt das Schloss dem klassizistischen Umbau im späten 18. Jh. Im 19. Jh. wurde es als Militärspital genutzt, heute ist hier das überaus ambitionierte *Zentrum für Zeitgenössische Kunst* (Centrum Sztuki Współczesnej) zu Hause. In den ansprechend gestalteten Galerien stößt man auf Werke der derzeit größten polnischen Künstler. Wer sich für die Avantgarde und außergewöhnliche Werke der Bildenden Kunst, Videokunst sowie Musik und Theater interessiert, sollte für einen Besuch genug Zeit einplanen; besonders spannend ist das Schaffen der jeweiligen „artists in residence", 2009 waren dies z. B. die Schweizer Christoph Draeger und Rudolf Steiner.

Di–So 12–19, Fr bis 21 Uhr, Mo geschlossen. Eintritt 3 €, erm. 1,50 €, Do frei. ✆ 22-62812713, www.csw.art.pl. Ul. Jazdów 2.

Bus 116, 138, 143, 166, 180, Haltestelle pl. Na Rozdrożu.

Ujazdowski-Park
(Park Ujazdowski)

Der Landschaftspark mit vielen Kastanienbäumen wurde 1893 von Gartenbaumeister Franciszek Szanior geplant; die Anlagen sind nicht annähernd so von Touristen überlaufen wie die Łazienki Królewskie, weshalb man den Teich mit kleinem Wasserfall und die über den Park verteilten Skulpturen entspannt betrachten kann. Die interessantesten Werke schufen die Bildhauer Pius Weloński (1849–1931) mit seinem „Gladiator" (1892) sowie Edward Wittig (1879–1941) mit „Ewa" (1911); einen Blick wert ist auch die öffentliche Waage am nördlichen Eingang zur ulica Piękna, die bis heute in Gebrauch ist.

Tägl. 6–24 Uhr. Al. Ujazdowskie. Bus 116, 138, 143, 166, 180, Haltestelle pl. Na Rozdrożu.

Museum der Geschichte Polens (Muzeum Historii Polski)

Schon der Bau ist vielversprechend. Das architektonische Meisterwerk aus der Feder von Bohdan Paczowski soll sich auch der Fertigstellung über die Stadtautobahn spannen. Nicht weniger verheißungsvoll sind die Ankündigungen für das Design des Museums; die über die Jahrhunderte kompliziert verlaufende Geschichte Polens soll hier ebenso modern und mul-

Ausstellung im Zentrum für Zeitgenössische Kunst im Schloss Ujazdowski

timedial präsentiert werden wie in den Warschauer Museen, die in den letzten Jahren entwickelt wurden. Ende 2014 gab es aber plötzlich heftig kritisierte Stellungnahmen der zuständigen Kulturministerin, denen zufolge aus Kostengründen ein anderes Projekt und/oder ein anderer Ort vorgezogen werden soll.

Eröffnung voraussichtlich 2018. www.muzhp.pl.

Praktische Infos → Karte S. 209

Restaurants

》》 Unser Tipp: Qchnia artystyczna 4 Eigentlich schon eine Sehenswürdigkeit ist diese europaweit gerühmte „Kunstküche", die an ein Improvisationstheater erinnert. In punkto Einrichtung trifft man auf schlichte, geschmackvolle Eleganz, die sich ebenso ständig ändert wie die Karte: Überrascht wird man von stets neuen Küchenkreationen und immer wieder neu und kunstvoll aufgespannten Vorhängen, liebevoll verzierten Vasen und originellen, zum Menü passenden Einfällen … Marta Gessler, die Chefin, lernte vor vielen Jahren, alternativ zu kochen, da ihr Sohn Allergiker ist; aus der Not heraus entwickelte sie kreative Rezepte, die inzwischen halb Polen nachkocht. Bemerkenswert sind auch die Kinderfreundlichkeit und die wahrscheinlich sympathischsten und schnellsten Kellner Warschaus. Hauptgericht 9,50–19,50 €. Tägl. 12–22 Uhr. Ul. Jazdów 2 (Zamek Ujazdowski), ✆ 22-6257627, www.qchnia.pl. **《《**

Belvedere 13 Eines dieser Luxusrestaurants, in die Staatspräsidenten ihre Gäste einladen, um der Schönheit und guten Küche des Landes zu prahlen. So speisten hier u. a. Helmut Kohl und Hillary Clinton, aber auch Promis wie Mick Jagger oder Sophie Marceau. Der Gourmettempel residiert im viktorianischen Glasbau der Neuen Orangerie mit ihren vielen tropischen Pflanzen, sogar das Vorzelt hat einen Kronleuchter. 2014 gab es Lamm mit Kohl und Kaffee (!) 24 €. Tägl. 12–23 Uhr. Ul. Agrykoli 1, ℡ 22-5586700, www.belvedere.com.pl.

Różana 16 Sympathisch geführtes Luxusrestaurant, in dem es schon Angie Merkel mundete. Von der Inneneinrichtung gemütliche Eleganz mit frischen Blumen und lauschigem Garten. Hirschkeule mit Gnocchi und Pickles 20 €. Tägl. 12–24 Uhr, oft auch länger. Ul. Chocimska 7, ℡ 22-8481225, www.restauracjarozana.com.pl.

Dziki Ryż 18 2006 eröffnet, ist das „Wildreis"-Restaurant für Stammgäste aus der gastronomischen Landschaft inzwischen ebenso wenig wegzudenken wie der charismatische chinesische Chef Ou Lu Juan. Das Beste der indischen, thailändischen, japanischen, koreanischen und chinesischen Küche kommt hier auf den Teller. Tofu mit grünem Curry 8 €, Ente im Bierteig 12 €. Tägl. 12–22 Uhr. Ul. Puławska 24b, ℡ 22-8480060, www.dzikiryz.pl.

🌿 **Atelier Amaro** 6 Wechselnde Tageskarte, und was für eine! Wojciech Modest Amaro, Polens neuer Stern am Küchenhimmel, Slow-Food-Verfechter und Liebling des Michelin, zaubert mit Momenten statt mit Gängen. Dabei werden stets frische Zutaten aus der Region in verblüffenden Kombinationen zusammengestellt. Die gelungensten werden dann in Rezeptsammlungen wie „Polens Küche des 21. Jahrhunderts" oder „Natur der polnischen Küche" publiziert – beide wurden zu Bestsellern. Drei, fünf oder acht „Momente" kosten 46, 65 bzw. 80 €. Di–Fr 12–14.30, Mo–Sa 18–22.30 Uhr. Ul. Agrykola 1, ℡ 22-6285747, www.atelieramaro.pl. ■

Prowansja 2 In Sachen Küche und Einrichtung wie ein Kurztrip in die Provence. 2012 wurde gründlich renoviert. Dorade vom Rost auf provençalischer Anis-Ratatouille 15 €. Mo–Sa 12–23, So 13–22 Uhr. Ul. Koszykowa 1, ℡ 22-6214258, www.prowansja.pl.

Cafés & Pubs

Amfiteatr 12 Die 1 a-Lage bestimmt den Preis, die Qualität des Kaffees ist trotzdem eher dürftig, der Service gestresst. Unter den Sitzreihen des Theaters auf der Insel (Teatr na Wyspie). Tägl. 10 Uhr bis Sonnenuntergang, www.belvedere.com.pl.

Trou Madame 10 Kaffee und Kuchen sind weniger zu empfehlen, die garantierten Besucherströme motivieren anscheinend nicht. Unser Tipp: sich lieber eine der leckeren Waffeln (1–2,50 €) holen und auf eine Parkbank setzen. Tägl. 10 Uhr bis Sonnenuntergang. Nowa Kordegarda, ℡ 22-5586746, www.belvedere.com.pl.

Café Flora 8 Winziges Café mit Tischen im Botanischen Garten. Frühstück mit Kaffee 4 €. Allerdings sind Besitzerin wie auch Bedienung dermaßen unfreundlich, dass man einen Bogen um diesen Ort machen sollte. Tägl. 9–19 Uhr. Al. Ujazdowskie 4, www.floracaffe.pl.

🌿 **Zielony Jazdów** 5 Sommerprojekt des Kulturzentrums zur Förderung von nachhaltiger Stadtentwicklung, Slow Future, Kinderfreundlichkeit u. Ä. Als Gast kann man sich die Debatten und Vorträge aber auch sparen und sich in Liegestühlen oder Hängematten entspannen, so wie es

Skulptur bei der Alten Orangerie

viele Warschauer Familien machen. Ul. Jazdów 1 (Garten vorm Ujazdowski-Schloss), www.csw.art.pl. ■

s + eff c:afe bar **7** Minimalistisches, ruhiges Café mit wirklich gutem Espresso. Tägl. 9–22 Uhr. Im Instytut Teatralny, Ul. Jazdów 1.

Einkaufen

Spis treści **3** Kunstkataloge und Alben, aber auch Souvenirs wie die Warschauer Picasso-T-Shirts und die einfallsreichen Spielzeuge von Kalimba (→ Tour 11, Einkaufen). Di-So 12–19, Fr bis 21 Uhr. Zamek Ujazdowski, Ul. Jazdów 2.

Sonstiges

Muzeum Łowiectwa i Jeździectwa **9** Das Jagd- und Reitermuseum ist für Pferdenarren und Jagdbegeisterte einen Abstecher wert. Mai–Sept. Di–Fr 10–17, Sa/So 11–18 Uhr, Okt.–April Mi–So 10–15 Uhr. Eintritt 2 €, erm. 1 €, Kinder bis 16 J. 0,25 €. Ul. Szwoleżerów 9, ☏ 22-5226630, www.muzeum.warszawa.pl.

Rejs gondolą **11** Gondelfahrten auf dem Teich beim Palast. 10 Min. 2 €/Pers, erm. 1 €.

Wo kleine Barbaras aus der Hand fressen

Wo früher die Könige badeten und sich vergnügten, unternehmen heute viele Warschauer ihren Sonntagsspaziergang, geraten alljährlich zahlose Touristen ins Schwärmen. Doch nicht nur die Menschen fühlen sich in den Łazienki Królewskie wohl. Die Schwäne zeigen sich von ihrer fotogenen Seite, während die Pfauen zwischen klassizistischen Skulpturen umherstolzieren. Hier, wo sich im 16. Jahrhundert noch ein Reservat für wilde Tiere erstreckte, haben mittlerweile zahllose Eichhörnchen Beziehung zum Menschen geknüpft und sind entsprechend zutraulich. Nüsse naschen sie aus der Hand, posieren dabei vor der Linse des Fotografen, und manchmal lassen sie sich sogar streicheln. Vergessen Sie also nicht, eine Tüte mit den Nagetierleckereien mitzunehmen oder sich am Eingang eine zu kaufen. Sollte man mit dem Anlocken keinen Erfolg haben, schwören die Warschauer auf diese Methode: Mit sanfter Stimme soll man die polnische Koseform des Namens Barbara rufen. Das wiederholte „Basia, Basia, Basia" wird man im Park oft zu hören bekommen, wobei das „si" wie ein „ch" ausgesprochen wird – nicht wie in „Bach", sondern wie in „Becher". Falls Ihnen diese Lektion in polnischer Phonetik zu kompliziert ist, können Sie Ihr Glück auf Deutsch versuchen und die Tierchen mit „Babsi, Babsi, Babsi" locken; ob Sie so Ihr Ziel erreichen, wollen wir aber nicht versprechen.

Typisch Praga: pittoresk verfallener Hinterhof mit herausgeputzter Muttergottes

Praga: Das andere Warschau

„Dort drüben am anderen Weichselufer hört Polen auf und beginnt Weißrussland. Oder Asien. Oder was auch immer", beschrieb ein Warschauer Manager die Unterschiede zwischen dem reichen und dem armen Teil seiner Heimatstadt.

Und der Kontrast ist wirklich groß. Warum also sollte man dann „ans andere Ufer" fahren? Ganz einfach: Praga ist authentisch, spannend, alternativ, voller Kultur und quicklebendig – und das wahre Warschau sowieso.

Vom linksseitigen Weichselufer unterscheidet sich Praga zunächst durch seine Geschichte. 1432 wird Praga erstmals urkundlich erwähnt, als eigenständige Siedlung auf der Höhe der Altstadt, dort, wo heute der Zoo liegt und sich vor 600 Jahren dichte Wälder ausbreiteten; wie bei der tschechischen Hauptstadt geht der Name Praga auf das slawische Wort für Brandrodung zurück.

In der zweiten Hälfte des 16. Jh. wurde hier eine der damals längsten Brücken Europas gebaut, was die Entwicklung von Praga natürlich förderte; 1648 verlieh König Władysław IV. Waza der Siedung das Stadtrecht. Doch im Gegensatz zur Warschauer Altstadt waren die meist hölzernen Häuser nicht durch Mauern geschützt, weshalb die Nachbarstadt unter Brandschatzungen und Kriegen stark zu leiden hatte. Auch die Brücke hielt nicht dauerhaft stand. Nachdem 1776 eine zweite Brücke die Weichsel überspannte, wurde Praga 1791 offiziell ein Teil Warschaus. Nur drei Jahre nach der Eingemeindung rächten sich die russischen Truppen für den Kościuszko-Aufstand (→ Geschichte der Stadt) mit dem sogenannten Gemetzel von Praga. Fast alle Gebäude wa-

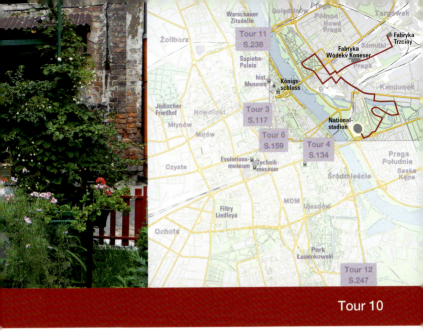

Tour 10

ren danach zerstört, die Häuser und Kirchen geplündert. Die Chronik berichtet von 23.000 Toten auf polnischer Seite, ihr Blut soll über die Straßen in die Weichsel geflossen sein und sie rot gefärbt haben. Beim Novemberaufstand von 1830 tobten in Praga erneut Kämpfe zwischen polnischen und russischen Truppen. In den Jahrzehnten danach gab es erste Schritte zu einer Industrialisierung, Praga entwickelte sich zu einem typischen Arbeitervorort.

Der vielleicht folgenreichste historische Unterschied zwischen Warschau und Praga ist durch den Verlauf des Zweiten Weltkriegs bedingt. Begünstigt durch die Lage am rechten, östlichen Weichselufer, rückte die Rote Armee 1944 schnell bis Praga vor – und wartete erst einmal ab. Und während im Westteil der Stadt der „Warschauer Aufstand" ausbrach, war in Praga Frieden eingekehrt. Deshalb hielt sich die Zerstörung in Grenzen. Die wahre, unzerstörte Altstadt sei in Praga, sagen die, deren Familien schon seit Jahrhunderten hier leben. „The right side of Warsaw", nennen es doppeldeutig die Zugezogenen.

Pragas Charme gründet auch darin, dass hier noch der alte Warschauer Dialekt gesprochen wird und das Kopfsteinpflaster vieler Straßen noch so aussieht wie vor 100 Jahren. Ursprünglich, beinahe dörflich erscheint der Stadtteil. Besonders beeindrucken die in fast allen Hinterhöfen zu entdeckenden Opferstöcke, die der Muttergottes gewidmet sind; herausgeputzt sind sie, geschmückt und oft so farbenfroh, wie man es eher in Südamerika vermuten würde – sie zeigen Pragas wahre Seele.

Während die Opferstöcke grellbunt strahlen, pendeln Pragas Farben ansonsten zwischen Abgasgrau und Rostrot. Die oft verfallenen Häuser zeigen Einschusslöcher, abblätternden Putz, Löcher in Treppen – Praga war auch im Sozialismus das vernachlässigte Stiefkind. Und wenn sich Warschau/West heute als Wirtschaftswunderstadt feiert, hat die kleine östliche Schwester noch immer den Ruf weg, ein Ort voller

Trostlosigkeit, Alkoholismus und Gewalt zu sein. Wie die Berliner Mauer teile die Weichsel Warschau in ein besseres Westufer und ein schlechteres Ostufer, schrieb der Warschauer Journalist Edwin Bendyk. Dabei erlaubt sich Polens Hauptstadt auf der östlichen Weichselseite noch den Luxus eines fast unbegradigten Flussufers, das man eher auf dem Land als in einer Zweimillionenmetropole erwarten würde.

Pragas eigenartige Mischung ist authentisch, ehrlich, ungekünstelt. Deshalb zog es seit Jahren mehr und mehr Musiker, Künstler, Schauspieler und Kreative hierher, und nach den Künstlern kamen die Intellektuellen und Stu-

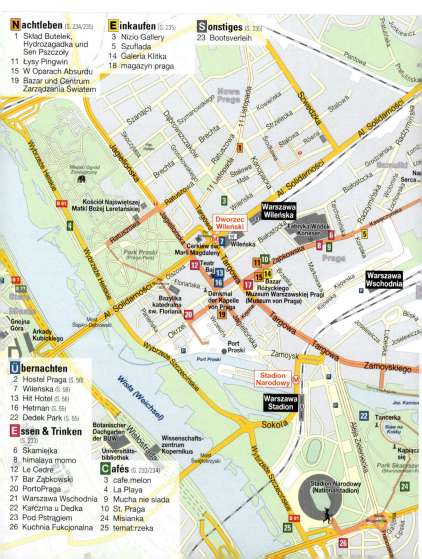

Nachtleben (S. 234/235)
1 Skład Butelek, Hydrozagadka und Sen Pszczoły
11 Łysy Pingwin
15 W Oparach Absurdu
19 Bazar und Centrum Zarządzania Światem

Einkaufen (S. 235)
3 Nizio Gallery
5 Szuflada
14 Galeria Klitka
18 magazyn praga

Sonstiges (S. 235)
23 Bootsverleih

Übernachten
2 Hostel Praga (S. 58)
7 Wileńska (S. 58)
13 Hit Hotel (S. 56)
16 Hetman (S. 55)
22 Dedek Park (S. 55)

Essen & Trinken (S. 233)
6 Skamiejka
8 himalaya momo
12 Le Cedre
17 Bar Ząbkowski
20 PortoPraga
21 Warszawa Wschodnia
22 Karczma u Dedka
25 Pod Pstrągiem
26 Kuchnia Fukcjonalna

Cafés (S. 233/234)
3 cafe.melon
9 La Playa
4 Mucha nie siada
10 St. Praga
24 Misianka
25 temat:rzeka

denten. In Praga zu leben ist ein Lebensgefühl, eine Philosophie, das Kulturleben ist schrill und bunt, die Zahl der alternativen Cafés, Kneipen und hippen Clubs groß. Inzwischen zieht der Stadtteil nicht mehr nur Nachteulen und Outsider an; Großinvestitionen wie das neue Nationalstadion und neue Wohnkomplexe beginnen, die Mieten nach oben zu treiben, und dort, wo es vorher nur alternative Kneipen gab, öffnen feine Restaurants ihre Türen.

Pragaliebhaber sehen die Entwicklung mit einem weinenden Auge; der gefräßige Kapitalismus ist längst angekommen, die erste klimatisierte Shopping-Mall gibt es schon. Wenigstens das Weichselufer von Praga wird wohl so friedlich und unberührt bleiben, wie es bisher war.

Tour

Ausgangspunkt ist das Nationalstadion (Stadion Narodowy). Wer sich dafür weniger interessiert, kann die Tour erst im alten Teil Pragas beim Basar beginnen.

Tram 7, 8, 9, 22, 24, 25. Bus 102, 111, 117, 158. S1, S2. Haltestelle Rondo Waszyngtona/Warszawa Stadion. Ⓜ Stadion Narodowy

Oder für den Basar: Tram 3, 4, 6, 13, 20, 23, 25, 28. Bus 120, 135, 162. Haltestelle Dw. Wileński. Ⓜ Dw. Wileński.

Ende: Fabryka Trzciny, Ul. Otwocka 14. Tram 7, 13, Haltestelle Kawęczyńska-Bazylika. Bus 138, 156, 170, Haltestelle Wołomińska.

Dauer: Reine Gehzeit der Tour 2½–3¼ Std., Anfahrt vom Zentrum ca. 10 Min.

Wer das für die EM 2012 errichtete → **Nationalstadion** (Stadion Narodowy) begutachtet hat, biegt am Rondo Waszyngtona in die ul. Francuska ein und schlendert auf dieser durch die gemütliche Siedlung → **Saska Kępa**. Anschließend geht es auf der ul. Francuska zurück zum Rondo und rechts in den → **Skaryszewski-Park** (Park Skaryszewski), der als einer der schönsten Warschaus gilt. Im Park bleiben wir zunächst auf der von Blumenbeeten begleiteten Hauptachse, gehen nach 350 m die vierte Möglichkeit bei der

Rotunde nach links, auf der Rotunde den zweiten Weg erneut nach links und zum Schwanenteich, dessen südliches Ufer die Skulptur einer Badenden schmückt. Wir gehen am nördlichen Ufer entlang bis zum gepflegten *Ogród Różany*(Rosengarten) mit einer weiteren schönen Skulptur, einer Tänzerin. Anschließend etwa 600 m am großen, länglichen See entlang, bis zur Rechten eine Skulptur namens „Rhythmus" auftaucht, die ihrem Namen alle Ehre macht. Zur Linken plätschert ein kleiner Wasserfall (kaskada), bei dem wir uns links halten und eine kleine Steigung zum Gedenkstein für die Heimatarmee (Pomnik Armii Krajowej) hinaufgehen. Dort die Treppen hinunter und bis zur ulica Międzynarodowa, auf der wir nach links gehen und 400 m geradeaus, dabei einen Fußballplatz passieren und weiter über den Steg, zu dessen Linken der See zu sehen ist. Würden wir von hier aus nach rechts gehen, könnten wir den Ort sehen, an dem bis 2016 der architektonisch spannende Neubau für die Sinfonia Varsovia entstehen soll.

Wir verlassen den Park aber am nördlichen Ufer entlang nach 500 m bei der Kirche und gehen rechts in die Lubelska-Straße. Fans von Neonreklamen und Industriearchitektur sollten hier rechts in die ul. Zamoyskiego abbiegen und anschließend in die ul. Mińska, um das → **Neon-Museum** (Muzeum Neonu) und die → **Soho-Fabryk** (Fabryka Soho) zu sehen. Wieder zurück auf der ul. Zamoyskiego erfüllt Schokoladenduft die Luft, denn wir passieren die *Schokoladenfabrik Wedel*, die wohl die besten Tafeln und Pralinen des Landes produziert. Wer Lust hat, kann hier in der Pijalnia Czekolady (Mo–Sa 9–19, So 11–18 Uhr) von der Schokovielfalt probieren. Nach der Fabrik beim Teatr Powszechny schräg rechts in die ulica Targowa einbiegen und die Eisenbahnbrücke unterqueren.

Nach 500 m stößt man auf den neuen Sitz für das → **Museum von Praga** (Muzeum Warszawskiej Pragi). Direkt daneben sieht, hört und riecht man auf der rechten Seite den → **Różycki-Basar** (Bazar Różyckiego), auf dem v. a. Kleidung und Lebensmittel verkauft werden. Wir überqueren anschließend die ulica Targowa an der Ampel und gehen geradeaus in die ulica Kępna, die wir bei der ersten Möglichkeit nach rechts in die ulica Jagiellońska verlassen, um sofort links in die ulica Okrzei abzubiegen. Nach 300 m sieht man schon die ersten Gebäude des Stadtentwicklungsprojekts → **Port Praski**, das sich, wenn auch in kleinerem Rahmen, an der Hamburger HafenCity orientiert. Anschließend wenden wir uns rechts in die ulica Sierakowskiego mit ihren schönen, teils mitgenommenen Altbauten, darunter eines der ältesten Häuser von Praga, die *Kamienica Mintera*, das frühere Wohnhaus des Industriellen Karol Juliusz Minter (Nr. 4).

Am Ende der Straße ragen die beiden schlanken, hohen Türme der → **St.-Florian-Kathedrale** (Bazylika katedralna św. Floriana) empor, einer der schönsten Sakralbauten des späten 19. und frühen 20. Jh. Nach der Besichtigung überqueren wir die aleja Solidarności und gelangen zum *Bärengehege* (→ Kastentext). Durch den an dieser Stelle beginnenden Park Praski geht es schräg links direkt zum 400 m entfernten → **Zoologischen Garten** (Miejski Ogród Zoologiczny); die hohe, metallene Giraffe am Weg durch den Park Praski ist ein beliebtes Fotomotiv.

Nachdem wir den Tieren einen Besuch abgestattet haben, geht es, vom Zoo aus gesehen, links weiter auf der ulica Ratuszowa bis zur 300 m entfernten → **Kirche der Muttergottes von Lourdes** (Kościół Najświętszej Matki Bożej Loretańskiej), dann rechts über die ulica Jagiellońska und nach 500 m zum wichtigsten russisch-orthodoxen Gotteshaus Polens, der leider nur selten geöffneten → **Maria-Magdalena-Kirche** (Cerkiew św. Marii Magdaleny). Anschließend auf dem Zebrastreifen über die aleja Solidarności zurück in die ulica Jagiellońska, wobei wir zur Linken ein schönes Liceum (Gymnasium) mit Jugendstilelementen passieren.

Das → **Theater Baj** (Teatr Baj), auf das wir nach 200 m auf der linken Seite der ulica Jagiellońska stoßen, ist v. a. wegen seiner jüdischen Geschichte erwähnenswert. Ein paar Schritte weiter steht rechts das 2006 errichtete, gewöhnungsbedürftige *Denkmal der Hinterhofkapelle von Praga* (Pomnik Praskiej Kapeli Podwórzowej). Wer eine SMS mit dem Text „kapela" und die Nummer eines Liedes an die polnische Nummer 7141 schickt, bekommt für 35 Cent Geiger, Akkordeonspieler, Gitarristen, Banjospieler und Trommler zu hören. Die Nummern der hundert (lokal-)patriotischen oder romantischen Lieder sind auf dem Schild verzeichnet.

Gegenüber dem Denkmal, im kleinen Park mit Spielplatz neben dem Theater Baj, stand Jahrhunderte lang die Synagoge von Praga, das in diesem Viertel sehr jüdisch geprägt war. Nach der Zerstörung durch die Nazis wurden die verbliebenen Reste 1961 leider abgerissen. Ein Fehler, der rückgängig gemacht werden soll – eine Rekonstruktion der Synagoge ist in Planung.

Ein paar Schritte weiter in der ulica Kłopotowskiego befand sich in Vorkriegszeiten im Haus Nr. 31 die Mykwe, das rituelle Badehaus der Juden. Bis 2011 gründlich restauriert, ist hier nun das „Liceum vieler Kulturen" und der Sitz einer polnischen Organisation junger Juden zu Hause. Durch eine Unterführung (Achtung: Kopf einziehen!) geht es nun auf die andere Seite der ulica Targowa, auf der wir bereits zu Beginn der Tour waren.

„Mama, lass uns die Bären trösten gehen!"

Alleingelassen, Verkehrslärm und Abgasen ausgesetzt, auf beengtem Raum umhertapsend, gefüttert mit Süßigkeiten und von den anderen Tieren getrennt, so fristen die Braunbären des Warschauer Zoos ihr Dasein. Um die Wiedereröffnung des Tierparks zu promoten, wurde das Bärengehege 1952 ausgelagert, direkt an die Hauptverkehrstrasse W-Z. Dagegen wehren sich die Tierschützer seit Jahren und fordern eine artgerechte Unterbringung auf dem eigentlichen Gelände des Zoologischen Gartens. Immerhin ist der Warschauer Zoo Mitglied der EAZA (European Association of Zoos and Aquaria), deren Satzung große und der Würde der Tiere angemessene Gehege fordert. Die Anwohner von Praga haben sich jedoch an den traurigen Zustand gewöhnt. Man verabredet sich bei den Bären, Restaurants beschreiben ihre Lage als „gegenüber den Teddys", und Kinder fragen die Mamas nicht, ob sie die Bären sehen, sondern ob sie sie trösten dürfen.

Dort angekommen, biegen wir in die *ulica Ząbkowska* ein, auf der das Flair des Stadtteils am ehesten zu spüren ist – hier haben sich viele Kneipen, Cafés und Galerien niedergelassen.

Die alte → **Wodkafabrik Koneser** (Fabryka Wódek Koneser, nach 500 m zur Linken) war für ein paar Jahre das neue kulturelle Zentrum Pragas, bis aktuelle Investitionen eine rein kommerzielle Nutzung des alten Industriegeländes anstießen.

600 m weiter geradeaus ändert die ulica Ząbkowska ihren Namen und wird zur ulica Kawęczyńska, auf der wir weitergehen. Die von hier etwa 800 m entfernte → **Herz-Jesu-Basilika** (Bazylika Najświętszego Serca Jezusowego) an der Ecke zur ulica Otwocka, eine Mischung aus frühchristlicher und modernistischer Architektur, war für Papst Paul VI. die schönste Kirche Polens.

Die letzte Sehenswürdigkeit unseres Rundgangs ist die → **Fabryka Trzciny** am nördlichen Ende der ulica Otwocka, eine ehemalige Marmeladenfabrik, die 2003 zu einem der angesehensten Kulturzentren Warschaus umfunktioniert wurde; die Fabryka ist wegen ihres Programms, aber auch wegen ihrer Industriearchitektur den Abstecher wert. Leider war sie 2012 nicht mehr – wie zuvor – durchgehend zu besichtigen. Bleibt zu hoffen, dass sich das wieder ändert.

Sehenswertes

Nationalstadion
(Stadion Narodowy)

Einst der Stolz Nachkriegspolens, verfiel das 1955 eröffnete, auf den Trümmern des Zweiten Weltkriegs gebaute Stadion Dziesięciolecia („Stadion des Zehnjährigen Jubiläums") seit den 80er-Jahren immer mehr: Wo früher 100.000 Zuschauer Sportveranstaltungen und Paraden beklatscht hatten, entstand nach der Wende der „Jarmark Europa", ein Markt mit polnischen, russischen und asiatischen Händlern. Zu seinen besten Zeiten Europas größter Basar, hat sich der Markt inzwischen in Richtung Busbahnhof verlagert. Bis vor nicht allzu langer Zeit wurde hier alles feilgeboten, von Raubkopien über Markenfälschungen bis zu schweren Waffen, angeblich sogar atombombenfähiges Uran! Gerüchten zufolge wurden besonders die russischen Matrjoschka-Schachtelpuppen als Versteck für allerhand Verbotenes benutzt. Der zusehends gefährliche und illegale Markt mit jährlichen Milliardenumsätzen (!) beflügelte nicht nur die Fantasie der Warschauer; zahllose Reportagen, Filme, sogar ein Agententhriller entstanden hier.

Doch das alles scheint Geschichte zu sein. Der 2008 begonnene Abriss des alten Stadions und der rund 300 Millionen Euro teure Neubau brachten neue Nüchternheit in die Umgebung, wenngleich die in den Nationalfarben gehaltene Arena mit 55.000 Sitzplätzen zu den architektonisch schönsten Stadien Europas zählt. Ein halbes Jahr nach der Einweihung wurden hier u. a. das Auftaktspiel sowie ein Viertel- und Halbfinale der EM 2012 ausgetragen. In den nächsten Jahren sollen in unmittelbarer Nähe weitere Prestige-Projekte folgen, was für die rechte Weichselseite große Veränderungen mit sich bringen dürfte. Besichtigen kann man das Nationalstadion auf den vier geführten Touren *Punkt Widokowy* (Aussichtspunkt), *Trasa Piłkarza* (Fußballer-Tour), *Trasa Ekskluzywna* (VIP-Tour) und *Trasa Historyczna* (Geschichtstour). Viel verstehen wird man allerdings nicht, es sei denn, man spricht Polnisch.

Tägl. 10–20 Uhr (außer vor Veranstaltungen). Besichtigung Mo–Fr 11–19 Uhr zu jeder vollen Stunde, Sa/So 10–19 Uhr jede halbe

Das Nationalstadion kann man auch an manchen spielfreien Tagen besichtigen

Stunde. Aktuelle Infos zum Tourenplan auf der Webseite. Aussichtspunkt 2,50 €, erm. 1 €, Fußballer-Tour 5 €, erm. 3 €, VIP-Tour 6 €, erm. 4 €, Geschichtstour 7,50 €, erm. 5 €. Voranmeldung: ✆ 22-2959595 oder rezerwacje@stadionnarodowy.org.pl, www.stadionnarodowy.org.pl.

Kreuzung al. Poniatowskiego/ul. Wybrzeże Szczecińskie. Tram 7, 8, 9, 22, 24, 25. Bus 102, 111, 117, 158. S1, S2. Haltestelle Rondo Waszyngtona bzw. Warszawa Stadion. Ⓜ Stadion Narodowy.

Saska Kępa

Die Siedlung ist der geometrische Mittelpunkt Warschaus. Ihr Name stammt je nach Überlieferung von der sächsischen Königsgarde, die hier stationiert war, oder vom aus Sachsen stammenden König August III., der die Gegend als Naherholungsgebiet genutzt haben soll. Charakteristisch sind heute die vielen im Zweiten Weltkrieg nur teilweise zerstörten Villen der Goldenen Zwanziger und Dreißiger mit ihren grünen Gärten. Kein Wunder also, dass sich in dem ruhigen Viertel einige Botschaften und Konsulate befinden. Auch viele Maler, Schriftsteller und Poeten haben sich hier niedergelassen. Am besten erkunden lässt sich Saska Kępa entlang der zentralen ul. Francuska, in der auch viele Restaurants und Cafés auf Gäste warten.

Bus 117, 138, 146, Haltestelle Francuska. Ⓜ Stadion Narodowy.

Skaryszewski-Park
(Park Skaryszewski)

Als zweitgrößter Park und einer der schönsten in Warschau ist er bei den Einheimischen sehr beliebt. 2009 wurde er bei einem europaweiten Wettbewerb gar zum schönsten Park Polens und drittschönsten Park des Kontinents gewählt. Seine diversen Bereiche stellen die unterschiedlichen Landschaften Polens dar, man findet Bäche, einen See, Kaskaden, Hügel, fast waldähnliche Baumreihen und blumengeschmückte Promenaden. Besonders schön sind die vielen Skulpturen in dem 1906 bis 1922 vom Warschauer Gartenbaumeister Franciszek Szanior gestalteten Park. Vor allem die Skulpturen *Rytm* (Rhythmus – Henryk Kuna, 1929; Standort am See), *Kąpiąca się* (Die Badende – Olga Niewska, 1929; beim

Teich) und *Tancerka* (Die Tänzerin – Stanisław Jackowski, 1927; im Rosengarten) haben es uns angetan. Sollten Sie dabei den Geruch von Schokolade in der Nase haben, handelt es sich nicht um ein Café – es ist die Schokoladenfabrik Wedel, die man bei entsprechender Windrichtung schon von Weitem riechen kann.

www.skaryszewski.pl. Tram 7, 8, 9, 22, 24, 25. Bus 102, 111, 117, 158. S1, S2. Haltestelle Rondo Waszyngtona bzw. Warszawa Stadion. Ⓜ Stadion Narodowy.

Neon-Museum
(Muzeum Neonu)

Kaum bekannt ist, dass während des Kalten Kriegs auch im grau-sozialistischen Polen Neonreklamen für ein bisschen Buntheit sorgten. Einige der Röhren hängen noch, besonders im MDM-Viertel (→ Tour 8), viele der abgehängten hat sich das 2012 eröffnete Museum gesichert. In einem der aufregendsten Orte des jungen Warschau, in der ehemaligen Fabryka Soho, sind seitdem die leuchtenden Schriftzüge zu sehen, die einst auf Bahnhöfen, Kino-, Theater- und Hotelfassaden, aber auch an Apotheken, Restaurants und Supermärkten die Blicke auf sich zogen. Der Abstecher lohnt sich!

Mi–Sa 12–17, So 12–16 Uhr. Eintritt frei, Spende erwünscht, engl.-sprachige Führung 30 €. ✆ 516-608881 (mobil), www.neonmuzeum.org. Ul. Mińska 25 (Halle 55).

Tram 3, 6, 8, 26, Haltestelle Bliska, Bus 123, 173, Haltestelle Żupnicza. Ⓜ Dworzec Wschodni (ab 2020).

Soho-Fabrik (Fabryka Soho)

In der ehemaligen Fabrik für Metall- und Elektroprodukte geschieht zurzeit das, was vorher schon in der Fabryka Konesera und der Fabryka Trzciny geschehen ist: Künstler, Designer, Filmproduktionen, Start-ups und Nachtschwärmer revitalisieren eine lange Zeit verlassene Industrieanlage. Keine Frage – das neue kulturelle Herz von Praga pocht hier noch wild und unangepasst.

www.sohofactory.pl. Ul. Mińska 25. Tram 3, 6, 8, 26, Haltestelle Bliska, Bus 123, 173, Haltestelle Żupnicza. Ⓜ Dworzec Wschodni (ab 2020).

Museum von Praga
(Muzeum Warszawskiej Pragi)

Das Museum zur Geschichte des Stadtteils ist ein weiterer Versuch, Praga den Schrecken zu nehmen und die Bewohner stolz auf ihre Umgebung zu machen. Seit 2014 sind im neuen Museumssitz, einem restaurierten Altbaukomplex, typische Ausstellungsstücke zur lokalen und zur jüdischen Vergangenheit zu sehen. Spannend und ganz nah an den Menschen von Praga ist auch das Archiv der „Oral History" mit vielen akustischen Aufnahmen von Anwohnern, die die Ereignisse der letzten Jahrzehnte dokumentieren.

Öffnungszeiten und Eintrittspreise standen bei Redaktionsschluss nicht fest. ✆ 22-8181077, www.muzeumpragi.pl, www.muzeumwarszawy.pl. Ul. Targowa 50/52.

Tram 3, 4, 6, 13, 20, 23, 25, 28. Bus 120, 135, 162. Haltestelle Dw. Wileński. Ⓜ Dw. Wileński.

Różycki-Basar
(Bazar Różyckiego)

Der Markt gilt als Überbleibsel des alten Warschaus, gehandelt wird hier wie vor 100 Jahren, und einige Marktfrauen scheinen auch so gekleidet zu sein. Geradezu folkloristisch muten die Stände an, an denen v. a. Kleidung und Dinge des täglichen Bedarfs feilgeboten werden (zur Enttäuschung von Nostalgikern wurden hier in jüngster Zeit jedoch Modernisierungsarbeiten durchgeführt).

Unbedingt probieren sollten Sie die *Pierogi ruskie* (Teigtaschen mit Kartoffel-Quark-Füllung) oder die *flaki* (Kutteln), sofern Sie selbige mögen. Übrigens: Auch wenn sich die Situation in den letzten Jahren gebessert hat und auch einige der Buden erneuert wurden, sollte man bei dem Gedränge auf Wertsachen und Taschendiebe achten.

Mo–Fr 6–17, Sa 6–15 Uhr. ✆ 22-6198642, www.br.waw.pl. Ul. Targowa 54. Tram 3, 4, 6, 13, 20, 23, 25, 28. Bus 120, 135, 162. Haltestelle Dw. Wileński. Ⓜ Dw. Wileński.

Port Praski

Optimisten nennen es Revitalisierung und Stadtteilentwicklung, Kritiker bemängeln eine Gentrifizierung. Was in der ehemaligen Wodkafabrik Koneser nicht ganz zu funktionieren scheint, klappt hier offenbar. Rund um den früheren Hafen von Praga entstehen luxuriöse Wohnungen, Lofts und Büros. Aus dem alternativen Stadtteil für Trinker, Studis und Künstler wird also ein Edelviertel. Auch wenn das Gelände dreimal kleiner ist als das der Hamburger Hafencity, beziehen sich die Planer ausdrücklich auf das Projekt in der Hansestadt.

www.portpraski.pl. Ul. Zamoyskiego. Bus 162, Haltestelle Sierakowskiego, Bus 115, 173, 315, Haltestelle Jagiellońska. Ⓜ Dw. Wileński.

St.-Florian-Kathedrale
(Bazylika katedralna św. Floriana)

Die 1887–1904 nach Plänen von Józef Pius Dziekoński gebaute Kathedrale zählt zu den sehenswertesten der Stadt. In Form und Stil interpretiert sie die masowische Gotik, die sich in der Verwendung von Backstein und in den hohen Spitztürmen zeigt. Vor der Kirche stehen die Statuen des Heiligen Florian von Lorch und des Erzengels Michael. Im Zweiten Weltkrieg wurden beide Türme zerstört, danach aber wieder aufgebaut, sodass sie wie einst die Ansicht von Praga bestimmen, die man vom linken Weichselufer aus hat. 1997 erhielt das Gotteshaus den päpstlichen Ehrentitel „Kleinere Basilika".

Tägl. 8–18 Uhr. Messe Mo–Sa 6.30, 7, 8, 18, So 7.30, 9.30, 11, 12.30, 18, 20 Uhr. www.katedra-floriana.home.pl. Ul. Floriańska 3.

St.-Florian-Kathedrale

Tram 4, 13, 20, 23, 26. Bus 160, 190. Haltestelle Park Praski. Ⓜ Dw. Wileński.

Zoologischer Garten
(Miejski Ogród Zoologiczny)

Obwohl 1928 eröffnet, gab es in Warschau schon seit dem 17. Jh. private Menagerien, die der Öffentlichkeit zugänglich waren. Bis zum Weltkrieg wurde der Zoo ständig erweitert. Doch schon nach den ersten Bombenangriffen waren viele Gehege und Gebäude zerstört, Soldaten und SS-Truppen schlachteten Tiere zum Spaß ab, die seltenen und wertvollen Arten wurden nach Berlin und in andere deutsche Zoos verschleppt.

Zoodirektor Jan Żabiński gelang es allerdings, auf dem Gelände Hunderte von Juden vor den Nazis zu verstecken. Nachdem er anfangs noch auf sich allein gestellt war und Essen, Medizin und Kleidung aus eigener Tasche bezahlte, half ihm später die Żegota (→ Geschichte der Stadt). Israel ehrte ihn nach dem Krieg als „Gerechter unter den Völkern".

4 von 4000 Tieren im Zoo

Den Niedergang des Zoos konnte Żabiński allerdings nicht verhindern. So aß die hungernde Bevölkerung in ihrer Not die verbliebenen Tiere auf.

Nach 1948 wuchs die Anlage wieder auf ihre heutige Größe an, und schon zur Wendezeit gehörte der Tierpark erneut zu den großen Zoologischen Gärten Europas. Ca. 4000 Tiere sowie 553 heimische und exotische Gattungen lebten 2014 im Warschauer Zoo.

Tägl. ab 9 Uhr, Dez./Jan. bis 15.30, Sa/So bis 16 Uhr, Feb./Nov. bis 16 Uhr, März/Okt. bis 17 Uhr, April–Sept. bis 18, Sa/So bis 19 Uhr. Eintritt März–Okt. 5 €, erm. 4 €, Familien 12,50–15 €, Nov.–Feb. 2,50 €, erm. 2 €, Familien 6–7 €, für Senioren über 70 J. immer frei. ✆ 22-6194041, www.zoo.waw. pl. Ul. Ratuszowa 1.

Tram 4, 13, 20, 23, 26. Bus 160, 190. Haltestelle Park Praski. Ⓜ Dw. Wileński.

Kirche der Muttergottes von Loreto (Kościół Najświętszej Matki Bożej Loretańskiej)

Pragas älteste, 1640–1644 erbaute Kirche war ursprünglich nur eine Kapelle des Bernhardiner-Ordens, dessen mächtiges Kloster sich ebenfalls in barockem Stil zeigte. Das Gotteshaus ist dem Heiligen Haus in Italiens Wallfahrtsort Loreto nachempfunden. Im Weltkrieg von Artilleriefeuer zerstört, wurde die Kirche 1953 rekonstruiert.

Messe Mo–Sa 7, 8, 18, So 7, 8.30, 10, 11, 12.30, 18 Uhr.

www.mbloretanska.republika.pl. Ul. Ratuszowa 5a. Tram 3, 4, 6, 13, 20, 23, 25, 28. Bus 120, 135, 162. Haltestelle Dw. Wileński. Ⓜ Dw. Wileński.

Maria-Magdalena-Kirche (Cerkiew św. Marii Magdaleny)

Nachdem die russisch-orthodoxe Kirche auf dem heutigen plac Piłsudskiego (→ Tour 5) nach dem Ende der russischen Besatzung Mitte der 1920er-Jahre zerstört worden war, war die 1867–1869 gebaute Maria-Magdalena-Kirche das wichtigste russisch-orthodoxe Gotteshaus in Warschau und ganz Polen. Heute sind die Warschauer froh, dass sich nach der Befreiung die Wut gegen die Russifizierung nicht auch gegen diese Kirche richtete. Der gedrungene Bau mit den charakteristischen Zwiebeltürmen zeigt sehenswerte Wandmalereien und eine kostbare, reich verzierte Ikonostase.

Mo–Fr 11–15 Uhr nach Voranmeldung unter ℡ 22-6198467. Gottesdienste Mo–Fr 9, Mo–Sa 17, So 7.30, 8.30, 10, 17 Uhr. www.katedra.org.pl. Al. Solidarności 52.

Tram 3, 4, 6, 13, 20, 23, 25, 28. Bus 120, 135, 162. Haltestelle Dw. Wileński. Ⓜ Dw. Wileński.

Theater Baj (Teatr Baj)

Polens ältestes Puppentheater begeistert nicht nur Kinder. Seit 1928 beflügeln Marionetten, Masken, Schattenspiele und natürlich Puppen die Fantasie von Jung und Alt. In der Vorkriegszeit wurde das Gebäude auch als Synagoge genutzt, zwischenzeitlich traten hier jüdische Theatergruppen auf.

Kasse Di–Fr 9.30–17.30, Sa/So 10–14 Uhr. Eintritt 7 €. ℡ 22-8180821 (Kasse), www.teatrbaj.waw.pl. Ul. Jagiellońska 28.

Tram 3, 4, 6, 13, 20, 23, 25, 28. Bus 120, 135, 162. Haltestelle Dw. Wileński. Ⓜ Dw. Wileński.

Wodkafabrik Koneser (Fabryka Wódek Koneser)

Früher liefen hier alljährlich rund eine Million Flaschen der besten polnischen Wodkasorten vom Band, darunter Wyborowa, Luksusowa und Żubrówka. Über Jahre hinweg hatten sich dann in den Fabrikanlagen Galerien, ein Theater und ein Restaurant angesiedelt, weshalb das Industriemonument lange Zeit als das kulturelle Herz von Praga galt. Nicht zuletzt deshalb waren die Anwohner und Stammgäste von den von der Stadtverwaltung genehmigten Plänen enttäuscht: Auf dem Gelände entstehen derzeit luxuriöse Lofts, Geschäfte und ein kommerzieller Musikclub, für das alternative Kulturzentrum

Orthodoxe Maria-Magdalena-Kirche

und die Galerien wird dann kein Platz mehr sein. Spätestens seit 2013 schlägt das kulturelle Herz des Stadtteils woanders, nämlich in der Soho-Fabryk (s. o.). Zurzeit wird dem Luxusprojekt keine rosige Zukunft vorausgesagt – kein Wunder, wer will schon für sein Loft Manhattan-Preise in einer Bronx-Umgebung zahlen? Auf den Schreck ein Wässerchen? Als kleines Trostpflaster ist in der alten zentralen Fabrikanlage das Museum des polnischen Wodkas geplant, das 2017 eröffnet werden soll.

www.koneser.eu. Ul. Ząbkowska 27/31. Bus 138, 156, 170, Haltestelle Markowska. Ⓜ Dw. Wileński.

Herz-Jesu-Basilika (Bazylika Najświętszego Serca Jezusowego)

Die von Herzogin Maria Radziwiłłowa in Auftrag gegebene Basilika wurde 1907–23 gebaut. Architekt Łukasz Wolski ließ sich dabei von frühen christlichen Kirchen inspirieren und verwendete dabei auch modernistische und klassizistische Stilemente. Die 24 aus einem Block gehauenen korinthischen Granitpfeiler waren eigentlich für die Basilica di San Paolo in Rom gedacht, der die Herz-Jesu-Basilika sehr ähnelt. Da sie für das römische Gotteshaus aber zu kurz geraten waren, wurden sie auf Bitten der Herzogin im Ersten Weltkrieg auf einer Odyssee quer durch das kriegserschütterte Europa transportiert. Der spätere Papst Paul VI., der 1923 bei der Weihe der Kirche zugegen war, bezeichnete sie später als Polens schönste Kirche. Im Zweiten Weltkrieg blieb die Basilika zum Glück unbeschädigt; der schöne Innenraum bietet eine hervorragende Akustik, weshalb hier oft Konzerte stattfinden.

Mo–Sa 8–18 Uhr. Messe Mo–Sa 7, 8, 12, 18, So 7, 8.30, 10, 11.30, 13, 18, 19.30 Uhr. www.bazylika.salezjanie.pl. Ul. Kawęczyńska 53. Tram 7, 13, Haltestelle Kawęczyńska-Bazylika. Bus 138, 156, 170, Haltestelle Wołomińska.

Fabryka Trzciny

Die backsteinernen Fabrikgebäude aus den 20er-Jahren wurden 2003 unter Federführung des Komponisten und Fernsehproduzenten Wojciech Trzciński zu einem Kulturzentrum umfunktioniert. Heute zählt die Fabryka zu den wichtigsten Kulturzentren der Hauptstadt und wohl ganz Polens. Die Mischung aus Konzerthalle, Kunstgalerie, Theater, Konferenzzentrum, Bar und Restaurant ist aber nicht nur bei Veranstaltungen einen Besuch wert. Bei der Restaurierung wurde darauf geachtet, dass der ursprüngliche Fabrikcharakter des Gebäudekomplexes erhalten bleibt. So gibt es Winkel, Ecken und Kanten, keineswegs ist alles auf Hochglanz poliert, die Innenarchitektur beeindruckt durch viele durchdachte Details, wie alte Rohre und ehemalige Schaltkästen, die auf den ersten Blick gar nicht auffallen. Seit Sommer 2012 wird das zuvor stets zugängliche Gelände leider nur noch bei Veranstaltungen geöffnet. Bleibt zu hoffen, dass sich dies wieder ändern wird.

Kasse Di–Fr 13–20, Sa/So 15–18 Uhr, Mo geschlossen. ✆ 22-8186039, www.fabrykatrzciny.pl. Ul. Otwocka 14.

Tram 7, 13, Haltestelle Kawęczyńska-Bazylika. Bus 138, 156, 170, Haltestelle Wołomińska.

Geheimtipp Neon-Museum

… Praktische Infos   233

Praktische Infos → Karte S. 222/223

Restaurants

Karczma u Dedka 22 Sowohl im urigen Restaurant wie im verträumten Innenhof fühlt man sich wie auf dem Land. Und tatsächlich: Ob Kaninchen in Sahne (9 €), ein Meter polnische Wurst (14 €) oder Lamm mit Gemüse (9 €) – das Fleisch kommt von polnischen Bauern. Tägl. 12–23 Uhr. Al. Zieleniecka 6/8, ✆ 22-6194752, www.karczmau dedka.pl. ■

PortoPraga 20 Edles, geschmackvolles Restaurant, die Cocktailbar gilt als eine der besten in Warschau. Dorade im Kokosmantel mit orientalischem Reis und Koriander 15 €. Tägl. 12–23 Uhr, So Ruhetag. Ul. Stefana Okrzei 23, ✆ 22-6985001, www.porto praga.pl.

Warszawa Wschodnia 21 Aus einer offenen, nie geschlossenen Küche kredenzen die Köche polnische und französische Klassiker wie mit Armagnac flambierte Hirschmedaillons für 17 €. Hier treffen Start-upler auf die Warschauer *śmietanka*, die „Sahne" mit dickem Portemonnaie. Rund um die Uhr geöffnet. Ul. Mińska 25, www.gessler. sohofactory.pl.

»› Unser Tipp: Le Cedre 12 Bietet seit über 15 Jahren libanesische Küche mit orientalischer Gemütlichkeit samt Wasserpfeife. Inmitten von Kissen, Sofas und dicken Teppichen kann man sich's gut gehen lassen und libanesisches Tatar (6 €) oder eines der vegetarischen Gerichte (9 €) genießen. Tägl. 11–23 Uhr. Al. Solidarności 61, ✆ 22-6701166, www.lecedre.pl. ‹‹‹

Kuchnia Funkcjonalna 26 Gesunde Küche, schöne Inneneinrichtung und entspannte Atmosphäre in der Siedlung Saska Kępa – bei unserem letzten Besuch lief Reggae vom Band. Snacks 5–9 €, Hg. 8–16 €. Tägl. 11–23 Uhr. Ul. Jakubowska 16/7.

Pod Pstrągiem 23 Für Grillfans wird direkt am See des Parks Skaryszewski gesorgt. Szaszlyk 5,50 €, Forelle 6 €. Und: Wir sollen die Deutschen zum gemeinsamen Biertrinken vorbeischicken, wurde uns gesagt. Gern geschehen. Österreicher und Schweizer sind sicher genauso willkommen. April–Sept. Mo (falls es nicht regnet, sonst Ruhetag) sowie Di–Do 12–22, Fr 12–23, Sa 10–23, So 10–22 Uhr. Al. Zieleniecka 2, ✆ 22-8707748, www.podpstragiem.eu.

Skamiejka 6 Künstlerische und wunderschön gestaltete Retro-Milchbar mit russischer Seele der Besitzerin. Tägl. 11–22 Uhr. Ul. Ząbkowska 37 (Eingang über ul. Nieporęcka).

himalaya momo 8 Winzige Snackbar mit Köchen aus Nepal, Buthan und Tibet. Hg. 4–6 €. Mo–Do 11–21.30, Fr/Sa bis 22, So bis 21 Uhr. Ul. Ząbkowska 36/23, ✆ 22-2404030.

Bar Ząbkowski 17 Eine Kult-Milchbar mit mehr als 50-jähriger Geschichte. Mo–Fr 8–19, Sa 8–18, So 9–17 Uhr. Ul. Ząbkowska 2, ✆ 22-6191388.

Cafés & Pubs

Misianka 24 Residierend in einem ehemaligen Toilettenhäuschen, das früher als geheimer Schwulentreff bekannt war, hat dieses Café inzwischen Kultstatus. Am Wochenende heißt dies: anstehen und warten. Das dürfte u. a. an den leckeren, hausgemachten Kuchen und Torten liegen. Im Sommer entspannte Stimmung und viele junge Familien auf der zum Park gelegenen Terrasse. Tägl. 10–19 Uhr, im Winter bis 16 Uhr, Frühling/Herbst bis 17 oder 18 Uhr. Im Park Skaryszewski, an der al. Waszyngtona, ✆ 668-110043 (mobil), www.misianka.pl.

cafe.melon 3 Wenig Auswahl, dafür Toasts für nur 2 €, Kaffee nur 1–2 €. Alternative Akzente setzen die Ausstellungen mit Fotos von Praga. Mo–Fr 9–19, Sa/So 11–19 Uhr. Ul. Inżynierska 3/7, ✆ 22-8187998, www.apartamentmelon.pl/cafe.

St. Praga 10 Keine Kunstgalerie, sondern ein sympathisches Café mit schönen Holzdielen. Bistrogerichte und Frühstück. Mo–Do 9–23, Fr 9–24, Sa 10–24, So 10–22 Uhr. Ul. Ząbkowska 13, ✆ 22-6198109.

Mucha nie siada 9 Café und Bistro mit regionalen und lokalen Spezialitäten. So–Do 11–22, Fr/Sa 11–24 Uhr. Ul. Ząbkowska 38, www.cafemucha.pl.

temat:rzeka 25 Konzerte, abhängen, Kultur, Sport und ein unendliches Sommergefühl an Warschaus beliebtestem Weichselstrand. Am „Supertoaleta" getauften Gebäude kann man nicht nur aufs Klo gehen, sondern auch Snacks und Getränke erwerben. Wybrzeże Szczecińskie (bei der Poniatowski-Brücke), www.tematrzeka.pl.

La Playa 4 Ein Strand mit Beachvolleyballnetzen, Strandkörben, Grill, Cocktailbar, einer wundervollen Sicht auf die wilde Weichsel und die gegenüberliegende Alt- und Neustadt, auf Kulturpalast und Wolkenkratzer. Abends steigt dann die Strandparty, So ab 17 Uhr die berühmte Salsa-Fiesta. Eintritt bei DJ-Sets ca. 5 €, sonst frei, Getränke und Essen müssen allerdings vor Ort gekauft werden. Mai–Aug. So–Do 10–24, Fr/Sa 10–5 Uhr. Ul. Wybrzeże Helskie 1/5, ✆ 22-3314975, www.laplaya.pl.

Nachtleben

》》》 Unser Tipp: Łysy Pingwin 11 Die Kneipe, die Pragas Ruf als Zentrum des außergewöhnlichen Nachtlebens begründet hat. Hier gibt es viele Ausstellungen, Konzerte und Künstlertreffen. So–Do 12–24, Fr/Sa 12–3 Uhr. Ul. Ząbkowska 11, ✆ 22-6180256. 《《《

Sen Pszczoły 1 Einst versteckt im zweiten Hinterhof eines halb, irgendwann dann komplett verfallenen Gründerzeitbaus, umgezogen in die und rausgeschmissen aus der Koneserfabrik. Bleibt zu hoffen, dass man dann am neuen Ort dauerhaft bleibt. Denn der „Bienentraum" (so die Übersetzung) bietet eine surreale Inneneinrichtung, ein breites Kulturprogramm und interessante Gäste zum Klönen. So/Di–Do 18–24, Fr/Sa 18–3 Uhr. Ul. 11 Listopada 22, www.senpszczoly.pl.

》》》 Unser Tipp: W Oparach Absurdu 15 Auf Kinostühlen oder Sofas sitzend, kann man alte Radios und Fotos betrachten, Freejazz hören und sich an den „Schwaden des Absurden" (so die Übersetzung) erfreuen. Alternatives Nachtleben in Reinkultur, Konzerte, Ausstellungen, 60er-Jahre-Kino. Tägl. 12–3 Uhr. Ul. Ząbkowska 6, www.oparyabsurdu.pl. 《《《

Bazar 19 Inmitten von industriellem Schick werden hier Tage und Nächte durchgefeiert. Das beliebteste Gericht zur Stärkung zwischendurch ist die „Leber mit Birne, frischem Thymian und in Honig karamellisierter Schalotte" für 4,50 €. Durchgehend geöffnet. Ul. Jagiellońska 13, www.bazarklub.pl.

Centrum Zarządzania Światem 19 „Humor, Musik, Geschmack" lautet das Motto, die Übersetzung des Namens der Kulturkneipe „Zentrum zur Beherrschung der Welt". Beherrscht wird hier auch die Kunst, leckere Flammkuchen zu zaubern. So–Do 11–24, Fr/Sa 11–3.12 (!) Uhr. Ul. Okrzei 26, www.centrumswiata.com.

Skład Butelek 1 Kein Club, keine Kneipe, sondern ein Ort der Begegnung lautet das Motto. Hier trifft sich Pragas künstlerische Elite und feiert sich und die Künstler auf der Bühne. Eintritt meist 2–5 €. So–Do 16–24, Fr/Sa 16–2 Uhr. Ul. 11 Listopada 22, www.skladbutelek.pl.

Hydrozagadka 1 Alternativer Club mit großem Konzertsaal im roten Ziegelgemäuer. Überall wird es im Winter sehr kalt, was der Stimmung trotzdem nicht zu schaden scheint. Eintritt meist 3 €, mitunter weniger oder frei. Fr/Sa ab 21 Uhr, manchmal auch

W Oparach Absurdu

an anderen Tagen. Ul. 11 Listopada 22, www.hydrozagadka.waw.pl.

Einkaufen

>>> **Unser Tipp: Galeria Klitka** 14 Ein Fotostudio, in dem man sich in Klamotten aus der Zeit um 1850 fotografieren lassen kann. 2012 gab es eine Fotoserie mit Einwohnern aus Praga, die sich mit der Aufschrift „Jestem z Pragi" (Ich bin aus Praga) zu ihrem Stadtteil bekannten. Zudem kleine Schmuckboutique, Galerie und ein winziges, aber heimeliges Café. Mo–Fr 11–19, Sa 11–15 Uhr. Ul. Ząbkowska 12, ✆ 22-6188343, www.klitka.com. <<<

magazyn praga 18 Teils ungewöhnliche Designartikel von internationalen oder polnischen *projektanci*. Di–Fr 12–19, Sa/So 11–18 Uhr. Ul. Mińska 25 (Fabryka Soho, Halle 18), ✆ 22-6701185, www.magazynpraga.pl.

Szuflada 5 Ein Geschäft, eine Galerie oder ein Kramladen mit allem, was man nicht braucht, aber in der Wohnung süß, schön oder interessant aussieht. Auch einfallsreiche Kleidungsstücke und Hüte sowie Keramik aus eigener Herstellung. Mo–Fr 10–18, Sa 10–14 Uhr. Ul. Kawęczyńska 4, ✆ 22-6195217, www.szuflada-galeria.blog. onet. pl.

Galerien

Nizio Gallery 3 Der Architekt und Museumsdesigner Mirosław Nizio hat im künstlerisch „unverdorbenen Praga" sein Studio. Nach zehn erfolgreichen Jahren in New York kehrte er in die Heimat zurück und brütet hier über seinen Projekten – u. a. war er für die eindrückliche Gestaltung des Museums des Warschauer Aufstands und des Historischen Museums der polnischen Juden verantwortlich! In seiner Galerie protegiert er junge, noch unbekannte Warschauer Künstler, die hier, fernab vom Kommerz der linken Weichselseite, ihre Werke ausstellen. Seit 2012 zeigt er auch Designstücke wie Möbel und Leuchten. Di–Fr 10–17, Sa 12–16 Uhr. Ul. Inżynierska 3/4, ✆ 22-6187202, www.nizio.com.pl.

Sonstiges

Bootsverleih 23 Im Skaryszewski-Park. Kajak/Tretboot 5 €/Std., großes Boot 7,50 €/Std.

Weitere Infos: Auf der folgenden Webseite gibt es zahlreiche Infos (leider nicht aktualisiert) und die Beschreibung von 5 Rundgängen durch Praga auf Polnisch und Englisch: www.warszawskapraga.pl.

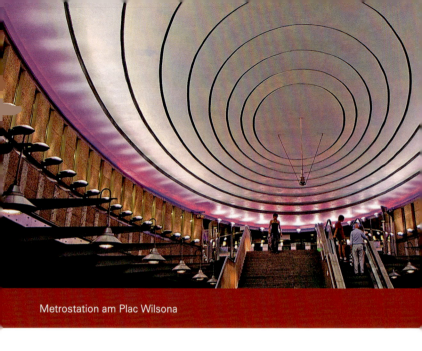

Metrostation am Plac Wilsona

Żoliborz: Von der Zitadelle ins modernistische Warschau

Ruhig geht es zu in dem nördlich an die Neustadt angrenzenden Stadtteil. Im 18. Jahrhundert erschlossen Mönche das Land, das sie in Parzellen einteilten. Eine von ihnen erhielt den französischen Namen „Jolie Bord" (dt. Schöner Damm), das später polonisierte Żoliborz.

Die Anfangsjahre des noch ländlichen Stadtteils in der Nähe des Mönchsklosters verliefen friedlich, doch das sollte sich mit dem Widerstand gegen die Besatzer des zaristischen Russlands ändern. Als Reaktion auf den Kadettenaufstand von 1830 (→ Geschichte der Stadt) folgten russische Vergeltungsaktionen gegen die Bevölkerung: Der damalige Wohnbezirk wurde zerstört, die Anwohner vertrieben. Für die danach von den Russen gebaute Zitadelle, die der Stationierung der russischen Truppen diente, mussten die Warschauer auch noch Steuern entrichten. Schlimmer waren allerdings die berüchtigten Gefängnisse; hier und außerhalb der Zitadelle wurden viele Widerständler gefoltert und hingerichtet. Auch in den beiden Weltkriegen diente die Zitadelle militärischen Zwecken und war erneut Ort von Folter und Hinrichtungen.

Nach dem Krieg wurde im Stadtteil zunächst nur spärlich restauriert. In den letzten Jahren entwickelte sich Żoliborz allerdings zu einem der beliebtesten und teils exklusivsten Wohnviertel in Warschau; die Mieten stiegen drastisch, Kaufpreise von 6000 €/m² sind keine Seltenheit. Neue Großprojekte wurden

Tour 11

realisiert, darunter die Metrostation und das Olympiazentrum. Insgesamt präsentiert sich der Stadtteil als eine ruhige und schöne Ecke Warschaus, in die sich nur selten ausländische Touristen verirren.

Wie eine große Idee an einem kleinen Baum scheiterte

Sonnenuhren sind bei Jung und Alt beliebt, haben aber den Nachteil, bei schlechtem Wetter die Zeit nicht anzeigen zu können. In Żoliborz gibt es eine Sonnenuhr, die dies sogar bei strahlendem Sonnenschein nicht schafft.

Gebaut wurde sie in der wohl schönsten Ecke des Stadtteils auf dem runden plac Słoneczny, dem Sonnenplatz. Dabei sollte eine hoch wachsende Pappel den Schattenwerfer bilden, die zwölf niedrigen, in einem Halbkreis drum herum angeordneten Häuser die Stunden des „Zifferblatts". Doch nicht jeder Baum wächst in den Himmel. Statt einer Pappel wurde nämlich ein niedrigwüchsiger Silberahorn gepflanzt, was die schöne Idee der Uhrmacher zunichte machte. Wegen seiner buschigen Verästelungen und gedrungenen Form warf und wirft der Stamm partout keinen Schatten, der bis zu den Häusern reichen würde.

Trotz dieses Malheurs ist das Zentrum des früheren Offiziersviertels einen Abstecher wert. Die Gestaltung des Sonnenplatzes durch die Architekten Antoni Aleksander Jawornicki und Kazimierz Tołłoczko ist mehr als 80 Jahre nach seiner Entstehung noch immer so faszinierend wie es die zwölf Häuser von Romuald Gutt und Adolf Świerczyński sind.

Städtebaulich und architektonisch interessant sind die modernistischen Wohnblöcke und Einfamilienhäuser aus den 20er-Jahren, die mitunter den Berliner Siedlungen von Walter Gropius, Hans Scharoun oder Bruno Taut ähneln. Diese in Deutschland unter den Begriffen „Neue Sachlichkeit" oder „Bauhaus" bekannte funktionelle Bauweise ist am besten an den Villen der so genannten Offiziers-Siedlung rund um den plac Słoneczny (→ Kastentext) und an den Wohnblöcken rund um den plac Wilsona zu sehen.

Tour

Ausgangspunkt ist das Fort der Legionen (Fort Legionów). Wie alle Rundgänge können Sie auch diese Tour abkürzen oder später beginnen.
Anfahrt mit Tram 1, 6, 18, 28, Haltestelle Park Traugutta. Ⓜ Dworzec Gdański.
Ende: Plac Wilsona, Rückfahrt ins Zentrum Ⓜ Plac Wilsona.
Dauer: Reine Gehzeit der Tour 1¾ bis 2½ Std. Anfahrt vom Zentrum mit der Metro 9 Min., mit Tram 15 Min.

Vom → **Fort der Legionen** (Fort Legionów) gehen wir zur Zakrzoczymska-Straße, dann rechts und überqueren den Zebrastreifen (dabei auf Formel 1 spielende Raser achten). Zur Linken ist nach 200 m der sogenannte *Königsbrunnen* zu sehen.

Unsere Tour führt aber durch den an eine Tropfsteinhöhle erinnernden Tunnel und auf der ulica Jeziorańskiego geradeaus bis zum Tor der → **Warschauer Zitadelle** (Cytadela Warszawska), die zurzeit noch als Kaserne dient, aber zu einem Museum umfunktioniert werden soll. Anschließend geht es ein paar Schritte zurück und über den parallel zur ulica Krajewskiego verlaufenden Trampelpfad am Tümpel vorbei bis zur breiten und lauten ulica Wybrzeże Gdyńskie, in die wir links einbiegen. Man kann hier den Weg auf dem Gehsteig oder durch den 1950 angelegten Park entlang der Zitadellenmauer wählen, wobei wir jeweils rechts die Weichsel sehen. Nach 500 m führen Treppenstufen und eine Straße hoch zum → **Hinrichtungstor** (Brama Straceń) und zum → **X-Pavillon-Museum** (Muzeum X Pawilonu), die beide an die kriegerische Vergangenheit des Ortes erinnern.

Nach der Besichtigung gehen wir nicht zurück, sondern in derselben Richtung, in der wir zum Museum gekommen sind, weiter und gelangen über eine Treppe in einem Tunnelgang zu einem Tor, durch das es wieder zurück zur Hauptstraße geht. An der Zitadellenmauer entlang gehen wir nach 200 m an einem Teich vorbei, dann nochmals 200 m weiter und bei der Haltestelle unter der T-förmigen Brücke hindurch in Richtung Weichsel. Auf der anderen Straßenseite folgen wir dem Schild, das zum → **Olympiazentrum** (Centrum Olimpijskie) und → **Sport- und Tourismus-Museum** (Muzeum Sportu i Turystyki) weist.

Nach der Begutachtung des Olympiazentrums geht es wieder zurück Richtung Unterführung, diesmal nehmen wir aber vom Museum aus gesehen die erste Möglichkeit, um wieder auf die andere Straßenseite zu kommen. Rechts führt ein Weg in den → **Kępa-Potocka-Park** (Park Kępa Potocka), den wir an dem länglichen See entlang bis zur 400 m entfernten Brücke durchqueren (dabei auf die schnellen Radler achten, die sich hier oft mächtig in die Pedale legen). Über die Brücke gelangen wir ans andere Ufer, an dem wir zurückgehen. Bei der Fußgängerampel

überqueren wir die ulica Gwiaździsta, dann geht es nach links. Nach einem Viertelkreis in der Kurve, in der zur Rechten Wohnblocks stehen, steigen wir die Treppen hinunter und überqueren die ulica Zygmunta Krasińskiego auf dem Zebrastreifen.

Hier beginnt das noble Offiziersviertel mit seinen architektonisch bemerkenswerten Villen. Die Richtung Süden führende ulica Kaniowska gehen wir 300 m bis zum Ende, biegen dann nach rechts und bei Haus-Nr. 84 die erste Möglichkeit erneut nach rechts in die ulica Forteczna. Nach 200 m ist der *Sonnenplatz* (plac Słoneczny → Kastentext) erreicht, das Herz der Siedlung. Auf der ulica Śmiała passieren wir weitere modernistische Villen, überqueren die ul. Hauke-Bosaka und biegen nach insgesamt 400 m rechts in die ulica Mierosławskiego ein.

Wer mit Kindern unterwegs ist, kann auf dem gepflegten Kinderspielplatz im Park zur Rechten eine Pause einlegen. Die Hauptstraße (ulica Adama Mickiewicza) ein paar Schritte weiter geradeaus überqueren wir auf dem Zebrastreifen, gehen auf der anderen Straßenseite auf der ulica Mierosławskiego weiter, bis rechts an der ulica Felińskiego die → **St.-Stanislaus-Kostka-Kirche** (Parafia św. Stanisława Kostki) auftaucht, in der 1984 ermordete oppositionelle Priester Jerzy Popiełuszko predigte.

Auf dem Zebrastreifen die breite ulica Krasińskiego überqueren. Auf dieser erst links, nach 150 m rechts in die ulica Suzina und anschließend wieder links in die ulica Sierpecka kommen wir zum → **Komödientheater** (Teatr Komedia), das in einem architektonisch eigenartigen Bau residiert.

Zum Abschluss der Tour gehen wir auf der ulica Sarmatów bis zur breiten ulica Słowackiego, auf der wir nach rechts 400 m bis zur Metrostation am → **Wilson-Platz** (plac Wilsona) zurücklegen, aber nicht nur, um einfach ins Zentrum zurückzufahren: Der U-Bahnhof selbst ist die schönste Station in Warschau, den Platz darüber prägt eine interessante Bebauung aus den 20er-Jahren.

Tor in der Zitadellenmauer

Sehenswertes

Fort der Legionen
(Fort Legionów)

Das Fort wurde 1851–53 von der russischen Armee als Teil eines weitläufigen Befestigungsrings um Warschau gebaut, um nach dem Novemberaufstand 1830 die Stadt besser kontrollieren zu können. Seinen ursprünglichen Namen Fort Włodzimierz verlor das Fort mit dem Abzug der zaristischen Truppen, doch spielte es während der Aufstände und Kämpfe im Ersten und Zweiten Weltkrieg eine wichtige Rolle. Über die künftige Nutzung des Ziegelbaus, der etappenweise restauriert wird, wird immer wieder diskutiert – bislang ohne Ergebnis. Unabhängig davon wird die Anlage gern für Filmaufnahmen, Bankette und Hochzeitsfeiern genutzt. Besichtigen kann man die Tunnels und Kelleranlagen nach Voranmeldung (s. u.). Mitbringen sollte man auch im Hochsommer einen Pullover, da die Temperaturen 10 °C nicht überschreiten!

Geflügelter Ikarus

1-std. Führung Mitte April bis Mitte Sept. Mo–Fr ab 17 Uhr, Sa/So nach Voranmeldung. Eintritt frei, Trinkgeld gerne gesehen. ✆ 602-494806 (mobil) oder forteca04@interia.pl, www.fl2004.republika.pl. Ul. Zakroczymska 12 (Eingang an der Weichselseite). Tram 1, 6, 18, 28, Haltestelle Park Traugutta. Ⓜ Dworzec Gdański.

Warschauer Zitadelle
(Cytadela Warszawska)

Die Zitadelle wurde 1832–34 auf Befehl von Zar Nikolaus I. als Antwort auf den gescheiterten Novemberaufstand von 1830 errichtet, bei dem v. a. junge Warschauer Kadetten gegen die russischen Besatzer gekämpft hatten. Zur Strafe wurden in Żoliborz ganze Straßenzüge zerstört, rund 15.000 Bewohner wurden vertrieben. Der für die Zitadelle verantwortliche Generalmajor Iwan Dehn orientierte sich bei dem Bau an der Festung von Antwerpen und schuf ein pentagonförmiges Bollwerk. In dem über 36 Hektar großen Innenbereich waren bis zu 17.000 Soldaten und einige berüchtigte Gefängnisse untergebracht.

Hinrichtungen von Aufständischen waren unter der russischen Besatzung ebenso üblich wie unter der deutschen während des Ersten und Zweiten Weltkriegs, als die Festung wegen ihrer Lage eine wichtige strategische Funktion hatte. Zurzeit dient die Zitadelle noch als Militärbasis, weshalb mit Ausnahme des Zugangs zum X-Pavillon-Museum der Zutritt an der östlichen Seite nicht möglich ist. Eine zivile Nutzung ist jedoch in Planung: Bis 2013 sollten hier 40.000 m² Ausstellungsfläche für das Polnische Armeemuseum bereitstehen.

Bei unserem letzten Besuch 2014 war davon aber noch nichts zu sehen.

Keine Besichtigung des Festungsinneren möglich. Tram 1, 6, 18, 28, Haltestelle Park Traugutta. Ⓜ Dworzec Gdański.

Hinrichtungstor (Brama Straceń) X-Pavillon-Museum
(Muzeum X Pawilonu)

Die Warschauer Zitadelle diente nicht nur der Stationierung russischer Truppen, sie war auch Gefängnis und Tatort zahlloser Hinrichtungen. An die Opfer erinnern 137 Steinkreuze und einige jüdische Grabsteine an der Böschung auf dem Weg zum eigentlichen Hinrichtungstor. Der General und Anführer des Januaraufstands von 1863, Romuald Traugutt, und andere Widerstandskämpfer des Aufstands gegen die zaristischen Besatzer wurden hier 1864 hingerichtet. Die Liste der in den Gefängniszellen Inhaftierten nennt viele bekannte Namen des polnischen und europäischen Widerstands, darunter auch der spätere Präsident Polens Gabriel Narutowicz, der erwähnte Traugutt, der Vater des Schriftstellers Joseph Conrad, Marschall Józef Piłsudski sowie auch Rosa Luxemburg.

Den für die politischen Häftlinge gebauten Hochsicherheitstrakt, den sogenannten X-Pavillon, durchliefen insgesamt allein mehr als 40.000 Polen, die Mitglied in patriotischen Organisationen, der Arbeiterbewegung oder Teilnehmer an Aufständen waren. Folter, Hinrichtung und Transport nach Sibirien waren an der Tagesordnung. Während des Ersten und Zweiten Weltkriegs setzten die deutschen Besatzer die schreckliche Nutzung der Räume fort, auch sie setzten Folter als Verhörmethode ein. Heute erinnert in den Räumen des X-Pavillons ein Museum an die Opfer; eine Ausstellung widmet sich den Inhaftierten, eine weitere Józef Piłsudski und eine dritte den Polen, die von 1940 bis 1956 nach Sibirien ver- schleppt worden waren. Seit Mitte 2013 wird das Museum umfassend modernisiert und ist daher für Besucher geschlossen, wann es seine Pforten wieder öffnet, war 2014 nicht abzusehen.

Museum: Zeiten und Eintrittspreise vor der Schließung: Mi–So 9–16 Uhr. Bereich innerhalb der Mauern tägl. 6–19 Uhr. Eintritt 1,50 €, erm. 1 €, So frei. Ul. Skazańców 25.

Führung: 12,50 €. ✆ 22-8391268, www.muzeum-niepodleglosci.pl.

Bus 118, 185, Haltestelle Cytadela. Tram 1, 6, 18, 28, Haltestelle Park Traugutta. Ⓜ Dworzec Gdański.

Olympiazentrum (Centrum Olimpijskie) Sport-/Tourismus-Museum
(Muzeum Sportu i Turystyki)

Das 2004 eröffnete Gebäude ist besonders wegen seiner an ein Stadion-Oval erinnernden Form einen Abstecher wert. Einen Preis haben die Architekten Bogdan Kulczyński und Paweł Pyłka für ihre Arbeit zwar nicht bekommen, wohl aber viel Lob von Experten, Anwohnern und Touristen. Den Garten des auch nach Johannes Paul II. benannten Zentrums schmücken Skulpturen von Sportlern, herausragend aber ist der „Ikaro Alato" (Geflügelter Ikarus) des polnischen Bildhauers Igor Mitoraj, der in seinen Werken Antike und Renaissance mit postmodernen Stilelementen verbindet.

Für Sportfans gibt es in den Fluren des Zentrums regelmäßig Ausstellungen sowie ein festes Museum im Keller. Zu sehen sind Fotos, Ausrüstung und private Erinnerungsstücke polnischer Olympioniken und anderer Sportstars sowie einige Kunstwerke, v. a. Skulpturen zum Thema Sport.

Olympiazentrum: Di–Sa 10–17, So 13–17 Uhr. ✆ 22-5603700, www.pkol.pl.

Museum: Di–Fr 9–17, Sa/So 10–17 Uhr. Eintritt 3 €, erm. 2 €, Sa frei, engl.-sprachiger Audioguide gratis. ✆ 22-5603780, www.muzeumsportu.waw.pl. Ul. Wybrzeże Gdyńskie 4.

Vorm Olympiazentrum stehen polnische Olympiateilnehmer vor der Abreise zu den Spielen in Peking 2008

Bus 118, 185, Haltestelle Centrum Olimpijskie. Ⓜ Plac Wilsona.

Kępa-Potocka-Park
(Park Kępa Potocka)

Anders als die herrschaftlich-repräsentativen Parks im Zentrum ist dieser eine frei zugängliche Grünanlage für Anwohner, ein Ort eher entspannter Atmosphäre. Im Zentrum des länglichen Parks breitet sich ein aus einem alten Seitenarm der Weichsel entstandener See aus, der wegen seiner Form oft Kanal genannt wird. Auf dem Areal verteilen sich Cafés, Ausflugsrestaurants, Spielplätze und ein Bootsverleih. Entenfutter kann man aus einem Automaten an der Brücke für 1 PLN erwerben.

Ul. Wybrzeże Gdyńskie. Bus 118, 185, Haltestelle Centrum Olimpijskie. Ⓜ Plac Wilsona.

St.-Stanislaus-Kostka-Kirche
(Parafia św. Stanisława Kostki)

Der in der Zwischenkriegszeit begonnene Kirchenbau zeigt deutlich den Einfluss der in Żoliborz vorherrschenden sog. modernistischen Architektur. Das 1930 begonnene Projekt von Łukasz Wolski wurde vor Kriegsbeginn nicht mehr fertiggestellt, im Zweiten Weltkrieg diente das halbfertige Gotteshaus als Spital. Von innen eher schlicht, ist es von außen durchaus sehenswert.

Bedeutsamer noch für seine Geschichte ist die Tatsache, dass hier der Priester Jerzy Popiełuszko wirkte; zu Zeiten des Kriegsrechts in den 1980er-Jahren nahm der Seelsorger der Warschauer Stahlarbeiter offen Partei für die Gewerkschaft Solidarność, 1983 wurde er deshalb verhaftet. Ein Jahr nach seiner Freilassung, am 19. Oktober 1984, entführten ihn drei Offiziere der polnischen Staatssicherheit. Popiełuszko wurde schwer misshandelt, nach Mafia-Art mit Steinen an den Füßen gefesselt und in einem 140 km entfernten Stausee ertränkt. Während die Täter gefasst und verurteilt wurden, ist der Auftraggeber der Mörder bis heute unbekannt. Der damals regierende

General Jaruzelski verdächtigte seinen Innenminister Mirosław Milewski, andere Indizien deuten auf den KGB hin. Popiełuszkos Geschichte wurde mehrfach verfilmt, u. a. von Agnieszka Holland (Der Priestermord, 1988), zuletzt von Rafał Wieczyński (Popiełuszko, 2009).

Vor der Kirche befindet sich das Grab des Priesters, das viele Gläubige anlockt; ein aus Steinen gebildeter Rosenkranz ziert seine letzte Ruhestätte. In den Kellerräumen erinnert ein Museum an den mutigen Geistlichen; zu sehen sind Erinnerungsstücke von Jerzy Popiełuszko sowie Andenken an andere Opfer des sozialistischen Polens. Fotografieren ist hier nicht erlaubt!

Kirche: Mo–Sa 10–15 Uhr. Messe: Mo–Sa 6.30, 7, 8, 9, 15, 18, So 7, 8.30, 10, 11.30, 13, 18, 21 Uhr. Ul. Hozjusza 2.

Museum: Mi–Fr 10–16, Sa/So 10–17 Uhr. ℅ 22-5610056, www.popieluszko.net. pl.

Bus 114, 122, Haltestelle Plac Wilsona oder Suzina. Tram 17, 27, Haltestelle Ks. Popiełuszki. Ⓜ Plac Wilsona.

Komödientheater
(Teatr Komedia)

Das Theatergebäude präsentiert sich in einem eigentümlichen Stilmix aus Neorenaissance, Neobarock und Elementen des Styl Stanisławowski (→ Architektur). Vor dem Zweiten Weltkrieg noch als Musterbeispiel des Modernismus geplant, wurde das Theater in den 50er-Jahren nach den Standards des Sozialistischen Realismus fertiggestellt. Warschauer Kunsthistoriker bezeichnen den Rundbau mit dem sechseckigen Fundament als „sozialistischen Pseudorokoko-Kitsch", der unserer Meinung nach aber durchaus seinen Reiz hat. Auf die Bühne kommen, wie der Name des Hauses verrät, Komödien und leichte Kost, gelegentlich aber auch Stücke mit Tiefe.

Kasse: Mo–Sa 10–14.30 und 15–18, So 15–18 Uhr. ℅ 22-8339610, www.teatrkomedia.pl. Ul. Słowackiego 19a.

Bus 114, 116, 118, Haltestelle Teatr Komedia. Ⓜ Plac Wilsona.

Wilson-Platz (plac Wilsona)

Der einst nach der Pariser Kommune benannte Platz war schon in den 1920er-Jahren das Zentrum des Stadtteils. Neben der modernistischen Bebauung ist v. a. die Metro-Station sehenswert. Sicherlich ist sie die interessanteste in ganz Warschau, was auch international gewürdigt wurde: 2008 wurde sie auf der Metrorail-Konferenz in Kopenhagen zum weltweit schönsten U-Bahnhof der letzten Jahre gekürt. Besonders begeistert die elipsenförmige Deckenbeleuchtung, die eine fröhliche Atmosphäre schafft – je nach Tageszeit wechselt sie die Farben in Rot, Violett, Blau und Grün.

Bus 114, 116, 185, Haltestelle Plac Wilsona. Ⓜ Plac Wilsona.

Praktische Infos → Karte S. 239

Restaurants

Stary Młyn **2** Riesiger Biergarten mit allem, was den Sommer liebenswert macht, dazu Stimmung à la Oktoberfest. Wer will, darf selbst an den Grill, um sein Würstchen zu wenden. Piwna Golonka (Schweinshaxe vom Grill mit Bier) 5 €, 5 l-Bierkrug 16 €. Mo–Do 12–22, Fr/Sa 12–24, So 12–20 Uhr. Ul. Wybrzeże Gdyńskie 2, ℅ 22-8397377.

Restauracja Spotkanie **3** Seit mehr als 50 Jahren lebt das kleine Restaurant von den vielen Stammgästen aus der Nachbarschaft. Auch bei Journalisten beliebt, die auf die Desserts schwören. Hauptgericht 6,50–15 €. Mo–Sa 12–23, So 12–22 Uhr. Ul. Krasińskiego 2, ℅ 22-8393069, www.spotkanie.com.pl.

Prochownia Żoliborz im Park Żeromskiego

Cafés & Pubs

Kofifi 6 Ein Café für junge Eltern neben dem Kalimba-Geschäft (→ Einkaufen) und genauso liebevoll wie dieses. Elternsein kann so schön sein … Mo–Fr 9.30–20, Sa/So 10–20 Uhr. Ul. Mierosławskiego 19, ☏ 22-8397560, www.kofifi.waw.pl.

Prochownia Żoliborz 4 Beliebtes Café im ehemaligen Munitionslager eines Forts, schön gelegen im Park am plac Wilsona. Mo/Do 9–22, Fr/Sa 9–23, So 10–22 Uhr. Ul. Czarneckiego 51 (im Park Żeromskiego), www.prochowniazoliborz.com.

Plaża Żoliborz 5 Der jüngste der Warschauer Weichselstrände, 2013 eröffnet. Grillen und Abhängen sind kostenlos, wer dennoch Geld dalassen möchte, kann in die Beach Bar Boogaloo mit Grill und Cocktailbar gehen, die tägl. 13–24, Fr/Sa bis 4 und Sa/So ab 11 Uhr geöffnet ist. Wybrzeże Gdyńskie 2 (neben den Sportanlagen bei der Veturilo-Station, auf Höhe des X-Pavillons), www.boogaloobar.pl.

Kępa Potocka 1 Entspannt im Park bei einem Bier Sportübertragungen schauen, was will man mehr? Dazu etwas vom Grill wie Schaschlik (4,50 €) oder Forelle (5,50 €). Tägl. 10–24 Uhr, im Winter 12–22 Uhr. Ul. Gwiaździsta 1.

Einkaufen

》》 Unser Tipp: Kalimba 6 Ein wunderschönes Geschäft für Kinderspielzeug. Die von der Designerin Natka Luniak gestalteten Spielsachen sind eine Ode an die kindliche Fantasie und mittlerweile auch in Berliner Kinderläden der Renner. Dazu auch Anregungen für die Einrichtung des heimischen Kinderzimmers. Mo–Fr 9.30–20, Sa/So 10–20 Uhr. Ul. Mierosławskiego 19, ☏ 22-8397560, www.kalimba.pl. 《《

Targ Śniadaniowy 8 Frühstücksmarkt mit vielen Ständen und Biolebensmitteln, bekannte Warschauer Restaurants veranstalten Freiluftkochen, Gelegenheit für Picknick und Kinderspiele, gemeinsames Frühstück in entspannter Atmosphäre … Sa 8–16 Uhr. Al. Wojska Polskiego, www.targsniadaniowy.pl. ■

Schloss von Wilanów – der würdige Abschluss des Königstrakts

Wilanów: In barock-klassizistischer Pracht

Das „polnische Versailles" zählt bei Einheimischen wie Touristen zu den beliebtesten Ausflugszielen der Stadt. Rund um das barocke Schloss breitet sich eine barocke Parkanlage aus, und das Plakatmuseum nebenan ist das bedeutendste seiner Art weltweit.

Das Schloss und die Parkanlage, im Prinzip der Abschluss des *Königstrakts* (Trakt Królewski), gehören zu dem Teil des touristisch geprägten Warschaus, der eine Harmonie ausstrahlt, wie sie sonst in der Stadt kaum zu finden ist.

1676 kaufte König Jan III. Sobieski das Dorf Milanów, das seinen Namen bald in das polonisierte Villa Nova änderte, eine Anspielung auf die entstehende königliche Residenz. Nach dem Tod des Königs ging der Palast in den Besitz diverser Adelsfamilien über, die es jeweils erweiterten. Nicht zuletzt durch diese Um- und Ausbauten hatte die Residenz schon damals den Ruf, eine der schönsten in Europa zu sein. Im Zweiten Weltkrieg wurde die Schlossanlage von den deutschen Truppen verwüstet, zum Glück verhinderte das schnelle Vorrücken der Roten Armee die völlige Zerstörung. Am aufwendigsten bei der Restaurierung war die Wiederherstellung des Parks, fast so aufwendig war die Wiederbeschaffung eines Teils der geplünderten Kunstschätze.

Neben Touristen zieht Wilanów heute wieder die Eliten an; zwar sind es keine Adligen, wohl aber die neue, wohlbetuchte Mittelschicht, die sich in der Neubausiedlung Miasteczko (Städtchen) Wilanów westlich der Schlossanlage nieder-

Tour 12

lässt; trotzdem ist Wilanów bis heute der am dünnsten besiedelte Bezirk der polnischen Hauptstadt. Einige architektonisch interessante Gebäude sind in Planung, aus denen der „Tempel der Göttlichen Vorsehung" (→ Kastentext) herausragt.

Tour

> **Ausgangspunkt und Ende**: Stary Cmentarz Wilanowski, ul. Przyczółkowa.
>
> **Anfahrt** zu allen Sehenswürdigkeiten mit Bus 116, 180, 519 bis Endhaltestelle Wilanów. Von dort in Fahrtrichtung nach links über die Straße. Fahrzeit ab Zentrum 30 Min.
>
> **Reine Gehzeit** ¾–1¼ Std. inklusive Park, aber ohne Besuch von Museum und Schloss.

Die Endhaltestelle der Buslinien befindet sich beim Friedhof. Wir gehen jedoch in Fahrtrichtung nach links über den Zebrastreifen, wobei Vorsicht angebracht ist – obwohl täglich viele Touristen die breite Przyczółkowa-Straße überqueren, gibt es (noch) keine Ampel, stattdessen jede Menge Raser ... Wohlbehalten auf der anderen Seite angekommen, gehen wir einige Schritte nach rechts und dann die beginnende Straße auf die schöne → **St.-Anna-Kirche** (Kościół św. Anny) zu. Danach folgt auf dem Weg zum Schloss das → **Potocki-Mausoleum** (Mauzoleum Potockich). Vor oder nach dem Schlossbesuch sollte man keinesfalls das → **Plakatmuseum** (Muzeum Plakatu) mit der weltweit größten Kunstplakatsammlung verpassen; es residiert, rechts vom Eingangstor der Schlossanlage, in der ehemaligen Reitschule. Doch zuvor empfiehlt es sich, die Karten für das → **Wilanów-Palais** (Pałac Wilanowski) zu kaufen (Kasse ca. 100 m vor dem Eingangstor im ehemaligen Zeugwarthaus).

Der eigentliche Eingang zum Schloss befindet sich im rechten Flügel. Nach dem Schlossbesuch geht es in Richtung des gegenüberliegenden Seitenflügels zum → **Wilanów-Park** (Park Wilanowski), Kasse und Eingang direkt unter dem linken Flügel. Die Gartenanlagen sind weitläufig, deshalb genügend Zeit einplanen (detaillierte Beschreibung für den Park-Spaziergang siehe Sehenswertes).

Ein neues Wahrzeichen für Warschau

Wer in Warschau nur das Zentrum besucht, kann den Eindruck bekommen, die zeitgenössische Architektur beschränke sich auf Konsumtempel und Wolkenkratzer. Doch v. a. im Stadtsüden gibt es Beispiele eindrucksvoller moderner Kirchen-baukunst, von denen das imposanteste derzeit entsteht. Der „Tempel der Göttlichen Vorsehung" (Świątynia Opatrzności Bożej) der Architekten Wojciech und Lech Szymborski gilt als das seit drei Jahrhunderten bedeutendste sakrale Bauwerk in Polen. Dabei beeindrucken allein die Zahlen: Die Grundfläche des Gotteshauses beträgt 84 mal 84 Meter, die Höhe 75 Meter, der Durchmesser des Schiffs 68 Meter, die Baukosten 40 Millionen Euro. Die Form des Bauwerks ist einem schlichten griechischen Kreuz mit vier gleich langen Armen nachempfunden. 26 kreisförmig um die Kirche angeordnete Säulen markieren den Mantel in Form eines Engels. In der Krypta befindet sich übrigens eine exakte Kopie der Grabstätte von Johannes Paul II. im Petersdom, der 1999 den Grundstein für den Tempel legte; in der Krypta haben weitere verdiente polnische Katholiken ihre letzte Ruhe gefunden (Krypta derzeit Mo–Sa 10–17, So 13.30–18 Uhr, Eintritt 1 €). Inzwischen wird die Kirche bereits für Messen und Veranstaltungen genutzt und kann besichtigt werden, in Planung ist ein Museum (www.muzeumjp2.pl). Eigentlich sollten die Arbeiten am Tempel 2012 abgeschlossen sein, die Fertigstellung lässt aber auf sich warten. Schon jetzt aber steht fest, dass der eindrucksvolle Bau zu den neuen Wahrzeichen der Stadt zählen wird.

Wer sich über den Stand der Bauarbeiten informieren möchte, kann dies unter www.centrumopatrznosci.pl tun – und natürlich vor Ort: Ul. Księdza Prymasa Augusta Hlonda 1, gelegen zwischen Wilanów und Natolin in einem Neubauviertel mit weiteren interessanten Bauprojekten. Bus 217, 379, 522, Haltestelle Świątynia Opatrzności Bożej.

Sehenswertes

St.-Anna-Kirche
(Kościół św. Anny)

Die heutige Kirche ist bereits das dritte Gotteshaus an dieser Stelle. Ihr Aussehen im Stil der Neorenaissance verdankt sie dem Umbau von 1857 bis 1870 unter Henryk Marconi, dem Architekten. Auftraggeber waren Aleksandra Potocka und August Potocki, die damaligen Eigentümer von Wilanów. Im Inneren beeindrucken prachtvolle Marmorarbeiten und schön gearbeitete Wandgemälde. Rund um die Kirche führt ein Kreuzgang, dahinter steht die Glocke „Stimme der Freiheit", die für den „Tempel der Göttlichen Vorsehung" (→ Kastentext) bestimmt ist.

Tägl. 8–18 Uhr. Messe Mo–Sa 7, 17, 18, Fr/Sa auch 12 Uhr. So 7, 8.30, 10, 11.30, 13, 18, 20 Uhr. www.parafiawilanow.pl. Ul. Kolegiacka 1.

Potocki-Mausoleum
(Mauzoleum Potockich)

Das neugotische Grabmal über der Potocki-Gruft wird von vier Löwen bewacht, ein beliebtes Fotomotiv, das in der Dämmerung einen morbiden Charme ausstrahlt. Das Mausoleum (Bauzeit 1799–1892, Grabmal 1832–36) diente als symbolisches Grab für den adeligen Politiker und Freigeist Stanisław Kostka Potocki und seine Frau Aleksandra. Architekt war ebenfalls Henryk Marconi.

Ul. Potockiego 10/16.

Potocki-Mausoleum

Plakatmuseum
(Muzeum Plakatu)

Dass das weltweit erste Plakatmuseum 1968 ausgerechnet in Warschau eröffnete, zeigt, wie bedeutend dieser Kunstzweig in Polen ist. Polnische Plakatkünstler sind international gefragt, ihre Werke können sich mit Gemälden großer Meister durchaus messen. Die wechselnden und ständigen Ausstellungen in dieser Filiale des Nationalmuseums präsentieren deshalb v. a. die hohe Kunst der polnischen Plakatgestalter, aber auch internationale Größen wie Andy Warhol, Holger Matthies oder Rosemarie Tissi sind vertreten. Zudem widmet sich das Museum der Forschung und veranstaltet in den Räumlichkeiten seit 1966 die internationale Plakat-Biennale, die nächsten Male 2016 und 2018, jeweils von Juni bis September.

Spannende Plakatkunst aus Polen und der ganzen Welt

Im Museumsshop gibt es Poster, Postkarten und Ausstellungskataloge mit historischen und aktuellen Motiven (→ Einkaufen).

Mo 12–16, Di und Do/Fr 10–16, Mi und Sa/So 10–18 Uhr. Eintritt 2,50 €, erm. 2 €, Mo frei. 22-8424848, www.postermuseum.pl. In der früheren Reitschule, Ul. Kostki-Potockiego 10/16.

Wilanów-Palais
(Pałac Wilanowski)

Die vielleicht prächtigste barocke Schlossanlage in Polen wurde von König Jan III. Sobieski in Auftrag gegeben. Baumeister Augustyn Wincenty Locci schuf von 1677 bis 1696 in drei Etappen die Frontseite, den zentralen Bau sowie die angrenzenden Flügel. Die beiden Seitenflügel ließ später die adelige Sieniawski-Familie errichten, die Familien Potocki und Branicki ließen den Flügel gegenüber der Orangerie im Stil der Neorenaissance bauen. Die farbenfrohe Fassade mit verspielten Stuckarbeiten und Skulpturen zeigt sich heute v. a. im Stil des Barock und Klassizismus. Sehenswert ist das Schloss auch innen. Schon 1805 öffnete General Stanisław Kostka Potocki, der damalige Besitzer, das Schloss für die Öffentlichkeit und schuf hier eines der ersten Museen in Polen. Die ebenfalls barock und klassizistisch gestalteten Räume strahlen heute wieder im Prunk der Anfangszeit. Zu sehen sind Grabporträts, Marmorkunst, herrschaftliches Mobiliar, Wandmalereien und Gemälde, darunter das wohl bekannteste, das König Jan Sobieski als berittenen Türkenbezwinger bei der Schlacht vor Wien zeigt. Freskengeschmückte Säle, die Kapelle, die Königsbibliothek, die Schlafgemächer und das „Große karmesinrote Zimmer" mit eindrucksvoller Gemäldegalerie gehören zu den Höhepunkten des Rundgangs.

In der Orangerie sind wechselnde Ausstellungen z. B. zum Thema Jagd zu sehen.

Tipp: Die Tickets für das Wilanów-Palais gleich nach der Ankunft in Wilanów kaufen; die Karten für jeden Tag sind limitiert und haben vorgeschriebene Eintrittszeiten, auch am eintrittsfreien Sonntag. In der Hauptsaison möglichst schon vor 9 Uhr an der Kasse sein. Wer zwischen Kartenkauf und Schlossbesuch länger warten muss, kann in der Zwischenzeit das Plakatmuseum, den Park oder die Kirche besichtigen. Mittlerweile kann man Karten auch über ✆ 22-5442850, per Mail an bilety@muzeum-wilanow.pl oder online unter www.wilanow-palac.pl vorbestellen, was bei größeren Gruppen sogar obligatorisch ist (1 Woche im Voraus).

Schloss: Mo/Sa 9.30–18, Di u. Do/Fr 9.30–16, Mi 9.30–20, So 10.30–18 Uhr, Okt.–April jeweils nur bis 16 Uhr (Di geschlossen); Mitte Dez.–Jan. geschlossen. Kasse ab 9 Uhr geöffnet. Eintritt 5 €, erm. 4 €, Kinder bis 16 J. 0,25 €, So frei. Deutschsprachiger Audioguide 3 €, App „Wilanów Live" kostenlos.
Orangerie: Abhängig von der jeweiligen Wechselausstellung, meist tägl. 10–18.30 Uhr, Sept.–April nur bis 16.30 Uhr (Di geschlossen). Eintritt 1–3 €.

✆ 22-5442700, (Mo–Fr 9–15.30 Uhr), www.wilanow-palac.pl Ul. Kostki-Potockiego 10/16.

Wilanów-Park (Park Wilanowski)

Die seit 1677 bis auf etwa 43 Hektar gewachsene Parkanlage zeigt in ihrer heutigen Form die wechselnden Moden herrschaftlicher Gartengestaltung bis ins 19. Jh. sowie einige sehenswerte Häuschen und Skulpturen, die sich im Park verstecken.

Die hier vorgeschlagene Route ist die wohl einfachste, um alles zu sehen.

Zunächst betreten wir den ersten Garten bei der **Orangerie** und dann das Gebäude selbst, in dem gelegentlich Ausstellungen stattfinden. Gepflegte Hecken, antikisierende Statuen, die Orangerie und die benachbarte *Figarnia*, das Feigengewächshaus, prägen das Bild. Danach geht es zur *Adlersäule*, dabei passieren wir zur Linken die Gewächshäuser, in die man häufig einen Blick werfen kann.

In Richtung Norden erstreckt sich der **Englische Landschaftspark**, der, wie bei solchen Anlagen üblich, keine strenge Anordnung zu haben scheint und dennoch nach festen Regeln gestaltet ist. Über den schräg abbiegenden Weg gelangen wir zum *Chinesischen Pavillon*, ein schöner Ruhepunkt. An der Landzunge zwischen der Bucht zur Linken und dem See entlang zur Rechten kommen wir zur Brücke, die zur Insel führt. Links sind die Villen und Bootsstege der Anwohner zu sehen. Hier bietet sich eine kurze Umrundung der Insel an, bei der wir ein Denkmal passieren, das an die Schlacht von Raszyn (1809) zwischen den Truppen Warschaus und Österreichs erinnert.

Zurück auf der Landzunge, bleiben wir am Ufer und kommen so zum Pumpwerk *(Pompownia)*, das im Übergang zum barocken Prachtgarten steht, im Sommer ein beliebtes Motiv für Hochzeitsfotos. Wer mag, kann sich hier ein Boot leihen und über den See paddeln.

Über die barocke Uferpromenade mit den für Masowien typischen Trauerweiden erreichen wir den **südlichen Teich**, den wir halb umrunden. Ein Stück weiter südlich stoßen wir auf eine kleine Kaskade und die *Holendernia*, den früheren königlichen Stall. An einem *Obelisken mit Urne* vorbei gehen wir schräg auf die Schlossfassade zu und kommen dabei zur *Góra Bachusowa* (Bacchus-Hügel), wo wir bereits den Rosengarten sehen (s. u.). Auch dieser Teil des Gartens, der **Englisch-Chinesische Landschaftspark**, wirkt mehr oder weniger sich selbst überlassen und setzt einen interessanten Kontrast zum folgenden, im Stil der Neorenaissance gestalteten **Rosengarten**, der mit Brunnen, Skulpturen und Beeten ein harmonisches Bild mit der Schlossfassade abgibt.

An der zum See gerichteten Fassade des östlichen Schlossflügels folgt der Höhepunkt des Rundgangs: der älteste Teil des Parks, bei dessen Restaurierung in den letzten Jahren viele archäologische Grabungen stattfanden.

Die nach italienischem Vorbild gestaltete **barocke Gartenanlage** erstreckt sich prachtvoll über zwei Ebenen. Die strenge Anordnung bezaubert mit Skulpturen, Brunnen und der geometrischen Ausrichtung der Bäume und Pflanzen. Viel Arbeit für den Gärtner – und viel Genuss fürs Auge des Betrachters.

Am nördlichen Seitenflügel vorbei geht es zurück zum Eingangsbereich, der zugleich der Ausgang ist.

Tägl. 9 Uhr bis Dämmerung. Eintritt 1 €, Kinder bis 16 J. 0,25 €, Do frei; deutschsprachige Führung 25 €. www.wilanow-palac.pl. Ul. Kostki-Potockiego 10/16.

Praktische Infos → Karte S. 249

Restaurants

Kuźnia Kulturalna 1 Seit 2014 mit neuem Namen, modernisierter Inneneinrichtung und v. a. besserer Küche mit oft verfeinerten Rezepten aus altpolnischen Kochbüchern. Hauptgericht 6,50–22 €. Regelmäßig Konzerte und Kabarettveranstaltungen mit polnischen Stars. Tägl. 12–22, Sa/So ab 11 Uhr. Ul. Kostki-Potockiego 24, ☎ 500-200200, www.nowakuznia.pl.

Wilanów 4 Keine Touri-Abstiege, sondern eines der bekanntesten und beliebtesten Warschauer Restaurants. Einzig der Service lässt teilweise zu wünschen übrig. Viele Wildgerichte, z. B. Rehfilet in Żubrówka-Soße, Omelett mit Waldpilzen und Pflaumenchutney (14,50 €); Fleischfondue für 2 Pers. 22 €. Tägl. 12–23 Uhr. Ul. Kostki-Potockiego 27, ☎ 22-8421852, www.restauracjawilanow.com.

Grill Pod Kasztanem 3 Unter Kastanien sitzend, kann man hier vom Frühjahr bis Herbst billiger als im zugehörigen Restauracja Wilanów Gerichte vom Grill genießen. Lachs oder Schaschlik je 5 €. Sa/So 12–23 Uhr. Ul. Kostki-Potockiego 27, ☎ 22-8421852, www.restauracjawilanow.pl.

Einkaufen

》》Unser Tipp: Sklep w Muzeum 7 Wem nach dem Besuch des Plakatmuse-

Fassadendetail am Palais

ums der Sinn nach Verschönerung der eigenen vier Wände steht, darf hier hemmungslos zuschlagen. Plakate 7,50–15 €, Postkarten 1 €, Kataloge ab 5 €. Di–Sa 10–16, Mo 12–16 Uhr (Juni–Sept. Mi und Sa/So bis 18 Uhr). Ul. Kostki-Potockiego 10/16, ✆ 22-8424848, www.postermuseum.pl. ⋘

Sonstiges

Bootsverleih 2 Paddeln wie ein König? Die Fahrt in der Gondel kostet 2 €/Pers. (man muss warten, bis sich 8 Interessierte gefunden haben), ein Boot ganz für sich allein 5 €/Std.

Abstecher nach Natolin

Das College of Europe ist Europas ältestes und renommiertestes Institut für postgraduierte „European Studies". Ein Sitz dieser Elite-Hochschule befindet sich in der historischen Altstadt von Brügge, der andere im Warschauer Süden inmitten eines Naturschutzgebiets.

Am College of Europe zu studieren ist ein Privileg – und noch ein Privileg ist es, wenn man auf dem Warschauer Campus leben darf. König Jan III. Sobieski ließ hier, in der Nähe des Schlosses von Wilanów, im späten 17. Jh. eine Fasanerie gründen, von 1780 bis 1782 entstand dann der klassizistische Palast. Spätere Umbauten gab es v. a. im Auftrag der adeligen Besitzerin Natalia Potocka, nach der Anlage und Vorort benannt sind. Ihr zu Ehren und nach ihren Wünschen wurde auch der weitgehend der Natur überlassene romantische Landschaftspark gestaltet. Nach ihrem frühen Tod schmückte Henryk Marconi den Park mit dorischen Säulen, einem römischen Aquädukt und einem Grabmal für Natalia.

Leider steht die sehenswerte Schloss- und Gartenanlage nur an ausgewählten Tagen für Besucher offen, zudem ist eine vorherige Anmeldung bei einem Touristbüro nötig; eine Besichtigung ist nur mit einem Führer möglich, der seine Geschichten und Anekdoten normalerweise auf Polnisch erzählt. Wer an einer englisch- oder deutschsprachigen Führung interessiert ist, sollte sich rechtzeitig an die unten genannte Kontaktadresse wenden.

Auf dem Weg zwischen Metrostation und Park kommt man übrigens an einer 1000-jährigen Stieleiche vorbei, die nach Polens erstem Herrscher Mieszko I. benannt ist; das Alter ist ihr anzu-

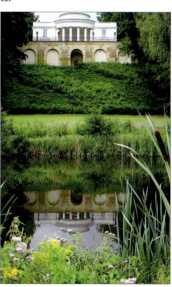

Romantischer Landschaftspark der Schloss- und Gartenanlage Natolin

sehen, ohne die montierten „Krücken" wäre sie längst umgestürzt.

April–Okt. jeden 3. Sa im Monat geöffnet. Ticket 1 €. Vorbestellung über Przewodnickie Biuro Turystyczne TRAKT, ul. Kreditowa 6, ✆ 22-8278069, www.trakt.com.pl.

Anfahrt: Ⓜ Natolin, von dort in Fahrtrichtung links in die ul. Belgradzka bis zum Ende gehen, dann rechts entlang des Zauns. Ul. Nowoursynowska 84, www.natolin.edu.pl, www.coleurop.be.

Sandige Wege führen durch die Wälder im Kampinos-Nationalpark

Ausflüge in die Umgebung

Chopins Geburtsort Żelazowa Wola, der Kampinos-Nationalpark (Puszcza Kampinoska) und das Vernichtungslager Treblinka – von den Ausflugszielen in der Umgebung von Warschau sind dies die meistbesuchten.

Daneben bieten sich hier nicht beschriebene Ausflüge zu weiter entfernten Zielen an, z. B. in die einstige polnische Hauptstadt *Krakau*, zum entzückenden Renaissance-Städtchen *Kazimierz Dolny* oder in die traumhafte Seenlandschaft der *Masuren*. In Masowien und damit in der näheren Umgebung Warschaus sind zudem die Altstädte von *Czersk* (www.zamek czersk.pl), *Pułtusk* (www.pultusk.pl) und *Płock* (www.ump.pl) sowie der romantische *Park von Arkadia* (www.nieborow.art.pl) sehenswert. Die Landschaft Masowiens mit ihren charakteristischen Weiden längs der Feldwege und Raine hat v. a. im Frühling und Sommer ihre besonderen Reize. Leider ist hier die touristische Infrastruktur längst nicht so gut ausgebaut wie etwa in Südpolen.

Łódź (www.turystyczna.lodz.pl) als die nächstgelegene Großstadt hat sich in den letzten Jahren zu einem Geheimtipp entwickelt. Entlang der ulica Piotrkowska wandelt man auf dem polnischen Walk of Fame, auf dem wie im fernen Hollywood Kinostars verewigt sind. „Holly-Łódź" ist aber nicht nur das Zentrum der polnischen Filmindustrie, es ist eine Stadt voller interessanter Museen, alter Fabrikanlagen und Unternehmerpaläste. Wem genug Zeit vergönnt ist, kann über all diese Ausflugsziele in den Warschauer Touristbüros weitere Informationen zu Anfahrt und Öffnungszeiten anfordern.

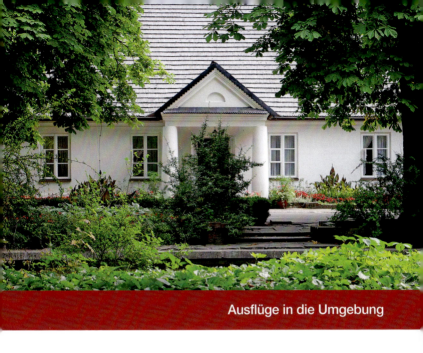

Ausflüge in die Umgebung

Żelazowa Wola

Das kleine Dorf in der Gemeinde Sochaczew etwa 50 km westlich von Warschau wäre nicht weiter erwähnenswert, hätte hier nicht am 1. März 1810 einer der berühmtesten Polen das Licht der Welt erblickt: Frédéric Chopin.

Der Komponist und Pianist mit dem Geburtsnamen Fryderyk Franciszek Szopen ist bis heute einer der Protagonisten der Romantik. Nachdem die Familie nach Warschau umgezogen war, komponierte das Wunderkind bereits im Alter von sieben Jahren und zeigte schon damals eine erstaunliche Fähigkeit zur Improvisation. Sein Lehrer Józef Elsner bescheinigte ihm am Ende des Studiums sein musikalisches Genie. Auch als Pianist machte Chopin bald von sich reden. Für die Polen hat der Musiker aber auch einen patriotischen Nimbus. Wegen der Repressionen infolge der Teilungen Polens floh Chopin ins Exil nach Paris. Obwohl er sich dort sehr wohl fühlte, viele Freunde gewann und großen Erfolg hatte, vermisste er doch seine Heimat. Kritiker entdeckten in seinen Werken eine slawische Melancholie, sein früher Tod im Jahr 1849 förderte eine romantische Verklärung seines Lebens. Chopin wurde auf dem Pariser Friedhof Père Lachaise bestattet, sein Herz aber setzte man, wie er es gewünscht hatte, in Warschau in der Heiligkreuzkirche bei (→ Tour 3).

Sein pünktlich zum 200. Geburtstag 2010 renoviertes Geburtshaus in Żelazowa Wola ist seit 1931 ein Museum; es zeigt Erinnerungsstücke, Porträts, Möbel und natürlich die Musikinstrumente der Familie. In der Sommersaison gibt es an jedem Wochenende Konzerte mit bekannten Interpreten seiner Werke, aber auch mit hoffnungsvollen Nachwuchstalenten. Seit Ende

2014 und bis voraussichtlich Mitte 2015 gibt es eine erneute Renovierung und Änderung der Museumskonzeption.

Wer nach dem Besuch des Museums oder nach einem Konzert noch Zeit hat, sollte sich einen Spaziergang durch den Park rund um das Anwesen gönnen; dort erinnern drei Denkmäler an den großen polnischen Komponisten.

Praktische Infos

Information

Chopin-Institut in Warschau: Ul. Tamka 43, ☎ 22-4416100, www.chopin.nifc.pl.

Informationen über Chopins Leben und Werk: www.chopin.pl.

Anreise

Bus: Bequem, aber teuer mit den Minibussen zahlloser privater Anbieter (aktuelle Flyer den Touristinformationen).

Auf eigene Faust: Bahn: Ab Warszawa Śródmieście oder Centralna bis Sochaczew; von dort mit Buslinie 6 oder einem der zahlreichen Minibusse weiter nach Żelazowa Wola.

Auto: Über die Landstraße A 2 in Richtung Sochaczew; von dort über Landstraße 580 nach Żelazowa Wola. Oder direkt von Warschau auf der 580 über Leszno und Kampinos.

Sehenswertes

Geburtshaus von Frédéric Chopin (Dom Urodzenia Fryderyka Chopina): Erneute Renovierung bis Mitte 2015. Di–So 9–17 Uhr, Mo geschlossen, April–Sept. bis 19 Uhr. Eintritt 6 €, erm. 3,50 €, Mi frei, dt.-sprachige Audio-Guides und Apps. ☎ 46-8633300, www.chopin.museum, www.chopin.nifc.pl. Żelazowa Wola 15 in Sochaczew.

Park: Mo 9–17.30, Di–So 9–20 Uhr, Sept./Okt. und März/April tägl. 9–17.30 Uhr, Mitte Okt.–Feb. 9–16 Uhr. Eintritt 2 €, erm. 1 € oder Museumsticket.

Konzerte

In der Sommersaison an allen Wochenenden; in den letzten Jahren Sonntag 12 und 15 Uhr sowie an fast allen Samstagen. Die Konzerte finden im Haus statt, wegen des beschränkten Platzes werden im Garten Bänke aufgestellt, die Fenster zum Garten bleiben geöffnet. Rechtzeitiges Erscheinen etwa eine Stunde vor Konzertbeginn empfohlen.

Essen und Trinken

Przepis na Kompot: Besser als das Vorgängerrestaurant, auf den Teller kommen saisonale Klassiker der polnischen Küche. Tägl. 10–21 Uhr. Żelazowa Wola 14, ☎ 46-8632168, www.przepisnakompot.pl.

Chopin-Büste im Garten

In der Puszcza Kampinoska dürfen Bäume noch wachsen, wie sie wollen

Puszcza Kampinoska

Direkt an Warschaus nordwestlichem Rand beginnt der Kampinos-Nationalpark mit den für die Gegend so typischen Dünen- und Sumpfgebieten. Hier erstreckte sich inmitten eines großen Waldes einst das Ursprungstal der Weichsel.

Natur pur, traumhafte Radwege, interessante Städtchen und Museen an den Rändern des Parks sowie einige historische Mahnmäler ziehen Touristen, aber auch viele Warschauer an. Was die Unesco nüchtern als „Biosphären-Reservat" bezeichnet, nennen die Warschauer ihre Lunge. In der Tat verdankt die Metropole ihre recht gute Luftqualität neben den vielen Parks im Zentrum auch dem nahen Nationalpark. Am besten lässt sich das fast 400 Quadratkilometer große Naturschutzgebiet auf Schusters Rappen oder einem (geliehenen) Fahrrad erkunden: Nicht weniger als 360 km Wander- und 200 km Radwege erschließen die Puszcza Kampinoska mit ihrer einzigartigen Fauna (Biber, Luchse, Wisente) und Flora (Sanddünen, Moore, Kiefernwälder). Den Elch, das Wappentier des Parks, zieht es übrigens oft ins Stadtgebiet, wie spektakuläre Fotos und witzige Zeitungsmeldungen gelegentlich dokumentieren.

In *Sochaczew* wartet zudem eines der größten Schmalspureisenbahn-Museen Polens auf Fans historischer Lokomotiven und Schienenfahrzeuge. Als Ausgangspunkte eignen sich aber auch einige Städtchen oder Dörfer am Rand des Nationalparks, wie *Izabelin*, *Kampinos* und *Leszno* sowie Warschaus nordwestliche Vororte *Bemowo* oder *Żoliborz*. Neben den Naturschönheiten sind im Park einige sehenswerte Klöster und Kirchen zu entdecken, aber auch

Denkmäler und der *Friedhof von Palmiry*, wo zwischen 1939 und 1941 mehr als 2000 Warschauer von NS-Truppen ermordet wurden.

Karten mit eingezeichneten Routen erhält man, falls vorrätig, kostenlos in den Touristbüros oder preiswert in Buchhandlungen.

Erreichbar ist das Warschauer Naherholungsgebiet auch mit einigen Ausflugs-Eisenbahnen, ein Vergnügen für Jung und Alt.

Praktische Infos

Information

Bei den Warschauer Touristbüros oder über den Kampinoski Park Narodowy, ul. Tetmajera 38 in Izabelin, ☎ 22-7226001, www.kampinoski-pn.gov.pl, www.puszczakampinoska.pl.

Anreise

Nützlich ist eine Karte des Parks, auf der Wander- und Radwege sowie Anfahrtsstraßen eingezeichnet sind; erhältlich in Buchhandlungen und Touristbüros.

Bus: *Stadtbus 110* ab der Haltestelle Marymont (Nr. 17 am Busbahnhof und Markt) bis Haltestelle Akcent; oder jeweils ab der Haltestelle Metro Młociny mit *Linie 701* bis Haltestelle Wólczyńska; mit *Linie 708* bis Endhaltestelle Skibińskiego; oder im Sommer mit *Linie 800* bis Haltestelle Palmiry; Fahrzeit jeweils etwa 30 Min.

Mit *PKS-Bussen* ab Dworzec Zachodni je nach Augsgangspunkt nach Sochaczew.

Bahn: Ab Dworzec Zachodni nach Sochaczew.

Auto: Über die al. Solidarności auf die ul. Leszno und immer geradeaus auf die südlich des Parks verlaufende Landstraße 580 von Babice über Zaborów, Leszno und Kampinos bis nach Sochaczew. Nach Palmiry bei Stare Babice nach rechts Richtung Izabelin, weiter geradeaus über Truskaw bis zum Parkplatz Palmiry.

Fahrrad: Auf Radwegen von Warschaus nordwestlichen Vororten Bemowo, Bielany oder Żoliborz. Karte bei den Touristbüros.

Fahrradverleih → Unterwegs mit dem Rad

Ausflugsfahrt

Schmalspur-Eisenbahn-Museum (Muzeum Kolei Wąskotorowej): Fahrten in den Park von Mai bis Okt. an ausgewählten Tagen. Abfahrt 10 Uhr, Rückkehr 15 Uhr. Gebühr: 7 €, erm. 5 €. *Museum*: Di–Fr 10–16, Sa 8–16 Uhr. Eintritt ins Museum 3 €, erm. 1,50 €, Mi frei. Ul. Towarowa 7 in Sochaczew, ☎ 46-8625975, www.mkw.e-sochaczew.pl.

Sehenswertes

Museum des Kampfes und Märtyrertums/Palmiry (Muzeum Walki i Męczeństwa/Palmiry): Mai–Okt. Di–So 10–18 Uhr, Nov.–April Di–So 9–16 Uhr, Mo geschlossen. Eintritt frei, engl.-sprachige Führung 25 €. Beim Friedhof in Palmiry (Ausgangspunkt Truskaw, Stadtbus 800, Haltestelle Palmiry-Muzeum), ☎ 22-7208114, www.muzeumwarszawy.pl.

Gut gekennzeichnete Wege

Gedenkstätte Treblinka

Unter dem Tarnnamen Aktion Reinhardt betreiben die Nationalsozialisten die systematische Ausrottung der Juden, Sinti und Roma im deutsch besetzten Polen. Zu diesem Zweck wurde Treblinka als drittes Vernichtungslager gebaut.

Zwischen Juli 1942 und Oktober 1943 wurden mehr als 1,2 Millionen Menschen umgebracht, die aus Warschau und ganz Europa hierher verschleppt worden waren. Eng verbunden mit dem Namen Treblinka ist aber die polnische Hauptstadt, denn die meisten Juden aus dem Warschauer Ghetto wurden hier ermordet, darunter auch Janusz Korczak (→ Tour 7), zudem viele Sinti, Roma sowie katholische Polen. Zur Tarnung und Vorbereitung wurde in Treblinka 1941 zunächst ein Arbeitslager errichtet, auch Treblinka I. genannt. 1942 gab Heinrich Himmler dann den Befehl zum Bau des Vernichtungslagers Treblinka II, in dem die Überlebenden des Ghettos vergast oder erschossen wurden. Am 2. August 1943 kam es erstmals zu einem Aufstand in einem NS-Vernichtungslager, bei dem rund 200 Inhaftierten (vorübergehend) die Flucht gelang.

Die heutige Gedenkstätte in Treblinka ist nicht zu vergleichen mit denen in Auschwitz, Dachau oder Majdanek; Grund dafür ist die traurige Tatsache, dass es nahezu keine Überlebenden gab und dass es den Nationalsozialisten, anders als in anderen Vernichtungslagern, gelang, fast alle Spuren zu beseitigen. So steht das seit 1964 an die Verbrechen erinnernde Mahnmal von Wäldern und Feldern umgeben einsam und verloren in der Landschaft. An der Stelle der Gaskammern befindet sich heute ein großer Turm aus Quadern, um den ca. 17.000 Granitgrabsteine verteilt sind, deren Inschriften an die Städte und Länder erinnern, aus denen Juden nach Treblinka verschleppt worden waren. Der Weg zum früheren Arbeitslager ist durch Steinblöcke kenntlich gemacht. In einem kleinen Museumsgebäude informiert eine Ausstellung über die Geschichte des Lagers. Berühmt wurde in diesem Zusammenhang übrigens auch die Mahnung des Warschauer Literaturnobelpreisträgers und passionierten Vegetariers Isaac B. Singer: „Für die Tiere gibt es ein unendliches Treblinka."

Praktische Infos

Information

Bei den Warschauer Touristbüros oder im Museum (s. u.).

Anreise

Die Anfahrt zu dem Dorf 75 km nordöstlich von Warschau ist kompliziert, weshalb es sinnvoll ist, auf Angebote von Reiseagenturen (→ Unterwegs) oder Taxiunternehmen (z. B. www.warsawtaxi.pl) zurückzugreifen.

Auf eigene Faust: **Bus:** Nur noch Verbindungen mit mehrmaligem Umstieg und sehr langen Fahr- bzw. Wartezeiten. Empfehlen wir daher nicht mehr.

Bahn: Ab Bahnhof Warszawa Wileńska in Praga (→ Karte Tour 10) nach Małkinia (Endstation), Fahrtzeit etwas mehr als 100 Min., aktueller Fahrplan unter www.mazowieckie.com.pl. Von dort aus mit Minibussen, Taxi oder zu Fuß (fast 10 km!) bis zur Gedenkstätte, dem Fahrer „Obóz Treblinka" als Ziel sagen (ausgesprochen etwa „obbus").

Auto: Von der rechten Weichselseite über die Schnellstraße E 67 in Richtung Białystok, nach 53 km nach rechts auf der Landstraße 694 14 km nach Brok. Dort rechts auf Landstraße 50 in Richtung Sadowne, nach 2,3 km links auf die nicht nummerierte Straße Richtung Morzyczyn und Kiełczew. Nach Kiełczew nach rechts und dem Straßenverlauf folgend links über die Bahngleise Richtung Prostyń und weiter nach Treblinka. Von dort nach rechts in Richtung und vorbei an Poniatowo, von wo die Gedenkstätte ausgeschildert ist.

Sehenswertes

Museum des Kampfes und Märtyrertums/Treblinka (Muzeum Walki i Męczeństwa/Treblinka): April–Okt. tägl. 9–19 Uhr, Nov.–März tägl. 9–16 Uhr. Besichtigung des Geländes ab 14 Jahren. Spende von 1 € erbeten. Kosów Lacki, ☎ 25-7811658, www.treblinka.bho.pl, www.treblinka-muzeum.eu.

Mahnmal für die Opfer im Vernichtungslager

Etwas Polnisch

Aussprache

Die Aussprache ist sicher nicht einfach für deutsche Zungen, die weniger aufwändige Bewegungen gewohnt sind. Was aber auf dem Papier nach unaussprechlich aussieht, klingt beim Hören oft schon viel machbarer. Viele Buchstaben haben denselben Laut wie im Deutschen, die Ausnahmen sind im Folgenden angegeben.

Betonung fast ausnahmslos auf der vorletzten Silbe. Also nicht Hotel, sondern hotel und nicht Autobus, sondern autobus.

ą: wie französisch Grand-Prix
c: wie Zoo
ć: wie Händchen
ę: wie französisch Cousin
h: wie Bach
ł: wie Western
ń: wie französisch Kognak
ó: wie u (Kraków = Krakuff)
s: immer wie dass (stimmloses S)
ś: wie echt
y: wie hindern

z: wie Sonne (stimmhaftes S)
ź: zwischen stimmhaftem S und Sch
ż: wie französisch Gendarm
ch: immer wie Krach
cz: wie tschüs
sz: wie Schule
rz: → ż
dż: wie Dschungel
dź: weicher als dż
dz: in etwa wie Zoll

Basis

Ja	*Tak*
Nein	*Nie*
Bitte	*Proszę*
Danke/vielen Dank	*Dziękuję (bardzo)*
Entschuldigung	*Przepraszam*
Ich verstehe nicht	*Nie rozumiem*
Sprechen Sie (Mann/Frau) Deutsch/Englisch?	*Czy Pan/Pani mówi poniemiecku/angielsku?*
Gut/schlecht	*Dobry/zły*
Groß/klein	*Duży/mały*
Billig/teuer	*Tani/drogi*
Mehr/weniger	*Więcej/mniej*
Mit/ohne	*z/bez*
Krakau	*Kraków*
Deutschland/aus Deutschland	*Niemcy/z Niemiec*
Ich bin Deutscher/Deutsche	*Jestem Niemcem/Niemką*

Grüße, Fragen und Antworten

Guten Morgen/guten Tag	*Dzień dobry*
Guten Abend	*Dobry wieczór*
Gute Nacht	*Dobranoc*
Hallo/Tschüs	*Cześć*
Auf Wiedersehen	*Do widzenia*
Bis bald	*Na razie*
Ich heiße … (Vorname)	*Mam na imię …*
Ich heiße … (ganzer Name)	*Nazywam się …*
Sehr erfreut	*Bardzo mi miło*
Wie geht es Dir/Ihnen (Mann/Frau)?	*Jak się masz/Pan(i) ma?*
(Sehr) gut	*(Bardzo) dobrze*
Und Dir/Ihnen (Mann/Frau)?	*A ty/a Pan(i)*
Gibt es …?	*Czy jest …?*
Was kostet das?	*Ile to kosztuje?*
Wissen Sie (Mann/Frau) …	*Czy Pan/Pani wie …?*
Haben Sie (Mann/Frau) …?	*Czy Pan/Pani ma …?*
Ich (m/w) möchte …	*Chciałbym/chciałabym*
Wo/wann	*Gdzie/kiedy*
Wer/was	*Kto/co*
Wissen Sie (Mann/Frau), wo … ist?	*Czy Pan/Pani wie, gdzie jest…*
Können Sie (Mann/Frau) mir helfen?	*Czy Pan/Pani mógłby/mogłaby mi pomóc?*

Zahlen

1/1.	*Jeden/pierwszy*	8/8.	*Osiem/ósmy*
2/2.	*Dwa/drugi*	9/9.	*Dziewięć/dziewiąty*
3/3.	*Trzy/trzeci*	10/10.	*Dziesięć/dziesiąty*
4/4.	*Cztery/Czwarty*	20	*Dwadzieścia*
5/5.	*Pięć/piąty*	50	*Pięćdziesiąt*
6/6.	*Sześć/szósty*	100	*Sto*
7/7.	*Siedem/siódmy*	1000	*Tysiąc*

Zeit, Tage und Monate

Heute	*Dziś/dzisiaj*	Montag	*Poniedziałek*
Gestern	*Wczoraj*	Dienstag	*Wtorek*
Morgen	*Jutro*	Mittwoch	*Środa*
Übermorgen	*Pojutrze*	Donnerstag	*Czwartek*
Jetzt	*Teraz*	Freitag	*Piątek*
Gleich	*Zaraz*	Samstag	*Sobota*
		Sonntag	*Niedziela*

Unterwegs

Ich (m/w) möchte ein Auto mieten	Chciałbym/Chciałabym wynająć samochód
Tankstelle	Stacja benzynowa
Benzin	Benzyna
Diesel	Diesel
Wo kann man parken?	Gdzie można zaparkować?
Autobus	Autobus
(Bus-) Bahnhof	Dworzec (autobusowy)
Haltestelle	Przystanek
Fahrkarte	Bilet
Einfach/hin und zurück	W jedną stronę/tam i z powrotem
Abfahrt	Odjazd
Ankunft	Przyjazd
Ich (m/w) möchte in der Nähe von … aussteigen.	Chciałbym/Chciałabym wysiąść w pobliżu …
Ich suche …	Szukam …

Übernachten & Essen

Haben Sie …?	Czy mają Państwo …?
… ein freies Doppel- (Einzel-)Zimmer	… wolny pokój dwu- (jedno)osobowy
… für eine Nacht/Woche	… na jedną noc/jeden tydzień
… mit Dusche/Bad	… z prysznicem/łazienką
… mit Frühstück	… ze śniadaniem
Guten Appetit!	Smacznego!
Prost!	Na zdrowie!
Die Rechnung bitte!	Rachunek poproszę!
Ich (m/w) würde gerne zahlen	Chciałbym/chciałabym zapłacić
Stimmt so	Zgadza się/Dziękuję
Ich bin Vegetarier/Veganer	Jestem wegetarianinem/weganem
Ich bin „Fisch-Esser" (Vegetarier, der Fisch isst)	Jestem jaroszem
Welche Gerichte sind vegetarisch/fleischlos?	Które danie są wegetariańskie/bezmięsne?
Ist dieses Gericht vegetarisch/fleischlos?	Czy to danie jest wegetariańskie/bezmięsne?

Notfall

Arzt	Lekarz	Verletzung	Zranienie
Zahnarzt	Stomatolog/dentysta	Ich habe hier Schmerzen	Boli mnie tutaj
Krankenhaus	Szpital	Ich benötige dringend einen Arzt	
Apotheke	Apteka		Pilnie potrzebuję lekarza
Unfall	Wypadek	Polizei	Policja

Etwas Polnisch

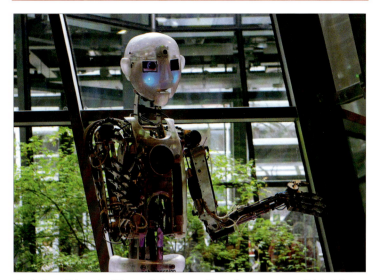

Auch dieser Roboter im Wissenschaftszentrum Kopernikus musste erst Polnisch lernen

Polnisch lernen

Nicht umsonst gilt Polnisch als eine schwer zu erlernende Sprache. Hat man jedoch die Anfangsschwierigkeiten überwunden, stellt sich mit dem Erfolg die Befriedigung ein, es geschafft zu haben. Polen belohnen diese Bemühungen mit großem Respekt. Laut einer landesweiten Umfrage bewegt nichts so sehr das Herz eines Polen, wie ein Ausländer, der diese schwierigste slawische Sprache gemeistert hat.

Viele Volkshochschulen in Deutschland bieten Polnisch-Kurse an, für das Selbststudium sind die Lehrbücher aus dem Hueber und Pons Verlag sehr gut geeignet. Noch mehr Spaß macht aber sicher ein Sprachkurs vor Ort:

Centre for Polish Studies: private Sprachschule mit gutem Ruf. Ein 4-Wochen-Intensivkurs kostet ca. 450 €, auf Wunsch kümmert sich die Schule auch um eine preiswerte Unterkunft in einem Studentenwohnheim, bei einer polnischen Familie oder in einem Ferienhaus. Ul. Szpitalna 5/213, ✆ 22-8261904, www.learnpolish.edu.pl.

Centrum Języka Polskiego: private Sprachschule mit regelmäßigen Kursen, auch Vorbereitung auf die staatlichen Prüfungen. 2-Wochen-Intensivkurs ca. 350 €. Ul. Smolna 38, ✆ 22-6269671, www.cjp.pl.

Klub Dialogu: Individualunterricht und Kurse anhand der „Direkten Methode" mit eigenem Lehrwerk. 30-Stunden-Individualkurs 788 €. Ul. Ordynacka 13, ✆ 22-4981010 , www.learnpolishinwarsaw.pl.

Abruzzen • Ägypten • Algarve • Allgäu • Allgäuer Alpen • Altmühltal & Fränk. Seenland • Amsterdam • Andalusien • Andalusien • Apulien • Australien – der Osten • Auvergne & Limousin • Azoren • Bali & Lombok • Barcelona • Bayerischer Wald • Bayerischer Wald • Berlin • Bodensee • Bornholm • Bretagne • Brüssel • Budapest • Chalkidiki • Chiemgauer Alpen • Chios • Cilento • Comer See • Cornwall & Devon • Costa Brava • Costa de la Luz • Côte d'Azur • Cuba • Dolomiten – Südtirol Ost • Dominikanische Republik • Dresden • Dublin • Ecuador • Eifel • Elba • Elsass • Elsass • England • Fehmarn • Föhr & Amrum • Franken • Fränkische Schweiz • Fränkische Schweiz • Friaul-Julisch Venetien • Gardasee • Gardasee • Genferseeregion • Golf von Neapel • Gomera • Gran Canaria • Graubünden • Hamburg • Harz • Haute-Provence • Ibiza • Irland • Island • Istanbul • Istrien • Italien • Span. Jakobsweg • Kalabrien & Basilikata • Kanada – Atlantische Provinzen • Karpathos • Kärnten • Katalonien • Kefalonia & Ithaka • Köln • Kopenhagen • Korfu • Korsika • Korsika Fernwanderwege • Korsika • Kos • Krakau • Kreta • Kreta • Kroatische Inseln & Küstenstädte • Kykladen • Lago Maggiore • La Palma • La Palma • Languedoc-Roussillon • Lanzarote • Lesbos • Ligurien – Italienische Riviera, Genua, Cinque Terre • Ligurien & Cinque Terre • Limnos • Liparische Inseln • Lissabon & Umgebung • Lissabon • London • Lübeck • Madeira • Madeira • Madrid • Mainfranken • Mainz • Mallorca • Mallorca • Malta, Gozo, Comino • Marken • Mecklenburgische Seenplatte • Mecklenburg-Vorpommern • Menorca • Rund um Meran • Midi-Pyrénées • Mittel- und Süddalmatien • Montenegro • Moskau • München • Münchner Ausflugsberge • Naxos • Neuseeland • New York • Niederlande • Norddalmatien • Norderney • Nord- u. Mittelengland • Nord- u. Mittelgriechenland • Nordkroatien – Zagreb & Kvarner Bucht • Nördliche Sporaden – Skiathos, Skopelos, Alonnisos, Skyros • Nordportugal • Nordspanien • Normandie • Norwegen • Nürnberg, Fürth, Erlangen • Oberbayerische Seen • Oberitalien • Oberitalienische Seen • Odenwald mit Bergstraße, Darmstadt, Heidelberg • Ostfriesland & Ostfriesische Inseln • Ostseeküste – Mecklenburg-Vorpommern • Ostseeküste – von Lübeck bis Kiel • Östliche Allgäuer Alpen • Paris • Peloponnes • Pfalz • Pfälzer Wald • Piemont & Aostatal • Piemont • Polnische Ostseeküste • Portugal • Prag • Provence & Côte d'Azur • Provence • Rhodos • Rom • Rügen, Stralsund, Hiddensee • Rumänien • Sächsische Schweiz • Salzburg & Salzkammergut • Samos • Santorini • Sardinien • Sardinien • Schottland • Schwarzwald Mitte/Nord • Schwarzwald Süd • Shanghai • Sinai & Rotes Meer • Sizilien • Sizilien • Slowakei • Slowenien • Spanien • St. Petersburg • Steiermark • Südböhmen • Südengland • Südfrankreich • Südmarokko • Südnorwegen • Südschwarzwald • Südschweden • Südtirol • Südtoscana • Südwestfrankreich • Sylt • Teneriffa • Teneriffa • Tessin • Thassos & Samothraki • Toscana • Toscana • Tschechien • Türkei • Türkei – Lykische Küste • Türkei – Mittelmeerküste • Türkei – Südägäis • Türkische Riviera – Kappadokien • Umbrien • Usedom • Venedig • Venetien • Wachau, Wald- u. Weinviertel • Wales • Warschau • Westböhmen & Bäderdreieck • Westliche Allgäuer Alpen und Kleinwalsertal • Wien • Zakynthos • Zentrale Allgäuer Alpen • Zypern

Reisehandbuch   MM-City   MM-Wandern

Register

Die (in Klammern gesetzten) Koordinaten verweisen auf die beigefügte Warschau-Karte.

Adam-Mickiewicz-Denkmal (E4) 123
Ägyptischer Tempel 208
Aigner, Christian Piotr 212
Aktion Reinhardt 261
Alte Hauptwache 216
Altmarkt (Rynek Starego Miasta) (E3) 100
Anielewicz, Mordechaj 23

Anreise 39
 Anreise mit dem eigenen Fahrzeug 40
 Anreise mit dem Flugzeug 39
 Anreise mit dem Reisebus 42
 Anreise mit der Bahn 41

Apotheken 74
Appartements 56
Arkady Kubickiego (E4) 95
Arsenal (D4) 149
Ärztliche Versorgung 74

August II. Mocny, König 19, 145
Ausflüge 256
Auslandskrankenschein 74
Aussichtsterrasse 122
Autobahnmaut 40

Bahnhöfe 42
Bankenplatz 149
Barbakan 97
Barbakane (D3) 97
Bärengehege 225
Barock, Baustil 30
Bartoszewski, Władysław 178
Behinderte 74
Bellotto, Bernardo (Canaletto) 88
Belvedere 210
Belweder 210
Biały Domek 212
Biblioteka Uniwersytecka BUW 137
Blaues Hochhaus 150
Blaues Palais 145

Błękitny Wieżowiec 150
Blikle, Kaffeehaus 128
Bogusławski, Wojciech 152
Bolesław II, Herzog 17
Bolesław IV, Fürst 18
Bona Sforza, Königin 18
Bor-Komorowski, Tadeusz (General) 24
Botanischer Dachgarten der Universitätsbibliothek/BUW 136
Botanischer Garten der Universität 210
Brama Straceń 242
Brandt, Willy 26, 188
Brühlsches Palais 144
Busbahnhöfe 42

Cafés 62
Camping 58
Canaletto 88
Centrum 158
Centrum Olimpijskie 242
Chopin-Konzerte 212, 258
Chudy, Tomasz 199

Register

Cmentarz
 Powązkowski 189
Cmentarz Żydowski 190
Corazzi, Antoni 152
Cosmopolitan,
 Wolkenkratzer 180
Cytadela Warszawska 241

Denkmal der Ghettohelden
 (C3) 188
Denkmal der im Osten
 Gefallenen und
 Ermordeten (C3) 114
Denkmal der polnischen
 Heimatarmee 141
Denkmal
 der Sirene (G5) 138
Denkmal des Kleinen
 Aufständischen (D3) 96
Denkmal
 des Kniefalls (C3) 188
Denkmal des Warschauer
 Aufstands (I8) 110
Diana-Tempel 208
Dokumente 75
Dom Bez Kantów 124
Dom Kereta 185
Dom Partii 126
Dom Sierot 184
Dunikowski, Xawery 205
Dworzec Warszawa
 Centralna (Zentralbahnhof
 Warschau) 42

EHIC-Karte 74
Eremitage 216
Erholung 72
Erlöserplatz 200
Ermäßigungen 75
Ermitaż 216
Essen und Trinken 59
Essen, schnelles 62
Essen, vegetarisches 62

Fabryka Trzciny (I2) 232
Fabryka Wódek Koneser
 (G3) 231
Fahrradverleih 48
Feiertage 75
Festivaljahr 68
Feuerwehr 79
Filharmonia Narodowa 162
Filtry Lindleya 197
Fort der Legionen 241

Fort Legionów 241
Foster, Norman 154
Fotoplastikon Warszawski
 (D6) 199
Fragmenty
 murów getta 169
Frédéric Chopin 257
Fryderyk-Chopin-Denkmal 210
Fundbüro 75

Gagarin, Jurij 165
Galeria Andrzeja
 Mleczki 157
Geld 74, 75
Gemetzel von Praga 220
General Jaruzelski 27
Generation Park 182
Gessler, Magda 61, 127
Gessler, Marta 61, 217
Ghetto 22
Ghettomauer, Reste 169
Gierymski, Alexander 141
Glasmädchen 166
Gmach Sądu Najwyższego
 Rzeczy pospolitej
 Polskiej 109
Gnojna Góra (E3) 97
godzina W. (Stunde der
 Befreiung) 24
Goldene Terrassen, Einkaufs-
 /Handelszentrum 166
Goldenes Zeitalter 17
Gotischer Saal 165
Gottesdienste 76
Grabmal des Unbekannten
 Soldaten (D4) 154
Grób Nieznanego
 Żołnierza 154
Großes Theater 152
Grzybowski-Platz 179

Hale Mirowskie 185
Haus ohne Kanten 124
Heimatarmee (AK) 24
Heißgetränke 62
Hejnał, Trompetensignal 93
Herzog, Roman
 (Bundespräsident) 22
Herzogtum Warschau 20
Hinrichtungstor 242
Historismus, Baustil 31
Hoftheater 212
Homosexualität 76

Hotel Bristol (E4) 124
Hotels 51

Ilmet, Hochhaus 168
Information 77
InterContinental,
 Wolkenkratzer 167
Internet 78
Intraco I, Hochhaus 114
Isaac B. Singer 262

Jabłonowski-Palais (D4) 153
Jadwiga, Königin 18
Jagiełło, König 18
Jan III Sobieski, König 19, 246
Janusz I, Fürst 18
Janusz Korczak 261
Jarmark Europa 226
Jazdów 17
Jazz 66
Johannes Paul II., Papst 26
Juden, polnische 187
Jüdischer Friedhof 190
Jüdisches Historisches
 Institut (Żydowski
 Instytut Historyczny) 150
Jüdisches Theater 180

Kabarett 65
Kadettenaufstand 20
Kadettenschule 215
Kammeroper 185
Kampinos-Nationalpark 259
Kamsetzer,
 Jan Chrystian 214
Kantor (Wechselstube) 75
Kazimierz Wielki, König 18
Kępa Potocka 243
Kępa-Potocka-Park 243
Keret-Haus 185
Kiepura, Jan 151
Kiliński, Jan 20
Kindertheater 65
Kino unter
 freiem Himmel 67
Kinos 67

Kirchen und Synagogen
 Alexander-Newski-
  Kathedrale 145
 Allerheiligenkirche
  (D5) 179
 Bazylika archikatedralna
  św. Jana 98

Register 271

Bazylika katedralna św. Floriana (F3) 229
Bazylika Najświętszego Serca Jezusowego (I2) 231
Bazylika św. Krzyża 125
Cerkiew św. Marii Magdaleny (F3) 230
Erlöserkirche 200
Feldkathedrale der Polnischen Armee (D4) 108
Franziskanerkirche 113
Große Synagoge 150
Heiliggeistkirche der Pauliner 110
Heiligkreuzkirche 125
Herz-Jesu-Basilika (I2) 231
Jesuitenkirche (Kościół Jezuitów) 99
Johannisdom 98
Kaplica Mała 94
Karmeliterkirche 123
Katedra Polowa Wojska Polskiego (D4) 108
Kind-Jesus-Kirche 198
Kirche der Muttergottes von Loreto (F3) 230
Kirche Mariä Heimsuchung 113
Kleine Kapelle 94
Kościół Dominikanów św. Jacka 110
Kościół Dzieciątka Jezus 198
Kościół Jezuitów (Jesuitenkirche) 99
Kościół Karmelitów 123
Kościół najśw. Zbawiciela 200
Kościół Najświętszej Matki Bożej Loretańskiej (F3) 230
Kościół Nawiedzenia Najświętszej Marii Panny 113
Kościół Paulinów pod wezwaniem Św. Ducha 110
Kościół św. Aleksandra 126
Kościół św. Anny 122, 250
Kościół św. Augustyna 186
Kościół św. Franciszka 113
Kościół św. Kazimierza 112
Kościół św. Antoniego oo. Reformato rów 151
Kościół św. Marcina (E4) 96
Kościół Wizytek 124
Kościół Wszystkich Świętych (D5) 179
Krypta im Johannisdom 98
Maria-Magdalena-Kirche (F3) 230
Nożyk-Synagoge 180
Parafia św. Stanisława Kostki (B1) 236, 243
Sobór św. Aleksandra Newskiego 145
St.-Anna-Kirche 122, 250
St.-Anton-Kirche der Reformatoren 151
St.-Augustyn-Kirche 186
St.-Florian-Kathedrale (F3) 229
St.-Hyazinth-Kirche der Dominikaner 110
St.-Kazimierz-Kirche 112
St.-Martin-Kirche 96
St.-Stanislaus-Kostka-Kirche (B1) 243
Świątynia Opatrzności Bożej 248
Synagoga Nożyków (D5) 180
Tempel der Göttlichen Vorsehung 248
Visitantinnenkirche 124

Kleinkunst 65
Klima 78
Kniefall 188
Kolumna Zygmunta III Wazy 91
Komödientheater 244
Kongresspolen 20
Kongresssaal 166
Königsschloss 92
Konstanty, Großherzog 210
Korczak, Janusz 23, 184
Kościuszko, Tadeusz 20
Kossak-Szczucka, Zofia 178
Kostka Potocki, Stanisław, General 251
Krahelska-Filipowicz, Wanda 178
Krasiński-Garten 109
Krasiński-Palais 108
Kriminalität 79
Królikarnia, Abstecher 205
Kubicki-Arkaden 95
Kultur 63, 64
Kultur- und Wissenschaftspalast 165

Łazienki Królewskie 206
Legenden 16
Liberty Tower 182
Libeskind, Daniel 35, 167
Lilium Tower, Wolkenkratzer (geplant) 198
Lindley, William 197
Lindley-Filteranlagen 197
Locci, Augustyn Wincenty 251
Luxemburg, Rosa 242

Marconi, Henryk 250, 255
Marienstädter Marktplatz 136
Marriott, Wolkenkratzer 198
Marszał kowska-Straße, Wohnbezirk 201
Marszałkowska Dzielnica Mieszkani owa MDM 201
Matejko, Jan 93, 140
Mauzoleum Potockich 250
MDM 201
Merlini, Dominik 214
Metropolitan (E4) 154
Miejski Ogród Zoologiczny 229
Mietwagen 48
Millennium-Plaza, Hochhaus 197
Miodowa-Straße 107
Mirosław Nizio 183
Mirów-Markthallen 185
Misthügel 97
Mitfahrzentrale 41
Mitoraj, Igor 242
Młoda Polska, Baustil 31
Modernismus, Baustil 32, 238

272 Register

Modrzejewska,
 Helena 151
Moniuszko, Stanisław 152
Moniuszko-Saal 152
Most łączący
 dwie części getta 185
Multimedia-
 Brunnenpark 113
Multimedialny Park
 Fontann 113

**Museen, Galerien
 und Gedenkstätten**
 Adam Mickiewicz-
  Literaturmuseum
  (Muzeum Literatury
  im. Adama
  Mickiewicza) 101
 Alte Orangerie 212
 Altes Audienzzimmer 94
 Altstadtkeller (Piwnice
  staromiejskie) 101
 Apartament Królewski 94
 Apartament Księcia
  Stanisława 95
 Apartament Wielki 94
 Arsenał und Państwowe
  Muzeum Archeo-
  logiczne PMA (D4) 149
 Canaletto-Zimmer 94
 Centrum
  Nauki Kopernik 137
 Centrum Sztuki
  Współczesnej 216
 Dom Urodzenia
  Fryderyka Chopina 258
 Drei-Säulen-Saal 93
 Ehemalige Abgeordneten-
  kammer 93
 Ethnographisches
  Museum (E5) 155
 Evolutionsmuseum PAN
  (D6) 164
 Faras, Sammlung 139
 Frédéric-Chopin-
  Museum (F5) 138
 Galeria
  Lanckorońskich 93
 Galeria Owalna 94
 Geburtshaus von
  Frédéric Chopin 258
 Gemächer des Prinzen
  Stanisław 95
 Geologisches und
  Paläontologisches
  Museum PAN 141
 Große Gemächer 94
 Großer Saal 94
 Hauptkemenate 93
 Historisches Museum
  der Hauptstadt
  Warschau (Muzeum
  Historyczne m.st.
  Warszawy) 101
 Historisches Museum
  der polnischen Juden
  (C4) 186
 Jagd- und
  Reitermuseum 219
 Karikaturenmuseum
  (E4) 154
 Komnata Główna 93
 Konferenzzimmer 94
 Königliches
  Schlafgemach 94
 Königsgemächer 94
 Korczakianum 184
 Marie-Curie-Museum 111
 Marmorzimmer 94
 Matejko-Zimmer 93
 Museum der Johannes-
  Paul II.-Sammlung
  (C4) 150
 Museum der Leder-
  handwerks-Zunft 103
 Museum der Modernen
  Kunst 168
 Museum des Kampfes
  und Märtyrertums/
  Treblinka 262
 Museum des Pawiak-
  Gefängnisses (C4) 185
 Museum des
  Warschauer Aufstands
  (I8) 182
 Museum für Zeit-
  genössische Kunst 163
 Museum von Praga 228
 Muzeum
  Farmacji 103
 Muzeum Cechu Rzemiosł
  Skórzanych 103
 Muzeum Etnograficzne
  (E5) 155
 Muzeum Ewolucji PAN
  (D6) 164
 Muzeum Fryderyka
  Chopina (F5) 138
 Muzeum Historii Żydów
  Polskich (C4) 186
 Muzeum Historyczne
  m.st. Warszawy
  (Historisches Museum
  der Hauptstadt
  Warschau) 101
 Muzeum Karykatury
  (E4) 154
 Muzeum Kolei
  Wąskotorowej 260
 Muzeum Kolekcji im.
  Jana Pawła II (C4) 150
 Muzeum Literatury im.
  Adama Mickiewicza
  (Adam Mickiewicz-
  Literaturmuseum) 101
 Muzeum Łowiectwa i
  Jeździectwa 219
 Muzeum Marii
  Skłodowskiej-Curie 111
 Muzeum Narodowe 139
 Muzeum Neonu 228
 Muzeum Plakatu 250
 Muzeum Powstania
  Warszawskiego (I8) 182
 Muzeum Sportu i
  Turystyki 242
 Muzeum Sztuki
  Nowoczesnej 168
 Muzeum Techniki (D6) 165
 Muzeum Walki i
  Męczeństwa/
  Palmiry 260
 Muzeum Walki i
  Męczeństwa/Treblinka
  262
 Muzeum Warszawskiej
  Pragi 228
 Muzeum Więzienia
  Pawiak (C4) 185
 Muzeum Wojska
  Polskiego 139
 Muzeum X Pawilonu 242
 Muzeum Ziemi PAN 141
 Myślewicki-Palais 216
 Nationalmuseum 139
 Neon-Museum 228
 Ovale Galerie 94
 Pałac Myślewicki 216
 Pałac na Wodzie 214
 Pałac pod Blachą 95
 Pałac Wilanowski 251
 Palais auf dem Wasser 214
 Palast unter dem
  Blechdach 95

Register

Parlamentssäle 93
Pawiak 186
Pharmaziemuseum 103
Plakatmuseum 250
Podchorążówka 215
Pokój Audiencjonalny Stary 94
Pokój Canaletta 94
Pokój Konferencyjny 94
Pokój Marmurowy 94
Pokój Oficerski 94
Pokój Sypialny 94
Pokoje Królewiczowskie 93
Pokoje Matejkowskie 93
Polnisches Militärmuseum 139
Prinzenzimmer 93
Ratssaal 94
Rittersaal 94
Rundgang durchs Schloss 93
Saal der Königlichen Kavallerie 94
Sala Gwardii Konnej Koronnej 94
Sala Rady 94
Sala Rycerska 94
Sala Tronowa 94
Sala Wielka 94
Sale Sejmowe 93
Sport-/Tourismus-Museum 242
Staatliches Archäologisches Museum (D4) 149
Stara Pomaranczarnia 212
Technikmuseum (D6) 165
Theatermuseum 151
Thronsaal 94
Trasa Zamek 93
Treblinka, Gedenkstätte 261
Vorzimmer zum Großen Saal 94
Weißes Haus 212
Wielka Antyszambra 94
Wissenschaftszentrum Kopernikus (F4) 137
X Pavillon-Museum 242
Xawery Dunikowski-Museum 205
Zachęta Narodowa Galeria Sztuki 155

Zachęta, Nationale Kunstgalerie 155
Zentrum für zeitgenössische Kunst 216

Musicals 65
Musik, klassische 65

Nachtleben 63
Napiórkowska, Katarzyna 191
Napoléon 20
Narutowicz, Gabriel (Präsident) 21, 155
Nationaloper 152
Nationalphilharmonie (E5) 162
Nationalstadion 226
Natolin, Abstecher 255
Neue Hauptwache 213
Neue Orangerie 213
Neustadt, siehe Nowe Miasto 104
Neustädter Marktplatz 111
Niemen, Czesław 27
Nike, Denkmal der Warschauer Helden (D4) 153
Nikolaus-Kopernikus-Denkmal (E5) 126
Nizio, Mirosław 183
Nördliche Innenstadt, siehe Śródmieście Północne 172
Notarzt 74
Notruf 79
Novemberaufstand 20
Novotel, Hochhaus 201
Nowa Kordegarda 213
Nowa Pomaranczarnia 213

Oberstes Gericht der Republik Polen 109
Offizierszimmer 94
Öffnungszeiten 79
Ogród Botaniczny na dachu BUW 136
Ogród Botaniczny UW 210
Ogród Krasińskich 109
Ogród Saski 155
Olympiazentrum 242
Oper 65
Opera Kameralna 185
Opera Narodowa 152
Operation Arsenal 149

ORCO-Tower (C6) 198
Orzelska, Anna Karolina 145
Oś Saska 144
Ostrogski-Schloss 138
Oxford Tower, Wolkenkratzer 199

Pałac Błękitny 145
Pałac Jabłonowskich 153
Pałac Krasińskich 108
Pałac Kultury i Nauki 165
Pałac Prezydencki 124
Pałac Prymasowski 153
Pałac Sapiehów 113
Palast der Jugend 164
Palme (E6) 121
Paradeplatz 163
Park Saski 144
Park Skaryszewski 227
Park Wilanowski 252
Parken 48
Parteigebäude 126
Pensionen 51
Piasten 17
Piłsudski, Józef 21, 242
Plac Bankowy 149
Plac Defilad (D6) 163
Plac Grzybowski 179
Plac Konstytucji 201
Plac Powstańców Warszawy 161
Plac Słoneczny (C1) 237
Plac Trzech Krzyży 126
Plac Wilsona (B1) 244
Plac Zamkowy 91
Plac Zbawiciela 200
Planetarium 166
Platz der Aufständischen Warschaus 161
Platz der drei Kreuze 126
Platz der Verfassung 201
Plersch, Jan Bogumił 214
Politechnika Warszawska (D7) 199
Polizeistationen 79
Polnische Bank 151
Polnische Telefon-Aktiengesellschaft 179
Polska Akcyjna Spółka Telefoniczna PAST-a 179
Pomnik Adama Mickiewicza 123

Pomnik Armii Krajowej 141
Pomnik Bohaterów 188
Pomnik Bohaterów
 Warszawy Nike 153
Pomnik Fryderyka
 Chopina 210
Pomnik Małego
 Powstańca 96
Pomnik Mikołaja
 Kopernika 126
Pomnik Poległym i
 Pomordowanym na
 Wschodzie 114
Pomnik Powstania
 Warszawskiego 1944
 (I8) 110
Pomnik przyklękającego
 Willy'ego Brandta 188
Pomnik Syreny 138
Popiełuszko,
 Jerzy 27, 243
Port Praski 229
Post 80
Potocki-Mausoleum 250
Powązki-Friedhof 189
Powiśle 130
Praga 220
Präsidentenpalast 124
Primas-Palais (E4) 153
Prudential,
 Hochhaus 162
Puszcza Kampinoska 259
PW (Polska Walcząca) 24
PZU Tower,
 Hochhaus 181

Q22 181
Qchnia artystyczna,
 Restaurant 217

Rajkowska, Joanna 121
Rauchen 80
Reduta Bank Polski (D4) 151
Reich-Ranicki, Marcel 23
Reisezeit 78
Rembrandt 93
Revue 65
Ringelblum, Emanuel
 (Historiker) 23
RiverView Wellness
 Centre 168
Rock, Pop & Folklore 67
Rokoko, Baustil 30

Rondo ONZ 1,
 Wolkenkratzer 168
Rote Armee 24
Rottenberg, Anda 155
Rudnew, Lew 32
Russifizierung 20
Rynek Marienszacki 136
Rynek Nowego Miasta 111
Rynek Starego Miasta
 (Altmarkt) (E3) 100

Sächsische Achse 144
Sächsisches Palais 144
Sächsischer Garten 155
Sala Kongresowa (D6) 166
Sapieha-Palais 113
Saska Kępa 227
Sawa 16
S-Bahn 46
Schlacht von Grunwald,
 Gemälde 140
Schloss Ujazdowski 216
Schlossplatz 91
Schokoladenfabrik Wedel 228
Sejm (F7) 141
Senat (F7) 141
Sendler, Irena 178
Sgraffiti 201
Sigismundsäule (E4) 91
Sirene (Syrenka) 100
Sirene, Legende 16
Skaryszewski-Park 227
SKM 46
Sochaczew 259
Soho-Fabrik
 (Fabryka Soho) 228
Solidarność,
 Gewerkschaft 243
Sozialismus 25
Sozialistischer Realismus,
 Baustil 32, 192
Speise- und Getränkekarte 60
Sport 72
Śródmieście Północne 172
Śródmieście Południowe 192
Staatstheater 151
Stadion des Zehnjährigen
 Jubiläums 226
Stadion Dziesięciolecia 226
Stadion Narodowy 226
Stadtführungen 49
Stadtgeschichte 16

Stadtrecht 17
Stalin 26
Stanisław August
 Poniatowski, König 20
Stanisław Herakliusz
 Lubomirski, Prinz 214
Stara Kordegarda 216
Starzyński, Stefan
 (Stadtpräsident) 21
Stroop, Jürgen 23
Styl Stanisławowski,
 Baustil 30
Südliche Innenstadt, siehe
 Śródmieście
 Południowe 192
Świątynia Diany 208
Świątynia Egipska 208
Syrenka (Sirene) 100
Szpilman, Władysław 23
Szyller, Stefan 155, 200

Taras Widokowy 122
Tarife im Nahverkehr 43
Teatr Baj (G3) 231
Teatr Komedia 244
Teatr na Wyspie 213
Teatr Narodowy 151
Teatr Stanisławowski 212
Teatr Wielki 152
Teatr Żydowski (D5) 180
Teilungen Polens 20
Telefonieren 80
Theater 64
Theater auf der Insel 213
Theater Baj (G3) 231
Toiletten 80
Touristen-Notruf 79
TP S. A.-Tower, Hochhaus 180
TP S.A Office Building 162
TP S.A. Tower 180
Trakt Królewski 116
Traugutt, Romuald 242
Trinkgeld 59
Tunel Trasy W-Z 122
Tunel Wisłostrady 131
Tunnel der Ost-West-
 Trasse 122

Übergang über das
 ehemalige Ghetto 185
Übernachten 51
Ujazdowski-Park 217
Ulica Miodowa 107

Register 275

Ulica Próżna 179
Umschlagplatz (B3) 188
Universitätsbibliothek/BUW (F4) 137
Uniwersytet Warszawski 125
Unterkunft, Budget 57

Unterwegs 43
  mit Bussen & Nachtbussen 46
  mit dem Auto & Mietwagen 47
  mit dem Fahrrad 48
  mit dem Taxi 47
  mit der Metro 46
  mit der Straßenbahn 46
  mit sonstigen Verkehrsmitteln 50
  zu Fuß 49

Van Gameren, Tylman 214
Veduten 88
Verfassung 20
Verkehrsregeln, poln. 41
Verlegung der Hauptstadt 18
Versailler Vertrag 21

Waisenhaus der Sierot-Gesellschaft 184
Warschauer Stereoskop (D6) 199
Wars 16
Warsaw Spire, Wolkenkratzer 182
Warsaw Trade Tower, Wolkenkratzer 184
Warschauer Aufstand 24
Warschauer Finanzzentrum, Wolkenkratzer 168
Warschauer Ghetto 22
Warschauer Polytechnikum 199
Warschauer Universität (E5) 125
Warschauer Zitadelle 241
Warschaus Blütezeiten 18
Warszawskie Centrum Finansowe (C5) 168
Warta-Hochhaus 169
Warta-Tower 169
Wasserturm 212
Wechselstube (Kantor) 75
Wedel, Kaffeehaus 170
Weichselstraßentunnel 131
Westin-Tower, Hochhaus 181
Wien, Schlacht vor 19
Wilanów 246
Wilanów-Palais 251
Wilanów-Park 252
Wilson-Platz (B1) 244
Wissenswertes von A bis Z 74
Wit, Antoni 162
Wodkafabrik Koneser (G3) 231
Wodozbiór 212
Wyszyński, Stefan (Primas) 26

Żabiński, Jan 229
Zamek Królewski 92
Zamek Ostrogskich 138
Zamek Ujazdowski 216
Żegota 178
Zeitgenössische Architektur 33
Zeitungen & Zeitschriften 80
Żelazowa Wola 257
Zentralbahnhof Warschau (Dworzec Warszawa Centralna) 42
Zentrale der Polnischen Telekom 162
Zentrum, siehe Centrum 158
Złota 44 Tower 167
Złote Tarasy (D6) 166
Żoliborz 236
Złota kaczka (Legende) 135
Złota-44, Wolkenkratzer 167
ŻOB, Jüdische Kampforganisation 23
Zoologischer Garten 229
Zygmunt I Stary, König 18
Zygmunt II August, König 18
Zygmunt III Waza, König 19

Die in diesem Reisebuch enthaltenen Informationen wurden von den Autoren nach bestem Wissen erstellt und von ihnen und dem Verlag mit größtmöglicher Sorgfalt überprüft. Dennoch sind, wie wir im Sinne des Produkthaftungsrechts betonen müssen, inhaltliche Fehler nicht mit letzter Gewissheit auszuschließen. Daher erfolgen die Angaben ohne jegliche Verpflichtung oder Garantie der Autoren bzw. des Verlags. Autoren und Verlag übernehmen keinerlei Verantwortung bzw. Haftung für mögliche Unstimmigkeiten. Wir bitten um Verständnis und sind jederzeit für Anregungen und Verbesserungsvorschläge dankbar.

ISBN 978-3-95654-010-3

© Copyright Michael Müller Verlag GmbH, Erlangen 2010, 2013, 2015. Alle Rechte vorbehalten. Alle Angaben ohne Gewähr. Druck: Stürtz GmbH, Würzburg.

Aktuelle Infos zu unseren Titeln, Hintergrundgeschichten zu unseren Reisezielen sowie brandneue Tipps erhalten Sie in unserem regelmäßig erscheinenden Newsletter, den Sie im Internet unter **www.michael-mueller-verlag.de** kostenlos abonnieren können.

Klimaschutz geht uns alle an.

Der Michael Müller Verlag verweist in seinen Reiseführern auf Betriebe, die regionale und nachhaltig erzeugte Produkte bevorzugen. Ab Januar 2015 gehen wir noch einen großen Schritt weiter und produzieren unsere Bücher klimaneutral. Dies bedeutet: Alle Treibhausgasemissionen, die bei der Produktion der Bücher entstehen, werden durch die Ausgleichszahlung an ein Klimaprojekt von myclimate kompensiert.

Der Michael Müller Verlag unterstützt das Projekt »Kommunales Wiederaufforsten in Nicaragua«. Bis Ende 2016 wird der Verlag in einem 7 ha großen Gebiet (entspricht ca. 10 Fußballfeldern) die Wiederaufforstung ermöglichen. Dadurch werden nicht nur dauerhaft über 2.000 t CO_2 gebunden. Vielmehr werden auch die Lebensbedingungen der lokalen Bevölkerung deutlich verbessert.

In diesem Projekt arbeiten kleinbäuerliche Familien zusammen und forsten ungenutzte Teile ihres Landes wieder auf. Eine vergrößerte Waldfläche wird Wasser durch die trockene Jahreszeit speichern und Überschwemmungen in der Regenzeit minimieren. Bodenerosion wird vorgebeugt, die Erde bleibt fruchtbarer. Mehr über das Projekt unter **www.myclimate.org**

myclimate ist einer der weltweit führenden Anbieter im Bereich der freiwilligen CO_2-Kompensation. myclimate Klimaschutzprojekte erfüllen höchste Qualitätsstandards und vermeiden Treibhausgase, indem fossile Treibstoffe durch alternative Energiequellen ersetzt werden. Das Projekt »Kommunales Wiederaufforsten in Nicaragua« ist zertifiziert von Plan Vivo, einer gemeinnützigen Stiftung, die schon seit über 20 Jahren im Bereich Walderhalt und Wiederaufforstung tätig ist und für höchste Qualitätsstandards sorgt.

www.michael-mueller-verlag.de/klima